내 뒤에 오시는 이

The One Who Comes after Me
: A Study of the Prologue of the St. John's Gospel
Copyright ⓒ 2011 *by* Rev. Rhee Bok Woo, Th. M., Ph. D.

Published by Hapdong Theological Seminary Press
50 Gwanggyojoongang-Ro, Yeongtong-Gu, Suwon, Korea 443-791

내 뒤에 오시는 이

초판 1쇄 | 2011년 11월 24일
초판 2쇄 | 2013년 5월 15일

지은이 | 이복우
발행인 | 조병수
펴낸곳 | 합동신학대학원 출판부
주 소 | 443-791 수원시 영통구 광교중앙로 50
전 화 | (031)217-0629
팩 스 | (031)212-6204
홈페이지 | www.hapdong.ac.kr
출판등록번호 | 제22-1-1호
인쇄처 | 예원프린팅 (031)957-6551
총 판 | (주)기독교출판유통(031)906-9191

값 14,000원

ISBN 89-97244-02-7
*잘못된 책은 교환해드립니다

| 이 도서의 국립중앙도서관 출판 시 도서목록(CIP)은 e-CIP 홈페이지
http://www.nl.go.kr/cip.php에서 이용하실 수 있습니다.
(CIP제어번호: CIP 2011004569)

내 뒤에 오시는 이

이복우 지음

합동신학대학원 출판부

이 책은 저의 박사학위논문인 「요한복음의 프롤로그(요 1:1-18) 연구」를 일부 수정하고 교정하여 출판한 것입니다. 요한복음 1:1-18은 일반적으로 요한복음의 '프롤로그'로 불립니다. 이에 대한 연구는 지난 한 세기 동안 집중적으로 이루어졌습니다. 이로 인해 진리가 견고하게 서는 긍정적인 공헌도 있었지만 동시에 진리가 왜곡되고 신앙이 해를 입으며 교회가 어려움을 겪게 되는 부정적인 영향도 매우 컸습니다. 또한 지금까지의 요한복음 프롤로그 연구는 종합적이기보다는 특정 주제 중심으로 이루어진 경향이 강하여 프롤로그를 통합적으로 이해를 하는 데 어려움이 있는 것도 사실입니다.

본 논문은 이러한 현실을 염두에 두고 있습니다. 먼저 본 논문의 근간을 이루고 있는 신학은 제가 신앙과 삶의 근본 원리로 믿고 고백하며 따르는 정통개혁주의신학 입니다. 혹자는 이런 신학적 전제를 가지고 논문을 쓰는 것이 옳지 않다고 말합니다. 그러나 그런 생각 자체도 또 다른 전제가 될 것입니다. 성경을 해석하고 신학을 표출하는 사람은 의식하든 못하든 자신 안에 있는 신앙과 신학이 작용할 수밖에 없습니다. 또한 본 논문은 요한복음의 프롤로그에 대한 종합적인 연구를 시도하였습니다. 이에 따라 본 논문은 요한복음의 프롤로그 이해에 꼭 필요한 프롤로그 연구동향(연구사), 구조, 기원, 신학, 세례자 요한에 관한 연구를 내용으로 담았습니다. 이것은 요한복음의 프롤로그를 총체적으로 이해하는 데 도움이 되리라 생각합니다.

이 논문을 쓰고, 책으로 나오기까지 많은 분들의 가르침과 도움이 있었습니다. 그래서 감사드려야 할 분들이 참으로 많습니다. 가장 먼저 하나님께 감사를 드립니다. 그분 안에 저의 생명과 활동과 존재가 있으며(행 17:28), 이 책은 저의 수고의 열매가 아니라 하나님이 제게 베풀어 주신 은혜의 결과입니다.

저의 지도교수이신 조병수 교수님께 감사드립니다. 조교수님은 저의 'Doktor-vater'로서 하실 수 있는 모든 것을 제게 다 베풀어 주셨습니다. 그 분은 제게 그저 한 분의 선생님이 아닙니다. 그분은 학문과 신앙과 인격에 있어서 저의 최고의 스승이시자 아버지이십니다. 저는 지난 13년 동안 조교수님에게서 정통개혁신학을 배우고 하나님을 사랑하는 경건을 배웠습니다. 그리고 함량미달인 저를 버리지 않고 끝까지 품으며 길을 열어 주시는 인격적인 사랑을 분에 넘치게 받았습니다. 이로 인해 저의 인생이 바뀌었고, 이 모든 것은 제 삶의 원리가 되고 생애 최고의 자산이 되었습니다. 또한 조교수님은 매우 바쁘신 중에도 많은 시간을 들여 글자 한 자 한 자까지 고쳐 주시면서 마치 '내 논문'인양 정성을 다해 논문 지도를 해 주셨습니다. 교수님의 이러한 배려와 사랑과 지도로 이 책이 나올 수 있었습니다. 다시 한 번 고개 숙여 교수님께 감사드립니다.

이 논문의 심사를 맡아 주신 성주진 총장님, 유영기 교수님, 조석민 교수님, 정창균 교수님, 조진모 교수님께 감사를 드립니다. 박형용 총장님(서울성경신학대학원대학교)께도 감사드립니다. 박총장님은 제가 신학석사와 박사과정을 계속 할 수 있도록 자극하시고 동기를 부여해 주셨습니다. 합동신학대학원 도서관 직원분들(박은국 과장님, 남우철 계장님, 정지혜 사서님)의 헌신적인 수고도 잊을 수 없습니다. 자료를 일일이 찾고 구해주는 번거롭고 귀찮은 일을 단 한 번도 마다하지 않고 언제나 친절하게 섬겨주셨습니다. 이분들의 이러한 섬김과 수고가 없었다면 저는 이 논문의 많은 부분을 채우지 못했을 것입니다.

도움을 주신 교회들과 목사님들께 감사드립니다. 남서울평촌교회와 강신욱 담임목사님, 전주미래교회와 김춘기 담임목사님, 산본무지개교회와 이종근 담임목사님, 연합교회와 최병엽 담임목사님, 그의나라교회(조병수 목사님)의 한혜선 사모님과 성도님들, 그리고 송파제일교회와 박병식 원로목사님께 감사드립니다. 오랜 세월동안 그리스도 안에서 친밀한 교제를 나누고 있는 조형순 목사님과 이선엽 목사님께 감사드립니다.

개인적으로 도움을 주신 많은 분들이 계십니다. 유수현 권사님과 조문희 권사님(박하진 집사님), 김창식(남영숙) 집사님, 임성실(김성희) 집사님의 사랑과 섬김을 잊을 수 없습니다. 그리고 예금옥 권사님, 정진기(지영란) 집사님, 박종길 집사님, 남중석 (김영수) 집사님, 박인철(이제훈) 집사님, 김영직(이명선) 집사님, 김명희(이명렬) 집사님, 김정호(이명은) 집사님, 정삼용(송승연) 집사님, 장현민(강선미) 집사님으로부터 사랑의 빚을 졌습니다.

이 책의 출판을 허락해 주신 합동신학대학원의 성주진 총장님과 편집을 맡아 주신 김민정 선생님, 그리고 실무를 맡아 수고해 주신 합동신학대학원 출판부 신현학 실장님과 최문하 선생님께 감사를 드립니다. 또한 교정을 도와 준 박보름 전도사님과 논문을 쓰는 내내 함께 공부하며 많은 도움을 주신 주현덕 목사님께 감사를 드립니다.

사랑하는 가족들에게도 고마움을 전합니다. 장인(정국희 집사), 장모님(강재희 권사)께 감사드립니다. 장모님의 기도가 있기에 제가 종의 길을 갈 수 있습니다. 제가 자료를 읽고 논문을 완성하는 데 많은 도움을 주신 처형(정옥배 사모)께도 감사드립니다. 늦게 신앙을 가지셨으나 언제나 아들을 위하여 기도한다고 말씀하시는 어머니(민귀자 집사)께 감사드립니다. 언제나 베풀기를 좋아하시고 동생을 끔찍이도 생각하시는 누님들(이복자, 이미숙 집사)이 계셔서 저는 언제나 행복합니다. 사랑하는 아우들(이길우, 이순우 집사)도 제게 너무나 소중한 존재들입니다.

마지막으로 사랑하는 아내(정은경)에게 고마움을 전합니다. 아내는 참으로 힘든 과정을 믿음으로 잘 인내해 주었습니다. 여러 가지 부족함과 불편함 중에도 단 한 마디 불평도 하지 않고 언제나 든든한 후원자로 가정을 잘 지켜 주었습니다. 참으로 고맙고 소중한 배필입니다. 이토록 존귀한 사람을 부부로 맺어 주신 하나님께 영광을 돌립니다. 감사합니다.

2011. 10. 이복우

θεὸν οὐδεὶς ἑώρακεν πώποτε·
μονογενὴς θεὸς ὁ ὢν εἰς τὸν κόλπον τοῦ πατρὸς
ἐκεῖνος ἐξηγήσατο.(요 1:18)

제3장 요한복음 프롤로그의 구조

제4장 요한복음 프롤로그의 로고스의 기원

제5장 요한복음 프롤로그의 로고스(λόγος) 신학

I. 로고스 신학의 근거와 로고스 명명(命名) 이유 _226

제6장 요한복음 프롤로그의 세례자 요한

약 어 표(Abbreviation)

1. 일반 약어

bis.	twice
cf.	confer
ed(s).	editor(s)
esp.	especially
f.	following
ff.	followings
ibid.	ibidem
par.	parallel
tr.	translator, translated by
tres.	thrice
vol(s).	volume(s)
§	section

2. 자료 약어

AB	Anchor Bible
ABD	Freedman, D . N. (ed.), *The Anchor Bible Dictionary*, 6 vols. New York: Doubleday, 1992.
ABR	*Australian Biblical Review*
Adv. Haer.	Irenaeus, *Against Heresies*
AJT	*Asia Journal of Theology*
AnBib	Analecta Biblica
ANTC	Abingdon New Testament Commentary
BDAG	Bauer, Walter. Danker, F. W. Arndt,, W. F. Gingrich, R. W. (eds.), *A Greek-English Lexicon of the New Testament and Other Early Christian Literature*, 3rd ed., Chicago: University of Chicago Press,

	2000.
BDT	Everett F. Harrison, (ed.), *Baker's Dictionary of Theology*, Grand Rapids: Baker Book House, 1983.
BETL	Bibliotheca ephemeridum theologicarum lovaniensiom
BETS	*Bulletin of the Evangelical Theological Society*
BHS	*Biblia Hebraica Stuttgartensia*
Bib	*Biblica*
BSac	*Bibliotheca Sacra*
BT	*The Bible Translator*
BZNW	Beihefte zur *ZNW*
CBQ	*Catholic Biblical Quarterly*
CJT	*Canadian Journal of Theology*
DJG	Green, J. B, Mcknight, S. Marshall, I. H. (eds.), *Dictionary of Jesus and the Gospels*, Leicester, England: Inter-Varsity Press, 1992.
DK	*Die Fragmente der Vorsokratiker, Griechisch und Deutsch* von Hermann Diels, Herausgegeben von Walter Kranz, Weidmann, 1974.
DRev	*Downside Review*
ECNT	Baker Exegetical Commentary on the New Testament
EcumRev	*Ecumenical Review*
EvQ	*Evangelical Quarterly*
ExAud	*Ex Auditu*
ExpT	*Expository Times*
GOTR	*Greek Orthodox Theological Review*
GNT	*Greek New Testament*
HTR	*Harvard Theological Review*
HTS	*Hervormde Teologiese Studies*
HUCA	*Hebrew Union College Annual*
IBS	*Irish Biblical Studies*
Int	*Interpretation*
JBL	*Journal of Biblical Literature*
JETS	*Journal of the Evangelical Theological Society*
JSNT	*Journal for the Study of the New Testament*
JSNTSup	Journal for the Study of the New Testament Supplement Series
JTSA	*Journal of Theology for South Africa*
LEH	Lust, J. Eynikel, E. Hauspie, K. (eds.), *A Greek-English Lexicon of the Septuagint,* Stuttgart: Deutsche Bibelgesellschaft, 2004.

LXX	Septuagint(Greek translation of the OT)
MT	Masoretic Text
NA[27]	*Novum Testamentum Graece*, Nestle, E. Aland, B. Aland, K, Karavidopoulos, J. Martini, C. M. Metzger, B. M. (eds.), 27th rev. ed., Stuttgart: Deutsche Bibelgesellschaft, 1993.
NASB	New American Standard Bible
NBD	Douglas, J. D. Organizing Editor, *New Bible Dictionary*, Grand Rapids: Eerdmans, 1962.
NCBC	New Century Bible Commentary
NDBT	Alexander, T. Desmond and Rosner, Brian S. (eds,), *New Dictionary of Biblical Theology*, Leicester: Inter-Varsity Press, 2000.
Neot	*Neotestamentica*
NIDCC	General Ed. J. D. Douglas, *The New International Dictionary of the Christian Church*, Grand Rapids: Eerdmans, 1974.
NIDNTT	*New International Dictionary of New Testament Theology*
NovT	*Novum Testamentum*
NTG	New Testament Guides Commentary Series
NTM	New Testament Monographs
NTS	*New Testament Studies*
ÖBS	Österreichische Biblische Studien
RevBib	*Revue Biblique*
RExp	*Review and Expositor*
RSR	*Recherches de Science Religieuse*
RTR	*Reformed Theological Review*
SBT	Studies in Biblical Theology
Semeia	*Semeia*
SJT	*Scottish Journal of Theology*
SNTSMS	Society for New Testament Studies Monograph Series
SPS	Sacra Pagina Series
StudEvan	*Studia Evangelica*
StVTQ	*St. Vlanimir's Theological Quarterly*
TDNT	Kittle, G and Friedrich, G (eds.), *Theological Dictionary of the New Testament*, trans. G. W. Bromiley, Grand Rapids: Eerdmans.
TNTC	Tyndale New Testament Commentary
TR	*Theologische Rundschau*
TrinJ	*Trinity Journal*

TS	*Theological Studies*
TTS	Theology Today Series
TZ	*Theologische Zeitschrift*
VGNT	Moulton, J. H. and Milligan, G. *The Vocabulary of the Greek New Testament,* Peabody: Hendrickson Publishers, 1997.
WBC	Word Biblical Commentary
WTJ	*Westminster Theological Journal*
WUNT	Wissenschaftliche Untersuchungen zum Neuen Testament
ZNW	*Zeitschrift für die Neutestamentliche Wissenschaft*
ZTK	*Zeitschrift für Theologie und Kirche*

제1장 서론

1. 문제 제기

현대의 많은 신학자들은 요한복음의 처음 열여덟 구절(요 1:1-18)을 관습적으로 요한복음의 '프롤로그'(prologue)[1]로 부르고 있다.[2] 이 프롤로그[3]에 관한 연구는 특히 지난 한 세기 동안에 집중적으로 이루어졌다.[4] 그런데도 아직 해결되지 못한 채 여전히 논쟁 중에 있는 여러 가지 문제들이 남아 있다. 그 중에 대표적인 것들을 소개하면 다음과 같다.

첫째, 프롤로그의 구조에 관한 논쟁이 계속되고 있다. 오랫동안 많은 학자들이 프롤로그의 구조를 분석하는 데 노력을 기울여 왔다. 하지만 많은 학자들 못지않게 구조 분석의 종류도 매우 다양하며, 모두가 동의하는 구조 분석은 아직 이루어지지 않고 있다.[5] 따라서 기존의 구조 분석에 대한 평가와 프롤로그의 내용에 충실한

---

[1] 일반적으로 학자들이 요 1:1-18을 '프롤로그'로 칭하는 것은 단순히 그것이 요한복음의 맨 앞에 있기 때문이 아니다. 그들 대부분은 이 단락이 요한복음의 시작부분일 뿐만 아니라 그것이 이 단락을 제외한 요한복음의 나머지 부분과 구별되거나 심지어는 분리되는 별개의 자료라는 의미에서 '프롤로그'라고 부른다. 또한 그들은 이 단락이 요한복음 전체의 도입이나 머리말 또는 요약과 같은 어떤 특별한 기능을 한다고 생각하여 '프롤로그'라고 칭한다.

[2] M. D. Hooker, "The Johannine Prologue and the Messianic Secret," *NTS* 21 (1974), 40-58, esp. 40. Cf. C. H. Dodd, *The Interpretation of the Fourth Gospel* (Cambridge: Cambridge University Press, 1953, 1980), 292: "… 1-18, commonly designated the Prologue." 요 1:1-18을 프롤로그로 부르게 된 역사적 과정과 이에 대한 비판에 대하여는 P. J. Williams, "Not the Prologue of John," *JSNT* 33(4), 375-386을 보라.

[3] 본 논문에서 특별한 설명이 없는 '프롤로그'는 '요한복음의 프롤로그'를 가리킨다.

[4] E. Haenchen, *A Commentary on the Gospel of John 1*, trans. R. W. Funk (Philadelphia: Fortress Press, 1984), 122: "The Johannine Prologue has been investigated with increasing intensity during the last one hundred years."

좀 더 객관적인 새로운 구조 분석이 필요한 상황이다.

둘째, 프롤로그의 로고스의 기원(배경)에 관한 문제 역시 시원하게 해결되지 못하고 있다. 많은 학자들은 프롤로그의 로고스가 기독교 이전에 이미 존재했던 헬레니즘 철학이나 영지주의 로고스 찬양시6, 유대주의 또는 이들의 혼합에서 기원한 것으로

---

5 J. G. Van der Watt, "The Composition of the Prologue of John's Gospel: The Historical Jesus Introducing Divine Grace," *WTJ* 57 (1995), 311-332. Cf. R. Bultmann, "The History of Religions Background of the Prologue to the Gospel of John," in *The Interpretation of John. Issues in Religion and Theology 9*. Ed. John Ashton (Philadelphia: Fortress Press, London: SPCK, 1986), 18-35; C. K. Barrett, "The Prologue of St. John's Gospel," in *New Testament Essay* (London: SPCK, 1972), 27-48; M. Endo, *Creation and Christology : A Study on the Johannine Prologue in the Light of Early Jewish Creation Accounts* (WUNT 2, 149) (Tübingen: Mohr Siebeck, 2002), 182-205; R. A. Culpepper, "The Pivot of John's Prologue," *NTS* 27 (1980), 1-31; M. Coloe, "The Structure of the Johannine Prologue and Genesis 1," *ABR* 45 (1997), 40-55; 조석민, "로고스의 개념과 기능(요한복음 1:1-18)," 「Pro Ecclesia」 vol. 4. No. 1 (serial number 7) (2005), 34-57; idem, 「요한복음의 새 관점」 (서울: 도서출판솔로몬, 2008), 52-55; H. N. Ridderbos, "The Structure and Scope of the Prologue to the Gospel of John," *NovT* 8 (1966), 180-201; Ed. L. Miller, "The Logos of Heraclitus: Updating the Report," *HTR* 74 (1981), 161-176; P. Borgen, "The Prologue of John as Exposition of the Old Testament," in *Philo, John and Paul: New Perspectives on Judaism and Early Christianity*, Brown Judaic Studies 131 (Atlanta: Scholars, 1987), 75-101; C. H. Giblin, "Two Contemporary Literary Structures in John 1:1-18," *JBL* 104 (1985), 87-103; F. F. Segovia, "John 1:1-18 as Entrée into Johannine Reality: Representation and Ramifications," in J. Painter, R. A. Culpepper and F. F. Segovia (eds.), *Word, Theology and Community in John* (St. Louis: Chalice Press, 2002), 33-64; F. J. Moloney, *Belief in the Word: Reading the Fourth Gospel, John 1-4* (Minneapolis: Fortress Press, 1993), 25-26; idem, *The Word Became Flesh* (TTS 14) (Dublin: Mercier, 1977), 35-39; idem, *The Gospel of John* (SPS Vol. 4) (Minnesota: A Michael Glazier Book, 1998), 41; J. Staley, "The Structure of John's Prologue: Its Implications for the Gospel's Narrative Structure," *CBQ* 48 (1986), 241-264; J. F. McGrath, "Prologue as Legitimation: Christological Controversy and the Interpretation of John 1:1-18," *IBS* 19 (1997), 98-120.

6 Bultmann은 기독교 이전에 있었던 영지주의 구속주 신화(redeemer myth)에 근거한 예배 공동체 찬양시(cultic community hymn)가 요한복음 프롤로그의 기초가 된다고 주장하였다. 또한 그는 프롤로그가 영지주의 '계시 강화'(revelation discourse) 모음집의 한 부분이며, 요한복음의 예수 강화가 이 계시 강화에 기초하고 있다고 주장한다(R. Bultmann, *The Gospel of John* [Philadelphia: Westminster Press, 1971], 6-7, note 5). Cf. G. R. Beasley-Murray에 의하면 프롤로그는 복음서 이전에 있던 그리스도 찬양시이며, 저자가 이 시를 활용한 까닭은 그것이 예수에 대한 그와 그의 교회의 신학을 완벽하게 표현했기 때문이다(*Word Biblical Themes: John* [Dallas: Word Publishing, 1989], 19-21); P. Borgen, "Logos was the True Light: Contributions to the Interpretation of the Prologue of John," *NovT* 14 (1972), 115; R. E. Brown, *The Gospel according to John I-XII*, vol. I (2 vols) (New York: Doubleday, 1966), 20-21; K. H. Schelkle, 「신약성서입문」 김영선 외 역 (경북 칠곡: 분도출판사, 1976), 203; J. M. Robinson, "A Formal Analysis of Colossians 1:15-20," *JBL* 76 (1957), 270-287; 박익수, "요한복음서의 서언, 본문 전체의 진술 구조, 그리고 결어에 나타난 저자의 기록목적," 「신학과 세계」 45 (2002), 38-73; G. R. Beasley-Murray, *John* (WBC) (Waco, Texas: Word Books, 1987), 3; Ed. L. Miller, "The Logic of the Logos Hymn: A New View," *NTS* 29 (1983), 552-561, esp. 559; J. Painter, "Christology and the Fourth Gospel: A Study of the Prologue," *ABR* 31 (1983), 45-62, esp. 58, note 10; M. D. Hooker, "John the Baptist and the Johannine Prologue," *NTS* 16 (1969-1970), 354-358, esp. 354.

보고 있다. 하지만 이 주장들에는 납득하기 어려운 여러 가지 문제점들이 있다. 또한 이 주장들로 인해 프롤로그에서 로고스 찬양시를 분류하여 재구성 하려는 많은 시도들이 계속되었으나 학자들 사이에 온전한 일치를 본적이 없다.7 나아가서 이 주장들은 프롤로그를 '몸말'8과 분리하는 결과를 낳았다. 이것은 요한복음 전체를 배경으로 한 프롤로그의 로고스 이해, 즉 몸말의 예수 이해에 근거한 프롤로그의 로고스 이해에 제약을 가한다.

셋째, 프롤로그의 로고스 신학에 대한 그릇된 주장이 계속 되고 있다.9 이것은 주로 로고스 신학을 위한 잘못된 전제와 로고스 명명 이유, 그리고 로고스의 존재와 활동에 관련된다. 로고스의 존재와 관련해서는 로고스의 선재와 하나님과의 관계, 그의 신성과 삼위일체적 존재, 그리고 성육신과 독생자 등에 관하여 다양한 주장들이 있다. 그리고 로고스의 활동과 관련하여 로고스의 창조와 하나님의 자녀, 하나님을 나타내심 등이 논쟁의 중심에 있다.

넷째, 세례자 요한 단락(요 1:6-8,15)에 관한 논쟁도 진행 중이다.10 이 문제에 관한 우선적인 논쟁은 이 단락이 삽입(추가)이냐 아니냐 하는 것이다.11 이 논쟁은

---

7 D. A. Carson, *The Gospel according to John* (Grand Rapids: Eerdmans, 1991), 112; J. A. T. Robinson, "The Relation of the Prologue to the Gospel of St. John," *NTS* 9 (1962-63), 120-129, esp. 126.

8 본 논문은 프롤로그(요 1:1-18)를 제외한 요한복음의 나머지 부분을 '몸말'(body)이라고 칭한다. 이것은 이 둘을 구분 또는 분리하거나 어떤 신학적 의미를 부여하기 위한 것이 아니라 단지 이 둘을 쉽게 부르기 위한 편의상의 용어일 뿐이다.

9 H. C. Waetjen, "Logos πρὸς τὸν θεόν and the Objectification of Truth in the Prologue of the Fourth Gospel," *CBQ* 63 (2001), 265-286. Cf. Ed. L. Miller, "The Logos Was God," *EvQ* 53 (1981), 65-77; D. Guthrie, *New Testament Theology* (Leicester, England; Downers Grove, Illinois: Inter-Varsity Press, 1981), 327, note 321; Andreas J. Köstenberger, and Scott R. Swain, *Father, Son and Spirit: The Trinity and John's Gospel* (Downers Grove, Illinois: Inter Varsity Press, 2008), 49-51; R. C. H. Lenski, *The Interpretation of St. John's Gospel* (Minneapolis: Augsburg publishing House, 1943), 33; Beasley-Murray, *Word Biblical Themes: John*, 29-30; Carson, *The Gospel according to John*, 117; John Calvin, *The Gospel according to St. John 1-10* (Calvin's New Testament Commentaries) translator T. H. L. Parker (Grands Rapids: Eerdmans Publishing Company, 1961), 9; O. Cullmann, *The Christology of the New Testament*, trans. Shirley C. Guthrie and Charles A. M. Hall (Philadelphia: The Westminster Press, 1963), 308; Gordon H. Clark, *The Johannine Logos* (Nutley, NJ: Presbyterian and Reformed Publishing Company, 1972), 21.

10 Borgen, "Logos was the True Light: Contributions to the Interpretation of the Prologue of John," 115-130; idem, "The Prologue of John as Exposition of the Old Testament," 92-93; van der Watt, "The Composition of the Prologue," 331.

11 Hooker, "John the Baptist and the Johannine Prologue," 354-358; C. K. Barrett, *The Gospel*

어휘와 문체와 문맥에 대한 것에까지 심화되며,[12] 그것이 기록된 목적과 그 자리에 있어야 하는 정당성의 문제에까지 확장된다. 또한 세례자 요한 단락은 세례자의 정체와 역할에 관해서도 의견이 분분하다. 대부분의 학자들은 그의 정체를 단순히 증거자로 규정하는 것으로 만족한다.[13] 그러나 프롤로그와 몸말은 이 외에도 더 근본적이고 포괄적인 그의 정체와 역할에 대하여 말하고 있다. 나아가서 세례자 요한의 지위도 매우 제한적으로 이해되어 왔다. 일반적으로 학자들은 그리스도에 대한 그의 종속성만 강조했다.[14] 그러나 우리 앞에 있는 성경 본문은 그의 또 다른 지위를 동일하게 강조하고 있는 것처럼 보인다.

---

according to St. John (Philadelphia: Westminster Press, 1978), 125f.

[12] D. A. Carson, D. J. Moo, L. Morris, An Introduction to the New Testament (Grand Rapids: Zondervan, 1992), 169-170; D. A. Carson, "Current Source Criticism of the Fourth Gospel: Some Methodological Questions," JBL 97 (1978), 411-429; Staley, "The Structure of John's Prologue: Its Implications for the Gospel's Narrative Structure," 241-264; D. E. Smith, "Narrative Beginnings in Ancient Literature and Theory," Semeia 52 (1990), 1-9; Ernst Ruckstuhl, "Johannine Language and Style: The Question of Their Unity," in L'Evangile de Jean: Sources, Redaction, Theologie, Marinus de Jonge, ed. (Leuven: Leuven University Press, 1977), 125-147; Brown, The Gospel according to John I-XII, cxxxii-cxxxv; Painter, "Christology and the Fourth Gospel," 45-62; Barrett, "The Prologue of St. John's Gospel," 48; Miller, "The Logic of the Logos Hymn: A New View," 554; Craig L. Blomberg, The Historical Reliability of the Gospels (Leiceste: Inter Varsity Press, 1987), 155; L. Morris, The Gospel according to John (Grand Rapids: Eerdmans, 1971), 72; Robinson, "The Relation of the Prologue to the Gospel of St. John," 120-129; 김문경, 「요한신학」 (서울: 한국성서학연구소, 2004), 81-83; C. S. Keener, The Gospel of John: A Commentary, vol. 1 (Peabody: Hendrickson Publishers, 2003), 333.

[13] 김문경, "예수님은 누구이신가: 요 1:19-34," 「성경연구」 97권 1호 (2002), 44-56; L. Newbigin, The Light Has Come: An Exposition of the Fourth Gospel (Grand Rapids: Eerdmans, 1982), 22; Hooker, "John the Baptist and the Johannine Prologue," 358; S. S. Smalley, John : Evangelist and Interpreter (Downers Grove: Inter Varsity Press, 1998), 24; D. M. Stanley, "John the Witness," Worship 32 (1958), 409-416, esp. 410; D. M. Smith, The Theology of Gospel of John (New York: Cambridge University Press, 1995), 103; F. F. Bruce, The Gospel of John: Introduction, Exposition, and Notes (Grand Rapids: Eerdmans, 1983), 237; W. Wink, John the Baptist in the Gospel Tradition (New York: Cambridge University Press, 1968), 89-90; C. G. Kruse, The Gospel according to John (England: Inter-Varsity Press, 2003), 64, 245; D. G. Van der Merwe, "The Historical and Theological Significance of John the Baptist as He Is Portrayed in John 1," Neot 33 (1999), 267-292.

[14] M. C. Tenney, John: The Gospel of Belief. An Analytic Study of the Text (Grand Rapids: Eerdmans Publishing Company, 1948), 74.

2. 연구 목적과 방향

이처럼 프롤로그에 관한 여러 문제들이 해결되지 못한 채 여전히 논쟁 중이며, 이로 인해 프롤로그에 대한 그릇된 주장들이 만연해 있다. 본 논문의 목적은 프롤로그에 대한 이와 같은 기존 연구의 문제와 한계를 최대한 극복하고, 보다 더 객관적이고 타당한 프롤로그 이해를 종합적으로 정립하는 것이다. 이를 위한 연구 방향은 다음과 같다.

첫째, 우리는 요한복음 프롤로그의 연구 동향을 분석할 것이다. 이것은 최근 약 한 세기 동안에 행해진 학자들의 프롤로그 연구 중에서 일부를 연대순으로 분석하고 평가하는 것으로서 일종의 연구사에 해당된다. 이 분석과 평가를 통하여 우리는 앞에서 제기된 문제들에 공감하게 될 것이며, 이로 인해 본 연구의 필요성과 정당성이 확보될 것이다.

둘째, 우리는 요한복음 프롤로그의 구조를 연구할 것이다. 이를 위하여 우리는 기존에 행하여진 학자들의 구조 분석을 유형별로 구분하여 소개하고, 그 각각의 문제점들을 비판할 것이다. 그리고 이것을 바탕으로 새로운 구조 분석을 시도할 것이다. 이것은 철저히 프롤로그 본문의 내용을 따라 행하여 질 것이다.

셋째, 우리는 끊임없이 논쟁이 되어 오는 로고스의 기원(배경)에 대하여 심도 있는 연구를 할 것이다. 그리하여 요한의 로고스의 궁극적인 기원이 무엇인지를 밝힘으로써 이교적이고 혼합주의적인 로고스 이해에 적극적으로 도전할 것이다.

넷째, 우리는 요한복음 프롤로그에 나타난 로고스의 신학에 대하여 살필 것이다. 특히 로고스 신학의 기초가 무엇인지를 살피고, 나아가서 프롤로그에 나타난 로고스의 존재와 활동을 고찰하되, 핵심적인 것들로 제한하여 연구할 것이다.

다섯째, 우리는 요한복음 프롤로그에 나타난 세례자 요한에 관하여 고찰할 것이다. 이것을 통하여 우리는 이 세례자 요한 구절들이 현 위치에 기록된 목적과 정당성을 밝히고, 그의 정체와 지위에 대하여 기존의 제한된 주장을 넘어서는 새로운 이해를 시도할 것이다.

마지막으로 우리는 각 장의 결론과 함께 프롤로그의 범위,[15] 기능,[16] 몸말과의 관계 등에 대한 논증을 통하여 프롤로그의 존재에 대한 새로운 제안을 시도할 것이다.

3. 논문의 구성

이와 같은 연구 목적과 방향을 달성하기 위하여 본 논문의 내용은 다음과 같이 구성된다.

제1장의 서론에 이어, 제2장은 프롤로그에 대한 연구 동향(연구사)을 논할 것이다. 여기서 우리는 Bultmann으로부터 시작하여 연대순으로 서양학자들의 소논문(article)과 주석을 고찰하고, 이어서 한국학자들의 소논문을 자세히 살필 것이다. 본 논문이 이들의 글을 선택한 주요 이유는 이들이 요한신학계에 큰 영향을 미친

---

[15] 조석민, "로고스의 개념과 기능(요한복음 1:1-18)," 34-57; idem, 「요한복음의 새 관점」 67-71. Cf. Segovia, "John 1:1-18 as Entrée into Johannine Reality," 33-64; E. Haenchen, "Probleme des johanneischen 'Prologs'," in *Gott und Mensch, Gesammelte Aufsätze* (Tübingen, 1965), 117; Ridderbos, "The Structure and Scope of the Prologue," 180-201; G. S. Sloyan, *John: Interpretation - A Bible Commentary for Teaching and Preaching* (Atlanta: Westminster John Knox Press, 1988), 13; Bultmann, *The Gospel of John*, 13; S. S. Kim, "The Relationship of John 1:19-51 to the Book of Signs in John 2-12," *BSac* 165 (2008), 323-337, esp. 324; Smalley, *John : Evangelist and Interpreter*, 135-136.

[16] Elizabeth Harris, *Prologue and Gospel: The Theology of the Fourth Evangelist* (JSNTSup 107) (Sheffield Academic Press, 1994), 9-25; Endo, *Creation and Christology*, 230-248; D. Tovey, "Narrative Strategies in the Prologue and the Metaphor of O Logos in John's Gospel," *Pacifica* 15 (2002), 138-153; Trudinger, "Nicodemus's Encounter with Jesus and the Structure of St. John's Prologue," *DRev* 119 (2001), 145-148; B. T. Viviano, "The Structure of the Prologue of John (1:1-18): A Note," *RevBib* 105 (1998), 176-184; Hooker, "The Johannine Prologue and the Messianic Secret," 40-58; R. H. Lightfoot, *The Gospel message of St Mark* (Oxford: Oxford Univ. Press, 1950), 78; Parker, "Two Editions of John," *JBL* 75 (1956), 303-314; Ernst Käsemann, "The Structure and Purpose of the Prologue to John's Gospel," in *New Testament Question of Today* (London: SCM Press, 1969), 138-167; W. Eltester, "Der Logos und sein Prophet. Fragen zur heutigen Erklärung des johanneischen Prologs," (BZNW 30) in Eltester and Kettler, *Apophoreta* (Berlin: A Töpelmann, 1964), 109-134; Carson, *The Gospel according to John*, 111-112; Robinson, "The Relation of the Prologue to the Gospel of St. John," 120-129; C. H. Dodd, *The Interpretation of the Fourth Gospel* (Cambridge: Cambridge University Press, 1980), 289, 292; Ridderbos, "The Structure and Scope of the Prologue," 180-201; 서동수, "요한복음, 반유대주의 신학인가? - 요한복음 서문(1:1-18)에 비추어," 「신약논단」 15 (2008), 69-103; Andreas J. Köstenberger, *Encountering John: The Gospel in Historical, Literary, and Theological Perspective* (Grand Rapids: Baker Books, 1999), 48-50.

비중 있는 학자들이기 때문이다. 물론 이 외에도 중요한 학자들이 많이 있지만[17] 그들을 다 다루는 것은 본 논문의 목적에서 벗어나는 것이다. 그 후에 이들의 주장의 주요 내용을 소개하고 평가하며, 공통적으로 나타나는 내용들을 주제별로 분류함으로써 요한복음 프롤로그에 대한 연구 동향(연구사)을 정리할 것이다. 이것은 본 논문의 연구 주제와 연구의 타당성을 제공하게 될 것이다.

---

[17] Käsemann, "The Structure and Purpose of the Prologue"; Haenchen, *A Commentary on the Gospel of John 1*; idem, "Probleme des johanneischen 'Prologs'"; idem. "Probleme des johannischen 'Prologs'," *ZTK* 60 (1963), 305-334; Smalley, *John : Evangelist and Interpreter*; H. Conzelmann, 「신약성서 신학」, 박두환 역 (서울: 한국신학연구소, 2001); Beasley-Murray, *John*; idem, *Word Biblical Themes: John*; O. Cullmann, "Ο ὀπίσω μου ἐρχόμενος," in *The Early Church: Studies in Early Christian History and Theology*, (ed.), A. J. B. Higgins (Philadelphia: Westminster, 1956), 177-182; idem, "The Theological Content of the Prologue to John in Its Present Form," in *The Conversation Continues: Studies in Paul and John in Honor of J. Louis Martyn*, (eds.), R. T. Fortna, B. R. Gaventa (Nashville: Abingdon, 1990), 295-298; idem, *Die Christologie des Neune Testaments* (Tübingen: Mohr Siebeck, 1957); idem, *The Christology of the New Testament*, trans. Shirley C. Guthrie and Charles A. M. Hall (Philadelphia: The Westminster Press, 1963) = 「신약의기독론」, 김근수 역 (서울: 나단출판사, 2008); S. Schulz, *Die Stunde der Botschaft Einführung in die Theologie der vier Evangelien* (Bielefeld: Luther Verlag, 1982); Bo Reicke, *Neutestamentliche Zeitgeschichte* (Berlin, New York: de Gruyter, 1982); Michael Theobald, *Im Anfang war das Wort. Textlinguistische Studie zum Johannesprolog* (Stuttgart: Katholisches Bibelwerk, 1983); J. Louw, "Die Johannese logos-himne (Joh 1:1-18)," *HTS* 1 (1989), 35-43; C. H. Giblin, "Two Contemporary Literary Structures in John 1:1-18"; D. G. Deeks, "The Structure of the Fourth Gospel," in Stibbe, M. W. G. (ed.), *The Gospel of John as Literature* (Leiden, The Netherlands: E. J. Brill, 1993), 77-101; idem, "The Structure of the Fourth Gospel," *NTS* 15 (1968), 107-129; H. Lausberg, *Der Johannes-Prolog. Rhetorische Befunde zu Form und Sinn des Textes* (Göttingen: Vandenhoeck & Ruprecht, 1984); J. Becker, *Das Evangelium nach Johannes Kapitel 1-10* (Gütersloh: Gütersloher Berlag, 1991); idem, "Ich bin die Auferstehung und das Leben. Eine Skizze der johanneischen Christologie," *TZ* 39 (1983), 136-151; I. De La Potterie, "Structure du Prologue du Saint Jean," *NTS* 30 (1984), 354-381; idem, "The Truth in Saint John (1963)," in *The Interpretation of John*, edited by John Ashton. Issues in Religion and Theology 9 (Philadelphia: Fortress, 1986), 53-66; idem, 「요한복음에 의한 예수수난」, 김수복 역 (서울: 성바오로출판사, 1992); Moloney, *Belief in the Word: Reading the Fourth Gospel, John 1-4*; idem, *The Word Became Flesh*; idem, *The Gospel of John*; J. N. Bernard, *A Critical and Exegetical Commentary of the Gospel according to St. John*, vol. 1 (Edinburgh: T. & T. Clark, 1928); J. Schneider, *Das Evangelium nach Johannes* (Berlin: Evangelische Verlagstalt, 1988); G. Strecker, *Theologie des Neuen Testaments* (Berlin: Walter de Gryuter, 1996); G. N. Stanton, 「복음서와 예수」, 김동건 역 (서울: 대한기독교서회, 2000), R. T. Fortna, *The Fourth Gospel and Its Predecessor* (Philadelphia: Fortress Press, 1988); idem, "Christology in the Fourth Gospel: Redaction-Critical Perspectives," *NTS* 21 (1975), 489-504; M. E. Boismard, *St. John's Prologue*, translated by Carisbrooke Dominicans (Maryland: Newman Press, 1957); Eltester, "Der Logos und sein Prophet. Fragen zur heutigen Erklärung des johanneischen Prologs," 109-134; Harris, *Prologue and Gospel: The Theology of the Fourth Evangelist*; C. A. Evans, *Word and Glory: On the Exegetical and Theological Background of John's Prologue* (Sheffield: Sheffield Academic Press, 1993); G. E. Evans, "헤르메스 문서(Hermetica)," G. E. Evans ed. 「초대교회의 신학자들」 박영실 역 (서울: 그리심, 2008), 244-251 등.

제3장은 프롤로그의 구조에 대하여 논할 것이다. 이를 위해 먼저 프롤로그 구조 분석의 여러 유형들을 소개할 것이다. 여기에서 우리는 단일 구조, 두 단락 구조, 3중적 구조, 상호보완 구조, 삽입/추가 구조에 대하여 설명하고 평가할 것이다. 특히 우리는 학자들이 삽입/추가 구조의 근거로 제시하는 문체와 문맥적 특징에 대하여 냉철하게 비판함으로써 프롤로그는 그 자체에 삽입/추가가 없는 완전한 통일체(unity)임을 논증할 것이다. 이어서 새로운 구조 분석을 시도하고, 이 구조가 담고 있는 신학에 대하여 설명함으로써 저자가 프롤로그의 구조를 통하여 표현하고 전달하고자 한 신학이 무엇인지를 밝힐 것이다.

제4장은 프롤로그 로고스의 기원(배경)에 관하여 연구할 것이다. 이를 위하여 우리는 먼저 헬레니즘 철학과 영지주의 문서와 유대주의 문헌에 나오는 로고스에 대하여 자세히 설명할 것이다. 또한 구약성경이 말하는 로고스를 설명할 것이다. 여기에서는 요한복음과 구약성경의 관계를 고찰 한 뒤, 요한복음의 기독론적 명칭이 구약성경과 어떤 관련이 있는지를 살필 것이다. 이어서 요한복음의 구약 모티브와 프롤로그에 있는 구약 암시들과 구약의 로고스에 대하여 고찰함으로써 요한의 로고스의 진정한 기원을 밝힐 것이다.

제5장은 프롤로그의 로고스 신학을 고찰할 것이다. 먼저 우리는 로고스 신학의 근거와 로고스 명명 이유를 알기 위해 로고스 이해의 근거를 확정하고, 이어서 요한이 예수 그리스도를 로고스로 명명한 이유를 고찰할 것이다. 또한 로고스의 존재와 활동을 연구할 것이며, 이를 위하여 로고스의 존재 방식과 성육신 그리고 독생자 등에 대하여 고찰할 것이다. 이어서 로고스의 활동인 창조와 하나님의 자녀 됨과 하나님을 나타내심에 대하여 논한 뒤, 결론을 내릴 것이다.

제6장은 먼저 세례자 요한 구절이 현 위치에 기록된 목적에 대하여 논할 것이다. 이를 위해 우리는 세례자 종파 논박설을 소개하고 비판할 것이며, 이어서 이 구절들이 지금의 자리에 있는 것이 정당하다는 것을 확증하고, 이 구절의 위치상의 목적이 무엇인지를 밝힐 것이다. 둘째로 우리는 세례자 요한의 정체에 대하여 고찰할 것이다. 이를 위하여 요한의 독특한 정체에 관하여 논한 뒤, 그의 정체인 증거자, 세례

주는 자, 믿음의 중개자에 대하여 논증할 것이다. 셋째로 우리는 세례자 요한의 지위상의 특징을 고찰할 것이다. 이를 위해 우리는 요한복음에서 요한이 언급될 때마다 공통적으로 나타나는 표현법(부정과 긍정)에 주목할 것이다. 그리고 이것에 근거하여 요한이 예수에게 종속된다는 사실과 그가 갖는 고유한 지위에 대하여 확증할 것이다.

제7장은 본 논문 각 장의 결론을 통합 약술한 뒤, 지금까지의 연구에 근거하여 프롤로그의 범위, 기능, 몸말과의 관계 등을 논함으로써 프롤로그의 유무 문제에 대한 최종 결론을 내릴 것이다.

제2장 요한복음의
프롤로그 연구 동향

19세기는 요한복음의 신빙성이 공격을 받은 시기였다. K. G. Bretschneider를 포함하여 많은 학자들이 요한의 신빙성에 대하여 회의적인 입장을 보였고, D. F. Strauss는 요한복음을 신화나 전설로 간주했다. 물론 이러한 주장에 대한 반박도 있었다. 그 대표적인 인물로는 19세기의 B. F. Westcott와 20세기 초의 A. Schlatter 를 들 수 있다. 그럼에도 불구하고 요한복음의 신빙성을 반대하는 회의적인 주장은 더욱 강화되었고, 19세기 말 Baldensperger를 지나 20세기 초에 와서는 Bultmann 에게서 절정에 이르게 되었다.[18] 그의 요한복음 연구는 엄청난 영향력을 끼쳤으며 오늘날까지도 계속되고 있다. 심지어 J. Ashton은 요한복음 연구를 시기별로 구분할 때 Bultmann을 기준으로 하여 Bultmann 이전, Bultmann, Bultmann 이후로 나눌 정도이다.[19]

본 장은 요한복음 프롤로그에 대한 학자들의 연구 동향에 관한 고찰이다. 이것은 일종의 프롤로그 연구사에 해당될 것이다. 본 장이 프롤로그에 대한 학자들의 연구동 향을 Bultmann부터 시작하는 이유는 위에서 말한 요한복음 연구사에 미친 그의 영향력과 맞물려 있다. 그가 현대 신약 신학계에, 특히 요한복음 연구에 끼친 영향은 비록 부정적일지라도 심대한 것은 사실이다.[20] 그러므로 그의 요한복음 이해를

---

18 Bultmann의 해석학에 관한 전반적인 이해를 위해서는 조병수, "Rudolf Bultmann의 해석학," 「신학정론」 24권 1호 (2006), 37-66을 보라.

19 J. Ashton, *Understanding the Fourth Gospel* (Oxford; New York: Oxford University Press, 2007), 3-117. Cf. Andreas J. Köstenberger, *Encountering John: The Gospel in Historical, Literary, and Theological Perspective* (Grand Rapids: Baker Books, 1999), 210-211. = 「요한복음 총론」, 김광모 역 (서울: 크리스챤 출판사, 2005).

비켜서서 프롤로그의 연구사를 논할 수는 없을 것이다. 본 장이 프롤로그 연구 동향을 Bultmann부터 시작하는 또 다른 이유는 요한복음 프롤로그에 대한 연구가 지난 한 세기 동안에 집중적으로 이루어 졌기 때문이며,[21] 이는 실제적으로 Bultmann과 함께 시작한다고 해도 무리는 아니기 때문이다.

따라서 본 장에서는 Bultmann부터 시작하여 약 지난 한 세기 동안에 행해진 학자들의 요한복음 프롤로그 연구 동향을 살펴 볼 것이다. 이를 위하여 먼저 연대별로 주요 학자들(서양학자와 한국학자)을 선택하여 그들의 프롤로그에 관한 논문과 주석의 내용을 자세히 살핀 뒤, 그 각각을 간략하게 소개하고 평가할 것이다. 이어서 연구 동향 전체에서 나타나는 특징들을 주제별로 정리함으로써 결론을 맺을 것이다. 이 결론은 본 연구의 필요성과 본 논문의 연구 주제와 방향의 당위성을 제공하게 될 것이다.

I. 서양 학자

1. 불트만(R. Bultmann)(1923)

불트만(Bultmann)은 그의 기념비적 요한복음 연구서인 요한복음 주석(1941년)[22]

---

[20] Gerald S. Sloyan, *What Are They Saying about John?* (New York: Paulist Press, 1991), 10: "His command of the exegetical literature had no parallel in Johannine scholarship up to his time. This, plus his firm grasp on the overall design of the evangelist, continues to make his commentary worth consulting before anything more recent is looked at."

[21] E. Haenchen, *A Commentary on the Gospel of John 1*, trans. R. W. Funk (Philadelphia: Fortress Press, 1984), 122.

[22] R. Bultmann, *Das Evangelium des Johannes* (Göttingen: Vandenhoeck Ruprecht, 1941). = *The Gospel of John*, trans. G. R. Beasley-Murray and ed. R. W. N. Hoare and J. K. Riches (Philadelphia: Westminster, 1971) = 「요한복음」, 허혁 역 (서울: 성광문화사, 1990). Bultmann의 이 주석은 요한복음 연구의 방향을 급진적으로 바꾸었다(G. S. Sloyan, *What Are They Saying about John?* 7). 그는 이 주석에서 기독교 이전에 있었던 영지주의 구속자 신화(redeemer myth)에 근거한 예배 공동체 찬양시 (cultic community hymn)가 요한복음 프롤로그의 기초가 된다고 주장하였다. 또한 그는 프롤로그가 영지주의 '계시 강화'(revelation discourse) 모음집의 한 부분이며, 요한복음의 예수 강화가 이 계시 강화에 기초하고 있다고 주장한다(*The Gospel of John*, 16; 17, note 5). 이에 대하여 Sloyan은 다음과

을 출판하기에 훨씬 앞서 1923년에 요한복음 프롤로그의 종교 배경사에 관한 논문을 발표했다.23 이 논문에서 Bultmann은 영지주의와 유대지혜사색과 헬레니스트 유대주의가 로고스의 배경이라고 주장한다.

먼저 영지주의와 관련하여, 그는 프롤로그가 세례자 요한에 관한 문서로부터 채용되었으며, 초기 기독교가 대단히 이른 시기에 동양의 영지주의 사상(eastern gnostic speculation)으로부터 영향을 받았다고 주장한다.24 이것은 요한복음의 프롤로그가 기독교 이전의 영지주의의 영향을 받은 세례자 종파의 세례자 요한 찬양시에서 유래되었다는 것이다.25 그러나 이 주장은 세례자 종파가 존재했다거나26 세례자 종파가 요한을 로고스로 칭했다는 확증이 없으며27 세례자 요한이 신적 존재로 예배되고 찬양시의 대상이 되었다는 증거도 없다.28 또한 프롤로그의 로고스는 인격인 반면에 영지주의의 로고스는 신화에 지나지 않으며,29 저자가 로고스의 기원을 이교도 문학에서 가져왔을 리도 만무하다.30 나아가서 Bultmann이 근거로

같이 비판했다.

"Bultmann은 요한복음 저자가 영지주의 구속자 신화를 가지고 있었고, 예수를 중심으로 하여 그 신화를 다시 썼다는 사실을 납득시킬 수 없었다. 이것은 기독교 이전에 그와 같은 신화가 과연 존재했는지에 대한 의문과 그가 추론한 편집 과정의 복잡함으로부터 시작되었다. 그의 실패는 복음의 사자(使者)가 이교도 문서를 편집하는 것에 그토록 몰두했을 것이라는 그의 확신에 있다"(*What Are They Saying about John?* 10).

23 R. Bultmann, "The History of Religions Background of the Prologue to the Gospel of John," in *The Interpretation of John. Issues in Religion and Theology 9.* ed. John Ashton (Philadelphia: Fortress Press, London: SPCK, 1986), 18-35. = "Der religionsgeschichtliche Hintergrund des Prologs zum Johannesevangelium," in H. Schmidt (ed.), *EYXAPIΣTHPION: Studien zur Religion und Literatur des Alten und Neuen Testaments* (Göttingen: Vandenhoeck & Ruprecht, 1923), 3-26.

24 Bultmann, "The History of Religions Background of the Prologue to the Gospel of John," 33.

25 Bultmann, *The Gospel of John*, 13-83.

26 Haenchen, *A Commentary on the Gospel of John 1*, 123.

27 R. E. Brown, *The Gospel according to John I-XII*, vol. I (2 vols) (AB. vol. 29) (New York: Doubleday, 1966), 21.

28 Haenchen, *A Commentary on the Gospel of John 1*, 123.

29 R. Schnackenburg, "Die Herkunft und Eigenart des joh. Logos-Begriffs," in *Das Johannesevangelium*, vol. 1 (Freiburg, Basel, Wien: Herder, 1965), 257-269. = "The Origin and Nature of the Johannine Concept of the Logos," in *The Gospel according to St. John*, vol. 1 (London: Bruns & Oates, 1980), 481-493. = "요한복음서의 로고스 : 개념의 출처와 특성에 대해서,"「신학전망」100 (1993), 133-150.

30 Sloyan, *What Are They Saying about John?* 10.

내세우는 만데이즘 영지주의는 그 현존하는 자료들이 모두 요한복음이 기록된 이후의 것이며,[31] 내용에 있어서도 성육신의 개념을 찾아 볼 수가 없다.[32] 따라서 그의 주장은 비판을 받았고 거부되었다.

또한 Bultmann은 각종 유대 문헌의 지혜를 프롤로그 로고스의 배경으로 생각한다.[33] 그는 특히 선재하는 지혜의 우주적 역할, 즉 창조의 역할이 프롤로그가 지혜사상을 의존했다는 관점을 완성하는 데 도움을 준다고 말한다.[34] 그러나 그는 이 지혜가 창조자이면서 동시에 신화라고 말함으로써 프롤로그의 로고스가 신화라고 주장한다. 그러나 비록 후기 유대 지혜 문학이 의인화된 지혜를 언급하지만, 그것은 결코 로고스로 불리지 않으며, 신적 인격도 아니다.[35] 지혜는 인격으로서의 로고스가 아니다.[36]

나아가서 Bultmann은 요한복음 저자가 로고스 개념을 헬레니스틱 유대주의에서

---

[31] 조병수, "Rudolf Bultmann의 해석학," 60-61; D. Guthrie, *New Testament Theology: A Thematic Study* (Downers Grove: Inter Varsity Press, 1981), 323. = 「그리스도, 그리스도의 사역」, 이중수 역 (서울: 성서유니온, 1988); S. S. Smalley, *John : Evangelist and Interpreter* (Downers Grove: Inter Varsity Press, 1998), 49-51(= 「요한신학」, 김경신 역 [서울: 반석문화사, 1992]): Smalley에 의하면, Bultmann은 기독교 교리 형성이 기독교 이전의 만다이 신화에 영향을 받았으며 따라서 그 핵심에는 이란 계통의 구속 신비(redemption mystery)가 깔려 있다고 주장한다. 또한 그는 세례자 요한이 만다이 신화와 그 종교적 의식(ritual) 형성의 원인이었으며, 사도행전의 주장(행 18:24-19:7)에 따르면 만다교 사람들은 세례자 종파의 계승자들이었다. 나아가서 그는 만다이 문학(1947년 Nag Hammadi에서 콥틱 영지주의 원본 발견함)의 '구속자 신화'(redeemer myth)의 주요 요소들을 요한복음의 그리스도의 비하와 승귀, 빛과 생명의 언어, 참과 거짓의 대조, '위'와 '아래'의 대조 등과 병행하는 것으로 본다. 그러나 이 개념들에 대한 요한의 해석은 만데이즘의 그것과는 다르며, 그것을 설명하기 위해 만데이즘을 필요로 하지 않는다. 만데이즘이 요한복음의 배경에 영향을 미쳤다고 섣불리 결론을 내리지 못하게 하는 결정적인 요소는 연대기(chronology)이다. 만데이즘은 A. D. 8세기 이전에는 발생하지 않았다(E. Peterson). 또한 E. M. Yamauchi에 의하면 만데이즘 본문들과 초기 기독교 사이의 중요한 차이점은 각각의 세례의 의미이다. 만데이즘의 세례는 주술적인 반면에 기독교의 세례는 윤리적이다. 그러므로 만데이즘의 기원은 기독교 이후이다; ibid., 58: "만약 프롤로그와 솔로몬의 송가 사이에 의존 관계가 정말 존재한다면, 요한복음이 송가(Odes)에 의해 영향을 받았다는 주장보다 송가가 요한복음으로부터 영향을 받았다는 것이 오히려 논의의 여지가 있다."

[32] 조병수, 「신약성경총론」 (수원: 합동신학대학원출판부, 2006), 177.

[33] Bultmann, "The History of Religions Background of the Prologue," 19-25.

[34] Bultmann, "The History of Religions Background of the Prologue," 25-26.

[35] H. N. Ridderbos, "The Structure and Scope of the Prologue to the Gospel of John," *NovT* 8 (1966), 180-201, esp. 188; J. D. G. Dunn, *Christology in the Making: A New Testament Inquiry into the Origins of the Doctrine of the Incarnation* (Philadelphia: The Westminster Press, 1980), 243.

[36] Schnackenburg, "Die Herkunft und Eigenart," 261-263. = "The Origin and Nature," 485-487. = "요한복음서의 로고스," 139-142.

가져왔으며, 알렉산드리안 헬레니스틱 유대주의 사상에 프롤로그의 로고스에 대한 병행이 발견된다고 말한다. 그리고 그는 로고스는 우주적인 힘의 역할을 하는데, 이는 스토아 사상에 의해 영향을 받은 것이며, 따라서 로고스는 알렉산드리안 유대교 공동체에서 더 오래된 지혜 인물을 대체한 것이 틀림없다고 말한다.[37] 하지만 이와 같은 형이상학적인 헬라적 로고스 개념은 정적이고 이원론적이어서 역동적이고 인격적이며 성육신한 요한복음의 로고스 개념과는 상당한 차이가 있다.[38] 사도 요한이 분명하게 지적하기 위한 것은 로고스가 어떤 형이상학적 원리나 추상적 존재가 아니라는 것이다. 사도 요한은 로고스가 참된 인격인 것을 지적하고 있다.[39]

이와 같이 Bultmann은 기독교 이전 영지주의와 유대지혜사상과 헬레니스틱 유대주의가 모두 다 요한복음 프롤로그의 배경과 기원이 된다고 생각하였다. 이것은 그가 프롤로그의 로고스를 혼합종교의 산물로 여기는 것이며, 특히 그는 로고스의 배경에 고대 신화를 상정함으로써[40] 프롤로그를 신화의 산물로 만들었다. 그러나 프롤로그는 영지주의나 헬라사상 그리고 신화나 유대지혜사상에서 기원한 것이 아니며, 이들의 혼합물은 더더욱 아니다.[41]

2. 다드(C. H. Dodd)(1953, 1957)

다드(C. H. Dodd)는 그의 유명한 책인 *The Interpretation of the Fourth Gospel*

---

[37] Bultmann, "The History of Religions Background of the Prologue," 27.

[38] H. Conzelmann, 「신약성서신학」, 박두환 역 (서울: 한국신학연구소, 2001), 596; O. Cullmann, *The Christology of the New Testament*, trans. Shirley C. Guthrie and Charles A. M. Hall (Philadelphia: The Westminster Press, 1963), 251(= 「신약의 기독론」, 김근수 역 [서울: 나단출판사, 2008], 382-383); Smalley, *John : Evangelist and Interpreter*, 48.

[39] 홍창표, "로고스, 요한복음 서론," 「신학정론」 제 11권 1호 (1993), 121; idem, 「신약과 문화」 (수원: 합동신학대학원출판부, 1995), 66.

[40] Bultmann, "The History of Religions Background of the Prologue," 30: "The research of Bousset and Reizenstein have, in my views, established that a much more ancient mythological speculation lies behind all the various statements and ideas we have been reviewing."

[41] Cf. S. Schulz, *Die Stunde der Botschaft. Einführung in die Theologie der vier Evangelien* (Bielefeld: Luther Verlag, 1982), 321: "로고스 전승이 요한공동체 이전의 혼합주의적이고 영지화 된 유대기독교 공동체 전승에 기원을 두고 있다는 입장은 견고하지 못하다." 서동수, "요한복음, 반유대주의 신학인가?-요한복음 서문(1:1-18)에 비추어," 「신약논단」 15 (2008), 75에서 재인용.

에서 요한복음의 프롤로그에 관하여 짧게 다루었다. 여기서 그는 요한복음 1장을 프롤로그(요 1:1-18)와 증거(요 1:19-51)로 이루어진 요한복음 전체의 머리말(proem)이라고 주장하였다.[42]

또한 그는 1957년에 요한복음의 프롤로그와 기독교 예배에 관한 논문을 썼다.[43] 여기서 그는 예배를 하나님의 영광에 대한 인간의 고백(acknowledgment)으로 정의하였다. 이 정의에 근거하여, 그는 복음은 복되신 하나님의 영광의 복음(딤전 1:11)이며 그리스도 안에 계시된 하나님의 영광을 우리에게 선언하는 것이므로, 결국 복음에 대한 반응이 곧 기독교 예배라고 말하였다.[44]

이 논문의 근본적인 문제는 Dodd가 요한복음의 프롤로그와 예배에 관하여 논하면서 정작 예배에 대한 기본적인 이해는 요한복음의 예배 이해(예. 요 4장 등)가 아닌 일반적인 예배 정의에 근거하고 있다는 것이다. 비록 예배에 대한 그의 정의가 보편적으로 인정된다 하더라도, 그가 요한복음의 프롤로그와 예배 문제를 논하면서 요한복음이 보여 주는 '예배'를 배제한 것은 그의 논제를 풀어나가는 옳은 방법이 아니다.

또한 Dodd는 그리스도 안에 계시된 하나님의 영광이 요한복음 프롤로그의 주제이며,[45] '말씀이 육신이 되었고, 우리가 그의 영광을 보았다'는 표현이 복음이 우리에게 말하려는 것의 요약이라고 주장한다.[46] 그가 이렇게 말하는 것은 프롤로그가 기독교 예배와 긴밀한 관련이 있다는 그의 논증을 뒷받침하기 위해서이다. 그러나 그리스도 안에 계시된 하나님의 영광을 요한복음의 주제로 보는 것은 하나의 가능성이지 유일한 것은 아니다. 그것은 전체를 대표하거나 총괄하는 주제가 아니다. 왜냐하면 프롤로그에는 여러 주제들이 있으며, 그 중에서도 그리스도의 존재가 가장 부각되고 있기 때문이

---

[42] C. H. Dodd, *The Interpretation of the Fourth Gospel* (Cambridge: Cambridge University Press, 1953, 1980), 289, 292-296(The Proem: Prologue and Testimony), esp. 292: "Chapter i forms a proem to the whole gospel."

[43] C. H. Dodd, "The Prologue to the Fourth Gospel and Christian Worship," in *Studies in the Fourth Gospel*, (ed.), F. L. Cross (London: Mowbray, 1957), 9-22.

[44] Dodd, "The Prologue to the Fourth Gospel and Christian Worship," 9.

[45] Dodd, "The Prologue to the Fourth Gospel and Christian Worship," 9.

[46] Dodd, "The Prologue to the Fourth Gospel and Christian Worship," 10. 여기서 Dodd는 ὁ λόγος σὰρξ ἐγένετο가 복음 이야기의 요약이라고 말한다.

다.[47]

또한 Dodd는 로고스에 대하여 논하였다. 그는 로고스가 인간 사상과 경험에 대한 두 가지 다른 양식, 즉 헬라 양식과 히브리 양식을 결합하며, 이 두 양식은 기독교 예배의 요소가 된다고 말하였다.[48] 그래서 그는 요한의 로고스는 유대주의의 신적 지혜와 플라톤의 이데아 세계와 스토아적 로고스라고 주장한다.[49] 그는 헬라에서의 로고스는 이성과 질서의 원리이며, 프롤로그에서의 로고스는 영원한 마음의 생각으로서 창조주의 가장 중요한 설계(design)이며 실체의 근본적인 구성(structure)이라고 말한다. 따라서 그는 이러한 로고스에 대한 적절한 반응은 합리적인 예배(λογικὴ λατρεία)이며, 이것은 우리의 합리적인 부분이 관련된 것에서의 예배이며 계시의 합리성에 대한 반응이라고 주장한다.[50] 그러나 요한의 로고스는 이런 우주적 원리나 합리적 이성이 아니라 인격이신 하나님이시다. 따라서 요한의 로고스가 헬라의 로고스에서 왔다고 볼 수 없다. 이와 함께 Dodd는 그리스어 로고스(λόγος)에 해당하는 히브리어 다바르(דבר)의 중요한 의미는 matter(일), affair(일), 심지어 event(사건) 또는 행위(act)라고 말한다.[51] 하지만 프롤로그에 로고스로 의역된 구약성경의 다바르는 사물이나 사건이 아니라 인격적인 존재이다(cf. 시 33:6; 사 55:11 등).[52] 따라서 요한의 로고스는 헬라 양식과 히브리 양식의 비인격적 로고스의 결합이 아니라 인격적 로고스를 말하는 구약성경에 기원을 두고 있다.[53] 또한 Dodd는 로고스 교리가 헬레니즘의 고등 종교(higher religion)에서 교육을 받은 공중을 위하여 만들어졌으며 저자는 그들에게 로고스 사상을 제공하기를 원했다고 말하지만,[54] 이것은 어디까지나 가설일 뿐이다. 게다가 그가 요한의 로고스의

---

47 이에 대하여는 본 논문 제3장(요한복음 프롤로그의 구조)에서 다룬다.

48 Dodd, "The Prologue to the Fourth Gospel and Christian Worship," 10.

49 Dodd, *The Interpretation of the Fourth Gospel*, 295.

50 Dodd, "The Prologue to the Fourth Gospel and Christian Worship," 10.

51 Dodd, "The Prologue to the Fourth Gospel and Christian Worship," 11.

52 G. E. Ladd, *A Theology of the New Testament* (Grand Rapids: Eerdmans, 1974), 338?. = 「신약신학」, 이창우 역 (서울: 성광문화사, 1995).

53 이에 대하여는 본 논문 제4장(요한복음 프롤로그의 로고스의 기원)에서 자세히 논증한다.

54 Dodd, *The Interpretation of the Fourth Gospel*, 296.

헬라기원에 대한 근거로 제시한 *Corpus Hermeticum*은 요한복음보다 훨씬 이후에 기록된 것이므로 근거자료로 합당하지 않다.

나아가서 Dodd는 프롤로그를 예수 그리스도의 역사적 생애에 대한 요약으로 이해할 수 있다고 말한다.[55] 하지만 여기에도 문제가 있다. 프롤로그가 중요하게 다루고 있는 예수의 선재는 그의 역사적 생애에 대한 요약이 아니다. 또한 예수의 성육신은 프롤로그에 언급되고, 그의 활동과 수난과 십자가 죽음과 부활 등 그의 성육신의 삶은 몸말에서 언급된다. 따라서 예수의 역사적 생애는 프롤로그에서 요약되고 몸말에서 자세하게 설명되는 것이 아니라 프롤로그와 몸말에서 연속적으로 나타나고 있다.[56]

마지막으로 Dodd는 요한복음 1:17에서 모세의 율법과 그리스도가 대조된다고 말한다. 그에 의하면, 토라(Torah)는 주님의 말씀으로 생각되었고, 그것의 내용과 특성은 חסד ואמת, 즉 '은혜와 진리'로 묘사되었다. 그런데 저자는 토라가 은혜와 진리를 가져 온 것이 아니라 그리스도가 가져왔다고 단언한다. 따라서 토라는 단지 예수 그리스도 안에서 충만한 실체로 오신 하나님의 말씀의 그림자이다.[57] 그러나 요한복음 1:17은 모세의 율법과 그리스도의 은혜를 대조하지 않는다. 또한 요한복음과 성경 전체가 모세와 예수를 대조로 보지 않으며 또한 율법과 은혜도 대조로 보지 않는다.[58] 나아가서 그림자와 실체는 대조되는 것이 아니라 하나로 연합되고 상응하며 일치하는 것이다.[59] 따라서 그의 '그림자와 실체' 설명은 오히려 율법(토라)과 그리스도는 대조가 아니라 일체임을 반증하는 것이다.

---

[55] Dodd, "The Prologue to the Fourth Gospel and Christian Worship," 14, 18. Cf. ibid., 14: "⋯ the Prologue as a summary of *facts*."

[56] 이에 대하여는 본 논문의 제7장(결론)을 보라.

[57] Dodd, *The Interpretation of the Fourth Gospel*, 295.

[58] 이에 대하여는 서동수, "요한복음, 반유대주의 신학인가? - 요한복음 서문(1:1-18)에 비추어," 「신약논단」 15 (2008), 69-103을 보라.

[59] Cf. 조병수, 「히브리서」 (서울: 도서출판 가르침, 2005), 70-78.

3. 로빈슨(J. A. T. Robinson)(1962-63)

로빈슨(J. A. T. Robinson)은 요한복음과 프롤로그의 관계에 대한 자신의 논문에서 프롤로그는 산문에 시가 추가된 것이라고 주장한다.[60] 그는 먼저 이 주장을 정당화하기 위하여 요한문서의 기록순서를 에필로그를 제외한 요한복음의 몸말, 요한서신, 요한복음의 에필로그와 프롤로그 순으로 정리한다. 그는 요한복음은 문학적인 통일체이며, 프롤로그와 에필로그를 포함하여 요한복음 전체가 한 사람(single hand)의 작품이지만, 저작 시간과 관련해서는 단층이 있으며, 따라서 한 자리(single sitting)에서 쓰인 것이 아니라고 주장한다. 즉 몸말과 프롤로그와 에필로그가 같은 시기에 기록된 것이 아니며 시간의 격차가 있다는 것이다. 따라서 그는 프롤로그는 요한복음 자료로부터 구성되지 않았으며, 프롤로그의 신학도 몸말을 전적으로 조정하지 않았다고 결론 짓는다.[61] 이 주장을 위한 그의 근거와 이에 대한 비판은 다음과 같다.

첫째, 로고스가 칭호로는 요한복음 몸말에 반복되지 않으며, 요한복음의 중요한 기독론은 오히려 그리스도, 하나님의 아들(요 20:21)이라는 용어로 표현되었다.[62] 그러나 비록 칭호로서의 로고스가 프롤로그에만 나타나는 것이 사실이라 할지라도 로고스는 이미 프롤로그에서 '생명'[63]과 '빛'[64]으로 확장되고 있고, 이들은 요한복음 전체에서 중요한 위치를 차지한다. 따라서 로고스는 오히려 요한복음이 현재의 순서대로 기록되었다는 것에 대한 근거가 될 수 있다. 또한 프롤로그에 있는 주제 중에 몸말에 없는 것도 있지만, 그러나 프롤로그와 몸말에 동시에 나타나는 주제들도 있다. 그는 이것을 -의도적이든 아니든 놓치고 있다. 다음에서 말하는 S. S. Smalley 의 생각도 이에 대한 좋은 비판이 될 것이다. "프롤로그에서 중심적인 많은 사상들은 복음서 전체에서도 역시 중심적이다(생명, 빛, 증거, 참된, 세상, 영광, 진리)."[65]

---

[60] J. A. T. Robinson, "The Relation of the Prologue to the Gospel of St. John," *NTS* 9 (1962-63), 120-129.

[61] Robinson, "The Relation of the Prologue," 123.

[62] Robinson, "The Relation of the Prologue," 123.

[63] 요 1:4; 3:15f.,36; 4:14,36; 5:24,26,29,39f.; 6:27,33,35,40,47f.,51,53f.,63,68; 8:12; 10:10,28; 11:25; 12:25,50; 14:6; 17:2f.; 20:31. Cf. 요일 1:1f.; 2:25; 3:14f.; 5:11ff.,16,20.

[64] 요 1:4f.,7ff.; 3:19ff.; 5:35; 8:12; 9:5; 11:9f.; 12:35f.,46. Cf. 요일 1:5,7; 2:8ff.

둘째, 형이상학적인 언어들이 프롤로그에 없다. 즉 선재하신 인자가 하늘로부터 내려왔다가 다시 그리로 돌아간다(요 3:13)든지 또는 "위"와 "아래" 사이의 구별이 없다(요 3:31).[66] 그러나 그리스도의 '선재'(요 1:1)와 '내려오심'(요 1:9,10,11,14)은 프롤로그에서도 나타나며, 또한 빛(요 1:4,5,9)과 어두움(요 1:5) 같은 형이상학적인 언어들도 분명히 존재한다.

셋째, "말씀이 육신이 되었다"(요 1:14)는 프롤로그의 핵심적인 증언이 몸말에서는 다르게 사용되었다. 즉 "말씀이 육신이 되었다"(요 1:14)와 "살리는 것은 영이니 육은 무익하니라 내가 너희에게 이른 말이 영이요 생명이라"(요 6:63), "육으로 난 것은 육이요 성령으로 난 것은 영이니"(요 3:6) 사이에 -프롤로그와 몸말 사이에- 마찰이 있다는 것이다. 따라서 요한복음 몸말에서 예수는 더 이상 육신이 된 말씀이 아니며, "말씀이 육신이 되었다"는 프롤로그의 주장은 오히려 요한서신의 "예수께서 육체로 오셨다"(요일 4:2; 요이 7)와 "생명의 말씀"(요일 1:1)과 일치한다.[67] 하지만 "말씀"과 "육신"(σάρξ) 사이의 마찰은 프롤로그와 몸말 사이뿐만 아니라 이미 프롤로그 자체 안에 발생하고 있다. 왜냐하면 요한복음 1:13은 사람이 하나님의 자녀가 되는 것이 "육정으로"(ἐκ θελήματος σαρκός) 되지 않는다고 함으로써 육신에 대한 부정적인 입장을 보이는 반면에, 요한복음 1:14은 육신에 대하여 긍정적인 입장을 취하고 있기 때문이다. 인간의 육신은 그 자체로 보면 부정적이다. 그래서 예수께서 성육신 하신 것이다. 여기에서 위의 마찰은 극복된다. 또한 예수의 "살"(σάρξ)은 참된 양식이며(요 6:55), 이 양식은 "하늘로서 내려온"(요 6:50,51,58) 것이라는 예수의 가르침(요 6:51-58)은 요한복음 1:14과 아무런 마찰이 없다. 그러므로 프롤로그와 몸말 사이에서 말씀과 육신의 마찰을 주장하는 것은 옳지 않다.

넷째, 요한일서 1:1-2과 프롤로그 사이의 병행은 매우 명백하고 현저하며 둘 사이에 요한서신이 우선한다. Robinson은 이 사실을 다음과 같이 정리하고 있다. ⅰ) 요한일서 1:1-2이 프롤로그를 위한 밑그림(sketch)이다. ⅱ) 요한서신은 요한복

---

65 C. K. Barrett, *The Gospel according to St. John*, second ed. (Philadelphia: Westminster Press, 1978), 151. Cf. Smalley, *John : Evangelist and Interpreter*, 135-136.

66 Robinson, "The Relation of the Prologue," 123.

67 Robinson, "The Relation of the Prologue," 123.

음과 프롤로그를 연결하는 다리(bridge)이다. iii) "육신이 되었다"(요 1:14)는 "육체로 오셨다"(요일 4:2)는 표현의 발전(development)이다. iv) 요한복음의 본래의 기록목적은 변증적 동기라기보다는 복음 전도적 동기이다. 이에 반해 요한서신은 반가현적인 논쟁(anti-docetic polemic)을 분명히 가지고 있다. 이러한 논쟁의 흔적이 요한복음에는 없으나 프롤로그에서는 종종 느껴진다. 무엇보다도 "말씀이 육신이 되었다"는 완전한 주장이 있다. 이것은 "말씀이 육신으로 오셨다"는 요한서신의 반가현적 표어보다도 훨씬 더 강경하다. v) 요한 공동체의 목격자의 진실성에 대한 강한 강조인 "우리"가 요한서신에서 다시 발견된다(요 1:14//요일 1:1; 요 21:24//요삼 12).[68]

하지만 그는 ⅰ), ⅱ), ⅲ)의 주장에 대한 분명한 근거를 제시하지 못하고 있다. 나아가서 요한복음이 복음 전도적 동기인 반면에 프롤로그와 요한서신은 변증적 동기로 기록되었다고 말하지만 요한복음은 분명한 변증적 동기를 가지고 있다. "이를 본 자가 증거하였으니 그 증거가 참이라 저가 자기의 말하는 것이 참인 줄 알고 너희로 믿게 하려함이니라"(요 19:35). 여기서 "본 자가 증거한다"는 말은 저자의 목격성을 강조하는 것으로 이것은 충분히 변증적이다. 문맥상으로도 예수의 옆구리에서 피와 물이 나왔다(요 19:34)는 것은 반가현적인 논쟁의 결정적인 증거이다. 이것은 예수의 참 인간 되심에 대한, 그래서 말씀이 육신이 되었다는 것에 대한 변증적인 증거이다. 이 뿐만 아니라 목격자의 진실성을 강조하는 "우리"도 요한복음에 많이 나타난다(요 1:41,45; 3:11; 4:42; 6:69; 7:27; 18:31; 20:25 등). 따라서 병행이 프롤로그와 요한일서 사이에만 있는 것이 아니라 프롤로그와 몸말 사이에도 많이 존재한다. 그러므로 병행만을 가지고 요한일서가 프롤로그보다 시간적으로 앞선 기록이며, 프롤로그가 요한일서의 사상을 반영한 것이라고 말하는 것은 설득력이 없다. 요한복음이 단번에 다 기록되지(single sitting) 않았을 가능성이 많지만, 그렇다고 해서 사상의 흐름에 차이가 있다고 보는 것은 온전치 않다. 시간의 격차가 곧 사상의 격차를 나타낸다고 전제해야만 Robinson과 같은 주장을 할 수 있기 때문이다. 따라서 프롤로그는 요한복음 자료로부터 구성되지 않았으며, 프롤로그의 신학도 요한복음의 나머지 부분을 전적으로 조정하지 않는다는 Robinson의 주장은 받아들이기 어렵다.[69]

---

68 Robinson, "The Relation of the Prologue," 123-124.

또한 Robinson은 프롤로그의 삽입(산문+시) 구조를 주장하기 위하여 요한복음 1:6과 15절이 틈과 단층이라고 말한다. 왜냐하면 이 구절들이 그 구절들의 전후 내용의 매끄러운 연결을 끊어 단절시키는 것으로 보이기 때문이다.[70] 그러나 단층이 나타난다고 해서 반드시 가로막는 것은 아니다. 또한 요한복음 저자는 처음부터 어떤 의도와 목적을 가지고 그렇게 단절을 두면서 전체를 기록했을 수 있다. 이러한 예는 요한복음에서 자주 발견된다.[71] 게다가 그는 프롤로그에서 시와 산문을 구분하기 위하여 일반적인 리드미컬한 묵상과 신학적인 리드미컬한 묵상 사이를 구분하지만,[72] 그 기준을 분명하게 제시하지 못한다.

4. 쉬낙켄부르크(R. Schnackenburg)(1965)

쉬낙켄부르크(R. Schnackenburg)는 로고스 개념(Logos-Begriff)의 배경에 대한 자신의 논문에서 요한이 로고스 용어를 선택한 이유를 설명하였다.[73] 그는 이것을 통하여 일반 종교와 문화적 배경에 관련된 중요한 질문에 답하려고 하였다.[74] 이를 위해 그는 요한의 로고스 사상을 다른 사상들과 비교 검토하고, 논쟁이 되어온 로고스 개념의 출처에 대하여 정리하였다.

---

[69] O. Cullmann, "The Theological Content of the Prologue to John in Its Present Form," in *The Conversation Continues: Studies in Paul and John in Honor of J. Louis Martyn*, R. T. Fortna, B. R. Gaventa (eds.), (Nashville: Abingdon, 1990), 297-298: Cullmann은 로고스가 육신이 되는 행위는 단지 성육신 시기까지로 제한되지 않으며, 오히려 그것은 예수의 모든 생애를 언급하며, 요 1:19 이하에서 말해진다는 생각에 근거하여 "프롤로그는 단지 나중에 요한복음에 추가된 것이라고 종종 추측되지만, 그것은 요한복음의 신학적 구성에서 통합하는 요소로써 사실상 없어서는 안 되는 것이다"(p. 298)라고 주장한다.

[70] Robinson, "The Relation of the Prologue," 125.

[71] 이에 대하여는 본 논문 제3장(요한복음 프롤로그의 구조)의 I.5를 참조하라.

[72] Robinson, "The Relation of the Prologue," 126-127.

[73] R. Schnackenburg, "Die Herkunft und Eigenart des joh. Logos-Begriffs," in *Das Johannesevangelium*, vol. 1 (Freiburg, Basel, Wien: Herder, 1965), 257-269. = "The Origin and Nature of the Johannine Concept of the Logos," in *The Gospel according to St. John*, vol. 1 (London: Bruns & Oates, 1980), 481-493. = "요한복음서의 로고스 : 개념의 출처와 특성에 대해서," 「신학전망」 100 (1993), 133-150.

[74] Schnackenburg, "Die Herkunft und Eigenart," 257-258. = "The Origin and Nature," 481-482.

그는 먼저 프롤로그의 로고스와 그리스 철학의 로고스 개념을 비교한 뒤, 이둘은 아무런 관련이 없다고 말한다. 그리스 철학에서 우주는 질서정연한 총체이고, 철학적인 로고스는 이 우주 속에 스며들어 우주를 지탱해 가지만, 요한복음 1:10의 '세상'은 부정적인 총체로서 로고스와 대립되어 있기 때문이다.[75] 또한 그는 프롤로그의 로고스를 유대주의의 '하나님의 말씀', 지혜, 토라와 여호와의 메므라(Memra)와 비교한다. 후기 유대교의 신학은 '하나님의 말씀'을 지속적으로 언급하면서 '하나님의 말씀'에 대해서 다른 용어들을 선택한다. 지혜서 9:1-2에는 하나님의 '말씀'과 '지혜'가 결합되어 있다. 여기서 '하나님의 말씀'은 '지혜'로 전이되며, 지혜가 모든 피조물을 다스린다. 에녹서 30:8에서도 마찬가지이다. 그러므로 만일 로고스 찬양시가 이와 같은 '지혜'의 방식으로 말씀의 주권적인 행위, 특히 사람들과의 관계에서 주권적인 통치를 묘사한다면, 이것은 발전의 후기 단계이다. 그렇다면 로고스 찬양시의 저자가 '말씀'이라는 용어로, 그것도 '하나님의 말씀'이 아니라 절대적 용어인 "로고스"로 되돌아간 이유가 분명하지 않다. 그러므로 지혜사상은 프롤로그가 선택한 로고스 용어를 설명하지 못한다. 지혜 문학은 로고스의 인격과는 거리가 아주 멀다. 즉 인격으로서의 로고스를 모른다.[76] 나아가서 그는 프롤로그의 로고스와 필로(Philo)의 로고스를 비교한 뒤에, 필로는 지혜 사상과 로고스 사상이 결합된 유대적 헬레니즘에 정신적 영향을 끼쳤으나 기독교의 로고스 찬양시에는 직접적인 영향을 주지 못했다고 결론을 내린다. 기독교 찬양시는 비슷한 정신적인 환경에서 생겨났으나 처음부터 기독교 신앙에 의해 독특한 면모를 갖춘 찬양시였다.[77] 마지막으로 그는 프롤로그의 로고스와 영지주의 신화를 비교한다. 고대 영지주의 신화는 유대적 기독교의 창조사상과는 공통점이 전혀 없거나 아주 적다고 말한다. 요한의 로고스의 인격적 특성은 예수의 역사적 오심에 대한 기독교적 믿음에서 비롯되었다. 요한의 찬양시가 영지주의 신화에 직접적으로 의존하고 있다는 것은 증명되지 않았

---

75 Schnackenburg, "Die Herkunft und Eigenart," 258-259. = "The Origin and Nature," 482-483.
76 Schnackenburg, "Die Herkunft und Eigenart," 261-263. = "The Origin and Nature," 485-487.
77 Schnackenburg, "Die Herkunft und Eigenart," 261-263. = "The Origin and Nature," 485-487.

나.[78] 요한복음의 로고스 찬양시는 대체로 영지주의 사상보다는 유대적 초기 기독교 (jüdisch-urchristlichen) 사상에 더 가깝다. 이것이 로고스 칭호를 선택한 중요한 이유였다. 로고스에 대한 요한의 개념은 필로의 개념처럼 유대교적 헬레니즘 사상의 인도 아래 "하나님의 말씀"과 "지혜"(또는 토라)의 두 사상을 결합하기에 적합한 그리스적 표현이다.[79]

이상에서 Schnackenburg는 요한복음의 로고스는 그리스 철학과 아무런 관련이 없으며, '하나님의 말씀 신학'은 그것만으로는 로고스의 유래가 될 수 없고 로고스 칭호의 기원도 될 수 없다고 말했다. 또한 그는 지혜사상은 기독교의 찬양시에서 선택한 용어를 설명하지 못하고, 지혜 문학은 로고스의 인격과는 거리가 아주 멀며, 요한과 필로 사이에는 로고스 개념에 대한 큰 차이가 있으므로 필로는 기독교의 로고스 찬양시에 직접적인 영향을 주지 못했다고 말했다. 더 나아가서 그는 요한의 찬양시가 영지주의 신화에 직접적으로 의존하지 않는다고 말했다. 이와 같은 그의 주장은 대체적으로 별 무리 없이 받아들여질 수 있다.

그러나 우리는 그가 요한의 로고스를 필로처럼 '하나님의 말씀'과 '지혜'(또는 토라)의 두 사상을 그리스적으로 표현한 것이라고 말한 것은 수용하기 어렵다. 그는 이미 그리스 철학과 유대주의의 지혜 모두 요한의 로고스 사상과 연결 짓기 어렵다고 말했다. 이것은 요한복음 로고스의 독특성을 말하는 것이다. 로고스의 성육신은 유대교의 지혜나 토라와 거리가 멀다. 유대 지혜문서는 지혜를 로고스로 대체하지 않지만,[80] 요한복음은 로고스를 성육신한 예수와 동일시한다.[81] 사실 형이상학적인 그리스의 로고스 개념은 성육신한 인격체인 요한복음의 로고스와는 매우 다르다.[82] 그러므로 Schnackenburg는 요한의 로고스를 혼합종교의 산물로 만들어 버리는

---

[78] Schnackenburg, "Die Herkunft und Eigenart," 264-269. = "The Origin and Nature," 488-493.

[79] Schnackenburg, "Die Herkunft und Eigenart," 269. = "The Origin and Nature," 493.

[80] T. H. Tobin, "The Prologue of John and Hellenistic Jewish Speculation," *CBQ* 52 (1990), 254: "In Jewish wisdom literature the figure of wisdom (hokmâ, sophia) was never displaced by the logos as it was in the hymn of the Prologue."

[81] Tobin, "The Prologue of John and Hellenistic Jewish Speculation," 255.

[82] Conzelmann, 「신약성서신학」, 596.

잘못을 범했다.

5. 브라운(R. E. Brown)(1966)

브라운(R. E. Brown)은 그의 요한복음 프롤로그 연구에서 먼저 프롤로그와 몸말과의 관계를 설명하였다. 그는 프롤로그는 요한복음의 시작으로서 확실한 독특성을 가지고 있다고 말한다. 하나는 형식상의 독특성이다. 유대교와 헬라의 책은 일반적으로 내용 요약(summary)이나 첫 장의 표제(heading)로 시작하지만 요한복음의 프롤로그는 요한일서와 히브리서 같은 서신들처럼 시적으로 시작한다. 다른 하나는 내용상의 독특성이다. 마태복음과 누가복음이 예수의 이야기를 예수의 수태 이후에 두는 것과 달리 요한복음의 프롤로그는 예수의 이야기를 창조 앞에 둔다. 프롤로그는 예수의 지상의 기원과 관련되지 않으며, 태초에 말씀이 천상에 계신 것과 관련된다.[83]

이어 Brown은 프롤로그의 이러한 독특성에 근거하여 프롤로그와 몸말과의 관계 문제를 다룬다. 그는 이것을 유사성과 비유사성에 관한 문제로 취급한다. 그는 프롤로그가 몸말과 전혀 무관하다고 말할 수 없다고 주장한다(유사성). 그는 그 근거로 요한복음 1:11, 12이 요한복음의 두 개의 주요 분할에 대한 요약이라고 말한다. 여기서 11절은 표적의 책(1-12장)을 망라하며, 12절은 영광의 책(13-20)을 포괄한다. 또한 그는 J. A. T. Robinson의 주장을 인용하여 프롤로그와 몸말이 공유하는 주제들에 관하여 언급한다.[84]

그럼에도 불구하고 그는 이 둘 사이의 어떤 차이점(비유사성)에 주목한다. 첫째는 형식(format)의 차이이다. 프롤로그에는 대단히 시적인 구절들이 있다. 그러나 몸말에는 이 시적 구조에 필적할 수 있는 것이 없다. 둘째는 신학적 개념과 용어의 차이이다. 프롤로그에는 몸말에 나타나지 않는 신학적 개념들과 용어들이 있다.[85]

나아가서 Brown은 프롤로그와 몸말 간의 관계 문제를 해결하기 위해 De Jusejo

---

[83] Brown, *The Gospel according to John I-XII*, 18.
[84] Brown, *The Gospel according to John I-XII*, 19.
[85] Brown, *The Gospel according to John I-XII*, 19.

의 신약 찬양시 연구를 제시한다. De Jusejo는 이 문제에 대한 해법이 요한복음의 프롤로그가 기초하고 있는 원 찬양시(original poem)는 요한의 교회의 찬양시였다고 보는 것에 있다고 말했다. Brown은 이것을 증거하기 위해 먼저 교회에 그리스도 찬양시가 있었다는 사실이 에베소서 5:19과 골로새서 3:16에서 기록되어 있으며, 플리니(Pliny)와 유세비우스도 이에 대하여 말했다고 주장한다. 또한 그는 이를 위해 요한복음의 프롤로그를 잘 알려진 신약의 몇몇 찬양시와 비교한다.[86] 나아가서 그는 프롤로그의 원 찬양시의 자취가 솔로몬의 송가(Odes of Solomon)로 알려진 2세기 반(半) 영지주의(semi-Gnostic) 찬양시 모음집에서도 발견된다고 말한다.[87]

그 결과 Brown은 그리스도 찬양시들이 초대교회에 존재하여 전승되고 있었으며, 성경 저자들이 이를 자유롭게 활용했다고 주장한다. 그는 요한 공동체에 그리스도 찬양시가 실재했으며, 이 시가 프롤로그의 원 찬양시가 되었다고 가정함으로써 프롤로그의 시적 형태는 프롤로그와 몸말 간의 무관계를 증거하는 것이라는 주장을 반박했다. 그는 요한 공동체를 프롤로그에 있는 그리스도 찬양시의 기원으로 봄으로써 프롤로그의 독특한 형식과 내용에도 불구하고 프롤로그와 몸말 사이의 긴밀한 관계와 유사성을 인정하였다. 또한 그는 이를 통하여 프롤로그가 영지주의 찬양시와 세례자 종파에 관련된다는 Bultmann의 주장을 반박했다.

그러나 Brown은 요한 공동체에 의한 원 찬양시를 가정함으로써 몸말의 구성과 구별되는 독자적인 프롤로그 구성을 주장하며, 이로 인해 프롤로그와 몸말에 대하여 각각 다른 저작권을 주장한다.[88] 그가 프롤로그의 찬양시를 요한의 것이 아닌 요한 공동체의 것으로 보는 근거는 시가 아닌 구절에서는 요한의 특징들을 설명할 수 있으나 원 찬양시에서는 요한의 특징을 설명할 수 없다는 것이다.[89] 다시 말하면 원 찬양시로서의 프롤로그에는 요한의 특징이 없지만, 시가 아닌 몸말은 요한의 특징을 가지고 있으므로 이 둘은 각각 다른 저자의 작품이라는 것이다. 물론 그는

---

[86] Brown, *The Gospel according to John I-XII*, 20.

[87] Brown, *The Gospel according to John I-XII*, 21: "Thus we have Johannine themes preserved in hymnic style."

[88] 이는 Brown이 자신이 앞에서 소개한 학자들과 다른 길을 가는 것이다.

[89] Brown, *The Gospel according to John I-XII*, 19-20.

몸말에도 시적 형태가 있으나(요 6:37; 8:32) 그것은 프롤로그의 시(특히 요 1:1-5)에 필적할 수 없으며, 이는 몸말에 있는 시의 문체가 프롤로그의 시적 문체와 어울리지 않기 때문이라고 주장한다.[90]

하지만 Brown은 그가 구분의 근거로 삼은 '요한의 특징'(Johannine features)이 무엇인지에 대하여 말하지 않으며, 이 특징이 원래의 그리스도 찬양시에는 없고 몸말에만 있다고 단정하는 근거를 제시하지 못한다. 또한 그가 '요한의 특징' 유무를 단순히 문체에 의존하고 있는 것은 납득하기 어렵다. 그는 시인가 아닌가로 요한의 것이냐 아니냐를 판단했지만, 저자에게는 동일사상을 다양한 문학형식을 통하여 나타낼 수 있는 자유가 있다. 게다가 어떤 학자는 프롤로그가 시가 아니라 리드미컬한 '산문'이라고 말한다.[91] 따라서 Brown이 단순히 문학적 형식을 근거로 프롤로그와 몸말의 다른 저작권을 말하는 것은 옳다고 보기 어렵다.

또한 Brown은 요한복음 프롤로그 연구에서 그것의 구조에 대하여 설명하였다. 그는 '프롤로그의 기초는 요한의 교회에서 만든 찬양시이다'라는 자신의 주장에 근거하여 두 가지 질문을 한다. 하나는 어떤 구절이 이 찬양시에 속하느냐 하는 것이며, 다른 하나는 이 구절들은 요한복음에 어떻게 결합되었는가 하는 것이다. 그는 이 둘 중 어느 것에도 일치된 대답은 없다고 말한다. Brown은 원 찬양시에 대한 자신의 생각을 정리하고[92] 여기에 두 가지 추가가 있다고 말한다. 첫째는 설명을 위한 부연이다. 요한복음 1:12c-13은 사람이 어떻게 하나님의 자녀가 되는지를 설명하기 위하여, 요한복음 1:17-18은 "사랑 대신의 사랑"을 설명하기 위하여 추가되었다. 둘째는 세례자 요한 구절(요 1:6-9, 15)이다. 아마 이 구절들은 원래 요한복음을 시작하는 구절이었지만, 최종 편집자가 프롤로그를 복음서의 머리말로 쓸 때 옮겨졌다. 이 두 가지 추가가 한 사람에 의한 것인지 그리고 동시에 행해진 것인지는 확실하지 않다.[93]

---

[90] Brown, *The Gospel according to John I -XII*, 19.

[91] C. K. Barrett, "The Prologue of St. John's Gospel," *New Testament Essay* (London: SPCK, 1972), 27-48, esp. 36.

[92] Brown, *The Gospel according to John I-XII*, 22: 요 1:1-2 하나님과 함께 계신 로고스; 요 1:3-5 로고스와 창조; 요 1:10-12b 로고스와 세상; 요 1:14, 16 교회의 로고스에의 참여.

[93] Brown, *The Gospel according to John I -XII*, 22-23.

이와 같은 Brown의 연구에서 먼저 관심 있게 보아야 할 점은 교차구조에 대한 그의 평가이다. 그는 프롤로그를 교차구조로 보는 것에 대하여 부정적이다. 그의 연구의 또 다른 성과는 프롤로그에서 원 찬양시를 구분하는 기준이 바울의 찬양시에는 없으며, 따라서 매우 주관적이라는 사실을 밝힌 것이다. 하지만 그 자신도 원 찬양시를 밝히려는 작업을 했는데, 문제는 그 역시 명확하고 객관적인 표준을 제시하지 못했다는 것이다. 그는 요한복음 1:12c-13을 설명을 위한 부연으로 보아 나중에 추가된 것으로 구분했다. 그는 12c의 문체가 요한의 언어이며 사상 형태는 찬양시의 편집적 부연이라고 말한다.94 또한 그는 13절의 문체가 명백하게 찬양시의 시적인 연(stanza)들과 다르다고 주장한다. 하지만 그는 문체를 나누는 정확한 표준을 제시하지 못한다. 이것은 그가 다른 학자들을 주관적이라고 지적한 것처럼 그 또한 주관적이라는 것을 보여준다. 특히 그가 부연적인 설명으로 분류한 구절들은 오히려 너무나도 본질적이다. 왜냐하면 이 구절들은 '영접'의 의미와 하나님의 자녀의 기원에 대하여 분명하고도 구체적으로 말하고 있으며, 이 모두 요한복음의 중요한 주제이기 때문이다.

또한 Brown은 요한복음 1:17에는 접속사 καί가 없으며, 이는 요한복음 1:16c에 대한 편집적인 설명이 17절에 있다는 것을 가장 잘 보여 주는 것이라고 말한다. 또한 요한복음 1:18도 καί와 같은 접속사가 없으므로 이는 대등한 관계가 분명하지 않다고 말한다. 하지만 요한복음 1:17-18은 καί가 아닌 ὅτι로 시작한다. 등위적인 접속이 아니라고 해서 추가된 것이라고 주장하는 것은 납득하기 어렵다. 무엇보다 17-18절은 16절에 대한 이유(ὅτι)를 설명하는 것이므로 부연이라기보다는 본질적인 것으로 보아야 한다. 더 나아가서 설령 이 구절들이 '설명적'이라고 할지라도, 그것이 반드시 나중에 추가되었다고 단정할 수 있는 근거는 없다. '설명적인 것은 반드시 추가적인 것이다'라는 공식은 없다. 따라서 Brown은 요한복음 1:17-18이 설명 구절이기 때문에 추가된 것이라는 자신의 주장에 대하여 충분한 근거와 이유를 제시해야 할 것이다.

또한 Brown은 세례자 요한 구절도 추가로 본다. 다른 학자들과는 달리 그는

---

94 Brown, *The Gospel according to John I -XII,* 11.

이 세례자 요한 구절이 원래 요한복음을 시작하는 구절이었으나 후에 현재의 자리로 이동되었다고 말한다. 이것은 세례자 요한 구절로 시작하는 요한복음 몸말이 먼저 기록되었고, 이 후에 찬양시가 프롤로그로 들어왔으며, 이 때 몸말의 시작 부분에 있던 세례자 요한 구절이 현재의 자리로 이동되었다는 뜻이다. 그러나 이 주장이 정당성을 얻으려면 저자가 세례자 요한 구절을 요한복음 1:18 이후에 두지 않고 현재의 위치에 둔 이유를 설명해야 한다.

6. 리델보스(H. N. Ridderbos)(1966)

리델보스(H. N. Ridderbos)는 요한복음 프롤로그에 관한 그의 논문에서 중요한 몇 가지 주제들을 다루었다.[95] 그는 먼저 프롤로그의 자료에 관하여 논한다. 그는 로고스 찬양시에 대한 Bultmann의 가설을 소개한 뒤,[96] 이 가설은 로고스 찬양시를 세례자 요한과 관련시켰기 때문에 거의 또는 전혀 지지를 얻지 못했다고 말한다.[97] 이어 그는 프롤로그가 이미 존재하고 있던 그리스도 찬양시에서 유래된 것이라는 가설이 받아들여졌지만, 원래의 찬양시가 어떤 모습이었는가에 대한 온갖 가설들이 다 나와 있다고 말함으로써 이 가설의 신빙성을 신뢰하지 않는다.[98] 또한 그는 프롤로그의 문체에 대하여 언급한다. 그는 요한복음의 문체적 통일성은 분명히 확증되었다고 말한다.[99] 나아가서 그는 프롤로그의 구조에 대하여 설명한다. 그것은 한 마디로 프롤로그의 '사상'의 구조이다. 그는 먼저 프롤로그의 특성과 구조를 확인하는 데 있어서 대단히 중요한 출발점을 제시한다. 그것은 프롤로그에서 로고스가 어둠에 비추는 빛(5)으로, 모든 사람에게 비추는 빛으로(9a), 세상에 있는 빛으로(9b), 자기 땅에 온 빛(11)으로 말해지는 모든 곳에서, 로고스에 대한 계시(빛)는 '예수 그리스도 안에' 규칙적으로 그리고 배타적으로(regularly and exclusively) 의도

---

[95] H. N. Ridderbos, "The Structure and Scope of the Prologue to the Gospel of John," *NovT* 8 (1966), 180-201.

[96] Bultmann, "The History of Religions Background of the Prologue," 32.

[97] Ridderbos, "The Structure and Scope of the Prologue," 184.

[98] Ridderbos, "The Structure and Scope of the Prologue," 184-185.

[99] Ridderbos, "The Structure and Scope of the Prologue," 188-189.

되었다는 것이다.[100] 이 원리에 입각하여 그는 프롤로그의 구조가 세 개의 동심원으로 이루어져 있다고 주장한다. 이 세 개의 동심원은 모두 역사적 그리스도의 계시와 관련되어 있다. 그것은 요한복음 1:1-5, 6-13, 그리고 14-18이다. 이러한 전개는 한편으로 동일 주제들이 반복되고 순환되면서 발생하고, 다른 한편으로는 요한의 말의 특징을 따라서 사상 유형(그리스도 안에서 나타난 빛, 즉 성육신)이 계속 확산되고 넓어지는 가운데 발생한다.[101] 그러므로 요한복음의 프롤로그는 닫힌, 인상적인 사고의 통일체라는 것을 무엇보다도 확증할 수 있다.[102] 마지막으로 그는 세례자 요한 구절에 관하여 논한다. 이 구절들은 빈번히 프롤로그의 비통일성에 대한 증거로 간주되었으나, 이 구절들이 그 앞에 나오는 것과 다른 양식이라고 보기 어렵다. 오히려 세례자 요한에 대한 언급이 차지하는 조화로운 자리(place)는 사상의 구조에서 결정적인 것이다. 결국 요한복음의 프롤로그는 리듬이 아니라 사상에 의해 통일성을 이루고 있다.[103]

이상에서 Ridderbos는 요한복음의 배경을 그리스 철학이나 영지주의로 보는 Bultmann과 Dodd의 견해를 비판하고 전통적인 견해를 지지했다. 그리고 옛 종교와 철학체계에서 요한복음의 배경을 찾으려는 시도의 불확실성을 잘 지적했다. 또한 그는 프롤로그 자료와 관련해서도 Bultmann의 세례자 종파 논박설을 받을 수 없는 것이라고 비판했다. 이와 함께 그는 프롤로그 이전에 있던 그리스도 찬양시가 저자에 의해 개작되어 현재의 모습을 갖게 되었다는 주장도 받을 수 없는 것으로 비판하였으며, 로고스 찬양시 가설의 중요한 원인이 되는 프롤로그의 문체에 관해서도 비평학자들의 주장을 따르지 않는다. 그는 요한복음은 문체와 문학에 있어서 통일성을 가지고 있고, 현재 형태의 프롤로그 역시 원래 통일체임을 주장함으로써 Bultmann의 생각에 반대했다. 더 나아가서 그는 프롤로그를 리듬이 아닌 사상을 중심하여 이해함으로써 세례자 요한 구절이 그 자리에 있는 것이 조화로운 것이며 결정적인 것으로 밝혔다. 그는 프롤로그의 통일성을 부정하는 주요 근거가 되어

---

[100] Ridderbos, "The Structure and Scope of the Prologue," 189-191, 198.
[101] Ridderbos, "The Structure and Scope of the Prologue," 191.
[102] Ridderbos, "The Structure and Scope of the Prologue," 196.
[103] Ridderbos, "The Structure and Scope of the Prologue," 190-193.

온 세례자 요한 구절을 변호하고 그 정당성을 강조하고 옹호했다. 이렇게 함으로써 그는 프롤로그에 대한 비평적인 주장들을 공격하고 프롤로그의 단일성을 변증하는 중요한 성과를 올렸다.

그러나 프롤로그의 구조에 대한 Ridderbos의 주장은 받기 어렵다. 먼저 그의 주장은 프롤로그의 내용과 부합하지 않는다. 그는 프롤로그가 하나의 초점을 중심으로 사상이 확장되는 세 개(요 1:1-5, 6-13, 14-18)의 동심원 구조로 되어 있다고 말한다. 그리고 그 중심 초점은 '빛'이라고 말한다. 하지만 요한복음 1:14-18에는 '빛'에 관한 언급이 없다. 더구나 프롤로그의 로고스에 대한 모든 묘사를 '빛' 하나로 다 담아낼 수는 없다. 그리하기에는 로고스가 너무나도 크다. 프롤로그에는 '빛'보다 더 큰 개념들이 있으며 가장 대표적인 것은 로고스의 '존재'(요 1:1-2)이다. '빛'은 로고스의 '존재'보다 작다. 작은 것이 큰 것을 대표할 수는 없다. 그러므로 '빛' 하나를 중심으로 프롤로그의 구조를 설명하는 것은 무리이다. 나아가서 그는 프롤로그에서 동일 주제들이 반복, 순환하면서 사상 유형이 계속 확산되고 넓어진다고 말한다. 하지만 요한복음 1:1-5에 있는 주제들 중 빛 이 외에 다른 많은 주제들은 요한복음 1:6-13이나 1:14-18에서 반복되지 않는다. 따라서 프롤로그를 동심원 구조로 보기 어렵다. 동심원은 앞의 원의 내용을 완전히 포함한 확대된 원이어야 한다.

7. 후커(M. D. Hooker)(1969-1970, 1974)

후커(M. D. Hooker)는 요한복음 프롤로그의 세례자 요한 구절에 관하여 연구했다.[104] 그녀는 세례자 요한 구절들이 현재의 자리에 배치된 이유를 말할 수 없는

---

[104] M. D. Hooker, "John the Baptist and the Johannine Prologue," *NTS* 16 (1969-1970), 354-358. 여기서 Hooker는 요한복음 프롤로그의 세례자 요한 구절에 관한 세 가지 주장을 다음과 같이 소개하고 그 각각의 문제점들을 지적한다. 1) 만일 프롤로그가 나머지 부분과 하나라면(Barrett), 왜 저자가 세례자 요한에 관한 언급을 그처럼 뜻밖의 방식으로 끌어들였는가 하는 의구심이 여전히 남는다. 2) 반면 프롤로그에 추가가 있다면 세례자 요한에 관한 언급은 훨씬 더 어렵게 된다. 이 추가는 매우 이상한 것(J. A. T. Robinson-'갑작스런 가로막음'[rude interruptions])이므로 저자가 왜 이 특정한 곳에 이 구절들을 추가했는지에 대하여 설명해야만 한다. 3) 세례자 요한에 대한 언급은 원래 요한복음을 시작하는 구절이었으나 마지막 편집자가 프롤로그를 복음서의 서문으로 쓸 때 변경하였다고 생각되어 왔다. 그러나 왜 '마지막 편집자'는 프롤로그 안에 이 구절들을 삽입했는가? 왜 그는 이 구절들을 프롤로그 바로 뒤나 19절 이후에 두지 않았는가?

한, 그것들의 내용이 문맥에 낯설다고 '추가'된 것으로 간주하여 그것들을 생략하는 것은 결코 정당한 해석이 아니라고 말한다.[105]

Hooker는 먼저 프롤로그의 세례자 요한 구절들의 의미를 밝히기 위해, 그 구절들과 요한복음 1:19 이하에 있는 예수에 대한 세례자 요한의 증거에 주목한다. 그녀는 요한복음 1:6-8은 세례자 요한의 증인의 기능을 강조하는 것이며, 이는 요한복음 1:19-28의 내용과 비슷하다고 말한다. 왜냐하면 요한복음 1:19-28에서 세례자 요한은 주의 길을 예비하는 소리 외에 자신의 다른 역할에 대하여 부인하며, 또한 그는 그의 물세례에 관한 질문에 대하여도 자신이 증거하는 분과 관련지어 대답하기 때문이다.[106] 또한 그녀는 요한복음 1:15에서도 요한은 증거자로 소개되는데, 여기에서는 요한과 그가 증거하는 분 사이의 대조가 강조되며 이는 요한복음 1:29-34과 병행한다고 주장한다. 왜냐하면 요한복음 1:15에 있는 요한의 말이 요한복음 1:30에서 반복되기 때문이다. 따라서 Hooker는 요한복음 1:6-8, 15의 세례자 요한에 관한 진술은 뒤 따라 오는 두 단락(요 1:19-28; 29-34)을 앞서 가리키는 것처럼 보인다고 결론짓는다.[107]

이어 Hooker는 세례자 요한 구절들이 현 위치에서 갖는 기능을 밝힌다.[108] 이를 위해 그녀는 한 가지 교차형식에 주목한다. 그녀는 프롤로그에는 중요한 분할이 요한복음 1:14에서 발생하는데, 이는 여기에서 λόγος가 반복되고 이야기의 새로운 국면(stage)이 시작되기 때문이라고 주장한다. 이 사실에 근거하여 그녀는 프롤로그를 두 단락(요 1:1-13; 14-18)으로 나눈다. 여기서 세례자 요한 구절들을 잠시 제외하면, 각 주요 단락이 어느 정도 교차 형식으로 되어 있다.[109] 세례자 요한에 대한 언급은 두 단락의 전환점이라고 말할 수 있는 곳에서 발생한다. 그 각각의 전환점에서 이미 진술된 주제들이 다시 채택되고 발전된다. 각 발전 단락들은 앞 구절들에서

105 Hooker, "John the Baptist and the Johannine Prologue," 354.
106 Hooker, "John the Baptist and the Johannine Prologue," 355-356.
107 Hooker, "John the Baptist and the Johannine Prologue," 356.
108 Hooker, "John the Baptist and the Johannine Prologue," 356.
109 Hooker, "John the Baptist and the Johannine Prologue," 356-357.

진술된 내용을 보다 더 충분히 드러낸다.[110] 따라서 세례자 요한 구절이 현 위치에서 가지는 특별한 기능은 첫째, 앞에 언급된 진리를 확증하는 증인의 기능이다.[111] 둘째는 연결의 기능이다. 세례자 요한 구절들은 프롤로그에 밑그림으로 그려진 형이상학적 진리와 그 진리의 결과로 일어나는 역사적 진술들을 연결한다.[112]

이와 같은 Hooker의 주장이 보여주는 가장 큰 장점은 세례자 요한 구절이 그 위치에서 어떤 특별한 목적을 갖는다는 것이다. 그녀가 이 구절들이 단지 프롤로그의 흐름을 가로막는 어색하고 의미 없는 삽입이 아니라 프롤로그 내에서 뿐만 아니라 프롤로그와 몸말을 연결하는 중요한 기능을 한다고 말한 것은 매우 긍정적으로 평가될 수 있다. 그녀에 의하면 세례자 요한 구절은 그 구절의 전후 구절들을 단단히 연결하며, 프롤로그와 몸말을 견고하게 연결한다. 이 입장에 따라 그녀는 프롤로그에 세례자 요한 구절이 삽입되었다는 주장을 거부하며,[113] 세례자 요한 구절들이 아마도 원래 요한복음을 시작하는 구절이었으나 마지막 편집자가 프롤로그를 복음서의 서문으로 쓸 때 변경하였다는 주장[114]에도 반대한다.

하지만 Hooker의 주장에는 비판할 점들이 있다. 첫째는 요한복음 1:6-8과 요한복음 1:19-28 사이의 일치 문제이다. Hooker는 요한복음 1:6-8이 세례자 요한의 증인으로서의 기능을 강조한다고 말한다.[115] 그러나 이 구절도 세례자 요한의 증인으로서의 기능보다 신적 기원을 가진 증인으로서의 그의 신분을 더 강조한다. 신분을 강조하는 이유는 그의 증인으로서의 기능이 신빙성을 갖도록 하기 위한 것으로 생각할 수 있다. 기능에 대한 신뢰는 신분에서 나온다. 따라서 요한복음 1:6-8중에서 우선적으로 강조해야 하는 것은 요한복음 1:6이다

---

110 Hooker, "John the Baptist and the Johannine Prologue," 357.

111 Hooker, "John the Baptist and the Johannine Prologue," 357.

112 Hooker, "John the Baptist and the Johannine Prologue," 358.

113 이는 Barrett의 입장과 같다. Barrett, "The Prologue of St. John's Gospel," 39; Barrett, *The Gospel according to St. John*, 125-126.

114 Brown, *The Gospel according to John I-XII*, 22; Robinson, "The Relation of the Prologue," 124-125.

115 Hooker, "John the Baptist and the Johannine Prologue," 355.

(cf. 요 1:33). 또한 Hooker는 증거(자)라는 일치점을 근거로 요한복음 1:6-8과 요한복음 1:19-28이 병행한다고 말한다. 하지만 그녀는 이 둘 사이의 차이점을 간과하고 있다. 물론 두 단락 모두 세례자 요한이 증거자라는 사실에는 병행이 있다. 그러나 자세히 보면 더 큰 차이가 있는데, 그것은 증거의 내용에 관한 것이다. 요한복음 1:6-8은 세례자 요한을 빛에 대하여 증거하는 증거자로 언급 (ἵνα μαρτυρήσῃ περὶ τοῦ φωτός. 요 1:7a,b)하는 반면, 요한복음 1:19-27은 세례자 요한 자신의 정체(신분)에 대하여 증거하고 있다(ἐγώ-20,23,26; εἰμί-21; εἰμὶ [ἐγὼ]-27). Hooker는 "αὕτη ἐστὶν ἡ μαρτυρία τοῦ Ἰωάννου"(요 1:19a)만 보았지 "Σὺ τίς εἶ;"(요 1:19c)를 놓치고 있다. 요한복음 1:19a의 증거는 요한복음 1:19c의 질문에 대하여 행한 것이다. Hooker는 증거(μαρτυρία)라는 말의 일치 만 보았지 각각의 증거의 내용이 무엇인지를 간과하고 있다. 그러므로 요한복음 1:6-8이 요한복음 1:19-28과 병행하는 것으로 보아 요한복음 1:6-8이 요한복음 1:19-28을 미리 가리키는 것으로 생각한 것은 잘못이다.

둘째는 요한복음 1:15과 요한복음 1:29-34 사이의 일치 문제이다. Hooker는 요한복음 1:15이 요한복음 1:30에서 반복된다는 이유로 요한복음 1:15과 요한복음 1:29-34의 병행을 주장한다. 그러나 이것이야말로 지나친 억지이다. 그 이유는 다음과 같다. 먼저 후자에 증거의 내용이 더하여 진다. 요한복음 1:29-34에는 요한복음 1:15에 없는 "세상 죄를 지고 가는 하나님의 어린양"과 "성령으로 세례를 주는 이", "하나님의 아들"과 같은 중요한 기독론적인 내용들이 새롭게 언급된다. 또한 요한복음 1:15에 없는 증거의 목적이 요한복음 1:31에서 언급된다. 나아가서 요한복음 1:15에 없는 증거의 진정성에 대한 증언이 요한복음 1:32-34에 나타난다. 따라서 요한복음 1:15과 요한복음 1:29-34이 병행이라고 보기 어렵다. 지극히 부분적인의 병행(열 세절 중에서 단 한 절만 병행임)에 근거하여 마치 전체가 병행하는 것처럼 과장해서는 안 된다. 그러므로 요한복음 1:15이 요한복음 1:29-34을 앞서 가리키는 것이라고 말하기 어렵다.

셋째는 '전환점'과 '발전'의 문제이다. 요한복음 1:15은 발전을 위한 전환점이 아니다. Hooker는 반복되는 용어들(πλήρωμα, ἡ χάρις καὶ ἡ ἀλήθεια, ἑώρακεν, μονογενὴς θεός, πατρός)이 요한복음 1:15절의 전후의 연결을 강조한다고 말한다. 그렇다 하더라도 연결이 곧 '발전'을 의미하는 것은 아니며, 또한 모든 주제가 다 반복되고 있는 것도 아니다. 물론 요한복음 1:14의 주제를 요한복음 1:16-18이 좀 더 잘 풀어내고 있는 부분이 있다. 은혜와 진리와 충만(요 1:14d)은 요한복음 1:16,17에서 확장된다. 로고스의 성육신(요 1:14a)과 독생자(요 1:14c)는 요한복음 1:18b에서 구체적으로 설명된다. 그러나 로고스의 임재와 영광(요 1:14)에 대하여는 요한복음 1:16-18에서 침묵한다. 여기서도 Hooker는 일부를 가지고 전체를 말하고 있는데, 이것은 성급한 일반화의 오류이다.

또한 Hooker는 요한복음 1:6-8, 15절이 각각 그것 앞의 진리를 확증하는 역할을 한다고 말한다. 그녀는 이것에 대한 근거로 요한복음 1:6-8, 15절이 세례자 요한에 대하여 말하는 것이 아니라 그가 증거한 분을 가리킨다고 말한다. 요한복음 1:15은 이처럼 이해할 수 있다. 왜냐하면 세례자 요한이 "그에 대하여 증거하였다"(μαρτυρεῖ περὶ αὐτοῦ)고 말하기 때문이다. 그러나 요한복음 1:6-8은 이와 다르다. 여기에서는 세례자 요한의 신분과 그가 보냄을 받은 사명, 그가 증거하는 내용과 목적에 대하여 말하며, 그가 참빛이 아니라는 것을 말한다.

이 때 ἄνθρωπος(요 1:6), οὗτος(요 1:7), ἐκεῖνος(요 1:8)가 주어로 쓰이며, 모두 세례자 요한을 가리킨다. 그러므로 이 단락은 Hooker의 말과 달리 근본적으로 증인인 '세례자 요한에 관한' 내용이다. 따라서 요한복음 1:6-8은 요한복음 1:1-5을 확증하는 역할을 하는 것이 아니다. 요한복음 1:6-8은 빛이 어두움에 비추었다는 진리를 확증하지 않는다.

이 주제는 오히려 요한복음 1:9이 더 잘 증거한다. 게다가 이 단락은 Hooker가 말한 예수 그리스도의 역사적 '사건'(event), 다시 말해 인간 가운데 나타난 로고스의 출현을 언급하는 것도 아니다.

이와 함께 M. D. Hooker는 요한복음 1:14-18을 해석하는 논문도 썼다.[116] 그녀는

---

[116] M. D. Hooker, "The Johannine Prologue and the Messianic Secret," *NTS* 21 (1974), 40-58.

요한복음 1:14-18의 배경이 출애굽기 33장이라고 이해하고, 이것에 근거하여 요한복음 1:16의 "은혜 위에 은혜"를 해석한다. 그녀의 주장에 의하면, 출애굽기 33:13의 하나님의 임재는 다른 모든 백성들로부터 하나님의 백성을 구별하며, 탈굼은 출애굽기 33:16절에서 שכינה를 사용했다. 그리고 하나님의 임재는 이미 출애굽기 33:7-11에서 장막(LXX. σκηνή)에 의해 상징되었다. 이것들은 요한복음 1:11의 자기 백성과 요한복음 1:14의 "우리 가운데 거하시매"에 비교될 수 있다. 출애굽기 33:13에서 모세의 요구는 흥미롭다. "내가 참으로 주의 목전에 은총(חן)을 입었사오면 원컨대 주의 길을 내게 보이사 내게 주를 알리시고 나로 주의 목전에 은총(חן)을 입게 하시며." 여기에 두 번 사용된 "은총"(חן)은 일반적으로 χάρις로 번역된다. 그러면 이것은 요한복음 1:16b의 "χάριν ἀντὶ χαρίτος," 즉 이미 은총을 받은 사람에게 주어진 은총에 대한 사상인가? 하나님 자신의 백성이 되는 은혜를 받은 자(요 1:11)는 또한 그 백성들 가운데 거하시는 하나님의 임재의 은혜를 받는다(요 1:14).[117] 결국 Hooker는 "χάριν ἀντὶ χαρίτος"(요 1:16)에서 전자(χάριν)를 하나님 자신의 백성이 되는 은혜로(요 1:11), 후자(χαρίτος)를 하나님의 백성들 가운데 거하시는 하나님의 임재의 은혜(요 1:14)로 해석하였다.

그러나 우리가 Hooker의 이 해석을 어느 정도 긍정한다 하더라도, 문맥상 "은혜 위에 은혜"는 바로 뒤에 나오는 모세와 그리스도에 관련된 것으로 이해하는 것이 자연스럽다. 왜냐하면 요한복음 1:17은 ὅτι로 시작함으로써 요한복음 1:16이 왜 은혜 위에 은혜라고 말하는지에 대한 이유를 설명하고 있기 때문이다. 그것은 모세로 말미암아 주신 율법이 은혜이며, 예수 그리스도로 말미암아 온 은혜와 진리는 그 은혜 위에 은혜라는 것이다. 그러므로 '은혜'는 모세로 말미암아 주신 율법이요, '은혜 위에 은혜'는 예수 그리스도로 말미암아 온 것(은혜와 진리)을 가리킨다. 그러므로 Hooker의 해석은 직접적인 문맥을 벗어난 부자연스러운 것이며, 이것의 근본 원인은 그녀가 그리스도와 모세를 대조로 이해하는 데 있다.[118]

---

[117] Hooker, "The Johannine Prologue and the Messianic Secret," 53.

[118] Hooker, "The Johannine Prologue and the Messianic Secret," 46, 53-56; idem, "John the

8. 카이저(R. Kysar)(1970)

카이저(R. Kysar)는 요한복음 프롤로그의 배경을 역사적 방법으로 연구한 Bultmann과 Dodd를 비교 평가하는 논문을 썼다.[119] 이 두 사람은 요한복음 프롤로그의 배경을 확증하기 위한 시도로 신약성경 이외의 문서를 연구하는 데 정교한 노력을 기울였다. Kysar는 그들의 논문에 인용된 신약 이외의 자료들을 분석했다. 이 분석에 의하면 Dodd와 Bultmann은 320개의 1차 문헌을 인용했는데, 그 중에서 오직 20구절(그들의 연구에 인용된 구절들 중 총 6%)만 공통으로 사용되었다. 또한 Kysar는 그들의 논문에 인용된 전체 인용 자료를 문서의 종류에 따라 분석했다.[120] 그 결과에 의하면 배경자료 연구를 위하여 Dodd는 필로(38%)와 구약성경(19%)과 헤르메틱(Hermetic)(17%) 문서에 주의를 기울인 반면, Bultmann은 구약외경(25%)과 구약성경(21%)과 속사도 문서(sub-Apostolic literature)(20%)에 집중했다. 따라서 두 사람이 동일한 주제의 논문을 썼음에도 불구하고 각각 인용한 문서에 현저한 차이가 있다.[121]

또한 인용의 분량과 해석의 결과 사이의 상호 관계를 생각할 때, 몇몇 의미 있는 결론들이 나타난다. Dodd의 경우 특별한 형태의 문서 인용 횟수와 프롤로그 배경에 관한 그의 제안 사이에 명백한 관련이 있다.[122] 그러나 Bultmann의 경우는 상당히 다르다. 그는 동양의 영지주의가 프롤로그의 뿌리이며, 솔로몬의 송가(Odes of Solomon)는 이 영지주의의 가장 훌륭한 문학적 표현이라고 말한다. 그러나 송가의 인용 횟수는 그가 언급하는 문서들 중에서 4위(11%)였다. 그는 구약성경을 보다 자주 인용하며, 그것을 프롤로그의 로고스 기독론을 위한 1차 자료로 간주한다.

Baptist and the Johannine Prologue," 357, note 1: "John here contrasts Jesus with Moses, through whom the Law was given to us, and who, according to Exod. xxxiii. 17-23, was unable to see God."

[119] R. Kysar, "The Background of the Prologue of the Fourth Gospel: A Critical of Historical Methods," *CJT* 16 (1970), 250-255.

[120] 이 분석의 결과에 대하여는 Kysar, "The Background of the Prologue," 250-252를 보라. 특히 표 1, 2를 참조하라.

[121] Kysar, "The Background of the Prologue," 251.

[122] Kysar, "The Background of the Prologue," 251-252.

하지만 그는 최종적으로 구약성경이 프롤로그를 위한 결정적인 자료가 아니라고 주장한다.[123] 따라서 Dodd는 증거 사용에 있어서 Bultmann보다 더 정밀하고 설득력이 있다. 그리고 Bultmann은 비록 사상의 뼈대로 받지 않는다 할지라도, 주어진 문서들에서 증거가 되는 병행들을 광범위하게 인용했다. 이러한 인용은 배경 자료에 대한 그의 논문에서 통례적인 것이다. 인용 횟수와 결론 사이의 불균형은 그의 역사적 연구 방법의 특징이다.[124]

나아가서 두 사람이 자신들의 가설을 지지하기 위하여 인용한 자료들은 모두 신약성경 이후의 것들이다. Dodd는 헤르메티카를 광범위하게 사용했으며 Bultmann은 속사도적 기독교 문서와 솔로몬의 송가 둘 다를 풍성하게 사용했다.[125]

이어 Kysar는 두 사람의 연구에 대하여 다음과 같이 평가한다. 첫째, 신약성경 이외의 증거에 대한 그들의 참조(appeal)가 그처럼 근본적으로 다르다는 것은 아주 놀라운 일이다. 둘째, 증거자료 사용의 총계와 해석자의 결론 사이의 차이들은 증거 자료를 사용하는 기준이 서로 매우 다르다는 것을 보여 준다. Dodd는 제시될 수 있는 증거들의 수가 가설의 정당성을 결정한다는 원리에 따른다. 반면 Bultmann은 자신의 제안을 지지하는 자료의 양의 문제를 무시한다. 셋째, 두 사람 모두 프롤로그에 영향을 끼친 사상 형태에 대한 증거를 프롤로그 이후의 문서에서 찾는다. 마지막으로, 랍비의 영향을 증명하는 것에 2차 자료들을 사용함으로써, 두 사람 모두 신약성경 배경 연구에 원본 연구가 더욱 필요하다는 것을 시사한다. 이러한 네 가지 약점은 신약성경에 대한 역사 비평의 결함이다.[126]

이상에서 Kysar가 프롤로그의 배경에 대한 역사적 방법 연구에 최고의 권위자로 손꼽히는 Bultmann과 Dodd[127]를 비교하여 그들의 문제점들을 밝히고 비판한 것은

---

123 Kysar, "The Background of the Prologue," 252.

124 Kysar, "The Background of the Prologue," 252-253.

125 Kysar, "The Background of the Prologue," 253-254.

126 Kysar, "The Background of the Prologue," 254-255.

127 Kysar, "The Background of the Prologue," 250: "Dodd's ⋯ and Bultmann's ⋯ have become classics of Johannine studies."

매우 긍정적으로 평가할 수 있을 것이다. 특히 그가 두 사람의 연구의 약점을 밝힘으로써 신약성경에 대한 역사 비평적 방법의 결함을 드러낸 것은 높이 평가받아야 할 것이다.[128]

9. 바렛트(C. K. Barrett)(1972)

바렛트(C. K. Barrett)는 요한복음 프롤로그의 기원을 언어와 문체의 관점에서 비평했다.[129] 첫째, Barrett는 프롤로그의 언어는 아람어나 셈어가 아니라 엄숙하고 종교적이며 신성한 일에 쓰인 그리스어로서 사적 서신 파피루스의 범주에 속한다고 주장한다.[130] 이것은 몇몇 비문과 종교적이고 마술적인 파피루스와 헤르메티카 (Hermetica)와 같은 문학에서 발견되는 것이다. 프롤로그의 언어는 이 범주에 속한다.[131] 둘째, Barrett는 프롤로그의 문체는 시가 아니라 산문적인 찬양시(prose hymn)라고 주장한다.[132] 그는 이 주장에 근거하여 프롤로그는 셈어도 아니고 시도 아닌

---

[128] 이와 더불어 우리는 Bultmann과 Dodd에 대한 D. A. Carson의 엄중한 경고에 귀를 기울일 필요가 있다. Carson은 *Exegetical Fallacies* (Grand Rapids: Baker Academic, 1996), 43-44(=「성경해석의 오류」, 박대영 역 [서울: 성서유니온선교회, 2005])에서 '병렬'의 오용 가운데 하나인 언어적 병행마니아(Verbal parallelomania)에 대하여 비판한다. 이것은 언어적 병렬 또는 대구가 개념적 연관성이나 혹은 심지어 독립성을 증명해주거나 한 듯이 몇몇 문학작품에서 언어적 병행어들을 나열하는 경향을 말한다. Carson은 Bultmann과 Dodd가 각각 인용한 300개의 병행어들 가운데, 두 사람의 결과가 일치한 것은 고작 7퍼센트뿐이었으며, 그나마 그것도 배경으로서 중요하다고 여겨지는 것이 아니라 예로 제시된 것에서 중복된 것을 포함하고 있다고 말한다. 또한 그는 그렇게 중복되는 것은 두 학자 모두 가능성 있는 배경들에 대한 포괄적인 조사를 끝내지 못한 것이라고 결론짓는다. 이뿐만 아니라 그는 Bultmann은 만다이 종파(Mandaean)의 문서에서, Dodd는 헤르메틱 문서들(Hermetica)에서 배경을 찾지만, 이 자료들의 연대를 근거로 한다고 해도 이 두 배경들은 모두 의심스럽다고 비판한다. 더 나아가서 그는 두 학자들은 모두 계속해서 요한복음의 서론에 나타나는 단어들이 기본적으로 다른 자료들에 있는, 그 뜻이 비슷하거나 같은 단어들에서 기인했다고 주장하지만, 두 사람 모두 비교 중인 본문들의 의미론적 영역에서 일치나 상위를 연구하는 계열적인 동의어(contrastive paradigmatic equivalence)나 상당 어구 약정(equivalent contracts)에 대한 필요에 언어적으로 민감하지 못했다고 평가한다. Cf. Arthur Gibson, *Biblical Semantic Logic: A Preliminary Analysis* (New York: St. Martin, 1981), 53-54: "Bultmann은 참고문헌을 제시하는 데 있어 동일성과 출원의 기준(the criteria of identity and application)을 가지고 있지 않다. … 그는 동의어를 추론하기 위하여 단어들 중에서 잘못된 가정을 취한다."

[129] C. K. Barrett, "The Prologue of St. John's Gospel," 27-48.

[130] Barrett, "The Prologue of St. John's Gospel," 35-36: C. F. Burney와 R. Bultmann은 프롤로그의 아람어 기원을 주장했지만 E. Käsemann과 J. Jeremias는 이를 부정했다. R. E. Brown은 이에 대하여 결정을 내리지 않았다.

[131] Barrett, "The Prologue of St. John's Gospel," 36.

산문적 찬양시(prose hymn)이며,133 리드미컬한 산문(rhythmical prose)134이라는 결론을 내린다. Lindars의 의견도 이와 동일하다.135

이어서 Barrett는 세례자 요한 구절과 관련하여, 시적 프롤로그에 산문인 세례자 요한 구절(요 1:6-8,15)이 삽입되었다는 주장에 반대한다. 그는 이렇게 구분하는 것은 불가능하다고 말한다. 세례자 구절들은 흔히 생각하는 것보다 훨씬 더 리드미컬하며 병행을 이루는 이행연구로 자세히 설명될 수 있기 때문이다. 만약 이 구절들이 다른 구절들보다 덜 리드미컬해 보인다면 그것은 그 구절들이 옛 전승에 더 가까이 있기 때문이다.136 이와 함께 Barrett는 세례자 종파 논박설에137 대해서도 비판한다. 그는 지속적으로 존재하는 세례자 요한의 제자 그룹이 있었으며, 저자 요한이 그들과 다투었고, 그것을 복음서에 기록할 기회를 찾았다고 상상하는 것은 꽤 합리적이지만, 그럼에도 불구하고 이것은 본질적으로 원(primitive) 프롤로그에 산문이 삽입되었다는 문학 이론을 필요로 하지 않는다고 주장한다. 그는 이에 대하여 다음과 같이 결론짓는다.

프롤로그는 조각그림 맞추기(jigsaw puzzle)가 아니다. 그것은 단단한 신학적 작품의 한 부분이다. 저자가 그것 모두를 썼다. 그리고 프롤로그는 저자가 예수의 이야기에서 이해한 의미를 요약한 것이다. … 프롤로그는 요한복음에 없어서는 안 되는 필수적인 것이다. 이는 요한복음이 프롤로그에 없어서는 안 되는 것과 같은 것이다.138

---

132 Barrett, "The Prologue of St. John's Gospel," 39.

133 Barrett, "The Prologue of St. John's Gospel," 39.

134 Barrett, *The Gospel according to St. John*, 150: "The Prologue is better described as rhythmical prose."

135 Barnabas Lindars, *The Gospel of John* (Grand Rapids: Eerdmans, 1995), 80-82.

136 Barrett, "The Prologue of St. John's Gospel," 39.

137 Barrett, "The Prologue of St. John's Gospel," 39-40.

138 Barrett, "The Prologue of St. John's Gospel," 48. 한편 R. A. Culpepper는 Barrett가 프롤로그의 자료는 없었으며, 저자는 현재의 형태로 프롤로그를 구성했다고 주장한다고 말한다. 그리고 Culpepper는 note 5에서 Lopez의 자료를 인용하여 Barrett와 같이 프롤로그의 단일체(unity-한 저자의 작품)를 단언하는 학자로는 Eltester, Lamarche, Irigoin, Ridderbos, Borgen, Hooker, Fenton, F. W. Schlatter, Van den Bussche 등이 있다고 말한다("The Pivot of John's Prologue," *NTS* 27 [1980], 1-2).

10. 컬페퍼(R. A. Culpepper)(1980)

컬페퍼(R. A. Culpepper)는 프롤로그의 구조에 관한 중요한 논문을 썼다.[139] 그는 프롤로그를 교차 구조 방식에 따라 다음과 같이 분석하였다.

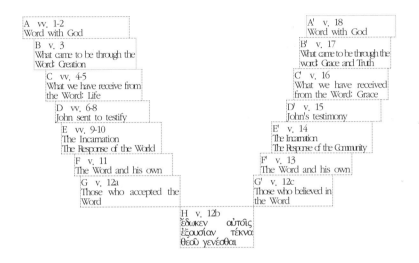

이 구조 분석의 장점은 요한복음의 프롤로그를 현재 형태 그대로 다룬다는 것이다.[140] 그는 비록 프롤로그가 초기 찬양시를 포함한다 할지라도 자료 분석과 별개로 현재 본문의 구조에 주의하지 않으면 안 된다고 말한다.[141] 그래서 그는 N. W. Lund의 교차구조 분석이 6-8과 15절을 제외하는 약점이 있다고 지적하는[142] 반면에 M. E. Boismard가 프롤로그의 현재 형태를 그대로 다룬 것에 대하여는 칭찬한다.[143]

---

[139] R. A. Culpepper, "The Pivot of John's Prologue," *NTS* 27 (1980), 1-31.

[140] Culpepper, "The Pivot of John's Prologue," 1-2, 13.

[141] Culpepper, "The Pivot of John's Prologue," 2.

[142] Culpepper, "The Pivot of John's Prologue," 2. 그러면서도 Culpepper는 N. W. Lund를 현대 교차구조 연구의 아버지라고 칭송한다(ibid., 6: "N. W. Lund, who might be called the father of modern studies of chiastic structure").

[143] Culpepper, "The Pivot of John's Prologue," 3.

Culpepper는 교차구조(chiasmus)를 사용하여 요한복음의 프롤로그가 요한복음 1:12b을 회전축으로 하는 하나의 통일체라는 사실을 밝혔다. 그러나 이 구조 분석에는 많은 문제점들이 있다.[144] 그는 프롤로그를 교차 구조라는 문학적 틀 안에 억지로 끼어 맞추고 있다. 그리하여 그는 병행이 아닌 부분을 병행이라고 주장하는가 하면, 부분적인 병행이 전체를 대표하는 것처럼 말함으로써 병행이 아닌 다른 많은 부분을 무시한다. 따라서 그의 주장은 큰 것을 작은 것에 가두어 두려는 듯하며, 이가 서로 맞지 않는 두 개의 톱니바퀴를 강제로 돌리고 있다는 생각을 지울 수 없다. 이것은 프롤로그에는 하나의 축이 있다는 그의 전제가 너무 크게 작용했기 때문이다. 한 마디로 그의 교차 구조 분석은 너무나도 인위적이다.[145] 그의 "이 고찰은 인상적이기는 하지만, 받아들이기는 어렵다."[146]

11. 밀러(Ed. L. Miller)(1983)

밀러(Ed. L. Miller)는 요한복음 프롤로그의 로고스 찬양시에 관한 그의 글[147]에서 요한복음 1:1-5이 완전한 로고스 찬양시를 포함하고 있다고 말한다. 그는 요한복음 1:1-5에서 삽입된 1c(καὶ θεὸς ἦν ὁ λόγος)와 2절을 제외한 나머지 부분, 즉 1:1a-b와 3-5절만이 완전한 로고스 찬양시이라고 주장한다. 그가 1c와 2절을 원 찬양시 자료에서 삭제하는 이유는 1-5절의 병행형식 때문이다. 1a-b는 점층적 병행이고, 3절은 대조적 병행이며, 4절은 점층적 병행이다. 그리고 5절은 점층적 병행과 대조적 병행이다. 그러나 1c와 2절은 1:1-5에 있는 다른 구절들과 달리 매우 분명하지 않은 병행을 이룬다. 그러므로 이 구절들은 삭제되어야 한다. 또한 이 구절들은 그 앞에 있는 구절들에 대하여 있을 수도 있는 오해를 막기 위해 나중에 논쟁을

---

144 이에 대한 자세한 내용은 본 논문 제3장(요한복음 프롤로그의 구조)의 I.1.2)를 참조하라.

145 J. G. Van der Watt, "The Composition of the Prologue of John's Gospel: The Historical Jesus Introducing Divine Grace," *WTJ* 57 (1995), 311-332, esp. 315-316. 이것은 Michael Theobald, *Im Anfang war das Wort. Textlinguistische Studie zum Johannesprolog* (Stuttgart: Katholisches Bibelwerk, 1983), 32에 근거하여 언급되었다.

146 Beasley-Murray, John. 4. 이 외에도 Culpepper의 교차구조에 대한 학자들의 비판과 찬성에 대하여는 본 장의 Van der Watt에 관한 부분을 참조하라.

147 Ed. L. Miller, "The Logic of the Logos Hymn: A New View," *NTS* 29 (1983), 552-561.

위하여 끼워 넣은 것(polemical intrusions)이다.[148] 다시 말해, 1c는 그 앞의 행에 대한 해설을 위하여, 그리고 λόγος와 θεός의 통일체를 강조하기 위하여 최종적으로 삽입한 것이다. 2절은 하나님과 함께 계신 로고스가 이미 태초에 계셨다는 것을 명확하게 하기 위한 해설이며, 이는 1a-b에서 발생할 수도 있는 오해를 바로잡기 위해 최종적으로 삽입되었다.[149]

Miller는 로고스 찬양시에 대한 자신의 이 주장을 정당화하기 위해 요한복음 1:3의 ὃ γέγονεν[150]을 요한복음 1:4에 포함시켜 ὃ γέγονεν ἐν αὐτῷ ζωὴ ἦν이 되게 하였다. 그리고 그는 이 구절을 '예수의 인격 안에서 구원을 베푸시는 생명과 빛의 역사적 출현'으로 해석함으로써 성육신적 해석을 시도하였다.[151] 그리하여 그는 2행 연구로 된 네 개의 연(strophe)을 만들고, 순서에 따라 로고스의 선재, 창조, 성육신, 현재의 활동이라는 시간적, 역사적, 구속사적 순서를 만들었다.[152] 그 결과 그는 그리스도 찬양시를 교창 암송을 위하여 주의 깊게 배열된 신학적 요점이라고 말한다.[153] 또한 그는 이러한 교창 암송은 유대교의 관례였고, 아주 이른 시기에 기독교 교창 찬양시가 존재했다고 주장한다.[154]

Miller가 정교한 교차 구조나 광대한 탈굼 주해를 프롤로그 전체를 통일하는 원리로 인정하지 않은 것은 긍정적으로 받을 수 있다.[155] 그러나 그가 요한복음 1:1-5 중, 1a-b와 3-5절만 완전한 로고스 찬양시[156]라고 말한 것은 받을 수 없다.[157] 그가 요한복음 1:1-5을 이런 식으로 재구성한 것은 이것만이 완전한 로고스 찬양시이며, 이 찬양시는 교창 암송(antiphonal recitation)에 적합하도록 연속적인 2행연구의

---

148 Miller, "The Logic of the Logos Hymn," 554-555.

149 Miller, "The Logic of the Logos Hymn," 561, note 11.

150 See. *GNT*, edited by Barbara Aland, Kurt Aland, Johannes Karavidopoulos, Carlo M. Martini, and Bruce M. Metzger (United Bible Societies, 1994) (UBS fourth revised edition).

151 Miller, "The Logic of the Logos Hymn," 552-554.

152 Miller, "The Logic of the Logos Hymn," 556, 558-559.

153 Miller, "The Logic of the Logos Hymn," 552.

154 Miller, "The Logic of the Logos Hymn," 559.

155 Miller, "The Logic of the Logos Hymn," 552.

156 Miller, "The Logic of the Logos Hymn," 552: "we propose that in vss. 1-5(omitting vss. 1c,2 as probable interpolations) we have a complete Logos hymn."

157 그 이유에 대하여는 본 논문 제3장(요한복음 프롤로그의 구조)의 Ⅰ.1.3)을 참조하라.

4연으로 되어 있다는 자신의 주장을 합리화하기 위한 것이다.

12. 페인터(J. Painter)(1983, 1987)

페인터(J. Painter)는 프롤로그의 자료에 관한 논문에서[158] 프롤로그의 시적형식은 프롤로그와 몸말과의 차이를 드러내었으며, 이 차이 때문에 대부분의 현대 학자들은 저자가 찬양시 자료를 사용했다는 결론을 내린다고 말한다.[159] R. Schnackenburg 는 "최근 연구에서 프롤로그가 저자에 의해 채택된 노래나 찬양시에 기초하고 있다는 확신이 우세하다"[160]고 말하였다. 그러나 C. K. Barrett는 저자가 찬양시 자료를 사용했다는 이론에 반대하여 프롤로그는 요한복음에 특별히 기록된 복음서의 도입 이라고 주장한다.[161] Painter는 Barrett의 이 주장을 다음의 몇 가지 이유로 옹호한다. 첫째, 저자가 찬양시 자료를 사용했다고 주장하는 사람들은 그 자료의 정확한 형식에 관하여 합치할 수 없다. 둘째, 현재 상태의 프롤로그는 통일성을 가지고 있다. 셋째, 프롤로그는 본론과 완벽하게 조화된다. 프롤로그는 몸말을 위한 탁월한 도입을 형성한다.

하지만 Painter는 근본적으로 Barrett의 주장에 반대한다. 그는 유대교와 기독교 찬양시가 있었다는 것은 의심할 수 없다면서 그 근거를 다음과 같이 제시한다. 쿰란 찬양시 두루마리는 대체로 당시 유대교 찬양시 전승에 대한 충분한 증거이다. 그리고 플리니(Pliny)가 트라얀(Trajan)에게 보낸 편지에서 그가 기독교에 대하여 말할 때 기독교 찬양시에 대한 증거를 보인다. "그들은 번갈아 가면서 그리스도에 대한 찬양시를 암송한다."[162] 그리고 신약 저자들이 그들의 저작에서 이 찬양시를

---

[158] J. Painter, "Christology and the Fourth Gospel: A Study of the Prologue," *ABR* 31 (1983), 45-62.

[159] Painter, "Christology and the Fourth Gospel," 46.

[160] R. Schnackenburg, *The Gospel according to St. John*, vol. 1 (London: Bruns & Oates, 1980), 224-225; Painter, "Christology and the Fourth Gospel," 57, note 6을 보라.

[161] Barrett, *The Gospel according to St. John*, 150; Painter, "Christology and the Fourth Gospel," 46.

[162] Painter, "Christology and the Fourth Gospel," 58, note 10.

사용했다는 것이 신약학에서의 공통된 가정이다. 예를 들어, 만약 초기 기독교 찬양시들이 로마서 1:1-4과 빌립보서 2:6-11의 기초가 된다면, 줄잡아 말하더라도 프롤로그의 기초가 되는 찬양시의 가능성을 배제할 수는 없다. 또한 프롤로그에 독특한 어휘들이 집중되어 있는 것도 저자가 찬양시를 사용했다는 것을 시사한다. 그 독특한 것은 기독론적 호칭으로 로고스를 사용한다는 것이다.[163] 그리고 프롤로그 밖에서 좀처럼 사용되지 않는 어휘들이 있다.[164]

이어서 Painter는 프롤로그의 자료사용에 관하여 다음과 같이 결론을 내린다: 기독교와 회당과의 충돌에서 요한복음 저자가 지혜/토라에 대한 찬양 중 종파적 (sectarian) 유대교 찬양시를 프롤로그의 토대로 사용했다. 이 찬양시는 저자에 의해 사용되기 전에 헬레니스트 기독교 공동체에 의해 편집되고 수정되어(특히 요 1:16-18) 사용되었다.[165]

그러나 Painter가 말한 대로 전승으로 전해지던 그리스도 찬양시가 있었다는 것이 일반적으로 인정되고 있고, 신약성경도 이것을 지지한다 하더라도[166] 그는 종파적 유대교가 이 찬양시의 기원이라는 자신의 주장에 대한 확실한 근거를 제시하지 못한다.

J. Painter는 이 외에 C. H. Dodd의 요한복음 기독론을 소개하고 평가하는 논문을 썼다.[167] 그는 이 논문에서 요한복음의 로고스에 대한 Dodd의 주장을 소개한다. Painter에 의하면, Dodd는 로고스를 헬레니즘의 고등 종교에서 교육받은 공중들에게 적합한 접근방식이라고 말했다.[168] 그는 저자의 로고스 기독론이 로고스에

---

[163] Painter, "Christology and the Fourth Gospel," 47.

[164] Painter, "Christology and the Fourth Gospel," 47: κόλπον, see 13:23;'Iησοῦ Χριστοῦ, see 17:3; φαίνει, see 5:35.

[165] 이것이 Painter의 주요 논지이다. Painter, "Christology and the Fourth Gospel," 52; 56, note 1; 61, note 26.

[166] 빌 2:6-11; 골 1:15-20; 히 1:1-4 등.

[167] J. Painter, "C. H. Dodd and the Christology of the Fourth Gospel," *JTSA* 59 (1987), 42-56.

[168] Painter, "C. H. Dodd and the Christology," 45.

대한 헬라적 이해에 의존했다고 말한다. 그러나 Painter는 그럴 필요가 없다고 비판한다. 그는 도리어 유대 지혜 사색에 헬라 영향이 있었다고 말한다. 또한 Dodd는 로고스를 모든 사람 안에 있는 '이성'으로 해석했다. 이 이성은 마음과 사상과 말을 포함한다. 그러나 Painter는 Dodd의 이 주장이 저자에 대한 옳은 배경으로 생각되지 않으며, 저자는 헬레니즘보다 유대교의 지혜, 토라, 말씀 전승에 더 가깝다고 비판했다.[169]

나아가서 Painter는 Dodd가 생각하는 프롤로그의 의미를 소개한다. Dodd는 프롤로그에 이중적 의미가 있다고 생각한다. 하나는 요한복음을 알지 못하는 헬라 독자들을 위한 것이다. 이들을 위하여 성육신은 단지 요한복음 1:14에 소개된다. 다른 하나는 요한복음 전체의 문맥에서 프롤로그를 이해하는 독자들을 위한 것이다. 이들을 위하여 성육신은 이미 요한복음 1:4절에서 말해졌다. 그러나 Painter는 이 주장에 대하여 저자가 그와 같은 애매모호함을 의도했겠는가라고 물으며, 어떤 해석이 요한복음 전체에 합당하지 않다면 그것은 저자의 의도를 오해한 것이라고 비판한다.[170]

13. 스탈리(J. Staley)(1986)

스탈리(J. Staley)는 프롤로그를 대칭(symmetrical) 구조 즉, 교차구조로 분석하였다.[171] 이것은 근본적으로 Culpepper의 구조분석과 거의 유사하다. Staley는 프롤로그 구조에 대하여 크게 두 가지 생각을 가지고 있다.

첫째, 요한복음 1:1-2이 대칭적 구조, 즉 교차구조로 되어 있으며, 이 구조가 프롤로그 전체를 대칭적이고 리드미컬한 형식으로 만든다.[172] Staley는 Culpepper의 생각을 따라 이 두 구절의 대칭적 구조는 맨 처음부터 시작하여 반복된 예들을

---

[169] Painter, "C. H. Dodd and the Christology," 54.

[170] Painter, "C. H. Dodd and the Christology," 53.

[171] J. Staley, "The Structure of John's Prologue: Its Implications for the Gospel's Narrative Structure," *CBQ* 48 (1986), 241-264.

[172] Staley, "The Structure of John's Prologue," 242-243.

찾기까지 변화하며, 이 구절들의 작은 구조는 프롤로그의 큰 구조와 거의 같다고 말한다.[173] 그 근거는 단어의 반복이다. 예를 들면 θεός가 요한복음 1:1-2에 세 번, 16-18절에 두 번, 3-15절에 두 번 반복된다.[174] 따라서 Staley의 주장은 요한복음 1:3-18의 구조는 요한복음 1:1-2의 구조를 따르며, 그 이유는 1-2절의 단어가 3-18절에서도 반복하여 말해지기 때문이라는 것이다.

그러나 프롤로그에는 반복되는 단어들만 있는 것이 아니라 반복되지 않는 단어들이 훨씬 더 많이 있다. 또한 같은 단어이지만 다른 의미로 사용되는 경우도 있다. 예를 들면, Staely 자신도 인정하듯이 요한복음 1:1-2의 ἦν은 세 가지의 다른 의미로 사용되었다.[175] 그러므로 반복되는 몇 단어로 전체를 연결하려는 시도는 지양되어야 한다.

둘째, Staely는 요한복음 1:12-13이 프롤로그 전체의 중심이라고 말한다.[176] 그러나 요한복음 1:12-13이 전체의 중심이 되기 위해서는 이 구절 외에 그가 대칭을 이룬다고 말하는 구절들의 내용이 정확하게 일치되어야 한다. 그러나 실상은 그렇지 못하다.

---

[173] Staley, "The Structure of John's Prologue," 243-244, esp. 244.

[174] Staley, "The Structure of John's Prologue," 244.

[175] Staley, "The Structure of John's Prologue," 244; Brown은 이것이 존재, 관계, 술어의 의미로 사용되었다고 말한다(*The Gospel according to John I-XII*, 4).

[176] Staley, "The Structure of John's Prologue," 244-249.

    A. 로고스의 관계(1-5)
        1) 하나님과 로고스의 관계
        2) 창조와 로고스의 관계
        3) 인간과 로고스의 관계
    B. 세례자 요한의 증거(6-8)
    C. 빛/로고스의 여행(9-11)
    D. 권세를 주시는 선물(12-13)
    C'. 로고스의 여행(14)
    B'. 세례자 요한의 증거(15)
    A'. 로고스의 관계(16-18)
        3) 인간과 로고스의 관계
        2) 재창조와 로고스의 관계
        1) 하나님과 로고스의 관계

먼저 요한복음 1:1-5과 요한복음 1:16-18이 정확하게 일치하지 않는다. Staley는 요한복음 1:1-2이 로고스와 하나님과의 관계를 다루며 이것이 요한복음 1:18과 일치한다고 말한다.[177] 하지만 1-2절은 단순히 로고스와 하나님과의 관계만을 말하는 것이 아니다. 오히려 여기서의 중심 내용은 로고스의 존재에 관한 것이다. 이것은 세 번의 ἦν이 잘 증거한다. 18절도 로고스와 하나님과의 관계를 말하지만 그 핵심은 로고스가 성육신한 결과에 관한 것이다. 또한 요한복음 1:3과 17이 각각 δι' αὐτοῦ ἐγένετο와 δία'Ιησοῦ Χριστοῦ ἐγένετο를 말함으로써 비슷한 형식을 취하고 있으나[178] 그 의미는 전혀 다르다. Staley는 이 두 구절이 모두 창조와 관련된다고 주장한다. 3절은 분명 만물창조를 의미한다. 그러나 17절은 그렇지 않다. 17절의 διὰ 'Ιησοῦ Χριστοῦ ἐγένετο는 같은 절에 있는 διὰ Μωϋσέως와 병행이다.[179] 오히려 3절은 10절과 직접적으로 병행을 이룬다. 그는 17절의 창조 관련성을 주장하기 위해 그 절이 율법을 언급하고 예수 그리스도라는 칭호를 사용함으로써 재창조 또는 구속에 대한 로고스의 관계를 강조한다고 말한다. 그러나 이것은 율법과 그리스도를 대조 관계로 이해하는 데서 발생한 결과이다. 율법과 은혜는 대조적인 관계가 아니다. 그리스도가 은혜요 진리이듯이 율법도 그러하다.[180]

또한 요한복음 1:6-8과 15절을 병행관계로 보는 데는 한계가 있다. 이 두 곳은 모두 세례자 요한과 관련된 것이기는 하지만 그 구체적인 내용은 일치하지 않는다. 6-8절은 빛에 대한 증인인 세례자 요한의 신분, 정체, 역할에 관한 것인 반면에 15절은 그 증인이 증거한 내용과 그 증거의 대상인 예수에게 초점이 맞추어져 있기 때문이다.

셋째, 요한복음 1:14은 요한복음 1:9-11에 대한 보충이 아니다. 14절은 로고스의

---

[177] Staley, "The Structure of John's Prologue," 248.

[178] Staley, "The Structure of John's Prologue," 248.

[179] Cf. P. Borgen, "The Prologue of John as Exposition of the Old Testament," in *Philo, John and Paul: New Perspectives on Judaism and Early Christianity*, Brown Judaic Studies 131 (Atlanta: Scholars, 1987), 75-101, esp. 94-95.

[180] 성주진, 「사랑의 마그나카르타」 (수원: 합동신학대학원출판부, 2005), 141-157, 179-198: 율법은 은혜의 반대말이 아니라 은혜의 매우 중요한 표현이다. 율법 자체가 하나님의 은혜이다. 율법은 은혜이다.

성육신과 그의 거주와 영광과 은혜와 진리의 충만에 대하여 말씀한다. 반면에 9-11은 로고스/빛의 세상에 오심과 세상과의 관계, 그리고 그에 대한 세상의 무지와 거절에 대하여 말씀한다. 둘 다 성육신을 말하지만 전자는 성육신한 로고스에 초점이 있다면, 후자는 성육신한 로고스에 대한 세상의 부정적인 반응에 초점이 있다. 그렇기 때문에 이어지는 12-13절에서 그를 영접하는 자들에 대하여 계속하여 말씀하는 것이다. 그러므로 14절과 9-11절은 병행이나 대칭, 보완으로 보기 보다는 대조로 보는 것이 옳다. 우리는 9-11절과 12-14절 사이에 δέ라는 역접 접속사가 놓여 있다는 사실을 간과하면 안 된다.

프롤로그를 교차구조로 보려는 이들의 공통적인 문제점은 일치되는 것만 강조하고 일치하지 않는 것은 가급적 피한다는 것이다. 그러나 일치를 강조하는 만큼 불일치에 대해서도 강조하는 것이 옳다.

14. 보겐(P. Borgen)(1987)

보겐(P. Borgen)은 그의 논문에서[181] 먼저 프롤로그에 대한 R. Bultmann의 주장에 반대한다. Bultmann은 세례자 요한 구절이 2차적으로 추가된 산문이며 따라서 원 찬양시에 포함되지 않았다고 말했다. Käsemann, Schnackenburg, Brown도 세례자 요한 구절을 2차적 추가로 보았으며, 저자가 찬양시를 사용했고 그리고 보충했다고 생각한다. Haenchen도 추가로 보았으나 앞의 학자들과 다른 점은 편집자가 세례자 요한 구절뿐만 아니라 21장도 추가했다고 생각하는 것이다.[182]

Borgen은 이러한 주장에 반대하기 위하여 W. Eltester의 주장을 언급한다. Eltester는 찬양시를 재 작업했다는 가설을 전적으로 거절한다. 그는 요한복음 1:1-18이 단일 통일체(single entity)이고, 요한복음의 이야기가 1절과 함께 시작하며, 각 단락은 구원 역사에 있어서 중요한 사건(epoch)에 대하여 말한다고 주장한다.[183]

---

[181] P. Borgen, "The Prologue of John as Exposition of the Old Testament," in *Philo, John and Paul: New Perspectives on Judaism and Early Christianity*, Brown Judaic Studies 131 (Atlanta: Scholars, 1987), 75-101.

[182] Borgen, "The Prologue of John as Exposition of the Old Testament," 75.

하지만 Borgen은 세례자 요한에 관한 진술이 핵심적인 기능을 가진다는 Eltester의 생각에 대하여는 반대한다. 그 이유는 Eltester의 진술이 도식적이고 부자연스러우며, 또한 그가 세례자 요한에 관한 진술이 성육신에 관한 구절(14) 바로 앞이 아닌 요한복음 1:6-8에 이미 나타나고 있는 것에 대하여 만족스런 설명을 주지 못한다는 것이다.[184] 그러나 Borgen은 Eltester에 대하여 긍정적인 평가도 내린다. 그것은 시와 산문 사이의 구분이 사라질 때 요한복음 1:1-18을 통일체로 보는 것이 자연스러우며, Eltester가 구원사의 중요 사건을 과도하게 도식적으로 표현하였음에도 불구하고 다양한 연구들은 요한복음에 구속사에 관한 요소들이 있다는 것을 보여줌으로써 프롤로그에서도 구속사적 요소들을 발견할 수 있다는 것이다.[185]

이 주장에 근거하여 Borgen은 프롤로그의 기본 구조를 산문이냐 시냐 하는 것에 의존하지 않고, 창세기 1:1-5에 대한 주해로 이해한다.[186] 그는 요한복음 프롤로그의 구조를 근본적으로 창세기 1:1-5에 대한 예루살렘 탈굼의 주해에 기초하여 이해한다.[187] 그에 따르면, 요한복음 1:1-5은 창세기 1:1-5에 대한 탈굼적 주해(exposition)에 기초하고 있고, 요한복음 1:6-18은 요한복음 1:1-5의 용어들과 구절들에 대한 자세한 설명(elaboration)이다.[188] 요한복음 1:1-2의 $\dot{\epsilon}v$ $\dot{\alpha}\rho\chi\hat{\eta}$는 창세기 1:1의 בראשׁית를 표현하며, (ὁ) θεός 역시 창세기 1:1을 언급한다. 그러나 요한복음 1:18의 θεός는 요한복음 1:1을 가리킨다. 왜냐하면 이 두 곳에서 이 단어는 로고스에 대한 언급과 함께 나타나기 때문이다.[189] 기본 주해는 세 가지 주요 용어들과 구절들을 가지고 있다. 이것들은 상세 설명에서 정확하게 역순으로 반복된다.

---

[183] W. Eltester, "Der Logos und sein Prophet. Fragen zur heutigen Erklärung des johanneischen Prologs," (BZNW 30) in Eltester and Kettler, *Apophoreta* (Berlin: A Töpelmann, 1964), 109-134, esp. 124; Borgen, "The Prologue of John as Exposition of the Old Testament," 75에서 재인용.

[184] Borgen, "The Prologue of John as Exposition of the Old Testament," 76.

[185] Borgen, "The Prologue of John as Exposition of the Old Testament," 76.

[186] Borgen, "The Prologue of John as Exposition of the Old Testament," 76.

[187] Borgen, "The Prologue of John as Exposition of the Old Testament," 92.

[188] Borgen, "The Prologue of John as Exposition of the Old Testament," 78.

[189] Borgen, "The Prologue of John as Exposition of the Old Testament," 76-77.

기본주해: (a) 1-2 ὁ λόγος-(ὁ) θεός (b)3 πάντα δι' αὐτοῦ ἐγένετο (c)4-5 τὸ φῶς

상세설명: (c) 7 τὸ φῶς (b)10 ὁ κόσμος δι' αὐτοῦ ἐγένετο (a)14-18 ὁ λόγος-θεός

상세설명은 특정 사건인 예수 오심의 사건에 적용된다(6-9; 10-13; 14-18). 요한복음 1:4-5의 빛은 6-9절에서 예수 그리스도의 출현이라는 관점에서 이해된다. 요한복음 1:3의 창조에 관한 관용구(the creation formular)는 요한복음 1:10-13에서 소유주와 그의 소유물이라는 사상 형식으로 해석되며, 이것은 예수의 출현을 의미한다. 요한복음 1:1-2은 14-18절에서 현현의 사상 형식으로 예수 그리스도의 출현에 적용된다. 이처럼 주해(요 1:1-5)의 세 부분은 각각 예수 그리스도의 오심(요 1:9,11,14)에 적용된다.[190]

이어서 Borgen은 결론에서 다음과 같이 말한다. "요한복음의 프롤로그의 구조는 근본적으로 그것이 창세기 1:1-5에 대한 (탈굼적) 주해라는 것에 기초하여 이해되어야 한다. 그러므로 시이냐 산문이냐 하는 질문은 부수적인 것이다. … 요한복음 1:1-18은 전체적으로 저자 자신의 구성으로 간주될 수 있다."[191]

여기서 보여준 Borgen의 장점은 세례자 요한 단락을 추가로 보지 않는다는 것이다.[192] 그는 프롤로그를 통일체로 보고[193] 전적으로 저자 자신의 구성으로 이해한다.[194] 하지만 그에게도 문제가 있다. Culpepper가 잘 지적한 것처럼[195] Borgen이 단지 세 가지 용어와 구절들을 가지고 프롤로그를 전 후반으로 이등분하고, 후반부를 전반부에 대한 상세해설이라고 단정 짓는 것은 논리적 비약이다. 일치하는 몇 단어만 가지고 전체를 해석하려는 시도는 다른 중요한 주제들을 간과하는 잘못을 범한 것이다. 또한 Borgen은 요한복음 1:9이 로고스와 빛을 동일시한다고 생각하여 창세기 1:3이 이 동일시의 해석적 기초가 된다고 말한다. 왜냐하면 창세기 3:1의

---

190 Borgen, "The Prologue of John as Exposition of the Old Testament," 75-101.

191 Borgen, "The Prologue of John as Exposition of the Old Testament," 92-93.

192 Borgen, "The Prologue of John as Exposition of the Old Testament," 86.

193 Borgen, "The Prologue of John as Exposition of the Old Testament," 75-76.

194 Borgen, "The Prologue of John as Exposition of the Old Testament," 93.

195 Culpepper, "The Pivot of John's Prologue," 1-31.

εἶπε가 빛과 관련되기 때문이라는 것이다.[196] 그러나 이 둘은 동일시 될 수는 없다. 요한복음 1:9에서는 로고스와 빛이 동일하지만, 창세기 1:3에서의 말씀은 명령하는 주체이고 빛은 그 명령을 받는 대상이다. 그는 지금 본문에 대한 주석적 작업 없이 예루살렘 탈굼의 해석을 무비판적으로 수용하는 잘못을 범하고 있다. 나아가서 Borgen은 요한복음 1:3을 요한복음 1:10-13에 대응시킨다.[197] 그러나 3절은 10절에만 일치된다. 따라서 3절을 11-13절에 연장하여 적용하는 것은 억지이다. 3절에서는 11-13절에 있는 예수의 오심에 대한 어떤 암시도 찾을 수 없다. 정확하게 일치하는 것은 3절과 10b밖에 없다. 게다가 요한복음 1:6-8은 예수 오심의 증거가 아니라 세례자 요한의 옴에 대한 증거이다. 세례자 요한은 예수 오심을 증거하는 자로도 중요하게 취급되지만, 6-8절에서는 그런 그가 하나님으로부터 왔다는 사실이 우선적으로 강조된다. 그러므로 6-9절이 4-5절에 속한다고 말한 것은 무리이다.[198] 마지막으로 Borgen은 요한복음 1:14-18이 시내산 현현의 사상들에 크게 의존한다고 말한다. 그는 요한복음 1:1-2에 있는 로고스와 하나님에 대한 개념들은 요한복음 1:14-18에 있는 현현의 사상에서 예수 그리스도의 오심에 적용되었다고 주장한다.[199] 그러나 이 주장도 너무 근거가 약하여 수용하기 어렵다.

결론적으로 Borgen의 주장은 정확성이 매우 약하다. 그 중요한 이유는 그의 안에 너무나 큰 전제가 작용하고 있기 때문이다. 그것은 유대문헌에 대한 그의 과도한 신뢰이다. 그는 예루살렘 탈굼을 그의 주장을 확증하는 최고 권위로 삼는다. 그래서 그는 창세기에 대한 논쟁에서도 본문에 대한 아무런 주석 없이 예루살렘 탈굼을 최종 근거로 제시한다. 이러한 생각이 그로 하여금 요한복음의 프롤로그는 창세기 1:1-5에 관련되어 있으며, 따라서 창세기 1:1-5에 대한 예루살렘 탈굼의 주해라고 단정하게 만든 것으로 보인다. Borgen은 Culpepper의 교차구조를 너무 기계적이고 추상적이라고 비판했다. 하지만 Borgen 역시 동일한 비판을 받아야 한다. 왜냐하면 그도 구약성경 자체에 대한 연구는 배제하고 예루살렘 탈굼의 내용만

---

[196] Borgen, "The Prologue of John as Exposition of the Old Testament," 77.
[197] Borgen, "The Prologue of John as Exposition of the Old Testament," 83.
[198] Borgen, "The Prologue of John as Exposition of the Old Testament," 78.
[199] Borgen, "The Prologue of John as Exposition of the Old Testament," 80.

그대로 옮겨 오는 기계적이고 추상적인 행동을 했기 때문이다.

15. 얀 더 바트(J. G. Van der Watt)(1995)

얀 더 바트(J. G. Van der Watt)는 프롤로그를 두 개의 주요 부분으로(요 1:1-13과 1:14-18) 나누고, 그것을 상호보완을 위한 구조적 통일체(structural unity)로 보았다.[200] 그는 요한복음 1:1-13은 역사적 발전 원리를 따르고 있고, 요한복음 1:14-18은 주제 병행적 진행을 따르고 있다고 말한다.[201] 요한복음 1:1-13은 로고스의 비성육신(λόγος ἄσαρκος, 요 1:1-5)과 로고스의 성육신(λόγος ἔνσαρκος, 요 1:9-13), 그리고 이 둘을 이어주는 '다리'로서의 세례자 요한 구절(요 1:6-8)로 되어 있어서 로고스의 선재부터 성육신까지 연대기적 역사의 발전을 형성한다.[202] 그러나 이러한 구조분석의 약점은 요한복음 1:4-5을 'λόγος ἄσαρκος'로 단정하기 어렵다는 데 있다.[203] 또한 그는 요한복음 1:14-18의 주요 강조는 역사적 인물이 아니라 신적 특성(은혜와 진리)이라고 말한다. 이처럼 그는 요한복음 1:1-13의 논증이 역사적 선을 따라 발전되는 반면에, 요한복음 1:14-18의 초점은 예수 안에서 발생한 이와 같은 신적 특성과 영향이라고 주장한다.[204] 그리고 그는 이 두 부분이 상호보완적인 것이라고 주장한다. 이를 위해 그는 요한복음 1:4-5과 17절이 상응하는 것이라고 주장하지만, 이것은 납득하기 어렵다.

하지만 Van der Watt의 공로도 있다. 그것은 그가 프롤로그의 어떤 한 절에서 '중심 주제'를 말하지 않아야 하며, 메시지는 그것보다 훨씬 더 광범위하다고 말한 것이다.[205] 이 말은 프롤로그 중 소위 '축'이라고 생각하는 어느 한 절에 의해 프롤로그 전체를 말하려고 해서는 안 된다는 것이다. 왜냐하면 교차병행이라고 주장되는

---

[200] J. G. Van der Watt, "The Composition of the Prologue of John's Gospel: The Historical Jesus Introducing Divine Grace," *WTJ* 57 (1995), 311-332.

[201] Van der Watt, "Composition of the Prologue," 318-329.

[202] Van der Watt, "Composition of the Prologue," 319-321.

[203] 이에 대하여는 본 논문 제3장(요한복음 프롤로그의 구조)의 I.4를 보라.

[204] Van der Watt, "Composition of the Prologue," 326-329.

[205] Van der Watt, "Composition of the Prologue," 331-332.

것들 중에는 그렇게 볼 수 없는 부분들이 많이 있기 때문이다. 사실 프롤로그를 교차구조로 보려는 시도에는 인위적인 측면이 강하고 억지스러운 것이 많다. 그의 또 다른 공로는 프롤로그는 그것의 현재 형태에서 완벽한 의미를 갖는 것이 분명하다고 말함으로써[206] 프롤로그의 현재 형태의 진정성과 신적 권위를 인정한 것이다.

16. 맥그라스(J. F. McGrath)(1997)

맥그라스(J. F. McGrath)는 요한복음의 프롤로그에 관한 논문에서 요한복음의 기록 배경과 세례자 요한 구절과 구조의 문제를 다룬다.[207] 그는 세례자 요한 구절에 대한 학자들의 견해를 두 가지로 대별하여 소개한다. 첫째는 프롤로그의 시적 부분이 초기의 것이고 그 후에 저자나 편집자가 세례자 요한 구절을 추가했다는 주장이다.[208] 둘째는 세례자 요한에 관한 산문 단락이 처음 것이고 나중에 시 부분이 삽입되었다는 주장이다.[209] 그러나 이 두 입장 모두 프롤로그에 삽입이 있다고 말하는 점에서는 다르지 않다. 단지 산문과 시 중에 어느 것이 본래의 것이고 어느 것이 삽입이냐를 따질 뿐이다.

더 나아가서 McGrath는 프롤로그의 구조 문제를 다룬다.[210] 그는 프롤로그를 교차 대칭의 병행구조로 보는 것에 동의한다. 하지만 그는 이런 구조 이해의 가장 중요한 결함은 절정 구절(climactic verse)을 중심에 두는 것이라고 말한다. 그는 R. A. Culpepper[211]의 프롤로그 구조 도해에 대체로 동의한다. 하지만 정점이

---

206 Van der Watt, "Composition of the Prologue," 331.

207 J. F. McGrath, "Prologue as Legitimation: Christological Controversy and the Interpretation of John 1:1-18," *IBS* 19 (1997), 98-120.

208 Bultmann, "The History of Religions Background of the Prologue," 18-35; Käsemann, "The Structure and Purpose of the Prologue," 138-167; J. N. Bernard, *A Critical and Exegetical Commentary of the Gospel according to St. John*, vol. 1 (Edinburgh: T. & T. Clark, 1928), cxlv; cf. Barrett, "The Prologue of St. John's Gospel," 29, 36; Beasley-Murray, *John*, 3.

209 McGrath, "Prologue as Legitimation," 100; Robinson, "The Relation of the Prologue," 125-127; Lindars, *The Gospel of John*, 76; R. T. Fortna, *The Fourth Gospel and Its Predecessor* (Philadelphia: Fortress Press, 1988), 28.

210 McGrath, "Prologue as Legitimation," 101-103.

211 Culpepper, "The Pivot of John's Prologue," 1-31.

발견되는 곳에 대한 결정은 잘못되었다고 비판한다. 그는 그 근거로 중동사회의 병행법 사용에 매우 해박한 Kenneth Bailey의 의견을 제시한다. Bailey는 교차 대구법의 전환점은 중심 구절 (the centre) 바로 뒤에 오는 경향이 있다고 하였다. 이것에 따라서 McGrath는 비록 요한복음 1:12-13이 프롤로그의 구조적 중심 구절일 지라도 결정적 구절이 되는 전환점은 14절이라고 주장한다.[212] 이렇게 함으로써 그는 구조적 중심에서는 Culpepper를 따르고, 결정적 구절에서는 Bultmann과 Käsemann을 따르고 있다. 이것은 그 나름대로 제 3의 길을 모색하는 것이다.

이러한 그의 주장에는 몇 가지 문제가 있다. 첫째, 프롤로그 자체가 교차 대구법을 바탕으로 기록되었다고 단정하기 어렵다. 왜냐하면 어떤 학자도 상응하는 구절들의 모든 내용이 정확하게 일치하도록 분류하지 못했기 때문이다. 사실 우리는 조금만 주의하면 일치하는 부분보다 일치하지 않는 부분이 더 많다는 것을 금방 알 수 있다. 둘째, 그는 프롤로그의 교차대구법을 인정하는 최소한의 근거로 요한복음 1:1과 18절이 상응한다고 말한다. 그러나 이 두 절은 대구를 이룬다고 볼 수 없다. 1절은 그리스도의 존재에 대하여 말하지만 18절은 성육신한 그리스도의 활동에 대하여 말하기 때문이다.

17. 세고비아(F. F. Segovia)(2002)

요한복음 프롤로그에 대한 세고비아(F. F. Segovia)의 입장은 그의 논문 제목[213]에서 이미 분명하게 드러난다. 그는 요한복음을 서곡(entrée)과 실체(reality)로 나눈 뒤, 요한복음 1:1-18은 실체에 대한 탁월한 서곡이며, 요한복음의 첫 번째 이야기 단위(unit)이자 첫 번째 분할(division)이라고 말한다. 그는 이 서곡이 요한복음의 핵심 요약이자 명백한 도입이라고 주장한다. 따라서 그에게 있어서 프롤로그는 실체에 대한 가장 선명한 통찰을 제공하는 구절들이며, 실체에 들어가기 위한 가장

---

212 McGrath, "Prologue as Legitimation," 102-103.

213 F. F. Segovia, "John 1:1-18 as Entrée into Johannine Reality: Representation and Ramifications," in J. Painter, R. A. Culpepper and F. F. Segovia (eds.), *Word, Theology and Community in John* (St. Louis: Chalice Press, 2002), 33-64.

적합한 통로(pathway)이자 출입구이다.[214] 이러한 Segovia의 주장은 프롤로그를 집의 현관(porch)과 같다고 말한 J. A. T. Robinson의 주장과 일치한다.[215]

그러나 이 주장에는 반론의 여지가 있다. 그것은 프롤로그가 과연 실체에 대한 핵심요약이 될 수 있느냐는 것이다. 만일 그렇다면 '로고스', '충만', '은혜', '은혜와 진리' 등에 대해서는 설명하기 어렵다. 왜냐하면 이것들은 프롤로그에는 있으나 몸말에는 없으므로, 요약은 있으나 실체는 없는 것이 되기 때문이다. 따라서 프롤로그를 본론의 서곡, 핵심 요약, 출입구로 보는 것은 합당치 않으며, 요한복음을 서곡(요약)과 실체로 이분화 하는 것도 옳지 않다.

또한 Segovia는 프롤로그를 문학적 산물로 이해하고 그것의 구조화와 문체론에 초점을 맞춘다. 그는 첫 번째 단락(요 1:1-2)이 세 번째 단락(요 1:18)에서 반복되며, 이 두 단락들이 중심 단락인 두 번째 단락(요 1:3-17)을 에워싼다고 말한다. 그리하여 '저 세상'(요 1:1-2)에서 '이 세상'으로(요 1:3-17), 그리고 다시 '저 세상'(요 1:18)으로의 여행을 의미하는 구조를 이룬다고 주장한다.[216]

그러나 첫째 단락과 셋째 단락이 동일 초점을 가지고 있다고 보기 어렵다. 첫째 단락은 그리스도의 선재를 말하지만, 셋째 단락은 선재보다는 그리스도의 성육신의 결과에 대하여 말하기 때문이다. 따라서 첫째 단락은 '저 세상'에 관한 것을 말하지만, 셋째 단락은 '저 세상'보다는 '이 세상'이 중심을 이룬다.

18. 엔도(M. Endo)(2002)

엔도(M. Endo)는 요한복음 학자들이 오랫동안 씨름해 온 요한복음 프롤로그의 신학적 기원에 관한 박사논문을 썼다.[217] 이 책의 약 3/4은 유대교의 창조 기사들에 대한 연구이며, 나머지는 이것과 요한복음 프롤로그와의 관계에 대한 논증이다.

---

[214] Segovia, "John 1:1-18 as Entrée into Johannine Reality," 33-35.

[215] Robinson, "The Relation of the Prologue," 120-129, esp. 121.

[216] Segovia, "John 1:1-18 as Entrée into Johannine Reality," 36-50.

[217] M. Endo, *Creation and Christology : A Study on the Johannine Prologue in the Light of Early Jewish Creation Accounts* (WUNT 2, 149) (Tübingen: Mohr Siebeck, 2002).

여기서 그는 프롤로그는 창세기의 창조 기사에 대한 기독론적 해석이며, 이 기사는 초기 유대교의 비정경적 해석 본문들과 두드러진 병행을 이룬다고 주장한다. 이에 따라 그는 프롤로그는 창조 기사에 관한 해석적 전승에 근거하여 기독론을 발전시키기 위한 것이라고 결론짓는다.[218] 하지만 프롤로그가 초기 유대교의 비정경적인 해석 문서들에 기초하고 있다는 Endo의 이 주장은 프롤로그가 영지주의, 필로의 문서들에서 발견된 것과 유사한 헬라 철학, 구약성경의 하나님의 말씀(사 55:9-22) 등에서 기원했다는 주장과 마찰을 일으킨다. 무엇보다도 그의 주장은 요한복음의 프롤로그와 초기 유대 문서의 창조 기사 사이에 병행을 인정하더라도, 왜 반드시 전자가 후자에 근거하고 의존한 것으로 보아야 하느냐 하는 문제를 남긴다. 둘 사이의 병행이 반드시 둘 사이의 의존관계를 의미하는 것이 아닐 수도 있기 때문이다. 오히려 이 둘은 각각 구약성경을 근거했다고 보는 것이 더 합당할 수 있다. 왜냐하면 요한복음의 프롤로그와 몸말은 모두 구약성경에 기초하고 있기 때문이다.[219]

또한 Endo는 이 논문에서 프롤로그의 구조에 대하여 논하였다. 그는 프롤로그가 교차구조(chiastic structure)나 대칭구조(symmetric structure) 같은 두 개의 큰 단위로 이루어진 구조가 아니라 세 개의 단위(요 1:1-5; 6-13; 14-18)가 병행을 이루는 구조(tripartite parallel structure)라고 말한다.[220] 즉 그는 프롤로그의 구조를 2중 분할보다는 3중 분할로 보는 것이 더 합당하다고 주장한다.[221] 특히 그는 로고스의 신적 정체가 3중으로 되어 있다는 것을 주장하기 위하여 요한복음 1:3,10을 창조주로서의 로고스의 정체를 나타내는 것으로 분류한다.[222] 하지만 이 주장에는 반론이 제기된다. 요한복음의 저자는 요한복음 1:1-2,4 등에서 로고스의 신분(정체)을 언급할 때 ἦν을 사용한 반면에 로고스의 활동을 나타낼 때는 이 용어를 사용하지 않는다.[223]

---

218 Endo, *Creation and Christology*, 227-229.
219 이에 대하여는 본 논문 제4장(요한복음 프롤로그의 로고스의 기원)의 IV을 보라.
220 Endo, *Creation and Christology*, 195.
221 Endo, *Creation and Christology*, 203.
222 Endo, *Creation and Christology*, 198-203.

따라서 요한복음 1:1,10은 로고스의 정체가 아니라 그의 활동에 관한 것으로 보는 것이 더 합당하다. 이럴 경우에 Endo의 3중 분할 체계는 설득력을 잃는다. 또한 그가 요한복음 1:6-13을 하나의 단위로 구분한 중요한 근거는 세례자 요한 구절이 로고스의 비성육신과 성육신을 연결하고 변환하는 다리(bridge)의 기능을 한다고 보았기 때문이다.[224] 그러나 요한복음 1:5을 확실하게 비성육신으로 보는 것에는 여전히 이견이 많다. 이럴 경우에도 그의 3중 분할은 문제가 되며, 따라서 첫 번째 단락의 주요 주제들이 나머지 두 단락에서 확장되고 발전한다는 그의 주장[225]은 신빙성이 많이 떨어진다.

나아가서 Endo는 프롤로그와 요한복음 몸말과의 관계를 고찰하였다.[226] 그는 여기서 프롤로그의 핵심 주제인 로고스의 신적 정체와 역할이 몸말에서 어떻게 기독론적 진술과 결합되는지를 논한다. 그는 예수의 신적 정체와 역할이 로고스와 하나님 사이의 관계와 아들과 아버지 사이의 관계에 의해 극적으로 표현되었으며, 특히 후자에서 기독론적 주제(아들의 신분)는 몸말에서 명백하게 상술되었다고 말한다. 먼저 선재한 로고스 또는 아들에 관한 내용이 몸말에서도 나타난다. 또한 로고스와 하나님의 하나 됨이 프롤로그에서 명백히 표현되었는데 이것은 요한복음 1:14-18과 몸말에서 완전히 적용되었다. 게다가 아들의 일은 아버지의 일과 영광에 대한 계시였다. 비록 프롤로그에 십자가에 대한 명백한 언급은 없지만, '예수로 말미암아 은혜와 진리가 왔다'(요 1:17)는 것은 아버지의 영광, 즉 십자가의 계시에 대한 성취를 암시하는 것일 수 있다. 아들의 말은 아버지의 말씀에 대한 계시이다. 이 계시는 아버지의 음성을 듣고, 아버지의 형상을 보고, 아버지를 아는 아들을 통하여 성취되었다. 이것은 명백히 '아버지의 품속에 있는 독생하신 하나님이 그를 나타내셨다'(요 1:18)는 주장과 부합한다. 나아가서 선재하신 빛의 오심은(요 3:19; 12:46) 프롤로그의 빛에 대한 묘사와 명백하게 동일하다. 끝으로 몸말은 사람들에게 생명을 주는 권세가

---

223 이에 대하여는 본 논문 제5장(요한복음 프롤로그의 로고스 신학)의 II.1.3).(1).③을 보라.

224 Endo, *Creation and Christology*, 198.

225 Endo, *Creation and Christology*, 203f.

226 Endo, *Creation and Christology*, 230-248.

아들에게 주어졌으며, 생명을 가지는 유일한 방법은 아들의 이름을 믿는 것이라고 말하는데, 프롤로그 역시 아들의 이름을 믿는 모든 사람이 하나님의 자녀가 되는 권세를 얻으며 하나님으로부터 난다고 말한다.[227] Endo의 이 주장은 요한복음의 프롤로그와 몸말이 밀접하게 관련되어 있다는 것을 잘 보여주며, 이 둘의 통일성을 밝히는 것이다. 이것은 그의 연구에서 높이 평가받아야 할 부분이다.

II. 한국 학자

1. 배종수 (1989)

배종수는 그의 논문[228]에서 요한복음 로고스의 배경과 로고스 이해에 관하여 매우 잘 논하였다. 그럼에도 불구하고 로고스 배경에 관한 그의 주장 가운데는 동의하기 어려운 부분이 있다. 그는 요한의 로고스가 구약성경의 말씀(דָּבָר) 사상으로부터 큰 영향을 받지 않은 것 같다고 말한다.[229] 그 이유는 "요한의 로고스는 인격자이므로 창세기 1장 및 구약의 하나님의 발언(fiat)과 동일시 할 수 없다는 것이다. 왜냐하면 요한의 로고스는 영원한 인격자이지 우주의 원리나 하나님의 발언이 인격화(personalization) 된 것이 아니기 때문이다."[230] 또한 구약의 '말씀'의 행위는 말씀 자체의 행위가 아니라 하나님의 행위이며, 말씀은 인격을 가진 행위자가 아니기 때문이다.[231]

---

227 Endo, *Creation and Christology*, 230-248.

228 배종수, "요한복음 1:1-18에 나타난 요한의 로고스 이해," 「신학과 선교」 14 (1989), 335-371.

229 이는 요한의 로고스가 구약성경에서 기원하지 않았다거나 그것의 영향을 받지 않았다는 것이 아니라 구약성경의 '말씀'의 영향을 받았다고 확신하기가 어렵다는 것이다: 배종수, "요한복음 1:1-18에 나타난 요한의 로고스 이해," 352-353.

230 배종수, "요한복음 1:1-18에 나타난 요한의 로고스 이해," 339-340, 352.

231 배종수, "요한복음 1:1-18에 나타난 요한의 로고스 이해," 352, note 62.

그러나 배종수 자신이 말한 대로 요한복음에서 예수 그리스도가 구약성경의 말씀(רבד)의 기능을 수행한다[232]는 것을 염두에 두면, 요한이 즐겨 사용하는 상징의 차원에서 예수를 말씀으로 칭할 수 있을 것이다. 구약시대에 하나님의 말씀이 하나님의 계시의 매개체였듯이 신약시대에는 예수 그리스도가 하나님의 계시자이므로 그리스도를 말씀으로 상징화하는 것은 얼마든지 가능하다.[233] 구약에서 말씀으로 역사하신 하나님은 신약에서 말씀으로 상징되는 예수 그리스도를 통하여 말씀의 역사를 계속하신다. 무엇보다도 λόγος의 רבד 기원을 부정하는 배종수의 가장 강력한 근거는 로고스의 인격성이다. 하지만 삼위일체적 관점에서 보면 구약의 로고스가 단순히 '인격화'가 아니라 '인격'임을 부정할 수 없다.

또한 배종수는 요한이 로고스 용어를 사용한 이유에 대하여 "로고스라는 그릇에 담겨 있던 잘못된 이해의 내용물을 쏟아 버리고 참된 내용인 예수 그리스도를 담아 그 당시의 세계에 내어 놓았던 것이다"[234] 라고 말한다. 하지만 이런 가능성을 완전히 배제하지는 못한다 하더라도, 그것은 본질적이거나 근본적인 이유는 아니다. 우리는 사도 요한이 로고스 용어를 사용함으로써 많은 오해를 살 수 있었음에도 불구하고 그가 굳이 이 용어를 사용한 것에 주목해야 한다. 만일 요한이 로고스 대신에 다른 용어를 사용했다면 그것의 기원과 배경에 대한 비평학자들의 오해도 없었을 것이다. 요한의 로고스는 당시의 로고스 사상과 질적, 내용적으로 전혀 다른 것이었으므로 요한이 로고스라는 그릇 안에 있는 내용물만 쏟아 버리지 말고 아예 로고스라는 그릇까지도 던져 버리고 다른 그릇을 사용했다면 이런 오해의 소지가 전혀 없었을 것이다. 그런데도 그는 그렇게 하지 않고 로고스 용어를 사용했다. 배종수는 요한이 왜 이렇게 했는지에 대한 이유를 밝혀야 할 것이다.

---

232 배종수, "요한복음 1:1-18에 나타난 요한의 로고스 이해," 352, note 62: 배종수는 로고스의 작용상이나 기능상의 영향을 말한다면 요한의 로고스가 구약성경의 '말씀'에서 유래했다는 것이 가능할 수도 있다고 말한다. 왜냐하면 구약의 말씀의 창조, 보존, 심판, 계시의 행위처럼 인격적 로고스 자신의 창조(요 1:3), 계시(요 1:18), 그리고 심판(요 5:27) 역시 자신의 말씀으로 행하기 때문이다(요 2:1-10; 12:48; 17:8).

233 이에 대하여는 변종길, "요한복음에 나타난 상황성," 「그 말씀」 (1998. 1), 110-118; 홍창표, "로고스, 요한복음 서론," 「신학정론」 11권 1호 (1993. 10), 119를 참조하라.

234 배종수, "요한복음 1:1-18에 나타난 요한의 로고스 이해," 366.

2. 홍창표 (1993)

홍창표는 요한복음의 프롤로그에 대한 간략한 주석을 썼다.[235] 그는 프롤로그의 구조와 관련하여 모든 구절이 매우 뚜렷하게 내적 통일성과 요한복음의 주제의 통일성을 보여주고 있다고 말한다. 따라서 그는 프롤로그는 삽입이 없는 리드미컬한 산문이라는 Barrett의 견해에 동의한다.[236] 또한 그는 프롤로그의 로고스 개념이 역사적 진행을 따라 절정(climax)을 향하여 전진하는 구조라고 주장한다.[237] 이 구조에 근거하여 그는 프롤로그가 복음역사의 주제에 관하여 요약적인 묘사를 제시하는 것이며,[238] 요한복음의 주제를 요약하고 주제의 세밀한 설명을 독자들이 이해할 수 있도록 준비시키고 있다고 말한다.[239]

그러나 프롤로그를 역사적 진행으로 보기에는 어려운 점이 있다. 왜냐하면 5절을 성육신으로 보았을 때, 요한복음 1:9-13에서 성육신이 반복되며, 14절에서 또 다시 성육신이 언급되기 때문이다. 사실 홍창표 자신도 요한복음 1:4-5을 성육신으로 인정한다.[240] 그러므로 프롤로그가 단순히 역사적 순서에 따라 구성되었다는 주장은 받기 어렵다. 또한 프롤로그를 전체 주제에 대한 요약으로 보는 것도 무리이다. 왜냐하면 프롤로그에는 있으나 몸말에는 없는 주제들이 있으며,[241] 반대로 프롤로그에는 없으나 몸말에는 있는 주제들도 있기 때문이다.

또한 홍창표는 사도 요한이 예수를 로고스로 칭한 것은 요한복음에서 예수의 말씀이 매우 중요한 자리를 차지하고 있기 때문이라고 말한다. '말씀하신' 예수를 예수가 한 '말씀'과 동일하게 로고스라고 부를 수 있는 것은 예수는 자신의 말씀으로

---

235 홍창표, "로고스, 요한복음 서론," 「신학정론」 11권 1호 (1993. 10), 113-134.
236 홍창표, "로고스, 요한복음 서론," 113.
237 홍창표, "로고스, 요한복음 서론," 113.
238 홍창표, "로고스, 요한복음 서론," 119.
239 홍창표, "로고스, 요한복음 서론," 114.
240 홍창표, "로고스, 요한복음 서론," 124-125: "4절이 묘사한 시대는 우주 창조부터 메시야가 오시는 날까지(5)의 시대를 나타낸다. … "비취다"라는 말은 그리스도의 지상에 나타나심과 복음 선포를 가리킨다(요일 2:8). 이와 같이 "비취돼"라는 말은 현재사실을 의미한다."
241 χάρις(요 1:14,16,17), πλήρης(요 1:14), πλήρωμα(요 1:16) 등.

계시를 나타내실 뿐만 아니라 예수의 인격 자체가 곧 계시이기 때문이다.[242] 따라서 요한이 예수를 로고스로 칭한 이유는 이 용어가 예수 안에 있는 하나님의 자기 계시 (self-disclosure)에 매우 합당한 용어이기 때문이다.[243] 이 주장은 프롤로그의 로고스 칭호 문제를 해결하는 데 좋은 제안이 될 수 있다. 또한 이 주장은 프롤로그와 몸말을 별개의 것으로 분리하지 않고 통일성을 강화한다. 프롤로그의 인격이신 로고스와 몸말에 있는 그의 말씀은 하나님의 계시라는 공통점을 가지고 있기 때문이다.

3. 변종길 (1998)

변종길은 요한복음 프롤로그의 로고스의 배경에 대하여 논하였다.[244] 그는 요한복음 로고스의 종교사적 배경을 주장하는 기존의 많은 학자들과 의견을 달리한다.[245] 그는 프롤로그의 로고스가 구약성경의 말씀(רבד)에서 왔다고 주장한다. 구약성경에서 여호와의 말씀으로 천지를 창조하셨다는 말(시 33:6; cf. 창 1:3,6; 히 1:2)은 요한복음 1:3을 잘 설명하며, 요한복음 1:4-5의 생명과 빛 역시 구약에서 증거되기 때문이다(시 119:105). 그는 Dodd를 비판하면서 요한의 '말씀'과 스토아 철학 또는 필로의 로고스 사상에는 큰 차이가 있다고 말한다.[246] 왜냐하면 스토아 철학이나 필로의 비인격적 로고스가 결코 인격이신 예수가 될 수 없기 때문이다. 프롤로그의 로고스는 어떤 신적 원리가 아니라 선재하신 그리스도이시다. 따라서 요한은 추상적 원리나 개념을 로고스로 칭하는 것이 아니라 역사적이고 인격이신 예수를 로고스로 칭한다.[247]

이처럼 변종길은 프롤로그의 로고스에 대한 종교사적 배경을 배격한다. 대신에 그는 프롤로그의 로고스를 요한복음에 많이 나타나는 비유와 상징의 관점에서 이해

---

242 홍창표, "로고스, 요한복음 서론," 117.
243 홍창표, "로고스, 요한복음 서론," 119.
244 변종길, "요한복음에 나타난 상황성,"「그 말씀」(1998. 1), 110-118.
245 변종길, "요한복음에 나타난 상황성," 112-113.
246 변종길, "요한복음에 나타난 상황성," 113-114.
247 변종길, "요한복음에 나타난 상황성," 114-115.

할 것을 제안한다. 그는 요한복음이 예수를 빛으로 상징한 것은(요 1:4-5; 3:19; 8:12 등) 빛의 속성 가운데 어떤 것이 예수의 일면을 나타내기에 합당했기 때문이라고 주장한다.[248]

더 나아가서 변종길은 구약성경이 프롤로그 로고스의 배경이라고 말한다.[249] 그는 창세기 1장과 시편 33편의 하나님이 '말씀으로' 천지를 지으셨다는 구절들과 잠언 8장에 있는 인격화된 말씀/지혜가 요한의 로고스의 중요한 배경을 이루고 있다고 주장한다. 구약성경에서 말씀은 한 인격의 뜻과 사상을 전달하는 도구 곧 계시의 매개체가 된다. 그런데 예수는 하나님 아버지의 뜻과 사상을 전달하는 계시자로서 이 땅에 오셔서 보이지 않는 하나님을 나타내셨기 때문에(요 1:18; 12:45; 14:9 등) 보이지 않는 하나님의 계시자(revealer) 되시는 예수를 비유로 지칭하는 데 있어서 말씀은 좋은 단어가 되었다.[250]

변종길은 결론적으로 프롤로그의 로고스 배후에는 구속사적 사실, 즉 이미 이 세상에 오셔서 하나님 아버지를 나타내셨고, 죄인들을 위해 죽고 부활한 하나님의 아들 예수 그리스도가 계신다는 것을 강조한다.[251] 따라서 요한은 그의 시대 상황 가운데서 그 당시 사람들이 사용하던 용어들을 사용했지만, 그 내용은 그 당시의

---

248 변종길, "요한복음에 나타난 상황성," 115-116.

249 변종길, "요한복음에 나타난 비유의 핵심은 무엇인가," 「그 말씀」 (1998. 7), 87: "구약성경은 비록 유대인들에게 주어졌지만 그것은 인간 유대인들의 사상이 아니라 하나님의 말씀이었기 때문에, 신약시대에 사도들을 통해 주시는 하나님의 계시와 일맥상통할 수밖에 없다. 그것은 둘 다 살아계신 하나님의 말씀이기 때문이다. 이런 점에서 '구약성경'과 '유대주의'를 분명히 구별해야 하며, '신약'의 배경을 '유대주의'에서가 아니라 '구약'에서 찾아야 한다. … 신약성경도 구약성경과 마찬가지로 진정한 의미에서 '하나님'의 말씀이며, 이 기본적 사실이 요한복음의 상징을 이해하는 데도 결정적인 역할을 하는 것이다."

250 변종길, "요한복음에 나타난 상황성," 116; 변종길은 이후에 발표한 "요한복음에 나타난 비유의 핵심은 무엇인가," 79-87에서 혼동을 피하기 위해 공관복음에 사용된 'παραβολή'에 대하여는 '비유'라는 말을, 요한복음에 나타난 'παροιμία'에 대해서는 '상징'을 사용할 것을 제안한다. 그러나 그는 '상징'도 넓은 의미에서는 비유(比喩)로 부를 수 있다고 말한다(p. 80); idem, "요한복음에 나타난 비유의 핵심은 무엇인가," 86: "신약성경의 사상은 주위 철학의 영향을 받은 것이 아니라, 이 세상에 주어진 하나님의 계시로서 하나님 자신의 사상을 전달하는 것이다. 이 점에 있어서 요한복음에 사용된 상징도 '하나님이 계시의 수단'이라는 차원에서 접근해야 할 것이다"; 조석민, "로고스의 개념과 기능(요한복음 1:1-18)," 「Pro Ecclesia」 vol. 4. No. 1 (프로 에클레시아 신학회, serial number 7, 2005), 56.

251 변종길, "요한복음에 나타난 상황성," 116.

철학이나 사상에서 채우지 않고 하나님의 아들의 복음으로 채우고 있다. 그는 그 당시 사람들로 하여금 예수께서 하나님의 아들 그리스도이심을 믿게 하고 또 그들로 믿고 그 이름을 힘입어 생명을 얻게 하려고 요한복음을 기록한 것이다(요 20:31).[252] 이와 같은 변종길의 연구는 몇 가지 점에서 중요한 긍정적 공헌을 하였다.

첫째, 그는 요한복음 로고스의 기원을 종교사적 배경에서 찾는 비평학자들의 주장을 예수의 인격성과 역사성에 근거하여 비판함으로써 로고스가 신화나 철학, 사상이나 개념이 아니라는 사실을 잘 나타내었다. 또한 그는 로고스의 배경이 구약성경이라는 사실을 주장함으로써 신구약성경의 통일성과 연속성을 강조하고, 다원적이고 혼합종교적인 로고스 이해를 공격하였다.

둘째, 그는 말씀의 구약적 용례는 하나님의 계시의 매개체이므로 요한복음이 예수를 말씀으로 표현한 것은 예수를 보이지 않는 하나님을 나타낸 하나님의 계시자로 비유한 것이라고 말하였다. 이것은 프롤로그의 말씀을 요한복음에 자주 등장하는 비유나 상징의 차원에서 해석한 것이며, 이는 요한의 말씀 이해에 대한 좋은 새로운 제안으로 받을 수 있다.

셋째, 그는 요한복음 프롤로그의 로고스를 요한복음의 기록 목적과 관련하여 이해하였다. 많은 학자들이 요한의 로고스를 요한복음의 목적과 무관하게 따로 떼어서 생각해 온 것이 사실이다. 이것은 종교사적 배경에 근거하여 로고스를 이해하려는 경향이 대세를 이루면서 나타난 결과 중의 하나이다. 그러나 사도 요한은 철학이나 개념이나 신화를 말하기 위해 로고스를 언급한 것이 아니라 예수 그리스도를 전하여 생명을 얻도록 하기 위함이었다.[253] 따라서 우리는 이 논의 또한 요한의 로고스 이해를 위한 중요한 제안으로 받아야 할 것이다.

---

252 변종길, "요한복음에 나타난 상황성," 116, 118.
253 변종길, "요한복음에 나타난 비유의 핵심은 무엇인가," 86-87: "그가 전한 것은 유대주의적인 것도 아니요 헬레니즘적인 것도 아니요 하나님의 아들 예수 그리스도께 받은 '복음'이었다."

4. 주성준 (2005)

주성준은 그의 요한복음 프롤로그 연구[254]에서 세례자 요한 구절(요 1:6-8,15)을 원래 프롤로그에 속한 것으로 받는다. 그는 프롤로그를 단순히 문학적 양식만으로 읽으면 안 된다고 말한다. 즉 문학적 양식과 신학적 의미를 분리하여 생각해서는 안 된다고 주장한다. 따라서 그는 세례자 요한 구절이 문맥상 어색한 것처럼 보일지라도 프롤로그의 역사성을 증거하기에 충분한 역할을 한다고 말하며,[255] 프롤로그의 내용은 세례자 요한의 증거를 통하여 역사적 진실성을 확보한다고 주장한다.[256]

그러나 프롤로그의 역사적 진실성을 확보하는 것은 그 속에 들어있는 세례자 요한에 관한 구절 때문이 아니다. 그것이 역사적 사실인 것은 분명하나, 그 몇 구절 때문에 프롤로그 전체의 역사적 사실성이 확보된다고 하는 것은 논리적 비약이다. 프롤로그의 역사성은 사도 요한이 그것을 썼으며 초대교회가 그것을 수용했다는 것에 근거하고 있다.[257]

이와 함께 주성준이 프롤로그가 "하나의 독립적인 단위를 구성하고 있다는 데는 이의가 없다"[258]고 말한 것은 프롤로그의 범위와 관련하여 비판의 여지가 있다.[259] 구조분석과 관련하여 그는 Culpepper의 교차 대구적 해석을 비판한 Beasley-Murray의 입장에 선다.

5. 조석민 (2005)

조석민은 그의 요한복음 프롤로그에 관한 논문[260]에서 먼저 프롤로그의 범위의

254 주성준, "요한복음의 서론에 나타난 신학적 이해에 관한 연구," 「총신대논총」 25 (2005), 228-252.
255 주성준, "요한복음의 서론에 나타난 신학적 이해에 관한 연구," 235, 242,
256 주성준, "요한복음의 서론에 나타난 신학적 이해에 관한 연구," 249.
257 조병수, "ΜΑΡΤΥΡΙΑ와 ΓΡΑΦΗ로서의 요한복음," 「신학정론」 22권 1호 (2004, 5), 65-91; idem, "요한복음의 신학연구," 3-16; idem, "요한복음의 배경, 구조, 내용, 그리고 신학," 13-16; idem, 「신약성경총론」, 144-149; 조석민, "요한복음의 본문해석과 설교," 「목회자를 위한 성경해석과 설교」, 제8회 목회대학원 특별강좌 (합동신학대학원대학교 목회대학원, 2007), 2-4.
258 주성준, "요한복음의 서론에 나타난 신학적 이해에 관한 연구," 233.
259 이에 대하여는 조석민, "로고스의 개념과 기능," 51-53을 참조하라.
260 조석민, "로고스의 개념과 기능(요한복음 1:1-18)," 「Pro Ecclesia」 vol. 4. No. 1 (프로 에클레시아

문제를 다룬다. 지금까지는 대체로 요한복음 1:1-18을 요한복음의 프롤로그로 인정해 왔다. 이에 대하여 조석민은 부분적인 동의와 반론을 통하여 새로운 의견을 제시한다. 그는 요한복음 1:1-18에 요한복음의 중요한 주제와 사상들이 나타나며, 이것들이 요한복음의 몸말에서 반복되는 현상261에 근거하여 요한복음 1:1-18을 요한복음의 프롤로그로 보아야 한다는 주장에 일부 동의한다.262 그러나 동시에 그는 요한복음에서 중요하게 다루어지는 예수 그리스도의 정체를 밝히는 다양한 명칭들에 주목한다. 이 명칭들은 요한복음 1:1-18에 모두 등장하지 않는다. 이 명칭들은 대부분 요한복음 1:19-51에 나타나며 이후 요한복음의 몸말에서 반복된다. 이런 이유로 조석민은 요한복음의 프롤로그는 요한복음 1:1-18이 아니라 요한복음 1:1-51이 되어야 한다고 주장한다. 이는 S. S. Smalley와 같은 의견이기도 하다.263

또한 조석민은 세례자 요한 구절(요 1:6-8,15)의 문제를 다룬다. 세례자 요한 구절들은 삽입된 것으로 프롤로그의 자연스런 흐름을 방해할 뿐, 아무런 기능도 없다고 주장한 R. Bultmann과 달리, 조석민은 이 구절들이 저자의 문학적 기술로서 의도적으로 처음부터 기록된 것이며 후대의 삽입으로 간주할 수 없다고 비판한다. 이것은 C. K. Barrett와 같은 입장이다. 세례자 요한 구절들은 프롤로그에서 예수 그리스도를 증언하는 매우 중요한 역할을 한다.264

더 나아가서 조석민은 프롤로그의 구조를 다룬다. 그는 프롤로그를 대칭적 구조로 분석한 뒤, 12-13절(D 단락)이 프롤로그의 중심이며 가장 중요한 핵심 내용을 담고

신학회, serial number 7, 2005), 34-57; idem, 「요한복음의 새 관점」 (서울: 도서출판 솔로몬, 2008), 47-72.

261 조석민, "로고스의 개념과 기능(요한복음 1:1-18)," 34-57: 선재: 요 1:1; 17:5, 연합사상: 요 1:1; 8:58; 10:30; 20:28, 그리스도 안에서의 생명의 도래: 요 1:4; 5:26; 6:33; 10:10; 11:25,26; 20:28, 그리스도 안에서 빛의 도래: 요 1:4,9; 3:19; 8:12; 12:46, 빛과 어두움의 갈등: 요 1:5; 3:9; 8:12; 12:35,46, 예수 그리스도를 믿는 것: 요 1:7,12; 2:11; 3:16,18,36; 5:24; 6:69; 11:25; 14:1; 16:27; 17:21; 20:25, 예수를 거부하는 사상: 요 1:10,11; 4:44; 7:1; 8:59; 10:31; 12:37-40; 15:18, 신적출생: 요 1:3; 3:1-21, 예수의 영광: 요 1:4; 12:41; 17:5,22,24, 그리스도 안에서 하나님의 은혜와 진리: 요 1:4,17; 4:24; 8:32; 14:6; 17:17; 18:38, 예수와 모세 및 율법에 대한 언급: 요 1:17; 1:45; 3:14; 5:46; 6:32; 7:19; 9:29, 오직 예수 그리스도만이 하나님을 보았다: 요 1:18; 6:46, 예수가 드러낸 하나님 아버지의 계시: 요 1:18; 3:34; 8:18,38; 12:49-50; 14:6-11; 17:8.

262 조석민, "로고스의 개념과 기능," 51-53; idem, 「요한복음의 새 관점」, 67-68.

263 조석민, "로고스의 개념과 기능," 51-55; idem, 「요한복음의 새 관점」, 68-71; Smalley, *John : Evangelist and Interpreter*, 138-139.

264 조석민, "로고스의 개념과 기능," 36-37; idem, 「요한복음의 새 관점」, 49-52.

있음을 암시해 준다고 말한다. 또한 그는 이 단락이 요한복음 전체의 기록 목적과도 부합된다고 말한다.[265]

이상에서 조석민은 세례자 요한 구절을 삽입이 아닌 저자의 문학적 기법으로 이해하였다. 이로 인해 요한복음의 단독 저작권과 정경적 권위를 인정하고, 세례자 요한의 역할을 확정하였다. 또한 프롤로그의 범위에 대한 기존의 이해를 넘어서려는 시도도 큰 의의가 있다. 하지만 그도 독립된 단위로서의 프롤로그의 존재를 인정하고 있다. 그러나 과연 요한복음에 이와 같은 프롤로그가 있느냐 하는 문제는 여전히 과제로 남는다.

6. 김동수 (2003, 2006)

김동수는 요한복음 프롤로그에 대하여 최소한 두 개의 글을 썼다.[266] 이 둘은 일부분을 제외하고 거의 동일한 내용으로 되어 있다. 그의 주요 논지 중 첫째는 프롤로그와 몸말과의 관계이다. 그는 프롤로그는 복음서의 주요 논지에 대한 철학적 원리이며, 몸말은 프롤로그의 핵심 내용을 이야기 형식으로 전개한 것이라고 말한다.[267] 또한 그는 프롤로그에 나오는 주요 주제와 개념들은 몸말에서 다룰 내용에 대한 길라잡이의 역할을 한다고 주장한다.[268] 그의 둘째 논지는 로고스에 대한 이해이다. 그는 로고스를 복합적인 종교사적 배경에서 이해한다. 그는 요한이 헬라적 배경의 독자들과 유대적 배경의 독자 모두를 아우르는 로고스 개념을 기독론적 명칭으로 사용했을 것이라고 주장한다.[269] 셋째 논지는 세례자 요한 구절(요 1:6-8,15)에 관한 것이다. 그는 이 구절들을 삽입으로 볼 수 있는 개연성은 있지만, 현재의 내용 자체를 원문으로 보는 것도 얼마든지 가능하다고 말한다. 이것은 세례자 요한

265 조석민, 「요한복음의 새 관점」, 52-55.
266 김동수, "요한복음 프롤로그(1:1-18): 하나님의 자녀," 「바울과 요한」 (서울: 도서출판 기쁜날, 2003), 180-183; idem, "프롤로그: 로고스 찬양서시(요 1:1-18)," 「요한신학 렌즈로 본 요한복음」 (서울: 도서출판 솔로몬, 2006), 41-54.
267 김동수, "프롤로그: 로고스 찬양서시," 42-43.
268 김동수, "프롤로그: 로고스 찬양서시," 52-53.
269 김동수, "프롤로그: 로고스 찬양서시," 43-45.

구절의 삽입 가능성을 열어두면서도 원문일 가능성에 더 무게를 싣고 있는 것이다. 넷째 논지는 문학적 구조이다. 그는 프롤로그에 극적 전환이 있다고 전제하면서 대체적으로 Culpepper의 구조 분석을 따른다. 이 구조 분석의 특징은 요한복음 1:12b의 "하나님의 자녀"를 전체의 전환점 내지 축(pivot)으로 이해하는 것이다.[270] 그는 이것에 근거하여 요한복음 1:9-13이 프롤로그의 중심이며,[271] 요한복음 전체의 요약이라고 주장한다.[272] 이 결과를 바탕으로 그는 기독론과 기독교 공동체가 프롤로그와 요한복음의 핵심 주제라고 말한다.[273]

김동수는 세례자 요한 구절을 삽입으로 보기 보다는 원문으로 받으려고 하였다. 이것은 그의 연구의 장점이다. 하지만 그가 프롤로그와 몸말을 단순히 철학적 원리와 해설의 관계로 본 것은 받기 어렵다. 철학적 원리라는 말로는 프롤로그를 다 설명할 수 없으며 프롤로그와 몸말이 원리와 해설의 관계로 만나지 않는 것들이 많이 있기 때문이다. 또한 로고스를 종교사적으로 이해한 것과 프롤로그를 대칭 구조로 이해한 것은 이 논문에서 계속해서 비판해 온 내용이다.

7. 서동수 (2008)

서동수는 그의 논문에서 요한복음을 반(反)율법적인 복음서로 보는 것을 강하게 비판했다.[274] 이것은 율법과 은혜와 진리의 관계를 올바로 정립하기 위해서이다.[275] 그는 성경에는 복음과 율법의 대립적 구조가 용어상으로 전혀 존재하지 않으며, 율법은 복음과 무관하지 않다고 주장한다. 또한 그는 구약적 약속과 신약적 성취가 마찰을 일으킬 수 없으며, 한 하나님이 스스로 구원의 길을 계시하셨던 율법과 정면으로 모순되고 충돌하는 복음을 새로운 구속의 방편으로 주실 수 없다고 말한

---

270 김동수, "요한복음 프롤로그(1:1-18)," 183-185.

271 김동수, "요한복음 프롤로그(1:1-18)," 187-191.

272 김동수, "프롤로그: 로고스 찬양서시," 46.

273 김동수, "프롤로그: 로고스 찬양서시," 53-54.

274 서동수, "요한복음, 반유대주의 신학인가? - 요한복음 서문(1:1-18)에 비추어,"「신약논단」15 (2008), 69-103.

275 서동수, "요한복음, 반유대주의 신학인가?" 72-73, 80.

다.[276]

서동수는 특히 반율법주의자들이 근거로 제시하는 요한복음 1:17이 율법과 (은혜와 진리로 구성된) 복음의 대립을 말하는 것이 아님을 증거한다. 이를 위해 그는 이 구절이 반율법적으로 해석되어 온 역사에 대하여 간략하게 서술한 뒤, 요한복음 전체에서 모세와 예수 그리스도가 어떤 관계를 형성하는 지에 대하여 연구한다. 만약 모세가 그리스도와 대립구도를 형성하지 않는다면, 당연히 17절에서 모세와 그리스도를 대립이나 갈등을 읽으려는 신학은 오류로 판명되기 때문이다.[277] 그는 이 연구를 통하여 모세가 그리스도와 대립된다든지 그리스도가 모세에게 대립된 모습을 찾아볼 수 없으며, 따라서 이 둘은 대립적 구도가 아니라고 밝힌다.[278]

또한 그는 요한복음에서 율법이 은혜와 진리에 충돌하는지를 검토한다. 그 결과 그는 유대인과 마찰을 빚고 있는, 또는 율법이라는 단어가 등장하는 몸말에서 예수 그리스도가 근본적으로 율법을 부정하는 경향을 찾아볼 수 없다고 결론짓는다.[279] 특히 그는 율법 자체에 적대적인 태도를 보이지 않는 것이 요한의 신학 경향임에도 불구하고 유대인들이 자주 그리고 확정적으로 부정적인 집단으로 묘사되는 것은 예수와 그들 사이의 율법 해석의 차이 때문이라고 정리한다.[280] 근본적으로 모세가 부정되면 모세의 모형을 토대로 선포되는 그리스도가 부정되며, 모세로 말미암은 율법이 부정되면 그리스도로 말미암은 은혜와 진리의 복음도 그 선 역사적 전거가 부정되므로 그 신학적 뿌리를 상실하게 된다.[281]

이처럼 서동수는 요한복음에 대한 반율법적인 기존의 주장을 잘 비판함으로써 요한복음을 바르게 이해하는 새로운 지평을 열어주었다. 이것은 그의 중요한 학문적 업적이다. 그러나 그의 주장에도 아쉬움은 있다. 그는 요한복음 1:17이 외관상,

---

276 서동수, "요한복음, 반유대주의 신학인가?" 69-72.
277 서동수, "요한복음, 반유대주의 신학인가?" 80-81.
278 서동수, "요한복음, 반유대주의 신학인가?" 81-85.
279 서동수, "요한복음, 반유대주의 신학인가?" 85-89.
280 서동수, "요한복음, 반유대주의 신학인가?" 89.
281 서동수, "요한복음, 반유대주의 신학인가?" 95.

또는 형식상으로는 모세와 그리스도, 율법과 은혜와 진리가 대립하는 것처럼 보인다고 말한다.[282] 하지만 그렇지 않다. 왜냐하면 17절 상반절과 하반절 사이에는 어떤 역접 접속사도 존재하지 않기 때문이다. 그런데도 이 구절에 대조가 있다고 생각한다면 그것은 선입관에 의한 개인적인 느낌일 뿐이다. 17절을 형식상으로도 대조로 볼 수 없는 또 다른 이유는 문맥 때문이다. 요한복음 1:16은 "은혜 위에 은혜"를 말하고 있고, 요한복음 1:17은 그에 대한 이유(ὅτι)를 밝히고 있다. 다시 말해 예수의 충만으로부터 받은 것을 은혜 위에 은혜라고 말하는 이유는 모세로 말미암은 율법도 은혜이며 예수를 통하여 온 은혜와 진리도 은혜이기 때문이다. 그러므로 17절은 내용에서 뿐만 아니라 외관적으로도 반율법적이지 않은 것이 분명하다.

III. 결론

지금까지 우리는 20세기 초부터 약 한 세기 동안에 있었던 서양과 한국 학자들의 요한복음 프롤로그 연구의 동향(연구사)을 분석하고 평가했다. 이제 그 결과를 요약하고 정리함으로써 지난날의 요한복음 프롤로그 연구의 문제점을 확인하고, 앞으로의 프롤로그 연구의 방향을 제시하고자 한다. 이것은 본 논문의 근간이 되며 또한 연구의 정당성을 제공해 줄 것이다.

1. 구조

요한복음의 프롤로그 연구동향(연구사) 고찰에서 나타난 첫 번째 결과는 프롤로그의 구조에 관한 것이다. Van der Watt의 구조 분류[283]를 일부 참조하여 학자들의 프롤로그 구조 분석을 분류하면 다음과 같다.

---

282 서동수, "요한복음, 반유대주의 신학인가?" 80, 85.
283 Van der Watt, "The Composition of the Prologue," 311-332.

첫째는 단일구조이다. 이것은 다시 세 가지 정도로 분류될 수 있다. 단일구조에는 먼저 핵심구절구조가 있다. R. Bultmann은 14절을 프롤로그의 전환점이라고 말하였고,[284] E. Käscmann은 12절을 전체의 왕관이라고 주장했다. C. K. Barrett는 13절을 프롤로그의 절정라고 말하였다.[285] 또한 단일구조에는 교차구조(chiastic structure)가 있다. R. A. Culpepper가 이 교차구조를 주장하는 대표적 인물이며, 그는 12b를 프롤로그의 축(pivot)이라고 말했다.[286] 이 구조에 반대하는 사람으로는 교차구조가 모든 부분을 연결하는 데는 실패했다고 말한 Van der Watt가 있고, R. E. Brown, M. Theobald, J. Louw, Ed. L. Miller가 있으며, C. H. Giblin은 일부 찬성한다. 나아가서 단일구조에는 직선적 또는 연대기적 주제구조가 있다. 이것은 여러 주제가 연대기 순으로 나타나는 구조이다. R. E. Brown이 이 구조를 지지하는 대표적인 인물이며, Ed. L. Miller(요 1:1-5만 완전한 로고스 찬양시로 봄)와 J. G. Var Der Watt(요 1:1-13만 연대기적으로 봄)와 홍창표가 동일 입장에 있는 학자들이다.

둘째는 두 단락구조이다. 이것은 프롤로그를 두 개의 단위로 된 구조로 이해하는 것이며, 여기에도 세 가지 세부적인 구조이해가 있다. 두 단락구조에는 먼저 대구법(parallelism)이 있다. 이 구조를 지지하는 학자로는 프롤로그가 두 개의 병행 단락을 이룬다고 주장한 W. Schmithals가 있고, H. N. Ridderbos도 여기에 속한다. 또한 두 단락구조에는 구조적 평행 상태에 있는 두 단락구조가 있다. M. Theobold는 프롤로그가 구조적 평행 상태에 있는 두 단락(요 1:1-13과 요 1:14-18)을 구성한다고 주장하였다. 프롤로그를 두 부분으로 나누는 사람으로는 E. Käsemann, C. K. Barrett, D. G. Deeks, C. H. Giblin, H. Lausberg, M. Theobald, J. Becker가 있고, O. Cullmann은 프롤로그를 교대로 나타나는 병렬 구조로 이해하였다. 나아가서 두 단락구조에는 두 초점의 타원구조가 있으며, 이것은 H. N. Ridderbos가 주장한 구조이다.

셋째는 3중적구조이다. F. F. Segovia는 inclusio 방식을 이루는 3중적 분할을

---

[284] Bultmann, "The History of Religions Background of the Prologue," 31.

[285] Barrett, "The Prologue of St. John's Gospel," 46.

[286] 이 입장에 있는 학자로는 N. W. Lund, M. E. Boismard, Borgen, M. D. Hooker, F. Ellis, J. Staley, 조석민, 김동수 등을 들 수 있다.

주장하였으며, I. De La Potterie는 나선형 발전구조로 된 3중적구조를 주장하였다. 또한 F. J. Moloney는 I. De La Potterie의 주장을 다소 변형하여 3중 너울구조를 주장하였다. 나아가서 H. N. Ridderbos는 중요사상에 근거하여 세 개의 동심원을 이루는 3중구조를 주장하였다.

넷째는 상호보완구조이다. 이것은 Van der Watt의 프롤로그 구조 분석으로서 프롤로그를 두 부분으로(요 1:1-13과 1:14-18) 나누더라도, 이 둘은 서로를 보완하는 구조적인 통일체를 이룬다고 보는 구조이해이다.

다섯째는 삽입/추가구조이다. 이 구조분석은 프롤로그에 시와 산문이 혼재한다는 것을 전제로 하여, 어느 것이 먼저 기록되었고 어느 것이 나중에 추가되었는지를 따지는 것이다. 이 분석에서 산문으로 생각되는 대표적인 구절은 세례자 요한에 관한 구절(요 1:6-8,15)이다. 시에 산문이 추가되었다고 보는 학자들로는 R. Bultmann이 대표적이며, 이 외에 R. E. Brown(요한 교회의 찬양시에 산문추가)과 E. Käsemann, J. N. Bernard, E. Haenchen, R. Schnackenburg, J. Schneider, J. Becker, G. Strecker, G. N. Stanton 등이 있다. 이와 반대로 산문에 시가 추가되었다고 보는 학자로는 J. A. T. Robinson, B. Lindars, R. T. Fortna, 서동수 등이 있다. 이들은 세례자 요한 구절이 원래 요한복음을 시작하는 구절이라고 말한다. 하지만 프롤로그에 어떤 추가나 삽입이 없으며 원래부터 현재의 모양으로 기록되었다고 주장하는 학자들도 있다. C. K. Barrett, Lamarche, M. E. Boismard, J. Irigoin, H. N. Ridderbos, P. Borgen, M. D. Hooker, J. C. Fenton, F. W. Schlatter, Van den Bussche, R. A. Culpepper, W. Eltester, 주성준, 조석민 등이 여기에 해당된다.

이상에서 살펴본 바, 요한복음 프롤로그의 문학적 구조(literary Structure)는 다양한 기준에 따라 여러 가지 방식으로 분석되어 왔다. 그리고 그 결과로 드러난 중요한 특징은 각각의 분석에 장점과 문제점이 함께 있다는 것과 모두가 동의하는 구조분석은 아직 없다는 것이다. 따라서 프롤로그는 단순히 문학적 구조로 이루어지지 않았을 가능성이 높다. 그러므로 우리는 요한복음 전체의 내용과 저자의 기록 방식을 충분히 고려하는 가운데 프롤로그의 구조를 면밀히 분석해야 할 것이다.

2. 로고스의 기원(배경)과 신학

프롤로그 연구 동향 고찰을 통하여 나타난 두 번째 결과는 로고스의 기원(배경)과 신학에 관한 것이다. 대체로 학자들은 헬라철학, 영지주의, 유대지혜사상, 필로, 랍비문헌(토라), 구약성경 등을 로고스의 배경으로 본다. 먼저 영지주의를 로고스의 주된 배경으로 보는 대표적인 학자로는 R. Bulmann, C. H. Dodd, E. Käsemann[287] 등이 있으며, 특히 Bultmann은 영지주의 구속자 신화와 영지주의 세례자 종파 찬양시를 로고스의 중요한 기원으로 생각한다. 이러한 영지주의 배경설은 E. Haenchen, R. Schnackenburg, R. E. Brown, H. N. Ridderbos, R. Kysar, G. S. Sloyan, S. S. Smalley[288] 등과 같은 학자들에 의해 거부되고 비판을 받았다. 또한 헬라철학의 영향을 주장하는 학자로는 R. Bultmann, C. H. Dodd, 최홍진, 김동수 등이 있으며, 이 주장은 H. Conzelmann, O. Cullmann, R. Schnackenburg, H. N. Ridderbos, R. Kysar, S. S. Smalley, S. Schulz, Bo Reicke,[289] 홍창표, 배종수, 변종길[290] 등에 의해 비판을 받았다. 나아가서 유대지혜사상을 로고스의 배경으로 생각하는 학자로는 R. Bultmann, C. H. Dodd, J. Painter, 최홍진, 김동수 등이 있으며, 이들은 R. Schnackenburg[291], H. N. Ridderbos, 배종수, 변종길

---

[287] Smalley, *John : Evangelist and Interpreter*, 60: "··· the shadow of Bultmann still looms large. The work of Ernst Käsemann on the Fourth Gospel is in many ways allied to Bultmann's position."

[288] Smalley, *John : Evangelist and Interpreter*, 60: "Bultmann's ideas about a setting for John, then, cannot be accepted without question"; ibid., 61: "Once again, therefore, we must conclude that the attempt to brand the fourth evangelist and his tradition as 'gnostic' is unfounded."

[289] 헬라시대와 헬레니즘 시대의 철학을 개관하고 그것을 신약성경의 사상과 비교한 Bo Reicke는 다음과 같은 결론을 내렸다. "위의 어떤 철학도 신약성경에서 적극적인 역할을 하지 않았다. 사도 바울은 아테네에서 에피쿠레안들, 스토익들과 논쟁하였고(행 17:18), 고린도에서는 지혜와 지식을 전파하는 자들에 대항하였다(고전 1:18-2:9). 그리스도는 골로새에 있던, 유대 의식들과 관련된 철학보다 우월하였다(골 2:8)." Bo Reicke, *Neutestamentliche Zeitgeschichte*, 3판 (Berlin, New York: de Gruyter, 1982), 48; 변종길, "요한복음에 나타난 비유의 핵심은 무엇인가," 87에서 재인용.

[290] 변종길, "요한복음에 나타난 비유의 핵심은 무엇인가," 86: "요한은 비록 유대인으로 태어나고 '유대주의'의 배경에서 자랐으며 말년에는 '헬레니즘'이 지배하는 소아시아에서 복음을 전하며 목회를 하였지만, 그가 전한 것은 유대주의적인 것도 아니요 헬레니즘적인 것도 아니며 하나님의 아들 예수 그리스도께 받은 '복음'이었다."

[291] Schnackenburg는 요한복음의 로고스 찬양시는 유대의 지혜사상과 내용적으로 깊은 관련을 맺고 있으나 인격과 선재와 성육신을 통하여 유대 지혜사상을 뛰어 넘고 있다고 말했다("Die Herkunft und Eigenart," 257. [= "The Origin and Nature," 481. = "요한복음서의 로고스," 134]). 더 자세한

등에 의해 비판을 받았다. 끝으로 구약성경을 로고스의 배경으로 생각하는 학자로는 Ridderbos, 홍창표, 변종길, 조병수[292] 등이 있으며, 그 반대편에 Bultmann과 Dodd가 있다. 이 중에 유대주의와 이방 종교와 철학사상을 로고스의 배경으로 보려는 시도는 많은 비판을 받았고 거부되었다. 여기에는 여러 가지 이유가 있지만 가장 근본적인 이유는 이들이 말하는 로고스나 지혜, 토라 등은 모두 인격이 아니라는 것이다. 반면에 프롤로그의 로고스는 하나님이시기에 인격이시며, 성육신하셨기에 인격이시다. 그러므로 이제 우리는 요한의 프롤로그의 로고스가 구약성경에 근거하고 있다는 사실을 좀 더 명확하고 분명하게 밝히는 과제를 안게 되었다.

로고스의 배경과 관련하여 특히 유념해야 할 특징은 구약성경만을 로고스의 유일한 배경으로 보지 않는 학자들은 대부분 두 가지 이상을 로고스의 배경으로 주장한다는 점이다. Bultmann도 영지주의 하나만 주장하지 않고 헬라철학과 유대 지혜사상을 모두 그 배경으로 여긴다. Dodd도 헬라철학과 영지주의, 랍비자료, 필로자료, 헬레니스틱 유대교 사상 모두를 그 배경으로 생각한다. Schnackenburg도 요한의 로고스는 구약성경으로부터만 유래할 수 없으며, 요한의 로고스는 유대주의(유대지혜사상, 토라)를 헬라식으로 표현한 것이라고 주장한다. 이는 필로가 구약성경의 신적 지혜를 헬라 철학의 로고스와 동일시하여 성경과 헬라 철학의 결합을 시도한 것과 같다. 국내 학자 중에서는 최흥진과 김동수가 이들과 같은 입장에 있다. 이것은 프롤로그를 포함하여 넓게는 요한복음 전체를 여러 종교와 철학 사상들의 혼합물로 보려는 시도이며, 요한의 로고스 즉 예수 그리스도를 신화와 철학 사상과 종교들의 혼합체로 이해하는 것이다. 그 결과 그들은 예수의 기독교를 다원적인 혼합종교로 만들어 버리고 말았다. 그러나 이는 요한복음 자체가 증거하는 유일신 사상(요 1:1c; 10:30; cf. 요일 5:8)과 정면으로 위배되는 것이다.[293]

것은 본 장의 Schnackenburg에 대한 부분을 참조하라.

[292] 조병수, 「신약성경총론」, 176; idem, 「Pro Ecclesia」 vol. 4. No. 1 (serial number 7) (2005), 26-30, esp. 29-30: "요한은 구약성경에 의하여 예수 그리스도를 재해석하였을 뿐만 아니라, 예수 그리스도에 의하여 구약성경을 재해석하였다 … 구약은 예수를 이해하기 위한 기초이며, 예수는 구약을 이해하기 위한 기초이다. … 요한은 구약성경이 그리스도를 지시하고 있다는 확신을 아주 분명하게 보여준다(요 1:45; 5:39; 5:46f.)."

[293] D. A. Carson, D. J. Moo, L. Morris, 「신약개론」, 노진준 역 (서울: 도처출판 은성, 1993), 179.

이와 같이 프롤로그 로고스의 기원(배경)에 관하여는 여러 가지 주장들이 있어 왔으며, 지금도 의견이 분분하다. 따라서 이 문제를 심도 있게 논증함으로써 프롤로그와 로고스의 참된 기원이 무엇인지를 밝힐 필요가 있다.

프롤로그의 로고스 신학 역시 이와 밀접한 관련이 있다. 왜냐하면 프롤로그의 로고스 신학은 로고스의 기원을 바탕으로 하기 때문이다. 프롤로그의 로고스 신학에서 우선되어야 할 것은 예수 그리스도가 왜 로고스로 명명되는지를 분명히 밝히는 것이며, 이것은 로고스의 기원에 대한 정확한 이해에 근거할 때 가능해 진다. 이와 함께 프롤로그의 로고스 신학은 요한복음 전체의 예수 그리스도 이해에 근거하여 이루어져야 할 것이다. 또한 프롤로그의 로고스 신학은 로고스의 존재와 활동에 근거하여 이해되어야 한다. 따라서 로고스의 선재와 삼위일체적 존재, 성육신, 그리고 독생자 되심 등에 대한 심도 있는 연구가 필요하다. 그리고 창조, 하나님의 자녀가 되게 하심, 하나님을 나타내심 등과 같은 로고스의 핵심 활동에 대하여도 새로운 연구가 요청된다. 그리고 이 모든 것은 프롤로그를 포함하여 요한복음의 본문에 충실하여 이루어져야 할 것이다.

3. 세례자 요한 구절

요한복음의 프롤로그 연구 동향 고찰이 보여 주는 세 번째 결과는 세례자 요한 구절(요 1:6-8, 15)에 관한 것이다. 이것은 이 구절들이 프롤로그에 어색한 것처럼 보이며, 로고스 찬양시의 리듬과 사상의 진전을 방해하는 것으로 여겨지고, 그래서 전체 흐름을 가로막는 것처럼 보이기 때문에 발생한 문제이다. 이 문제에 대하여는 크게 세 가지 주장이 있다. 첫째는 이 구절들이 로고스 찬양시에 추가된 것이라는 주장이다. Bultmann은 이 구절들이 세례자 종파 논박을 위한 목적으로 삽입되었다고 주장한다. J. Painter와 최흥진 등이 이 입장을 따른다. 둘째는 이 구절들에 로고스 찬양시가 삽입되었다는 주장으로서 Robinson이 대표적 학자이다. 셋째는 삽입이나 추가 없이 처음부터 현재의 모양이라는 주장이다. 그러므로 이들 중에 어느 것이 옳은가를 밝혀 프롤로그의 정경성과 진정한 저작권을 확보하는 것은 앞으로 연구해야 할 중요 과제이다.

　요약하면, 요한복음의 프롤로그에 대한 학자들의 연구 동향을 고찰한 결과는
본 논문이 연구해야 할 중요한 주제들을 가르쳐 주고 연구 방향을 제시해 준다.
프롤로그의 구조에 대한 의견들이 분분하므로 우리는 프롤로그의 내용에 근거한
상당한 객관성을 가진 새로운 분석을 제시할 필요가 있다. 또한 로고스의 기원에
관한 문제도 매우 진지하게 연구되어야 한다. 그렇지 않으면 요한복음과 요한의
로고스가 이방 종교와 사상과 신화에서 기원한 것으로 아주 내 몰리고 말 것이다.
나아가서 프롤로그의 로고스 신학 문제도 성경 본문에 근거한 냉철한 비판과 숙고가
있어야 한다. 마지막으로 우리는 프롤로그의 세례자 요한 구절을 연구함으로써
그것의 기록 목적과 위치적 당위성을 밝히고, 그것의 삽입/추가 문제를 해결하며,
세례자의 정체와 지위적 특성을 명확하게 밝혀야 할 것이다.

제3장 요한복음 프롤로그의 구조

성경 본문의 구조는 신학을 담아내고 전달하는 도구이며 수단이다. 구조는 신학을 표현하고 증거한다. 구조에는 신학을 보여주려는 저자의 의지가 작용하고 있다. 그러므로 바른 구조이해는 바른 신학이해를 위한 필수조건이다. 프롤로그의 문학적 구조도 그것을 기록한 저자의 신학적 산물이다. 따라서 프롤로그의 신학을 온전히 이해하기 위해서는 프롤로그의 구조를 잘 분석하고 이해하는 것이 선행되어야 한다. 이를 위하여 이 장에서는 먼저 대표적인 프롤로그 구조 분석들을 유형별로 소개하고 평가할 것이다. 그 후에 이 구조분석들의 한계를 극복하기 위한 새로운 구조 분석을 제시할 것이다.

I. 프롤로그 구조 분석의 여러 유형들

R. Bultmann 이후 약 한 세기 동안에 있었던 요한복음 프롤로그의 구조 분석은 크게 단일 구조, 두 단락 구조, 3중적 구조, 상호보완 구조, 삽입 또는 추가 구조 등으로 나누어진다.

1. 단일 구조(single structure)

단일 구조는 프롤로그의 초점이 어느 한 구절이나 한 가지 주제에 맞추어져 있다고 여기는 구조 분석이다. 이것은 다시 세 가지 정도로 분류될 수 있다.

1) 핵심구절(key clause) 구조

첫째는 핵심구절(key clause) 구조이다. 이 구조를 주장하는 대표적인 학자들은 다음과 같다. Bultmann은 요한복음 1:14을 프롤로그의 "전환점"이라고 말하며,[294] Käsemann은 요한복음 1:12을 프롤로그 "전체의 왕관"이라고 주장한다.[295] Barrett 는 요한복음 1:13을 프롤로그의 절정(climax)라고 말하며,[296] Bernard와 Morris는 18절을, Hoskyns는 17절을, Brown은 16절을, Schnackenburg, March, Lindars는 14절을 정점 단락으로 본다.[297] 그리고 Culpepper는 12b를 전체의 축이라고 말한 다. 그러므로 프롤로그의 핵심, 또는 정점 구절에 대한 학자들의 일치는 거의 없다. 따라서 우리는 프롤로그의 어떤 한 절에서 중심 주제를 말하려는 시도를 지양해야 한다.[298]

2) 교차(chiastic) 구조

단일구조 중 두 번째 구조 유형은 교차구조(chiastic structure)이다.[299] 이것은 주제들과 단어들의 교차적 반복을 검토하고, 프롤로그의 여러 부분들 사이의 관계를

---

294 R. Bultmann, "The History of Religions Background of the Prologue to the Gospel of John," in *The Interpretation of John. Issues in Religion and Theology 9*. Ed. John Ashton (Philadelphia: Fortress Press, London: SPCK, 1986), 18-35, esp. 31. = "Der religionsgeschichtliche Hintergrund des Prologs zum Johannesevangelium," in H. Schmidt (ed.), *EYXAPIΣTHPION: Studien zur Religion und Literatur des Alten und Neuen Testaments* (Göttingen: Vandenhoeck & Ruprecht, 1923), 3-26.

295 그는 프롤로그가 12절과 함께 이미 완성되었으므로 12절 이전에 성육신, 더 정확히 말하면 '말씀(λόγος)이 세상에 오심'에 대한 언급이 있어야만 한다고 말한다. 이런 까닭에 그는 '말씀의 오심은 요한복음 1:14의 주요 논제가 될 수 없으며 14절을 강조하는 불트만의 주장은 잘못되었다고 말한다(C. K. Barrett, "The Prologue of St. John's Gospel," in *New Testament Essays* [London: SPCK, 1972], 33에서 재인용).

296 Barrett, "The Prologue of St. John's Gospel," 46.

297 Cf. M. Endo, *Creation and Christology : A Study on the Johannine Prologue in the Light of Early Jewish Creation Accounts* (WUNT 2, 149) (Tübingen: Mohr Siebeck, 2002), 190-191. note 32.

298 J. G. Van der Watt, "The Composition of the Prologue of John's Gospel: The Historical Jesus Introducing Divine Grace," *WTJ* 57 (1995), 311-332.

299 프롤로그의 교차구조에 대한 간략한 연구사는 R. A. Culpepper, "The Pivot of John's Prologue," *NTS* 27 (1980), 2-6을 보라. Endo, *Creation and Christology*, 188-189에 수록된 아래의 도표는 교차구조 이해에 유익하다.

설명하는 구조분석이다.[300] 프롤로그의 교차구조를 주장하는 대표적 인물은 Culpepper이며,[301] 그는 프롤로그의 구조를 다음과 같이 분석한 뒤,[302] 요한복음 1:12b이 전체의 '중심부'(pivot)라고 주장하였다.

    a. 1-2 : 하나님과 함께 계신 말씀
     b. 3 : 말씀으로부터 생겨난 것(창조)
      c. 4-5 : 말씀으로부터 우리가 받은 것(생명)
       d. 6-8 : 증거의 역할을 하기 위해 파송된 요한
        e. 9-10 : 성육신, 세상의 반응
         f. 11 : 세상과 자기 백성
          g. 12a : 말씀을 영접한 사람들
          h. 12b : "하나님의 자녀"
         g'. 12c : 말씀을 믿은 사람들
        f'. 13 : 말씀과 그의 백성
       e'. 14 : 성육신, 공동체의 반응
      d'. 15 : 요한의 증거
     c'. 16 : 우리가 말씀으로부터 받은 것(은혜)
    b'. 17 : 말씀으로부터 생겨난 것(은혜와 진리)
   a'. 18 : 하나님과 함께 계신 말씀

	1	2	3	4	5	6	7	8	9	10	11	12	13	14	15	16	17	18
Lunt 1931	A		B						B			C		X	C'		B'	A'
Boismard 1953	A	B	C		D				E			X			E'	D'	C'	B'	A'
Lamarche 1964	A	B	C		D		E			X					E'	D'	C'	B'	A'
Feuillet 1968	A	B	C		D		E		F			F'			E'	D'	C'	B'	A'
Borgen 1970	A	B	C		C'					B'						A'		
Culpepper 1980	A	B	C		D			E		F		g·h· g'		F'	E'	D'	C'	B'	A'
Ellis 1984		A							B			X			B'		A'	
Staley 1986		A			B				C			X			C'	B'	A'	
Watt 1995		A		B		C				D					D'		C'	B'	A'

음영 부분은 원래의 프롤로그에 추가된 것으로 생각되는 구절이다.

300 M. Coloe, "The Structure of the Johannine Prologue and Genesis 1," *ABR* 45 (1997), 40-45, esp. 41.

301 Culpepper, "The Pivot of John's Prologue," 1-31. 이 외에도 N. W. Lund, M. E. Boismard, P. Borgen, M. D. Hooker, F. Ellis, J. Staley, 김동수, 조석민 등이 교차구조를 따른다. Borgen과 Staley의 교차구조분석에 대하여는 본 논문 제2장(요한복음 프롤로그에 대한 연구 동향)에서 그 내용과 문제점을 자세히 다루었다.

302 Culpepper, "The Pivot of John's Prologue," 16.

그러나 Culpepper의 이 교차구조 분석에는 문제가 많다.

첫째, Culpepper가 제시하는 요한복음 1:1-2과 18절 사이의 상응의 근거가 명확하지 않다. 먼저, 그는 프롤로그에서 이 구절들(요 1:1-2,18)만이 유일하게 말씀이 '하나님과 함께' 있다는 것을 가리킨다고 말한다. 그는 병행은 문자적이기보다는 개념적이고 주제적이며,[303] 그래서 비록 문자적 상응이 없더라도 개념적 병행을 찾을 수 있다고 주장한다.[304] 그러나 이 두 구절 사이에는 문자적 병행이 없을 뿐 아니라[305] 개념적 병행도 없다. 요한복음 1:1-2은 단지 로고스가 하나님과 함께 있었다는 것만을 말씀하는 것이 아니며,[306] 또한 로고스가 하나님과 함께 있었다(요 1:1b, 2b)는 것은 로고스의 존재방식(공간적)을 설명하는 것인 반면에 요한복음 1:18 의 주된 내용은 로고스의 존재방식 보다는 독생하신 하나님이 성육신한 결과를 말하기 때문이다. 이것은 로고스가 하나님을 설명하는 것(ἐξηγεῖσθαι)으로서, 계시자인 예수의 신분을 강조한다고 볼 수 있다.[307] 요한복음 1:1과 18절은 각각 그 초점이 다르다. 전자는 하나님인 로고스의 신적 정체를 나타내지만, 후자는 하나님(아버지)을 계시하기 위한 아들의 역할을 주장한다.[308] 그러므로 우리는 Culpepper가 전체적인 의미는 무시한 채 부분적인 것에 관심을 집중하고 있다는 것을 알 수 있다. 이것은 그가 병행을 찾기 위하여 유사한 것만 강조한 결과이다.

또한 Culpepper는 요한복음 1:18에서 말씀이 하나님 앞으로 승귀(return)한 것은 질서와 균형과 완결을 의미하는 뚜렷한 종국을 프롤로그에 제공한다고 말한다.[309] 그가 이렇게 해석하는 이유는 요한복음 1:1과 18절이 각각 '시작'과 '종국'으로써 상응한다고 보기 때문이다. 그러나 요한복음 1:18을 이렇게 보는 것은 합당하지

---

[303] Culpepper, "The Pivot of John's Prologue," 11.

[304] Culpepper, "The Pivot of John's Prologue," 12.

[305] ἦν πρὸς τὸν θεόν(요 1:1-2)과 ὁ ὢν εἰς τὸν κόλπον τοῦ πατρός(요 1:18) 사이에 문자적인 병행은 없다. 이 구절들은 단순히 하나님과 함께 '있었다'는 것을 말하는 것이 아니기 때문이다. 전자는 하나님을 '향하여(πρός) 있었고, 후자는 아버지의 '품 안에'(εἰς τὸν κόλπον) 있었다. 또한 전자는 θεός이고 후자는 πατήρ이다.

[306] '로고스가 하나님과 함께 있었다'는 단지 요 1:1b와 2b의 내용이다. 그러므로 Culpepper는 요 1:1a,c와 2a는 무시한 채, 마치 1b가 1-2절 전부를 대표하는 것인 양 말하고 있다.

[307] Van der Watt, "The Composition of the Prologue," 330, esp. note 85.

[308] Endo, *Creation and Christology*, 190.

[309] Culpepper, "The Pivot of John's Prologue," 10.

않다.310 왜냐하면 ὁ ὤν εἰς τὸν κόλπον τοῦ πατρός(요 1:18b)는 '승귀'가 아니라 아들과 아버지와의 친밀한 연합과 교제를 의미하기 때문이다(참조. 요 13:23).311 "아들은 줄곧 성부의 품안에 있었기 때문에 성부의 마음과 생각을 알며, 그런 성부와의 친밀한 교제로부터 그에 대하여 설명하신다."312 R. Schnackenburg도 예수에 대한 신약의 다른 찬양시들과 달리 프롤로그는 주님의 천상적 고양에 대한 찬양이 아니라, "하나님의 독생자가 가져오신 한 역사적 계시를 강조하는 진술"로 마무리한다고 지적한다.313 M. Coloe도 18절은 승귀가 아니라 아들이 나타낸 계시 배후에 있는 권위에 대한 진술이라고 말한다.314 그러므로 Culpepper가 말하는 프롤로그의 비하-승귀 기독론(descent-ascent Christology)은 타당하지 않다.

나아가서 Culpepper는 이 두 구절에서 '영원한 시간'에 대한 언급이 일치된다고 말한다. 그것은 각각 ἀρχή(요 1:1-2)와 πώποτε(요 1:18)이다. 이것은 중요한 단어의 일치를 근거로 병행을 주장하는 것이다. 그러나 반대로 이 두 구절 사이에는 병행되지 않는 중요한 단어들도 많이 있다는 사실을 간과해서는 안 된다(예. 독생자, 아버지, 나타내다 등등). 일치하는 '한' 단어로 병행을 주장할 수 있다면 일치하지 않는 '많은' 단어로 병행을 부정하는 것은 더욱 쉬운 일이기 때문이다.

둘째, Culpepper는 요한복음 1:3과 1:17 사이에 문자적 상응과 주제나 강조의 병행이 있다고 말한다. 물론 문자적 일치는 분명하다.315 그러나 주제의 병행은 없다. 왜냐하면 3절은 예수 그리스도로 말미암은 만물창조를 의미하지만, 17절은 예수 그리스도의 성육신으로 인해 주어진 은혜와 진리를 말하기 때문이다. 이 둘은 전혀 다른 개념이며 따라서 이 두 구절 사이에 개념적인 병행은 없다. 이 구절들이

---

310 G. R. Beasley-Murray, *John* (WBC) (Waco, Texas: Word Books, 1987), 4: "… the prologue exemplifies the descent-ascent theology of the Redeemer. This is surely a misunderstanding of the passage."

311 C. K. Barrett, *The Gospel according to St. John*, second ed. (Philadelphia: Westminster Press, 1978), 169-170. = 「요한복음」 1, 박경미 역 (서울: 한국신학연구소, 1994).

312 Beasley-Murray, *John*, 4.

313 R. Schnackenburg, *The Gospel according to St. John*, vol. 1 (London: Bruns & Oates, 1980), 224.

314 Coloe, "The Structure of the Johannine Prologue and Genesis 1," 42.

315 δι᾽ αὐτοῦ ἐγένετο(요 1:3) // διὰ 'Ιησοῦ Χριστοῦ ἐγένετο(요 1:17).

비록 문자적으로는 병행하지만 주요 개념에서는 전혀 다르므로 병행으로 보기 어렵다. 오히려 요한복음 1:3을 직접적으로 반복하는 것은 요한복음 1:10이다.[316] 왜냐하면 πάντα δι' αὐτοῦ ἐγένετο(3a)와 ὁ κόσμος δι' αὐτοῦ ἐγένετο(10b)는 둘 다 창조 사역을 언급하며, 로고스와 세상 간의 관계를 암시하기 때문이다.[317] 반면에 요한복음 1:17b은 요한복음 1:17a과 병행이다. 따라서 3절과 17절을 일치로 보는 것은 옳지 않다.

셋째, Culpepper는 요한복음 1:4-5과 요한복음 1:16이 개념적으로 병행된다고 주장한다. 왜냐하면 4절의 '생명'과 16절의 '충만'이 병행이고,[318] 또한 4절의 '생명'은 '영생'을 의미하는데, 16절의 '은혜'도 요한복음에서 '영생'의 선물과 밀접하게 연결된다고 그는 생각하기 때문이다. 따라서 그는 이 두 구절이 서로 병행한다고 주장한다.[319]

그러나 요한복음 1:16의 은혜를 단순히 영생으로 보는 것은 무리이다.[320] 그 이유는 무엇보다 문맥(요 1:16-18)이 그의 주장을 지지하지 않기 때문이다. 16절은 단순히 '은혜'가 아니라 "은혜 위에 은혜"를 말한다. 이것은 이중의 은혜를 말하는 것으로 모세로 말미암아 은혜가 주어졌고(요 1:17a), 또한 예수로 말미암아 은혜가 주어졌다는 뜻이다(요 1:17b). 모세로 말미암은 은혜는 율법을 주신 것이다. 그러면 예수 그리스도로 말미암은 은혜는 무엇인가? 그것은 아무도 볼 수 없는 하나님을 독생하신 하나님 예수 그리스도가 나타내 보이신 것(ἐξηγεῖσθαι)이다(요 1:18). 따라

---

[316] P. Borgen, "The Prologue of John as Exposition of the Old Testament," in *Philo, John and Paul: New Perspectives on Judaism and Early Christianity*, Brown Judaic Studies 131 (Atlanta: Scholars, 1987), 75-101, esp. 94-95.

[317] Endo, *Creation and Christology*, 190.

[318] Culpepper, "The Pivot of John's Prologue," 12. Culpepper는 이 주장을 위하여 솔로몬의 송가(The odes of Solomon) ix. 4을 근거로 제시하는데, 여기에서 '충만'과 '영생'이 동의어로 쓰였다고 말한다. 그러나 솔로몬의 송가는 요한복음보다 이 후에 기록된 영지주의 문서이다. 먼저 기록된 것이 나중에 기록된 것에 근거한다는 것은 있을 수 없는 일이다.

[319] Culpepper, "The Pivot of John's Prologue," 12.

[320] Van der Watt는 Culpepper를 다음과 같이 비판한다. "교차법의 요구에 따라, 그는 '은혜'와 '영생'을 동의어로 만들기 위해 다른 외부 문맥으로부터 자료를 섞어 버린다. 그가 쓰는 '상응'이라는 용어는 필연적으로 동의를 의미하지 않는다. 또한 '의미론적 조작'(semantic manipulation)이라는 용어로 다른 단어들의 의미를 너무 쉽게 제한해 버린다. 이런 문제들은 교차구조를 강요하는 인상을 남긴다"(Van der Watt, "The Composition of the Prologue," 314-315).

서 16절의 은혜는 영생이 아니라 모세로 말미암은 율법과 예수로 인한 '하나님이 나타나심'이다.

또한 16절의 은혜는 진리를 가리킬 가능성이 크다. 요한복음 1:14의 "χάριτος καὶ ἀληθείας"와 요한복음 1:17의 "ἡ χάρις καὶ ἡ ἀλήθεια"는 모두 '은혜'와 '진리'를 접속사 καί로 연결하고 있다. 만일 이 καί를 설명적 보어[321]로 본다면 '은혜와 진리'는 '은혜 곧 진리'가 되어 '은혜'와 '진리'는 별개의 것이 아닌 동일한 것이 된다. 프롤로그에 짝으로 나오던 "은혜와 진리"가 몸말에는 '은혜'를 더 이상 찾아 볼 수 없고 단지 '진리'만 나타나는 이유를 여기에서 찾을 수 있을 것이다. 게다가 요한복음 1:4의 '생명'이 요한복음 1:16의 '충만'과 '은혜'에 개념적으로 병행한 다고 주장한다면, 요한복음 1:4이 '충만'을 말하는 14절과 '은혜'를 말하는 14, 17절과 도 병행하는 것으로 보아야 마땅하다. 하지만 Culpepper는 이것을 무시한다.

나아가서 요한복음 1:4-5과 요한복음 1:16은 λαμβάνειν을 동일 어근으로 갖는 두 동사를 각각 부정(요 1:5, οὐ κατέλαβεν)과 긍정(요 1:16, ἐλάβομεν)에 사용함으로 써 대조를 이루고 있다는 점도 이 둘 사이를 병행으로 볼 수 없게 한다.[322]

이런 이유들로 인해 요한복음 1:4-5의 '생명'과 요한복음 1:16의 '충만'은 단어뿐만 아니라 개념적으로도 명확히 상응이 아니다.[323] 혹시 그렇다 하더라도, 이 둘 사이에 개념적으로 병행이 아닌 부분이 더 많다는 것이 심각한 문제로 남는다. 요한복음 1:4-5에는 '생명'뿐만 아니라 '빛'과 '어두움'이 중요한 개념으로 등장하지만 요한복음 1:16에는 이런 것과 상응하는 것이 전혀 없기 때문이다.

넷째, Culpepper는 요한복음 1:6-8과 15절이 병행이라는 것에 대하여는 거의 논쟁할 필요가 없다고 말한다. 왜냐하면 요한복음 프롤로그에서 세례자 요한이

---

[321] L. Jones, *The Symbol of Water in the Gospel of John* (Sheffield: Sheffield Academic Press, 1997), 70, notes 113, 116. 설명적 보어는 보어(καί) 뒤에 오는 명사가 보어(καί) 앞에 있는 명사의 의미를 분명하고 명료하게 나타내거나 확장, 상술, 부연하는 역할을 한다. 이런 용례는 요 3:5; 4:23; 9:37; 20:17 등이다.

[322] Endo, *Creation and Christology*, 190. Endo는 4-5절과 16절 사이의 일치에 관해서 καταλαμβάνω(1:5)와 λαμβάνω(1:16) 사이에 의미론의 일치가 없기 때문에 5절은 이 일치로부터 이탈하는 것이 분명하다고 말한다.

[323] Culpepper, "The Pivot of John's Prologue," 12: "Conceptually, there is a definite correspondence between vv. 4-5 and v. 16."

이 두 구절에서만 언급되기 때문이다.[324] 그러나 그가 말한 대로 병행은 동일한 단어보다는 유사한 사상을,[325] 문자적이기보다는 개념적이거나 주제적인 것을[326] 나타낸다면, 요한복음 1:6-8과 15절을 병행으로 보기 어렵다. 왜냐하면 둘 다 '요한'이라는 단어를 쓰고는 있으나 그 개념이 전혀 다르기 때문이다. 6-8절은 세례자 요한의 신분과 기원 그리고 그가 보냄 받은 목적에 대하여 말하며 '세례자 요한' 자신이 전체의 중심이다. 그러나 15절은 세례자 요한이 증거한 내용이며, '예수 그리스도'가 그 핵심이다. Culpepper가 말한 대로 6-8절은 세례자 요한이 빛에 대하여 증거하기 위해 하나님으로부터 보냄을 받았다는 그의 증거자 된 사실을 말하지만, 15절은 그가 증거한 내용을 요약한다.[327] 그러므로 이 둘은 내용과 주제가 다르며, 따라서 병행으로 인정하기 어렵다.

또한 Culpepper는 이 두 구절 사이에 강한 문자적 병행이 있다고 말한다.[328] 그러나 그는 문자적 병행에만 주의했지 그가 제시한 모든 단어들이 요한복음 1:6-7에서는 세례자 요한에게 관련된 반면에 요한복음 1:15에서는 예수 그리스도에게 해당된다는 사실을 간과하고 있다. 동일 단어가 사용되었으나 각각의 단어가 관련된 대상이 다르다. 그러므로 이 둘은 병행이 아니다. 또한 이 둘 사이에는 문자적으로 일치하지 않는 단어들도 많이 있다.[329]

나아가서 Culpepper는 만일 요한복음 1:6-8과 15절이 프롤로그의 원 자료(Vorlage)에 삽입이나 추가된 것이라면, 프롤로그의 현재 형태에서의 교차 구조는 저자가 그러한 구조로 만들기 위하여 두 구절(요 1:6-8,15)을 합당한 곳에 추가한 결과라고 말한다.[330] 그러나 세례자 요한 관련 구절들은 교차 구조를 만들기 위해 그 자리에 놓인 것이 아니라 그 구절들의 신학적 목적 때문에 그곳에 배치된 것으로

---

[324] Culpepper, "The Pivot of John's Prologue," 12.
[325] Culpepper, "The Pivot of John's Prologue," 7.
[326] Culpepper, "The Pivot of John's Prologue," 11.
[327] Culpepper, "The Pivot of John's Prologue," 12-13.
[328] Culpepper, "The Pivot of John's Prologue," 13.
[329] 요 1:6-8. ἀποστέλλω, ὄνομα, φωτός, πιστεύω 등; 요 1:15. κράζω, εἶπον, ὀπίσω, ἔπροσθεν, πρῶτος 등.
[330] Culpepper, "The Pivot of John's Prologue," 13.

보는 것이 옳다.[331]

다섯째, Culpepper는 요한복음 1:9-10과 14절이 성육신이라는 주제로 병행을 이룬다고 말한다. 이는 물론 맞는 말이다. 그러나 성육신을 말하는 이 둘 사이에 개념적으로 상반된 점이 있다. 그것은 그리스도의 성육신에 대한 세상의 반응이다. 9-10절에서는 세상이 그를 알지 못했다는 부정적인 반응을 말하지만, 14절에서는 "우리가 그의 영광을 보았다"는 긍정의 반응을 말하고 있다. 게다가 10절에 있는 로고스의 세상 창조가 14절에는 없다. 그러므로 이 둘이 정확하게 병행을 이루는 것은 아니다.

여섯째, Culpepper는 요한복음 1:13이 개념적으로 요한복음 1:11과 대조적인 상응을 한다고 말한다. 11절의 οἱ ἴδιοι와 13절의 οἵ는 문법적으로는 주격으로 상응하며, 주제적으로는 '자기 것'(his own)에 의해 상응한다. 그리고 12, 13절은 12절에 있는 역접 접속사 δέ에 의해 11절과 대조되므로 11절과 13절은 개념적으로 정반대로 관련된다.[332]

그러나 우리는 12절을 제외한 채 11절과 13절만 대조적으로 상응한다고 주장할 수 없다. 먼저, 12절이 강력한 '그러나'의 의미를 가진 δέ로 시작한 것과, 11절과 12절이 각각 불신앙과 신앙을 나타내기 위하여 같은 어원의 동사(οὐ παρέλαβον, ἔλαβον)를 사용한 것은 11절과 12절의 대조를 극명하게 보여준다.[333] 또한 12절은 '하나님의 자녀의 권세'에 대하여 그리고 13절은 바로 그 하나님의 자녀의 '기원'에 대하여 설명하고 있다. 따라서 11절과 13절만 대조되는 것이 아니라 12-13절 전체가 11절과 대조된다. 이 대조는 예수에 대한 세상과 이스라엘의 불신앙(10-11)이 하나님의 자녀들의 신앙(12)에 선명하게 대조되는 것에서도 분명하게 나타난다. 나아가서

---

331 이에 대하여는 본 논문 제6장(요한복음 프롤로그의 세례자 요한)을 참조하라. Cf. Beasley-Murray, *John*, 4.

332 Culpepper, "The Pivot of John's Prologue," 14-15.

333 C. H. Giblin, "Two Contemporary Literary Structures in John 1:1-18," *JBL* 104 (1985), 87-103. Giblin은 "Culpepper의 '중심점(pivot)'은 'οὐ παρέλαβον αὐτόν'(v. 11)과 'αὐτὸν ἔλαβον'(v. 12) 사이의 동사적 대조를 설명하는 데 합당하지 않다. 그 대조는 가볍게 취급될 수 없으며, 심지어 '개념적인 병행'(conceptual parallelism)이라는 이유로도 가볍게 취급될 수 없다"고 말한다. Cf. 김동수, 「요한신학 렌즈로 본 요한복음」 (서울: 솔로몬, 2006), 47.

요한복음 1:12과 13절은 내용과 문맥에 있어서 하나이므로 분리시키면 안 된다. 13절의 οἱ는 12절의 ὅσοι를 가리키며, 12절의 "하나님의 자녀들"은 13절의 "하나님 으로부터 난 자들"과 일치한다. 따라서 13절은 12절에 계속되는 상세설명이다. 그러므로 12절과 13절을 분리한 다음, 13절만 11절과 대조적으로 병행된다고 말해 서는 안 된다.

일곱째, Culpepper는 요한복음 1:12b("하나님의 자녀가 되는 권세를 주셨나니")가 프롤로그의 중심 축(pivot)이고 절정(climax)이며 구조상의 최종결론이라고 말한다. 그리고 여기에 구속사의 목적과 말씀이 성육신한 목적이 요약되어 있다고 주장한 다.[334] 그러나 요한복음 1:12b는 프롤로그의 중심축이 될 수 없다. 왜냐하면 그가 이 결론을 내리기 위해 근거로 제시한 병행들은 앞에서 여러 차례 지적한 대로 거의 모두 병행으로 볼 수 없기 때문이다. 따라서 요한복음 1:12b를 축으로 하는 교차구조는 성립되지 않는다. 결국 요한복음의 저자가 '하나님의 자녀'를 핵심 주제 로 나타내기 위하여 프롤로그를 12b를 회전축으로 하는 교차구조로 만들었다는 Culpepper의 주장은 받을 수 없다.

또한 Culpepper는 요한복음 1:14보다 요한복음 1:12b가 더 프롤로그의 절정적 (climactic) 단언이라고 말한다. 왜냐하면 성육신에 대한 고백의 결과(result), 즉 "그가 (우리에게) 하나님의 자녀가 되는 권세를 주셨다"는 결과가 없다면, 성육신이나 "우리 가 그의 영광을 보았다"는 공동체의 고백 모두 영속적인 의미를 갖지 못할 것이기 때문이다.[335] 이 말은 그가 성육신 자체보다는 그것에 대한 고백의 결과인 하나님의 자녀를 더욱 중요하게 여긴다는 의미이다. 그러나 이것은 잘못이다. 성육신이 없다 면 하나님의 자녀도 없기 때문이다. 사람이 그리스도의 성육신을 믿음으로 하나님의 자녀가 된다. 성육신 없이는 하나님의 자녀도 없다. 그러므로 그리스도의 성육신이 하나님의 자녀보다 우선한다. 믿음의 결과도 중요하지만 그것보다 더 중요한 것은 그 믿음을 가능하게 한 근본 원인이신 예수 그리스도이다. 그런데도 그가 예수

---

[334] Culpepper, "The Pivot of John's Prologue," 15.
[335] Culpepper, "The Pivot of John's Prologue," 31.

그리스도의 성육신 자체보다 성육신에 대한 믿음의 결과를 더 중요하게 여기는 것은 "하나님의 자녀"가 프롤로그와 요한복음 전체의 중심이라고 말한 자신의 주장을 정당화하기 위하여 억지를 부리는 것이다.

더 나아가서 Culpepper는 저자가 12b을 프롤로그의 중심에 배치한 이유는 프롤로그가 요한복음 전체를 요약하고, 요한복음의 메시지와 주요 주제들을 도입하기 때문이라고 말한다.[336] 이 말은 결국 요한복음 전체의 중심 주제가 프롤로그의 '축'(pivot, 12b)이 말하는 "하나님의 자녀(τέκνα θεοῦ)"[337]이라는 것이다. 그러나 요한복음의 중심 주제는 이미 요한복음 20:30-31에서 밝힌 것처럼 그 의미가 훨씬 더 넓고 많다.[338]

우리는 Culpepper의 이 주장을 여러 학자들이 이미 비판했다는 사실에 주의할 필요가 있다. Brown은 Culpepper가 요한복음 1:3과 17절 사이에, 그리고 4-5절과 16절 사이에서 발견한 병행은 대단히 상상적(highly imaginative)인 것이라고 말했으며,[339] Theobald는 그가 비교할 수 없는 것을 비교하므로 본문의 구문론적 결합을 충분히 고려하지 않았고, 너무나도 인위적이라고 비판했다. 그는 아예 교차구조의 존재를 부정했다.[340] Louw는 Culpepper에 대하여 교차 방식은 프롤로그의 진정한 초점을 가리고 오해로 이끌기 쉽다고 비판했다.[341] Miller는 Culpepper가 프롤로그에서 정교한 교차구조를 발견하는 것은 "왕성한 상상력"(vivid imagination)의 결과라며 맹렬하게 비난했다.[342] Giblin은 그 자신도 요한복음 1:6-8, 13, 15을 "편집적

---

[336] Culpepper, "The Pivot of John's Prologue," 17.

[337] Culpepper, "The Pivot of John's Prologue," 17.

[338] 조병수, 「신약성경총론」 (수원: 합동신학대학원출판부, 2006), 166-167.

[339] R. E. Brown, *The Gospel according to John I-XII*, vol. I (2 vols) (New York: Doubleday, 1966), 23.

[340] M. Theobald, *Im Anfang war das Wort. Textlinguistische Studie zum Johannesprolog* (Stuttgart: Katholisches Bibelwerk, 1983), 32. Van der Watt, "The Composition of the Prologue," 315, 316에서 재인용.

[341] J. Louw, "Christologiese himnes. Die Johannese Logos-himne (Joh 1:1-18)," in *Hymni Christiani*, ed. J. H. Barkhuizen (Pretoria: HTS, 1989), 41-42. Van der Watt, "The Composition of the Prologue," 315에서 재인용.

[342] Ed. L. Miller, "The Logic of the Logos Hymn: A New View," *NTS* 29 (1983), 552-561, esp. 552.

삽입"(redactional insertions)이라고 부르고, 이 구절들의 앞뒤를 교차구조로 배열했음[343]에도 불구하고 Culpepper를 비판했다. 그는 Culpepper에 대하여 본문을 훨씬 더 정교한 교차구조로 조각냄으로써 잘못된 설명을 할 수 있다고 경고했다.[344] 결국 Culpepper는 교차법으로 모든 부분을 연결하는 데 성공하지 못했다.[345]

결론적으로 교차구조분석은 너무 인위적(zu gekünstelt)이어서[346] 프롤로그의 진정한 초점을 모호하게 만든다.[347] Lund는 13절을, Boismard, Ellis, Staley는 12-13절을, Lamarche는 10-13절을, 그리고 Culpepper는 12c를 중심축으로 본다. 그러나 이 단락들이 정말 중심축의 기능을 하는지는 아직 불분명하다. 이 문제는 학자들이 완벽한 교차 구조를 만들려고 하기 때문에 발생한다. 우리는 여기서 반드시 완벽한 교차 구조를 발견하려고 시도할 필요는 없다.[348] 또한 정교한 교차 구조를 프롤로그 전체의 통일 원리로 생각하는 것은 대단한 상상을 즐기는 것이다.[349] 나아가서 J. Edgar Bruns는 교차구조를 "폭력으로 규준에 맞추려는 교차 병행(procrustean bed of chiastic parallelism)"이라며 혹평하였다. 그는 요한복음에 교차구조의 예들이 있다는 것을 인정하면서도 요한복음 전체를 이 구조 안에 맞추려고 하는 시도에 대하여 비판하였다.[350] 따라서 프롤로그에 교차 구조를 적용하는 것은 합당하지 않은 것으로 생각된다.[351]

교차 구조에 집착하는 사람들, 즉 소위 '병행마니아'(parallelomania)[352]의 문제는

---

[343] Giblin, "Two Complementary Literary Structures in John 1:1-18," 87-103.

[344] Giblin, "Two Complementary Literary Structures in John 1:1-18," 94; Van der Watt, "The Composition of the Prologue of John's Gospel," 315.

[345] Van der Watt, "The Composition of the Prologue," 314-315.

[346] Theobald, *Im Anfang war das Wort*, 32. Endo, *Creation and Christology*, 191에서 재인용.

[347] J. Louw, "Christologiese himnes. Die Johannese Logos-Himne (John 1:1-18)," 41-42. Endo, *Creation and Christology*, 191에서 재인용.

[348] Endo, *Creation and Christology*, 190-191.

[349] Miller, "The Logic of the Logos Hymn," 552.

[350] J. E. Bruns, *The Genius of John: A Composition-Critical Commentary on the Fourth Gospel* (Collegeville: Liturgical, 1984). 이 책에 대한 F. Ellis의 review인 *CBQ* 48 (1986), 334-335에서 재인용.

[351] Brown, *The Gospel according to John I-XII*, 23: "We remain in doubt on the applicability of a chiasm pattern to the Prologue."

[352] S. Sandmel, "Parallelomania," *JBL* 81 (1962), 1-13.

그들이 병행되는 특정 단어나 구절이나 개념과 주제에만 집중하기 때문에 그 밖에 병행되지 않는 다른 단어나 구절, 개념, 주제들을 간과하거나 과소평가하거나 병행으로 볼 수 없는 것을 병행으로 보도록 강요하기도 한다는 것이다. 따라서 프롤로그를 교차구조로 보는 것은 작은 것을 크게 말하는 반면에 큰 것을 작게 말하거나 아예 말하지 않는 잘못을 범했다. 그리하여 적은 일치가 많은 불일치를 대표하는 것처럼 보이게 만들었다. 그러나 우리는 일치하는 것은 일치하는 대로, 불일치하는 것은 불일치하는 대로 그 의미를 해석해야 한다. 독자에게는 저자의 기록 의도를 제한하거나 강제할 권한이 없기 때문이다.

병행의 오용 가운데 하나인 언어적 병행마니아는 마치 언어적 병행이 개념적 연관성이나 혹은 심지어 독립성을 증명해주기나 한 듯이 언어적 병행어들을 나열한다.[353] 우리는 이러한 병행마니아에 주의해야 한다. 그들은 요한이 그의 신학적 메시지 틀을 구성하는 데 영향을 주지 않았을 표면적인 병행구절들에 근거하여 개념에 관한 결론을 내리기 때문이다.[354]

3) 직선적 또는 연대기적 주제 구조

단일구조 중 세 번째 유형은 직선적 또는 연대기적 주제 구조이다. 이 구조분석은 프롤로그에 여러 주제가 연대기 순으로 나타난다고 본다. 이러한 구조 이해의 대표적인 예는 Brown이다. 그는 자신의 주석에서 역사 비평적 분석에 근거하여 프롤로그를 다음과 같이 나누었다.[355]

제1절 :	1-2	하나님과 함께 계시는 말씀
제2절 :	3-5	말씀과 창조
제3절 :	10-12b	세상에 계신 말씀
제4절 :	14, 16	공동체의 말씀 공유

---

[353] D. A. Carson, *Exegetical Fallacies*, 2th ed. (Grand Rapids: Baker Academic, 1996), 43-44.
[354] Sandmel, "Parallelomania," 1-13.
[355] Brown, *The Gospel according to John I-XII*, 22.

그의 연구의 중요성은 그가 프롤로그에서 주제에 따른 진행(thematic progression)에 주목한다는 사실이다.[356] 그러나 이 구조 분석의 심각한 문제점은 반복해서 나타나는 세례자 요한 구절을 놓치고 있다는 것이다. 물론 Brown은 세례자 요한 구절들이 논쟁을 위해 후에 찬양시에 추가되었다고 말한다.[357] 그러나 이 주장은 설득력이 약하며,[358] 또한 이 구절이 왜 두 번 반복되었어야 하는지에 대하여 대답하지 못한다.[359]

Miller도 또한 이와 같은 경우에 속한다. Miller는 그리스도 찬양시를 요한복음 1:1-5로 제한하고, 그 중에서 일부를 삭제하고, 절을 조정하여 전체를 2행연구로 된 네 개의 연(strophe)으로 만들었다. 그리고 그는 이 네 개의 연이 각각 로고스와 관계되고 또한 로고스의 특정 시기에 관련된 것이라고 설명한다.[360] 그는 이것을 행들(lines) 간의 내적 논리(internal logic)라고 말한다.[361] 이것을 정리하면 다음과 같다.

	요 1:1a-b,3-5	로고스와의 관계	로고스의 시기(단계, 기간)
I	(1a) ἐν ἀρχῇ ἦν ὁ λόγος, (1b) καὶ ὁ λόγος ἦν πρὸς τὸν θεόν.	하나님과의 개인적 관계	선재 상태의 로고스
II	(3) πάντα δι' αὐτοῦ ἐγένετο, καὶ χωρὶς αὐτοῦ ἐγένετο οὐδὲ ἕν.	세상에 대한 창조적 관계	창조시의 로고스
III	(4) ὃ γέγονεν ἐν αὐτῷ ζωὴ ἦν, καὶ ἡ ζωὴ ἦν τὸ φῶς τῶν ἀνθρώπων.	로고스의 성육신 구원을 베푸는 관계	로고스의 성육신 시기
IV	(5) καὶ τὸ φῶς ἐν τῇ σκοτίᾳ φαίνει, καὶ ἡ σκοτία αὐτὸ οὐ κατέλαβεν.	악에 대하여 승리하는 관계	현재의 로고스의 활동

---

356 Van der Watt, "The Composition of the Prologue," 316.

357 Brown, *The Gospel according to John I-XII*, 22.

358 이에 대하여는 본 논문 제6장.I.1을 참조하라.

359 Coloe, "The Structure of the Johannine Prologue and Genesis 1," 41.

360 Miller, "The Logic of the Logos Hymn," 555-559.

361 Miller, "The Logic of the Logos Hymn," 552.

Miller는 이 네 연 중에서 세 번째인 4절을 성육신적으로 해석하고 그것이 이 찬양시의 중심이라고 말한다. 왜냐하면 4절이 찬양시를 두 단락(I,II와 III,IV)으로 나누기 때문이다. 첫 번째 단락은 성육신 이전의 로고스의 역할이며, 두 번째 단락은 로고스의 성육신 이후의 역할이다. 시간적 조망이 함께 고려될 때 이 네 단락은 로고스의 선재에서부터 현재까지 계속되는 시간적 연속을 만들어 낸다.[362] 따라서 요한복음 1:1-5은 로고스의 선재부터 창조, 성육신, 그리고 현재의 활동까지를 시간적으로, 역사적으로, 그리고 구속사적으로 보여준다.[363]

그러나 그가 요한복음 1:1-5 중, 1a-b와 3-5절만 완전한 로고스 찬양시[364]라고 말한 것은 수용하기 어렵다. 그 이유는 다음과 같다.

첫째, 그가 요한복음 1:1c-2(καὶ θεὸς ἦν ὁ λόγος. οὗτος ἦν ἐν ἀρχῇ πρὸς τὸν θεόν)을 삭제한 이유가 타당하지 않다. 그는 1c-2은 1-5절에 있는 다른 구절들과 달리 병행이 분명하지 않기 때문에 삭제되어야 한다고 주장한다. 그는 "ἦν ὁ λόγος" 의 반복에 근거하여 1a-b(ἐν ἀρχῇ ἦν ὁ λόγος, καὶ ὁ λόγος ἦν πρὸς τὸν θεόν)이 점층적 병행을 이룬다고 주장한다.[365] 그러나 이 병행은 1b보다 그가 제외한 1c에서 더 정확하며, 또한 2절도 1a-b의 종합이므로 1절과의 병행이 분명하다. 따라서 병행이 분명하지 않다는 이유로 1c-2절을 삭제하면 안 된다.

둘째, Miller가 요한복음 1:1c와 2절을 그 앞에 있는 구절들에 대한 해설로 보는 것도 받을 수 없다. 왜냐하면 요한복음 1:1a,b,c는 로고스의 존재에 대하여 각각 한 가지씩 모두 세 가지 측면으로 설명하는 것이지, 1c가 1a-b를 해설하는 것은 아니기 때문이다. 또한 2절은 1a-b의 종합이지 혹시 있을지도 모를 오해를 바로 잡기 위해 나중에 최종적으로 삽입된 해설이 아니다. Miller 자신도 이 행들이 해설에서 비롯되었다는 대외적인(external) 증거가 없으며, 이 판단은 가설적이고 불분명하며, 더구나 이 가설은 결정적이지도 않다고 말한다.[366] 그러므로 그가 1c와

---

362 Miller, "The Logic of the Logos Hymn," 558.

363 Miller, "The Logic of the Logos Hymn," 556, 558-559.

364 Miller, "The Logic of the Logos Hymn," 552.

365 Miller는 1a-b가 점층적 병행을 이룬다고 말하지만, 그 근거를 말하지 않는다. 요 1:1a-b에서 ἦν ὁ λόγος를 제외하면 병행으로 볼 수 있는 것이 없다.

2절을 해설을 위한 삽입으로 여겨 삭제한 것은 잘못이다.

셋째, 우리는 요한복음 1:1a-b, 3-5절이 로고스의 선재(I), 창조(II), 성육신(III), 활동(IV)을 순서대로 잘 보여준다는 Miller의 생각에 동의할 수 없다. 그는 이 순서를 증명하기 위해 ὃ γέγονεν을 4절에 포함시켰고, 사람들이 그것을 πάντα(요 1:3)의 확장으로 보아 자연 창조와 관련된 것으로 해석하는 것을 비판했다. 그는 3절의 πάντα는 분명히 자연 창조를 말하지만 4절은(ὃ γέγονεν을 포함) 로고스의 성육신, 즉 구원하는 생명과 빛이 예수의 인격 안에서 역사적으로 출현한 것을 강조한 것이라고 말한다.[367] 다음은 이에 대한 그의 논거와 이에 대한 비판이다.[368] 첫째, 그는 ὃ γέγονεν ἐν αὐτῷ ζωὴ ἦν[369]에서 γέγονεν이 자동사로 쓰였다고 주장한다.[370] 하지만 만물창조를 말하는 ἐγένετο(3b)도 자동사로 사용되었다. 또한 ὃ γέγονεν이 3절의 자연 창조와 무관하다고 말할 수 없다. 왜냐하면 문법적으로 볼 때, "ὃ"는 관계대명사 중성 단수이므로, 선행사는 그 앞에 있는 "ἕν"이 되어야 하기 때문이다(cf. 요 1:9). 둘째, 그는 시제의 변화, 즉 3절의 부정과거 ἐγένετο가 4절에서 완료 γέγονεν으로 바뀐 것을 근거로 내세운다. 그러나 성육신에 대하여 가장 명확하게 말하는 14절이 부정과거 ἐγένετο를 사용하고 있으므로 완료시제 (γέγονεν)에 근거하여 성육신을 주장하는 것은 옳지 못한 생각이다. 셋째, 그는 전치사구 δι' αὐτοῦ가(3) ἐν αὐτῷ(4)로 전환된 것을 근거로 제시한다. 그러나 그의 주장대로 ὃ γέγονεν ἐν αὐτῷ ζωὴ ἦν을 한 행(line)으로 볼 때, ἐν αὐτῷ를 얼마든지 수단과 방법의 여격으로 볼 수 있다. 그렇게 되면 ὃ γέγονεν은 자연 창조를 말하는 것이 된다. 넷째, 그는 4절과 성육신을 의미하는 구절로 생각되는

---

366 Miller, "The Logic of the Logos Hymn," 555.

367 Miller, "The Logic of the Logos Hymn," 553: "What ὃ γέγονεν ἐν αὐτῷ ζωὴ ἦν does refer to is the incarnation of the Logos. ⋯ What is important is that the line expresses the thoroughly Johannine emphasis on the historical advent of salvific life and light in the person of Jesus."

368 Miller, "The Logic of the Logos Hymn," 553-554.

369 Miller는 이것을 "what has appeared in him was life"로 해석하기를 좋아한다(Miller, "The Logic of the Logos Hymn," 553).

370 Miller, "The Logic of the Logos Hymn," 554.

9,14,17절 사이에 있는 느슨한 병행이 4절을 성육신으로 보는 근거가 된다고 말한다. 하지만 그는 이들 사이에 어떤 것이 병행인지를 밝히지 않는다. 마지막으로 Miller는 4절과 요한일서 1:1-4 사이의 유사성에 근거하여 4절을 성육신에 관한 진술로 간주한다. 하지만 그는 요한일서 1:1-4이 요한복음 1:1-5의 기초라고 말하면서도 이것에 대한 어떤 근거도 밝히지 않고 있다. 더구나 요한복음의 본문 문제에 대한 해답을 아무런 설명 없이 요한일서에서 찾는 것도 학자다운 모습이 아니다.

그러므로 Miller가 주장한 요한복음 1:1c-2의 삭제와 4절을 성육신적으로 해석한 것은 수용하기 어렵다. 따라서 요한복음 1:1-5 중 삽입된 1c-2절을 생략한 나머지 부분만이 완전한 로고스 찬양시라는 그의 제안도 받기 힘들다.

Miller와 비슷하게 홍창표도 프롤로그가 로고스 개념을 역사적 진행(historical progress)에 따라 다음과 같이 요약한다고 말한다. (1) 1-5절은 우주적 전망에서 우주 창조에 하나님의 기구 곧 영원한 말씀인 로고스가 인간을 위한 빛과 생명의 근원인 것을 설명한다. (2) 6-8절은 세례자 요한의 증거이다. 사도 요한은 세례자 요한을 참된 빛에서 구별시키고 세례자의 중요성을 요약한다. (3) 9-13절은 참빛이 오시는 것을 설명한다. (4) 14-18절은 구원이 온 것을 요약한다.[371] 이 구조는 절정(climax)을 향하여 전진하는 구조이다.[372] 그러나 프롤로그를 이와 같은 역사적 진행으로 보는 것은 다소 무리가 있다. 왜냐하면 프롤로그에는 예수의 성육신과 세례자 요한에 대한 언급이 반복되기 때문이다.

2. 두 단락 구조

두 단락 구조는 프롤로그를 두 개의 단위로 나누는 구조 분석이며,[373] 여기에는 대구법, 구조적 평행상태의 두 단락 구조, 두 초점의 타원구조 등이 있다.

---

371 홍창표, "로고스, 요한복음 서론," 「신학정론」 제 11권 1호 (1993), 113-114.
372 홍창표, "로고스, 요한복음 서론," 113.
373 Van der Watt, "The Composition of the Prologue," 318, note 36을 보라.

1) 대구법

두 단락 구조에는 먼저 대구법(parallelism)이 있다. W. Schmithals는 프롤로그를 대구적인 두 개의 병행 단락(4-13; 14-18)으로 나눈다.[374]

I. 하늘에서의 서막　　1-3
II. 성육신한 로고스　　4-5　　6-8　　9-11　　12a-b　　12c-13
III. 성육신한 로고스　　14　　15　　16　　17　　18

그러나 이 병행 구조 분석은 상당히 불완전하다. 예를 들면, 4-5절은 생명과 빛 둘 다를 말하나 14절은 이에 대한 상응이 없다. 5절은 빛에 대한 어둠의 부정적인 반응을 말하지만, 14절은 그렇지 않다. 또한 Schmithals는 병행의 순서에 지나친 관심을 가짐으로서 본문의 구문론적인 결속성(syntactical cohesion)에 충분히 주의를 기울이지 않았다.[375] 나아가서 그는 자신이 나눈 하부분할에 대한 이유를 밝히지 않아 임의적이라는 인상을 남긴다.[376]

2) 구조적 평행상태의 두 단락 구조

둘째는 구조적 평행 상태에 있는 두 단락 구조(two sections in "strukturelles Gleichgewicht")이다. Theobold는 프롤로그가 구조적 평행 상태로 두 단락(요 1:1-13 과 요 1:14-18)을 구성한다고 주장한다.[377] 그는 교차구조가 너무 인위적이라고 비판했으나 그 역시 기본적으로는 같은 표준을 사용한다. 그의 구조 분석은 본질에 있어서 교차구조를 닮았기 때문이다.[378] 프롤로그를 탈굼적 기본 주해(요 1:1-5)와 그것에 대한 상세 설명(요 1:6-18)으로 나누는 Borgen의 구조 분석도 넓은 의미에서 여기에 해당된다고 볼 수 있다.[379]

---

[374] W. Schmithals, "Der Prolog des Johannesevangeliums," *ZNW* 70 (1979), 16-43, esp. 31; Van der Watt, "The Composition of the Prologue," 315; Endo, *Creation and Christology*, 188-189, esp. 191.

[375] Endo, *Creation and Christology*, 191.

[376] Van der Watt, "The Composition of the Prologue," 315-316.

[377] Theobald, *Im Anfang*, 32; Van der Watt, "The Composition of the Prologue," 316에서 재인용.

[378] Van der Watt, "The Composition of the Prologue," 317.

3) 두 초점의 타원 구조

셋째는 두 초점을 가진 타원 구조이다. H. N. Ridderbos는 프롤로그를 두 개의 초점을 가진 타원 구조로 설명한다. 로고스 개념이 이 두 초점을 선정하는데, 하나는 서두에 나오는 태초에 하나님과 함께 계셨던 말씀이며, 다른 하나는 요한복음 1:14의 육신이 되고 우리 가운데 거하신 말씀이다. 이 두 초점에서 케리그마의 전체 내용은 빛을 가져오고, 생명을 창조하고, 분리를 만들어 내는 은혜와 진리의 충만함으로 한정된다.[380] 그러므로 태초에 계셨던 말씀과 육신이 되신 말씀 간의 명백한 상호 의존이야말로 프롤로그의 진정한 설명인 듯하다.[381] 태초에 하나님과 함께 계셨으며 그 분 자신이 하나님이셨던 말씀에 대해 말한 것과, 육신이 되어 우리 가운데 거하신 말씀에 대해 말한 것은 하나라고 말해야 한다.[382]

그러나 Ridderbos의 이 주장은 도형의 구도와 논리에 맞지 않다. 그는 프롤로그가 한 초점을 중심으로 하는 세 개의 동심원 구조로 되어 있다[383]고 말하면서 동시에 두 개의 초점을 가진 타원 구조로 되어 있다고 주장한다. 하지만 한 초점을 가진 원과 두 초점을 가진 타원이 단일체를 이루는 도형이 될 수는 없다. 원이면서 동시에 타원인 도형은 어디에도 없으며, 초점이 하나이면서 동시에 둘이라고 말하는 것은 논리적으로도 모순이다.

3. 3중적 구조

3중적 구조에는 크게 네 종류가 있다. 그 중 첫째는 3중 분할구조이다. F. F. Segovia는 프롤로그를 'inclusio' 방식으로 된 3중 분할로 분석한다. 그리고 이 구조는 '저 세상'(1:1-2)에서 '이 세상'으로(1:3-17), 그리고 다시 '저 세상'(1:18)으로의

Borgen, "The Prologue of John as Exposition of the Old Testament," 75-101.

[380] H. N. Ridderbos, "The Structure and Scope of the Prologue to the Gospel of John," *NovT* 8 (1966), 180-201, esp. 196.

[381] Ridderbos, "The Structure and Scope of the Prologue," 197.

[382] Ridderbos, "The Structure and Scope of the Prologue," 199.

[383] Ridderbos, "The Structure and Scope of the Prologue," 191.

여행을 의미한다.[384]

요한복음 1:1-2 → 요한복음 1:3-17 ← 요한복음 1:18

여행(journey) :　　저 세상　　→　　이 세상　　←　　저 세상

그러나 요한복음 1:1-2과 요한복음 1:18을 'inclusio'로 보기 어렵다. 전자는 로고스의 선재를 말하지만, 후자는 로고스가 성육신 하신 결과를 말하기 때문이다. 또한 전자는 '저 세상'에 관한 것을 말하지만, 후자는 '저 세상'보다는 '이 세상'과 관련되기 때문이다.

둘째는 나선형(spiral) 발전 구조이다. I. de la Potterie는 프롤로그의 세 부분 사이에 병행이 있다는 것을 아래와 같이 주장한다.[385]

I	II	III
	THE BEGINNING	
A(vv. 1-2) In the beginning was the word	A(vv. 6-8) There was a man sent from God	A(vv. 15) He was before me
	THE WORD SHINES PEOPLE	
B(vv. 3-5a) Life and Light of People	B(v. 9) True light enlightens all people	
	THE RESPONSE	
C(v. 5b) οὐ κατέλαβεν	C(vv. 10-12) οὐ παρέλαβον, ἔλαβον	C(v. 16) ἐλάβομεν
	THE OBJECT OF FAITH: THE FATHER'S ONLY SON	
	D(vv. 13-14) The word became flesh. The only Son came from the Father. Grace and Truth.	D(vv. 17-18) Jesus Christ. The only Son was in the bosom of the Father. Grace, Truth, Revelation

---

[384] F. F. Segovia, "John 1:1-18 as Entrée into Johannine Reality: Representation and Ramifications," in J. Painter, R. A. Culpepper and F. F. Segovia (eds.), *Word, Theology and Community in John* (St. Louis: Chalice Press, 2002), 33-64, esp. 36-50.

[385] I. de la Potterie, "Structure du Prologue du Saint Jean," *NTS* 30 (1984), 354-381, esp. 358. Endo, *Creation and Christology*, 194.

그러나 M. Endo는 I. de la Potterie의 이 주장에 대하여 다음과 같이 논박한다. "그의 비교는 때때로 부분적이고 일관성이 없다. 예를 들면, 1-2절과 15절은 선재 (pre-existence) 주제에서 비교된다. 그리고 6-8절과 15절은 세례자 요한의 증거에 대한 언급에 기초하여 비교된다. 반면에 용어적 일치(πρὸς τὸν θεόν; παρὰ θεοῦ)에서 1-2절과 6-8절의 관계는 부분적인 것으로 보인다. 3-5절과 9절의 일치는 부분적이다. λαμβάνω(1:5)와 καταλαμβάνω(1:6)의 의미론적 일치는 애매모호하다. 그리고 14절 이후의 분할은 상당히 인위적이다."[386]

셋째는 3개의 동심원 구조이다. Ridderbos는 프롤로그가 두 개의 초점을 가진 타원 구조라고 말함과 함께 중요사상에 근거하여 세 개의 동심원(concentric circles)을 이루는 3중 구조라고 주장한다.[387] 그는 프롤로그에서 로고스는 어둠에 비추는 빛(5)으로, 모든 사람에게 비추는 빛으로(9a), 세상에 있는 빛으로(9b), 자기 땅에 온 빛(11)으로 말해지며,[388] 이것에 의해 프롤로그는 세 개의 동심원으로 이루어져 있고 모두 역사적 그리스도의 계시와 관련되어 있다고 말한다(요 1:1-5, 6-13, 14-18). 이것은 동일 주제의 반복과 사상 유형(그리스도 안에 나타난 빛, 즉 성육신)의 확산으로 발생한다.[389]

그러나 요한복음 1:14-18에는 빛에 관한 언급이 없다는 사실이 문제가 된다. 물론 개념적으로는 로고스가 빛이며, 그 로고스에 대한 기술이 요한복음 1:14-18에 계속되는 것은 사실이다. 그러나 그가 중요한 구분의 근거로 삼은 '빛' 자체는 여기에 등장하지 않는다. 더구나 '빛'이 프롤로그 전체를 아우르는 대표성을 가진다고 보기 어렵다.

넷째는 3중 너울(three wave) 구조이다. F. J. Moloney는 I. de la Potterie의 구조를 얼마간 변경하여 프롤로그를 '3중 너울' 구조로 분석하였다. 이것은 파도가 반복해서 일어나면서 뒤의 것이 더 큰 힘으로 달려오는 것처럼, 프롤로그에서 저자가 동일한 주제를 반복함으로써 그것을 더욱 발전시키는 구조를 의미한다.

[386] Endo, *Creation and Christology*, 194.
[387] Ridderbos, "The Structure and Scope of the Prologue," 180-201, esp. 184.
[388] Ridderbos, "The Structure and Scope of the Prologue," 189-191, 198.
[389] Ridderbos, "The Structure and Scope of the Prologue," 191.

1. 하나님과 함께 계신 말씀이 세상의 빛이 되었다(1-5).

2. 말씀의 성육신(6-14).

3. 계시자: 독생자가 아버지에게 나아갔다(15-18).[390]

그리고 Moloney는 이 세 개의 각 단락들 안에 아래와 같이 발전된 네 개의 주제들이 전개된다고 말한다.[391]

a) 말씀이 알려지고 묘사된다.   1-2   6-8   15
b) 말씀이 세상에 오다.   3-4   9
c) 말씀의 선물과 응답   5   10-13   16
d) 선물의 특징: 값없이 주는 참된 선물   14   17-18

그러나 이 구조의 가장 큰 문제는 로고스와 하나님과의 관계를 말하는 1-2절을 세례자 요한 구절인 6-8, 15절과 병행으로 보는 것이다. 이것은 억지이다.[392] 이 외에도 1-2절은 로고스가 알려진 것을 묘사하지 않으며, 로고스의 만물 창조를 말하는 3절도 로고스가 세상에 온 것을 말하지 않는다.

4. 상호보완 구조

Van der Watt는 프롤로그를 상호보완적 구조로 분석한다. 이것은 프롤로그를 두 개의 주요 부분으로(요 1:1-13과 요 1:14-18) 나누더라도, 그것을 상호보완을 위한 구조적 통일체(structural unity)로 보는 구조이다.[393] 그는 이런 분할이 프롤로그의 구성을 이해하는 데 중요한 열쇠를 제공한다고 생각한다. 왜냐하면 이 두 부분이 본질적으로 다르기 때문이다. 그에 의하면, 요한복음 1:1-13은 역사적 발전 원리를

---

[390] F. J. Moloney, *Belief in the Word: Reading the Fourth Gospel, John 1-4* (Minneapolis: Fortress Press, 1993), 25-26.

[391] F. J. Moloney, *The Word Became Flesh* (TTS 14) (Dublin: Mercier, 1977), 35-39.

[392] Coloe, "The Structure of the Johannine Prologue and Genesis 1," 43.

[393] Van der Watt, "The Composition of the Prologue," 318.

따르며, 요한복음 1:14-18은 주제 병행적 진행을 따른다.394 그는 요한복음 1:1-13은 로고스의 비성육신(λόγος ἄσαρκος, 요 1:1-5)과 로고스의 성육신(λόγος ἔνσαρκος, 요 1:9-13)으로 구분되며, 그 사이에 세례자 요한 구절(요 1:6-8)이 있다고 말한다. 이 구절은 로고스의 비성육신과 성육신을 이어주는 다리(bridge)가 된다. 이렇게 하여 요한복음 1:1-13은 로고스의 선재부터 그의 백성들 가운데 거하시기까지 연대기적 역사 발전을 형성한다.395

그러나 이 주장이 수용되기 위해서는 한 가지 해결해야 할 것이 있다. 그것은 요한복음 1:4-5이 과연 λόγος ἄσαρκος를 말하는지를 확증해야 하는 것이다. 학자들 중에는 ἄσαρκος 편에 서는 사람들396과 ἔνσαρκος를 찬성하는 사람들이 있으며,397 이 둘 사이에 의견이 팽팽히 맞서 있다. 이 사실은 비록 Van der Watt가 요한복음 1:4-5이 ἄσαρκος임을 입증하기 위하여 논증을 펴지만, 여전히 ἔνσαρκος로 볼 수 있는 가능성이 얼마든지 남아 있다는 것을 의미한다.398 사실 요한복음

---

394 Van der Watt, "The Composition of the Prologue," 318-329.

395 Van der Watt, "The Composition of the Prologue," 319-321.

396 Barrett, Fortna, Aland, Hofrichter, Lausberg, Brown, Kysar, Painter, Giblin.

397 Richter, Thyen("Aus der Literatur zum Johannesevangelium," *TR* 39 [1975], 53-69; 222-252), Theobald, Ellingworth("Exegetical Presuppositions in Translation," *BT* 33 [1982], 317-323), L. Schottroff(*Der Glaube und die feindliche Welt. Beobachtungen zum gnostischen Dualismus und seiner Bedeutung für Paulus und das Johannesevangelium* [Neukirchen-Vluyn: Neukirchener, 1970]), Bultmann, Käsemann, Miller("The Logic of the Logos Hymn," 552-561; "Codex Bezae on John 1:3-4. One Dot of Two?" *ThZ* 32 [1976], 269-271; "The Logos Was God," *EvQ* 53 [1981], 65-77).

398 E. Käsemann은 요 1:5이 성육신에 대한 중요한 표시라고 말한다(Käsemann, "The Structure and Purpose of the Prologue to John's Gospel," in *New Testament Questions of Today* [London: SCM Press, 1969], 146-147, 166). Cf. Culpepper, "The Pivot of John's Prologue," 13: "Käsemann has contended that the Word enters history in vv. 5ff."; Van der Watt, "The Composition of the Prologue," 321, note 50: "Käsemann regards the present tense of φαίνει in v. 5 as an important indication of the incarnation"; Barrett, "The Prologue of St. John's Gospel," 32-33: Käsemann은 1-5절에서 매우 두드러진 형식적인 특징(특히 계단 병행)은 14-18절에서 반복되지 않으므로 프롤로그의 앞부분으로부터 14-18절을 분리했다. Käsemann은 12절을 '전체의 왕관'(crown of the whole)으로 간주했고, 14-18절은 후기(postscript)로 보았다. 이에 따라 Käsemann은 찬양시가 이미 12절로 완성되었으므로, 12절 이전에 성육신, 즉 로고스의 세상에 오심에 관한 언급이 있어야 한다는 것이다. 이것은 5,10,11절에서 발견된다. Miller도 Käsemann과 동일한 주장을 한다("The Logic of the Logos Hymn," 553: "What ὃ γέγονεν ἐν αὐτῷ ζωὴ ἦν does refer to is the incarnation of the Logos"). Ridderbos도 Käsemann의 의견에 동의한다("The Structure and Scope of the Prologue," 190: "Käsemann has correctly observed that the words v. 5 ⋯ must in any case be understood of the light which has appeared in Christ. This is indicated not only by the present tense, 'the light shines,' but also by the renewed use of the same form of expression in v. 9"). 홍창표, "로고스, 요한복음 서론," 124-125: "4절이 묘사한 시대는 우주 창조부터 메시야가 오시는 날까지(5)의 시대를 나타낸다.

1:5과 그리스도의 성육신을 의미하는 요한복음 1:9-11 사이에는 무시할 수 없는 일치점들이 있다. 먼저 '빛이 비추다'는 사실이 5절과 9절에서 일치하며,[399] 또한 10, 11절에 나타난 사람들의 부정적인(οὐ) 모습에 대한 독특한 표현이 5절에서도 나타나고 있다.[400] 이 중에서도 5절과 11절은 같은 어원(λαμβάνειν)을 사용하여 이 둘이 긴밀한 관계에 있음을 보여주고 있다. 따라서 요한복음 1:1-13이 단순히 연대기적 역사발전의 진행을 따른다는 주장은 비판의 여지를 가지고 있다.

이어서 Van der Watt는 요한복음 1:14-18의 주제 병행적 진행에 대하여 다음과 같이 주장한다. 여기에는 중요한 역사적 인물에 대한 분명한 주제적 언급들이 있다. 그리고 각각의 언급에는 속성적으로 유사한 해설들이 뒤따른다. 이 단락의 초점은 구속사의 중요한 순간들을 대표하는 중요한 역사적 인물들과 신적 속성에 대한 그들의 관계이다. 그리고 주요 강조는 역사적 인물이 아니라 신적 특성(은혜와 진리)이다. 그러므로 요한복음 1:1-13과 요한복음 1:14-18 사이에 강조되는 중요한 차이는 분명하다. 요한복음 1:1-13에서 논증은 역사적 선을 따라 발전되는 반면에, 요한복음 1:14-18에서 초점은 예수 안에서 발생한 신적 특성과 영향이다.[401]

Van der Watt는 이 논증을 위하여 "16절은 ὅτι와 함께 시작한다"고 말함으로써 세례자 요한 구절인 요한복음 1:15을 분리시키지 않고 요한복음 1:16과의 관계 속에서 이해한다. 즉 그는 15절과 16절을 하나로 묶는다. 이것은 그의 중요한 장점이다. 이미 Schnackenburg도 '많은 교부들'은 이 구절을 자연스럽게 세례자 요한에 관한 말 중의 한 부분으로 이해했다고 지적했다.[402] 이것은 의미론적으로만이 아니라 언어학적으로도 16절을 15절과 연결해서 읽는 것은 완벽한 의미를 만든다는 것이다. 비록 16절이 반드시 세례자 요한의 말의 일부가 아닐지라도 그것은 '요한의 증언의 재가'(einer Bestätigung des Johannes-Zeugnisses)[403]로서 15절과 자연스럽게

... "비취다"라는 말은 그리스도의 지상에 나타나심과 복음 선포를 가리킨다(요일 2:8). 이와 같이 "비취되"라는 말은 현재사실을 의미한다."

[399] 5. τὸ φῶς φαίνει; 9. ἦν τὸ φῶς τὸ ἀληθινόν, ὃ φωτίζει πάντα ἄνθρωπον.

[400] 5. οὐ κατέλαβεν, 10. οὐκ ἔγνω, 11. οὐ παρέλαβον.

[401] Van der Watt, "The Composition of the Prologue," 326-329.

[402] Schnackenburg, The Gospel according to St. John, 275.

[403] Van der Watt, "The Composition of the Prologue," 327.

연결된다.

더 나아가서 Van der Watt는 요한복음 1:1-13과 요한복음 1:14-18 사이의 상호보완적인 구조를 설명하기 위해 이 두 단락을 교차적으로 연결한다.[404] 그는 한 축(pivot)이 전체의 중심 주제가 된다는 교차식 단일구조에 반대한다. 그러나 비록 동일하지는 않지만, 결국 그도 교차구조로 프롤로그를 설명하는 한계를 드러냈다. 특히 요한복음 1:4-5과 17절을 대응으로 보는 것은 납득하기 어렵다. 앞에서 살펴본 바와 같이, 교차구조를 따르는 사람들의 문제는 대구구절에서 상응으로 볼 수 없는 것을 상응으로 보도록 강요하는 것이다. 또한 어떤 부분들에서는 상응이 있기는 하지만, 동시에 상응이 없는 부분들이 많이 있는데도 이것을 중요하게 다루지 않는다는 것이다.

5. 삽입/추가 구조

삽입(interpolation) 또는 추가(addition) 구조는 프롤로그의 문체와 문맥의 특징에 초점을 맞춘 구조 이해이다.

1) 삽입/추가 구조의 근거

삽입/추가 구조 분석은 먼저 프롤로그의 문체와 관련된 것으로, 프롤로그에서 시와 산문을 구분한 뒤 이 중에 어느 것이 원래의 것이며 어느 것이 삽입/추가된 것인지를 밝히는 것이다. 또한 이 구조 분석은 프롤로그의 문맥적 특징에 초점을 맞춘다. 즉 프롤로그에 문맥적 단절이 있으며, 이것은 무엇인가가 삽입/추가되어 생긴 결과라는 것이다. 이것은 주로 세례자 요한 구절(요 1:6-8, 15)과 관련된다.

(1) 문체

먼저 문체와 관련하여 살펴보자. 많은 학자들이 요한복음의 프롤로그가 원래에는 시(verses)로 기록되었다고 주장한다. 이로 인해 최소한 프롤로그의 원형(primitive

---

[404] Van der Watt, "The Composition of the Prologue," 329-331.

form)은 시였으며, 나중에 산문이 추가/삽입되었다고 널리 말해진다.[405] 이 주장은 매우 자주 반복되어 왔고 일반적으로 거의 의심 없이 받아 들여졌다.[406] 하지만 추가 구조 분석을 말하는 학자들 가운데는 이와 정반대의 입장에 있는 이들도 있다. 이들은 시에 산문이 삽입/추가된 것이 아니라, 산문에 시가 삽입/추가 되었다고 주장한다. 이제 이 두 가지에 대해 차례대로 좀 더 자세히 살펴보기로 한다.

① 찬양시에 산문이 추가됨(시 + 산문)

첫째로 프롤로그가 원래 시로 구성되었으며 거기에 산문이 추가되었다고 보는 경우이다.[407] Beasley-Murray는 프롤로그를 말씀(λόγος)에 관한 찬양시(poem)라고 주장한다.[408] Bernard도 프롤로그를 찬양시(hymn)로 단정하며, 요한복음의 주요 논제에 대한 철학적 원리라고 말한다. 그는 이와 같은 시에 오고 있는 빛(6-9)과 그리스도의 선재(15)에 대한 세례자 요한의 증거가 두 개의 삽입적(parenthetical)인 기록들로 첨가되었다고 말한다. 또한 그는 이 찬양시는 히브리적 문체가 분명하며, 첫 번째 시구(詩句, line)(3,5)에서 이미 말해진 것을 두 번째 시구(4,5,11,14)에서 그 짝으로 반복하는 것은 충분히 그 모델이 그리스 시가 아니라 히브리 시라는 것을 보여준다고 말한다.[409]

R. Bultmann은 병행의 사슬(chain)이나 단계(step) 형식이 단어의 반복에 의해 한 행이 그 다음 행과 연결된다고 말한다. 예를 들면 다음과 같다.

$$\text{Ἐν ἀρχῇ ἦν ὁ λόγος,}$$
$$\text{καὶ ὁ λόγος ἦν πρὸς τὸν θεόν.}$$

---

405 Barrett, "The Prologue of St. John's Gospel," 29.

406 Barrett, "The Prologue of St .John's Gospel," 36.

407 R. Bultmann, J. Painter, R. E. Brown, E. Käsemann, J. H. Bernard, E. Haenchen, R. Schnackenburg, J. Schneider, J. Becker, G. Strecker, G. N. Stanton 등이 이 입장에 있다.

408 Beasley-Murray, *John*, 3.

409 J. H. Bernard, *A Critical and Exegetical Commentary of the Gospel according to St. John*, vol. 1 (Edinburgh: T. & T. Clark, 1928), cxlv.

이러한 방식으로 9절은 "세상"이라는 단어에 의해 10절과 연결되고, 11a와 11b는 "자기"(ἴδιος)에 의해, 11절과 12절은 "영접하다"에 의해, 14a와 14b는 "영광"에 의해, 14b와 16은 "충만하다-충만"에 의해 연결된다. 그런데 Bultmann은 6,7,8,13,15절이 이러한 연속을 막으며, 따라서 바로 이 구절들이 산문으로 된 추가 부분이라고 생각한다.[410] 그래서 그는 5절에서 (9)10절로의 연결을 파괴하는 6-8(9)절과 14절에서 16절로의 자연스런 연결을 깨뜨리는 15절이 원래의 시에 삽입/추가된 것이라고 말한다.[411]

② 산문에 시가 추가됨(산문 + 시)

둘째로 어떤 학자들은 프롤로그가 원래 산문으로 기록되었는데, 이후에 거기에 로고스 찬양시가 추가되었다고 주장한다. 이것은 앞의 주장과 반대되는 것이며, Robinson이 이 입장의 대표적인 인물이다.[412] 그는 세례자 요한 구절(요 1:6-8, 15)이 원래 요한복음을 시작하는 구절이었다고 생각한다. 그리고 그는 어떤 간략한 서론을 단정하지 않는 한, 6절을 프롤로그의 첫 번째 절로 놓아도 좋다고 말한다. 왜냐하면 공관복음과의 병행이 이 주장이 얼마나 자연스러운가를 보여주기 때문이다(요 1:6 // 막 1:4 // 눅 1:5; 3:2).

John 1:6   ἐγένετο ἄνθρωπος, ··· ὄνομα αὐτῷ ᾽Ιωάννης
Mark 1:4   ἐγένετο ᾽Ιωάννης ὁ βαπτίζων
Luke 1:5   ἐγένετο ··· ἱερεύς τις ὀνόματι Ζαχαρίας
Luke 3:2   ἐγένετο ῥῆμα θεοῦ ἐπὶ ᾽Ιωάννην

---

[410] Bultmann, "The History of Religions Background of the Prologue," 18-35. Cf. Barrett, "The Prologue of St. John's Gospel," 31-32.

[411] Cf. Brown, *The Gospel according to John I - XII*, 15: "It is agreed today that this verse is an addition to the original hymn, an addition of the same type as vss. 6-8(9), awkwardly breaking up vss. 14 and 16."

[412] J. A. T. Robinson, "The Relation of the Prologue," *NTS* 9 (1962-63), 120-129. 이 외에도 B. Lindars, R. T. Fortna, 서동수 등이 이와 동일한 입장에 있다.

여기서 그는 복음서들이 모두 세례자 요한에 대한 기사로 시작한다는 것을 보여줌으로써 요한복음의 프롤로그도 원래 세례자 요한에 대한 언급(요 1:6)으로 시작되었을 것이라고 주장하고 있다.[413] 그러나 이것은 마가복음 1:1; 누가복음 1:1-4; 3:1-2a을 모두 추가된 내용으로 간주할 때에만 가능한 생각이다. 하지만 그는 그 근거를 제시하지 못하고 있다. 또한 그의 주장에서 발견되는 결정적인 문제점은 복음서는 반드시 세례자 요한에 관한 기사로 시작된다고 생각하는 것이다. 그러나 그런 법은 없다. 게다가 마태복음의 경우에는 세례자 요한에 대한 진술이 3장에 가서야 비로소 나오는데, Robinson은 이에 대하여 아무런 말도 하지 않는다.

(2) 문맥

프롤로그의 구조를 추가형식으로 보는 또 다른 이유는 프롤로그의 문맥 때문이다. 이것 역시 세례자 요한 단락(요 1:6-8,15)에서 특히 잘 나타난다.[414] Robinson은 프롤로그에 갈라진 틈(요 1:6)과 단층(요 1:15)이 있다고 주장한다. 그가 이렇게 주장하는 것은 요한복음 1:6-8은 4절과 9절의 자연스런 관계를 끊어놓는 것 같고, 요한복음 1:15은 14절과 16절의 매끄러운 연결을 단절시키는 듯 보이기 때문이다. 그는 15절이 이미 원래부터(as part of the original building) 있었다고 가정하지 않는 한, 프롤로그에서 15절의 존재에 대해 설명하기 어렵다고 말한다. 왜냐하면 15절이 이 문맥에서 어떤 것도 설명하지 않고 있으므로 설명을 위한 첨가로도 보기 어렵기 때문이다. 그래서 그는 15절이 단지 글의 흐름을 "가로막을"(interrupt) 뿐이라고 말한다.[415]

2) 삽입/추가 구조 비판

그러나 프롤로그의 문체나 문맥에 근거하여 프롤로그에 삽입/추가가 있다고 확정하는 것은 옳지 않다. 놀랍게도 프롤로그의 문체와 문맥 자체가 이것을 분명히

---

[413] Robinson, "The Relation of the Prologue," 125.

[414] Cf. R. Bultmann, *The Gospel of John* (Philadelphia: Westminster Press, 1971), 16-18; Schnackenburg, *The Gospel according to St. John*, vol. 1, 225-226.

[415] Robinson, "The Relation of the Prologue," 125.

밝히고 있기 때문이다.

(1) 문체를 근거로 하는 삽입/추가구조 비판

먼저 문체에 근거하여 프롤로그의 삽입/추가 구조를 주장할 때 발생하는 문제에 대하여 살펴보자.

① 프롤로그는 시인가 산문인가?

프롤로그의 문체는 시가 아니라 산문일 가능성이 크다. Barrett에 의하면, 그리스 시의 예술 형식(art-form)은 매우 엄격한 운율적 법칙을 따른다. 그것은 강세가 아닌 장단에 근거한다. 즉 그리스 시는 길고 짧은 음절들의 규칙적인 형식으로 구성된다. 그런데 요한복음의 프롤로그에는 이러한 종류의 시가 없고 비 규칙적인 장단 형식으로 되어 있다. 그러므로 프롤로그는 확실히 그리스식 시가 아니었다.[416] 따라서 프롤로그가 시적 구조라는 주장이 보호될 수 있는 유일한 방법은 그것이 그리스 시가 아니라, 장단이 아닌 강세에 기초한 셈어적인 시라고 말하는 것이다. 그러나 Barrett는 다음과 같은 이유로 프롤로그가 셈어시라고도 믿기 매우 어렵다고 말한다. 신약시대에는 셈어적인 시가 크게 통용되지 않았다. 예를 들어 요세푸스나 필로는 우리가 히브리어 시라고 지칭하는 것을 알지 못했다. 이들은 자체의 독특한 유형과 원칙들을 지니고 있었다. 또한 칠십인 역 번역자들도 이것을 알지 못했다.[417] 그러므로 프롤로그는 시가 아닐 가능성이 크다.

또한 학자들의 원 찬양시(original hymn)에 대한 불일치도 프롤로그가 시가 아니라 산문이라는 주장에 대한 지지 근거가 될 수 있다. 대부분의 현대 주석가들이 원 찬양시를 찾으려고 시도하지만 실은 그런 것은 결코 존재하지 않았으며, 아이러니컬 하게도 그들이 주장하는 '추가'가 바로 '추가 부재'의 표시가 된다. 원 찬양시를 찾기 위해 '추가' 부분을 제거하려는 사람들 사이의 불일치가 바로 그 증거이다.[418]

---

[416] Barrett, *The Gospel according to St. John*, 150.
[417] Barrett, "The Prologue of St John's Gospel," 37-39.
[418] 이와 관련하여 L. Morris는 "프롤로그를 시로 간주하는 사람들은 프롤로그 중에 어느 구절이

그러므로 프롤로그를 시와 산문으로 구분하는 것은 결코 쉽지 않다. "세례자 구절은 흔히 생각하는 것보다 훨씬 더 리드미컬하며, 병행을 이루는 이행연구로 자세히 설명될 수 있기 때문이다. … 만약 이 구절들이 다른 구절들보다 덜 리드미컬 해 보인다면 그것은 그 구절들이 옛 전승에 더 가까이 있기 때문이다."[419] 그러므로 프롤로그는 리듬이 있는 산문(rhythmical prose)으로 보는 것이 가장 적합하다.[420] 프롤로그는 그리스어로 된 시문이 아니며 셈어로 된 시의 그리스어 번역으로 보기도 어렵다. 이것은 리듬이 있는 산문으로 보는 것이 가장 적합하다.[421] D. A. Carson도 이와 동일한 의견을 제시한다. "다양한 병행, 짧은 구절들, 잦은 교차와 같은 특징들을 근거로 프롤로그가 시라고 주장하는 것은 옳지 않다. 이러한 특징은 산문으로 되어 있는 요한복음 전체에서 발견되기 때문이다. 요한복음 1:1-18에 그와 같은 특징들이 빈번하게 나타나는 것은 프롤로그가 '리드미컬한 산문'일 가능성이 높다는 것을 보여 준다."[422] 그렇다면 프롤로그의 전체 구절들은 내적 통일성을 이루고 있는 것이며,[423] 따라서 '리듬'에 근거하여 세례자 요한 구절이 추가되었다고 주장하는

시이며 또 어느 구절이 삽입된 산문인지를 결정하는 것에서 크게 서로 다르다. 그들의 방법으로 한다면 요한복음의 거의 모든 부분을 시로 만들 수 있을 것이다. 프롤로그를 격조가 높은 산문으로 간주하는 것이 더 알맞다"(*The Gospel according to John* [Grand Rapids: Eerdmans, 1971], 72). = 「요한복음」, 이상훈 역 (서울: 생명의말씀사, 1990). Endo는 *Creation and Christology*, 184에서 원 찬양시(original hymn)에 대한 학자들의 불일치를 다음과 같이 정리했다.

	1	2	3	4	5	6	7	8	9	10	11	12	13	14	15	16	17	18
Bultmann(1923)						■	■	■				■	■		■	■		■
Bernard(1928)						■	■	■				■	■		■	■		■
Gächter(1936)						■	■	■				■	■		■	■		■
Green(1955)			■			■	■	■				■	■		■	■		■
Käsemann(1957)						■	■	■				■	■		■	■		■
Schnackenburg(1958)					■	■	■	■				■	■		■	■		■
Haenchen(1963)						■	■	■				■	■		■	■		■
Brown(1966)						■	■	■				■	■		■	■		■
Sanders(1971)						■	■	■				■	■		■	■		■
Schmithals(1979)						■	■	■				■	■		■	■		■
Rochais(1985)						■	■	■				■	■		■	■		■

음영 부분은 원 찬양시(original hymn)에 추가된 것으로 생각되는 구절이다.

[419] Barrett, "The Prologue of St John's Gospel," 39.

[420] Barrett, *The Gospel according to St. John*, 150-151. Lindars와 Haenchen도 이와 같은 입장이다. Cf. Beasley-Murray, *John*, 3.

[421] C. S. Keener, *The Gospel of John: A Commentary*, vol. 1 (Peabody: Hendrickson Publishers, 2003), 337: "In Greek rhetoric, even prose was expected to be rhythmic, though not metrical."

[422] D. A. Carson, *The Gospel according to John* (Grand Rapids: Eerdmans, 1991), 112; 홍창표, "로고스, 요한복음 서론," 113-134, esp. 113.

것은 옳지 않은 것이다. 결국 문체에 근거하여 프롤로그에 삽입 부분이 있다고 말하는 것은 잘못된 것이다. 이와 관련하여 H. N. Ridderbos는 다음과 같이 단언한다.

세례자 요한에 관한 구절들은 자주 프롤로그가 원래 하나로 된 통일체가 아니었다는 증거로 사용되어 왔다. 이 구절들은 로고스 찬양시의 리듬의 진전을 방해하는 것으로 여겨진다. 이와 관련하여 만일 처음 다섯 구절의 구조를 전체 구조를 위한 결정의 원인으로 간주한다면, 여기에 뭔가가 있다고 말해야한다. 하지만 구약 형식으로 쓰인 위엄 있는 새로운 시작인 "하나님께로부터 보내심을 받은 사람이 있으니 그의 이름은 요한이라"는 이 말이 앞에 나오는 것과 다른 양식(key)을 지니고 있다고 말할 수는 없다. 또한 리듬으로부터 프롤로그의 원래의 통일성을 나타내는 기준을 빌려 오는 순간, 그 다음에 나오는 것과 마찬가지로 해결할 수 없는 어려움에 빠지게 된다.[424]

② 문체 평가의 기준

또한 프롤로그가 시이냐 산문이냐를 논하는 데 나타나는 큰 문제점은 대부분의 학자들에게 있어서 문체를 판단하는 기준이 주관적이라는 것이다. 원 찬양시가 프롤로그의 배경이라고 가정하는 학자들은 주로 프롤로그의 문학 양식(literary style)에 의존하고 있다. 그들은 원 찬양시는 은유적인 용어들을 사용하는 시적형태로 구성되어 있지만 추가 단락들은 산문적 형식으로 구성되어 있다고 주장한다. 그러나 문제는 학자들이 프롤로그의 문체를 평가하는 데 사용한 기준이 타당하고 합당한가 하는 것이다.[425]

Brown의 연구가 이 문제를 잘 다루고 있다. 그는 프롤로그에서 원 찬양시를 구별하기 위하여 여덟 명의 학자들의 의견을 도식으로 나타내었다.[426] 그에 의하면 여덟 명 모두 요한복음 1:6-8, 15을 이차적인 추가로 간주했고, 그 중에 많은 사람들

[423] Barrett, *The Gospel according to St. John*, 149-151.
[424] Ridderbos, "The Structure and Scope of the Prologue," 192-193.
[425] Endo, *Creation and Christology*, 184-185.
[426] Brown, *The Gospel according to John I-XII*, 22.

이 요한복음 1:9, 12-13, 17-18도 2차적인 추가에 포함시켰다. 원 찬양시(original poem) 부분에 대한 개략적인 일치는 오직 요한복음 1:1-5, 10-11, 14뿐이다. 그들이 원 찬양시를 결정하는 주요한 기준은 그 구절들에 대한 시적 특성이다(길이, 악센트의 수, 등위어구 등). 만일 그렇다면 이런 시적 특성은 신약의 다른 시형들에서도 발견되어야 할 것이다. 그러나 바울의 찬양시와 비교해 보면, 그들이 요구하는 시적 특성은 거의 발견되지 않는다. 원 찬양시를 결정하는 또 다른 기준은 사상 경향이다. 하지만 사람이 시의 원 의미에 대하여 전제들을 임의로 만들고, 그의 가설에 일치하지 않는 구절들을 제거할 때 오히려 이 기준은 매우 주관적이 된다.[427] Brown의 이 연구가 주는 가장 큰 유익은 프롤로그에서 원 찬양시를 분별하는 학자들의 기준이 바울의 찬양시에는 없으며, 매우 주관적이라는 사실을 밝힌 것이다. 이를 통해 그는 그들의 주장이 객관적이고 합당한 판단 기준을 갖지 못하였다는 것을 잘 지적하였다.

비평학자들이 신약성경의 찬양시(특히 바울의 찬양시)에서 찾을 수 없는 주관적인 시적 특성들과 사상경향을 근거로 프롤로그에서 시를 추출하고 그것에 의해 프롤로그의 추가 구조를 주장하는 것은 신뢰할 수 없다. 판단 기준이 주관적이면 그 결과 역시 주관적일 수밖에 없다. 따라서 프롤로그에서 시로 된 원래의 자료와 산문으로 된 저자의 기록을 구분하는 것은 불가능하다.[428]

③ 요한복음의 시 사용

프롤로그는 리드미컬한 산문일 가능성이 높으며, 프롤로그에서 시를 구분하는 것 자체가 불가능하기 때문에 프롤로그의 시적 기원을 말하기 어렵다. 백번 양보하여

Bernard	accepts:		1-5,	10-11,	14,	18.
Bultmann	"		1-5,	9-12b,	14,	16,
De Ausejo	"		1-5,	9-11,	14,	16, 18.
Gaechter	"		1-5,	10-12,	14,	16, 17.
Green	"	1,	3-5,	10-11,	14a-d,	18.
Haenchen	"	1,	1-5,	9-11,	14,	16, 17.
Käsemann	"	1,	3-5,	10-12,	(uncertain of 2)	
Schnackenburg	"	1,	3-4,	9-11,	14abe,	16,

[427] Brown, *The Gospel according to John I -XII,* 21-22.
[428] Endo, *Creation and Christology,* 184-185.

프롤로그에 시가 사용되었다고 하자. 그렇다하더라도 이것 자체가 프롤로그의 추가 구조를 지지하는 근거가 될 수는 없다. 왜냐하면 요한복음의 몸말이 시를 많이 사용하고 있기 때문이다.

요한복음에서 가장 많이 인용된 것은 시편이다. 그 구체적인 사항은 다음과 같다: 요한복음 2:17(시 69:9); 요한복음 6:31(시 78:24); 요한복음 10:34(시 82:6); 요한복음 12:13(시 118:25-26); 요한복음 12:34(시 89:37); 요한복음 13:18(시 41:9); 요한복음 15:25(시 35:19); 요한복음 19:24(시 22:18); 요한복음 19:36(시 34:20). 이처럼 요한복음의 시편 인용은 그것의 선지서 인용을 다 합한 것만큼 많다. 이것은 요한복음이 시편을 상당히 중요하게 생각했다[429]는 것과 요한이 시편을 인용하여 복음서의 몸말을 기록하는 데 아무런 문제가 없었다는 것을 잘 보여준다. 그는 요한복음의 몸말을 기록하기 위해 시편을 자유롭게 인용했으며, 이것으로 인해 어떤 어려움도 느끼지 못했던 것이 분명하다. 그러므로 우리는 요한복음의 몸말에 있는 시들을 추가된 것이라고 말해서는 안 된다. 요한은 산문뿐만 아니라 시를 자유롭게 구사하여 몸말을 기록했으며, 이 두 가지 문체 모두 그의 기록에 꼭 필요한 문학적 수단이었다. 결국 프롤로그에 시가 있다고 하더라도 그것은 산문과 시를 혼용하고 있는 몸말의 문학양식과 같은 것이므로 몸말에 추가가 없다고 말하는 한, 프롤로그에도 '추가'가 없으며, 그것 모두는 저자의 직접적인 기록일 수밖에 없다.

마지막으로 기억해야 할 것은 설령 요한복음이 기록되기 이전에 찬양시가 존재했다는 것을 인정하더라도, 그래서 프롤로그에 시가 있다하더라도 그것은 추가가 아니라는 사실이다. 저자는 처음부터 프롤로그와 몸말을 현재 형태로 쓸 수 있었다. 성경의 저자에게는 시를 인용할 수 있는 권한이 있으며, 문자적 인용뿐만 아니라 사상적 인용도 얼마든지 가능했을 것이다. 이때의 '인용'은 흔히 말하는 '추가'와는 전혀 다른 것이다. 추가는 시간차에 의한 편집이라고 한다면, 인용은 저자의 고유권한이자 그의 자유로운 저작활동의 결과로 동시적 기록이기 때문이다. 따라서 어떤 내용이 저자에 의해 인용되었다면 그것은 더 이상 인용되기 이전의 것에 지배되지

---

429 조병수, 「신약성경총론」, 169-170; idem, "요한복음의 구약성경 인용," in 「그 아들에게 입 맞추라」: 수은 윤영탁 박사 은퇴기념논문집 (수원: 합동신학대학원출판부, 2005), 407-456, esp. 419-420.

않으며, 저자 자신의 완전하고도 고유한 작품의 일부가 된다.[430] "만약 요한이 프롤로그에서 자료들을 사용했다하더라도, 우리는 그것들을 분리할 수는 없다. 왜냐하면 그 자료들은 새로운 도안(design)의 직물로 매우 철저히 재 작업되고 짜여서 뚜렷한 솔기들이 없기 때문이다."[431] 중요한 것은 인용도 저자의 작품이라는 것이다. 우리는 프롤로그를 이러한 차원에서 이해해야 한다. 그러므로 문체에 근거하여 프롤로그의 삽입/추가 구조를 주장하는 것은 아무런 의미가 없다.

(2) 문맥을 근거로 한 추가 구조 비판

학자들이 프롤로그의 추가구조를 주장하는 또 다른 근거는 문맥의 단절(contextual breaks)이다. Bultmann은 편집자가 로고스 찬양시에 산문인 세례자 요한 구절들(요 1:6-8, 15)을 추가했으며, 따라서 여기에 문맥적인 단절이 있다고 말한다.[432] 이와 반대로 Robinson은 단층을 이루는 요한복음 1:15이 문맥에서 아무것도 설명하지 않고 단지 가로막고 있으므로 이것이 원래의 구절이며, 나머지가 추가된 것이라고 주장한다.[433]

하지만 문맥적 단층이 반드시 첨가나 삽입을 나타내는 것은 아니다. 왜냐하면 저자는 처음부터 어떤 의도와 목적을 가지고 그렇게 문맥적인 단절을 두면서 전체를 기록했을 수 있기 때문이다. 다시 말해서 문맥적 단절로 보이는 것은 추가가 아니라 저자 고유의 기록 방식이라는 것이다. 그리고 이에 대한 중요한 증거는 이러한 단절이 요한복음 몸말에서 자주 발견된다는 것이다. 그것은 문장과 작은 문맥, 그리고 큰 문맥 모두에서 나타난다.

---

[430] Martin Hengel, *The Johannine Question*, tr. John Bowden (Philadelphia: Trinity Press International, 1989), 91(= 「요한문서탐구」, 전경연, 김수남 역 [서울: 대한기독교서회, 1998]): "However, all material from outside was fused stylistically and theologically into the Johannine text."

[431] Carson, *The Gospel according to John*, 112.

[432] Bultmann, "The History of Religions Background of the Prologue," 18-35; idem, *The Gospel of John*, 16-18.

[433] Robinson, "The Relation of the Prologue," 125.

① 문장 안에서

먼저 요한복음에는 한 문장 안에서 흐름을 단절시키는 삽입의 경우가 있다. 예를 들어 요한복음 19:31에는 주어("유대인들이" Οἱ οὖν Ἰουδαῖοι)와 동사("요구하였다" ἠρώτησαν) 사이에 세 가지 삽입적인 내용들이 들어있다. 이 구절을 헬라어 어순대로 번역하면 다음과 같다: "ⓐ그러므로 유대인들은, ⓑ예비일이므로, ⓒ안식일에 시체가 십자가에 남지 않도록, ⓓ그 안식일의 날은 크기 때문에, ⓔ빌라도에게 요구하기를 그들의 다리를 꺾어 치워달라고 하였다"(ⓐ Οἱ οὖν Ἰουδαῖοι, ⓑ ἐπεὶ παρασκευὴ ἦν, ⓒ ἵνα μὴ μείνῃ ἐπὶ τοῦ σταυροῦ τὰ σώματα ἐν τῷ σαββάτῳ, ⓓ ἦν γὰρ μεγάλη ἡ ἡμέρα ἐκείνου τοῦ σαββάτου, ⓔ ἠρώτησαν τὸν Πιλᾶτον ἵνα κατεαγῶσιν αὐτῶν τὰ σκέλη καὶ ἀρθῶσιν). 이 문장을 도식화하면 다음과 같다.[434]

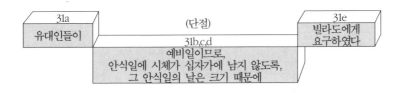

이것은 문맥적 단절이 요한복음의 중요한 표현 기법임을 잘 보여주는 것이다.[435]

② 작은 문맥에서

또한 요한복음의 작은 문맥에서도 문맥적 단절이 발생한다. 이것은 단순한 예와 복잡한 예로 나누어 생각해 볼 수 있다. 단순한 예로는 예수께서 제자들의 발을 씻기신 사건이 여기에 해당된다(요 13:1-11).

예수가 자신의 귀환을 아심, 자기의 사람들을 끝까지 사랑하심(1)
     마귀가 가룟 유다의 마음에 예수를 팔려는 생각을 넣음(2)

---

434 조병수, 「신약성경총론」, 150.

435 Brown은 이에 대해 "a sign of scribal addition"이라고 말한다(R. E. Brown, *The Gospel according to John XIII-XXI*, vol. II (2 vols) (AB. vol. 29a) [New York: Doubleday, 1970], 933). 그러나 이것은 필기자의 첨가가 아니라 저자의 고유한 저술 방식이다.

예수가 자신의 오심과 귀환을 아심, 제자들의 발을 씻음(3-11)

여기서 예수께서 제자들의 발을 씻은 행위는 세상에 있는 자기 사람들을 끝까지 사랑하신 것을 보여 주는 것이다(요 13:15, 34-35). 이 때, 2절은 1절에서 3절 이하로의 자연스런 흐름을 끊어 놓는 문맥적 단절을 일으키고 있다. 이것을 도형으로 예시하면 다음과 같다.

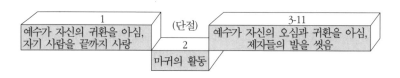

이와 함께 좀 더 복잡한 예는 예수의 심문에서 나타난다(요 18:12-40).[436]
유대인들이 예수를 체포함(12-14)　　　　(첫 번째 부분)
　　　베드로가 예수를 부인함(15-18)　　　　(첫 번째 단절)
대제사장이 예수를 심문함(19-24)　　　　(두 번째 부분)
　　　베드로가 예수를 부인함(25-27)　　　　(두 번째 단절)
빌라도가 예수를 심문함(28-40)　　　　(세 번째 부분)

여기서 세 부분(12-14, 19-24, 28-40)은 예수의 체포와 심문에 대한 말씀이다. 반면에 두 부분(15-18, 25-27)은 베드로가 세 번 예수를 부인한 사실을 말씀한다. 그러므로 후자에 의해 문맥적 단절이 일어나고 있다. 다음의 도형이 이 사실을 잘 보여 준다.

436　요 4:3-42도 이 예에 해당된다.

이 사실은 문법적인 면에서도 분명하다. 전자는 οὖν으로 시작하는 반면에 후자는 δέ로 시작한다.

12. Ἡ <u>οὖν</u> σπεῖρα καὶ ···
15.　　Ἠκολοίθει <u>δὲ</u> τῷ Ἰησοῦ Σίμων πέτρος ···
19. ὁ <u>οὖν</u> ἀρχιερεὺς ···
25.　　Ἦν <u>δὲ</u> Σίμων πέτρος ···
28. Ἄγουσιν <u>οὖν</u> ···

③ 큰 문맥에서

나아가서 요한복음에는 큰 문맥에서도 흐름이 단절되는 경우들이 있다. 이것은 세 가지로 구분된다. 첫째는 큰 문맥 가운데 문맥의 길이가 상대적으로 짧은 것에서 단절이 일어나는 경우이다. 그 예로는 예수께서 바다 위를 걸으신 표적을 들 수 있다(요 6:16-21). 예수께서 오병이어의 표적을 행하셨고(요 6:1-15), 이에 대한 담화는 요한복음 6:22부터 시작된다. 그리고 그 사이인 요한복음 6:16-21에는 다른 표적이 들어와 있다. 이것 역시 문맥적 단절이다.

예수께서 오병이어의 표적을 행하심(1-15)
　　　예수께서 물 위를 걸으심(16-21)　　　　　　(문맥적 단절)
예수께서 오병이어와 관련된 담화를 하심(22-59)

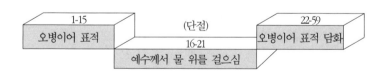

둘째는 큰 문맥 중에서 문맥의 길이가 중간 쯤 되는 것에서 단절이 일어나는 경우이다. 가나의 표적들이 이 예에 해당된다. 요한복음 2:1-11은 예수께서 물로

포도주를 만드신 표적을 기록하고 있다. 이것은 예수께서 갈릴리 가나에서 행하신 첫 번째 표적이다(요 2:11). 그리고 요한복음 4:43-54은 예수께서 왕의 신하의 아들을 고쳐주신 표적을 기록하고 있다. 저자는 이 표적이 예수께서 갈릴리 가나에서 행하신 두 번째 표적이라고 밝힌다(요 4:54). 그렇다면 요한복음 2:11에서 4:43로 바로 연결되는 것이 일반적이겠지만 그 사이에 다른 많은 일들이 들어와 있다.[437] 이것도 일종의 문맥적 단절이다.

　　물로 포도주를 만듦(2:1-11) - 가나에서의 첫 번째 표적(2:11)
　　　　예수의 예루살렘 방문(2:12-4:42)　　　　(문맥적 단절)
　　왕의 신하의 아들을 고침(4:43-54) - 가나에서의 두 번째 표적(4:54)

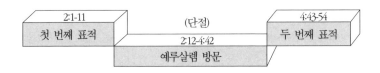

　　셋째는 큰 문맥 중에서도 매우 긴 문맥 가운데 단절이 일어나는 경우이다. 이에 대한 대표적인 예는 요한복음 14:31이 18:1로 연결되는 경우이다. 요한복음 14:31은 예수께서 제자들에게 "일어나자 여기를 떠나자"라고 말씀하신다. 이 말씀은 요한복음 15-17장을 지나 요한복음 18:1에서 "예수께서 이 말씀을 하시고 제자들과 함께 기드론 시내 저편으로 나가시니"로 연결되는 것이 자연스럽다. 그러므로 요한복음 15-17장은 긴 문맥적 단절을 일으키는 단층(fault)이다.

　　"일어나라 여기를 떠나자"(14:31)
　　　　　　노상(路上) 말씀(15-17장)　　　　　　(문맥적 단절)
　　"예수께서 이 말씀을 하시고 … 기드론 시내 저편으로 나가시니"(18:1)

---

437 조병수, 「신약성경총론」, 152.

이상에서 우리는 요한복음에는 문맥적 단절들이 여러 모양으로 여러 차례 반복해서 나타나고 있다는 것을 확인할 수 있었다. 그러므로 프롤로그에 단절이 있다고 해도 그것은 편집자에 의한 추가를 보여주는 것이 아니다. 오히려 그것은 프롤로그가 몸말과 같은 문학형식으로 되어 있다는 것을 보여 줌으로써 요한복음 전체의 통일성과 동일저자의 저작임을 확인해 주는 것이다. 또한 "문맥의 깨어짐이 반드시 곤란한 느낌을 주는 것은 아니다. 오히려 그것은 문학적인 방식(pattern)인 것으로 이해될 수 있다. 셈족의 언어들에서 '문장의 깨어짐'이 문학적인 고안으로 인식된다는 사실은 주목할 만하다."[438] 따라서 프롤로그에 있는 문맥적 단절은 추가에 의한 것이 아니라 요한복음 저자의 기록 특징이며 그의 글 쓰는 방식의 결과이다. 요한복음의 몸말에 자주 나타나는 문맥의 단절을 추가의 결과물로 생각하는 것이 전혀 합당하지 않다면, 프롤로그에 나타나는 동일 현상을 추가라고 판단하는 것도 옳지 않다. 어쩌면 이러한 단절은 고대의 글 쓰는 기법이나 표현방법에서는 전혀 문제가 되지 않았을 수도 있다. 현대인들에게 거슬리는 것이 고대의 사람들에게는 극히 자연스러웠을 수도 있기 때문이다.

(3) 요약 정리

지금까지 우리는 문체와 문맥에 근거한 프롤로그의 추가/삽입 구조에 대하여 자세히 평가했다. 프롤로그는 시가 아니라 리듬이 있는 산문일 가능성이 크다. 프롤로그의 시적 기원을 주장하는 학자들 간에도 원 시에 대한 완전한 일치가 전혀 없다는 사실도 프롤로그가 시가 아닐 가능성을 더욱 높여 준다. 무엇보다도 저자 자신이 요한복음의 몸말에 많은 시를 사용하고 있으므로 비록 프롤로그에 시가 있다 하더라도 그것은 편집자의 추가가 될 수 없다. 그러므로 문체에 근거하여

---

[438] Endo, *Creation and Christology*, 185.

프롤로그의 추가 구조를 주장하는 것은 설득력이 없다. 또한 문맥의 단절에 근거하여 추가 구조를 주장하는 것도 이와 마찬가지이다. 왜냐하면 요한복음의 몸말에 다양한 종류의 문맥 단절이 여러 곳에서 빈번히 나타나고 있기 때문이다.

요한복음의 몸말에는 시와 산문이 혼재하며, 문맥적 단절도 빈번하다. 프롤로그도 이와 동일하게 리듬이 있는 산문[439](또는 시)과 문맥의 단절이 있다. 그러므로 프롤로그는 추가/삽입 구조가 아니라 몸말과 동일한 구조적 특징을 가지고 있다. 따라서 문체와 문맥적 특징에 의하여 프롤로그의 삽입/추가 구조를 주장하는 것은 잘못이며, 오히려 유사한 문학적 장치가 몸말과 프롤로그에 공히 사용되었다고 추정하는 것이 옳다.[440] 결국 프롤로그는 몸말과 동일한 문학적 방법으로 된 동일 저자의 작품이다. 그러므로 세례자 요한 등장 본문은 저자의 문학적 기술에 의해 의도적으로 처음부터 기록된 것이고 후대에 삽입된 것으로 간주 될 수 없다.[441] 프롤로그에는 추가가 없으며, 그것은 특별한 목적에 의해 원래부터 현재의 순서대로 기록되었다고 보는 것은 매우 합당하다.[442]

프롤로그는 추가 구조가 아니며, 혹 독자들의 눈에 이상하게 보이는 부분이 있다 하더라도 그것마저도 원래부터 요한복음 저자의 의도이자 그의 고유한 기록 방식이다. 우리의 눈에 추가로 보이는 것들이라도 저자에게는 아무런 문제가 되지 않았을 것이다. 앞에서 밝혔듯이 고대인들이 산문을 노래하는 데 어려움을 느끼지 못했던 것처럼, 글을 쓰는 데 있어서도 현대인들에게 거슬리는 것들이 그들에게는 극히 자연스러웠을 수도 있기 때문이다. 따라서 문체가 다르고 문맥에 깨어짐이 있다고 해서 추가라고 주장하는 것은 합당하지 못하며, 그럴수록 더욱 통일성(unity)이 강조되어야 할 것이다. 이런 의미에서 "프롤로그는 하나의 통일체(single entity)이다" 라는 주장은 매우 타당하다고 볼 수 있다.[443]

---

439 대부분의 비평학자들은 프롤로그에 시와 산문이 혼재한다고 주장한다. 그렇다면 이것은 오히려 프롤로그와 몸말과의 동일 구조에 대한 더욱 확실한 증거가 된다.

440 Endo, *Creation and Christology*, 186: "… it seems possible to assume that a similar literary device might have been employed."

441 조석민, "로고스의 개념과 기능(요한복음 1:1-18)," 37.

442 이 주장을 하는 학자로는 C. K. Barrett, Lamarche, M. E. Boismard, J. Irigoin, H. N. Ridderbos, P. Borgen, M. D. Hooker, J. C. Fenton, F. W. Schlatter, Van den Bussche, R. A. Culpepper, W. Eltester, 주성준, 조석민 등이 있다.

6. 결론

이제 우리는 지금까지의 연구를 바탕으로 프롤로그의 구조 분석 유형들과 그 각각의 세부내용을 다음과 같이 간략하게 도식으로 나타낼 수 있다.

유형	세부 내용
단일구조	1) 핵심구절(key clause) 구조 　(1) 전환점(14) - Bultmann 　(2) 전체의 왕관(12) - Käsemann 　(3) 전체의 절정(13) - Barrett 　(4) 전체의 축(Pivot)(12b) - Culpepper 2) 교차 구조(chiasmus) 　(1) 12b을 중심부로 한 교차구조 - Cullpepper 　(2) 12-13절을 중심부로 한 교차구조 - 조석민 3) 직선적 또는 연대기적 주제구조 - Brown, Miller, 홍창표
두 단락 구조	1) 대구법(parallelism) 　- 내용에 의한 두 개의 병행단락 - Schmithals 2) 구조적 평행상태의 두 단락구조 　- 요 1:1-13; 요 1:14-18 - Theobald 3) 두 초점의 타원 구조 - Ridderbos
3중적 구조	1) 3중분할 구조 　- 1:1-2; 1:3-17; 1:18, inclusio - Segovia 2) 나선형 발전 구조 - Potterie 3) 세 개의 동심원 구조 - Ridderbos 4) 3중 너울(three wave) 구조 - Moloney
상호보완구조	요 1:1-13; 요 1:14-18이 상호보완을 위한 구조적 통일체 　- Van der Watt
삽입/추가구조	1) 문체에 근거하여 　(1) 찬양시에 산문 추가(시+산문) 　- Bultmann, Painter, Brown, Käsemann, Bernard, 　　Haenchen, Schnackenburg, Schneider, 　(2) 산문에 찬양시 추가(산문+시) - Robinson 2) 문맥에 근거하여

---

443 W. Eltester, "Der Logos und sein Prophet. Fragen zur heutigen Erklärung des johanneischen Prologs," (BZNW 30), in Eltester and Kettler, *Apophoreta* (Berlin: A Töpelmann, 1964), 109-134, esp. 124. Borgen, "The Prologue of John as Exposition of the Old Testament," 75에서 재인용.

이러한 결과가 보여 주는 가장 분명한 사실은 요한복음 프롤로그의 구조는 여러 학자들에 의해 다양한 기준과 다양한 방식으로 분석되었다는 것과, 그럼에도 불구하고 모든 사람이 만족하고 동의할 수 있는 구조분석은 아직 없다는 것이다. 한 가지 이상의 구조 이해를 주장하는 학자들도 많이 있지만, 모두가 동의하는 구조분석은 아직 하나도 없다. 지금까지 학계의 수많은 노력과 시도에도 불구하고 요한복음 프롤로그의 구조에 대한 논쟁은 여전히 그 결말을 보지 못하고 있다.[444] 모든 방식은 나름대로의 장점을 가지고 있으면서 동시에 한계도 가지고 있다. 이렇게 된 아주 중요한 원인은 학자들이 프롤로그의 '내용'을 따라 자연스럽게 구조를 이해하기보다는 그들 안에 어떤 전이해나 전제, 그리고 어떤 문학적, 신학적 틀을 가지고 분석하는 데 있다.[445] 단일구조는 프롤로그에 중심된 하나의 축이 있다는 문학적 전제를 가지고 역으로 끼워 맞추려는 의지가 강하고, 교차구조는 병행에만 집중하다 보니 병행이 아닌 것도 병행으로 보는 잘못과 병행이 아닌 것을 소홀히 여겨 무시하는 잘못을 범한다. 상호보완구조나 삼중적 구조도 중요한 다른 많은 요소들을 간과한 채 반복되는 단어나 본인이 강조하고 싶은 부분만 부각시킨다. 삽입 구조 역시 분석자의 신학적 전제가 크게 작용한 결과로 볼 수 있다.

그러므로 좀 더 객관적이고 합당한 프롤로그의 구조분석을 위해서는 무엇보다도 프롤로그의 구조를 기존의 어떤 문학적 구조나 법칙들에 억지로 끼워 맞추려는 시도와 신학적 이해에 따른 전제를 지양하고,[446] 오직 프롤로그의 내용 자체가 보여주는 구조적 특징에 충실한 구조 분석을 해야 할 것이다.

---

444 서동수, "요한복음, 반유대주의 신학인가?- 요한복음 서문(1:1-18)에 비추어," 「신약논단」 15 (2008), 74.

445 Cf. Hengel, *The Johannine Question*, 102: "We may not judge the work of the teacher, who in contrast to Paul or Luke had little or no literary training, by the criteria we would apply to an ancient author versed in rhetoric. He is writing neither a clearly arranged theological treatise nor a typical biography. His work is basically sui generis."

446 Cf. Käsemann, "The Structure and Purpose of the Prologue," 146.

II. 새로운 제안 : 주제에 따른 논리적 구조

요한복음 프롤로그의 구조이해를 위한 새로운 제안은 문학적 구조에 의존하는 방식을 따르지 않고 프롤로그 자체의 내용을 충실히 따라가는 방식을 취할 것이다. 어떤 문학적 양식을 전제로 프롤로그의 구조를 이해하려고 하다보면 자칫 저자의 의도보다는 해석자의 문학 이해 방식이 크게 작용되어 저자의 의도를 왜곡하기 쉽다.[447] 해석자의 문학적 지식이 요한복음 기록에 어떤 영향도 끼치지 못했으므로 해석자는 요한복음의 구조 이해에도 어떤 영향을 행사할 권한이 없다. 따라서 프롤로그의 구조이해를 위한 최선의 방법은 프롤로그가 보여주는 내용에 어떤 것도 가감하지 않고 액면 그대로를 정직하게 따라가는 것이다.

이제, 새롭게 제안하는 프롤로그 구조 분석의 정당성을 확보하기 위해 먼저 몸말과 기록 목적 구절의 내용을 분석하기로 한다.

1. 요한복음의 구조

요한복음의 구조와 관련하여 가장 주목해야 할 것은 요한복음의 내용이 전체적으로 유대인의 명절을 중심으로 전개된다는 것과 그 중에서도 특히 유월절이 중요한 역할을 한다는 것이다. 요한복음에는 유월절이 세 번 분명하게 언급되는데(요 2:13; 6:4; 11:55) 모두 비슷한 표현으로 되어 있다.[448]

2:13   유대인의 유월절이 가까운지라

(καὶ ἐγγὺς ἦν τὸ πάσχα τῶν Ἰουδαίων)

6:4   유대인의 명절인 유월절이 가까운지라

---

[447] Cf. G. M. Burge, "History of Interpretation," in *Interpreting the Gospel of John* (Grand Rapids: Baker Book House, 1992), 33.

[448] 조병수, 「신약성경총론」, 155.

(ἦν δὲ ἐγγὺς τὸ πάσχα ἡ ἑορτὴ τῶν Ἰουδαίων)

11:55 유대인의 유월절이 가까우매

(ἦν δὲ ἐγγὺς τὸ πάσχὰ τῶν Ἰουδαίων)

2. 요한복음 몸말의 주제

이렇게 유월절을 기준으로 전개되는 구조 아래, 요한복음 몸말에는 다섯 가지 주제들, 즉 예수의 존재, 그의 활동, 그에 대한 증거(자), 증거에 대한 반응, 그리고 반응의 결과가 불규칙적으로 반복하여 나타난다.

1) 존재

먼저, 요한복음의 몸말에서 가장 두드러진 주제는 예수의 존재이다.[449] 이것과 관련된 대표적인 것은 "ἐγώ εἰμι"구절이다.[450] ἐγώ εἰμι는 예수의 칭호이며, 그의 신적 존재를 나타낸다.[451] 또한 몸말에는 예수 자신이 직접 자신의 존재를 밝히는 내용도 있다(요 4:26; 9:35-37; 10:30). 게다가 몸말은 예수를 하나님으로부터 보내심을 받은 자,[452] 하늘로부터 내려온 자,[453] 인자,[454] 하나님의 아들,[455] 하나님의 어린

---

[449] Carson, *The Gospel according to John*, 95: "John's presentation of who Jesus is lies at the heart of all that is distinctive in this Gospel"; Endo, *Creation and Christology*, 231-239.

[450] 이에 대한 자세한 내용은 본 논문 제4장. IV.2를 참조하라. 또한 E. D. Freed, "Ego *eimi* in John 1:20 and 4:25," *CBQ* 41 (1979), 288-291을 보라.

[451] Brown, *The Gospel according to John I-XII*, 536: "… the use of ἐγώ εἰμι … came to be understood … as a divine name"; idem, *An Introduction to New Testament Christology*, (New York: Paulist Press, 1994), 138: "so that 'ἐγώ εἰμι' becomes the divine name to be known in the day of the Lord"; R. Kysar, *John, the Maverick Gospel* (Atlanta: John Knox Press, 2007), 60. 또한 이에 대하여는 본 논문 제4장.IV.1.3)을 참조하라.

[452] 요 3:17,34; 4:34; 5:23,24,30,37,38; 6:29,39,44,57; 7:16,29,33; 8:16,18,26,29,42; 9:4; 10:36; 11:42; 12:44,45,49; 13:20; 14:24; 15:21; 16:5; 17:3,8,18,21,23,25; 20:21.

[453] 요 3:13; 6:33,38,41,42,50,51,58.

[454] 요 1:51; 3:13,14; 5:27; 6:27,53,62; 8:28; 9:35; 12:23,34; 13:31.

[455] 요 1:34,49; 3:17,35,36; 5:19,20,21,22,23,25,26; 6:40; 8:35,36; 10:36; 11:4,27; 14:13; 17:1,2; 19:7; 20:31.

양,456 메시아,457 그리스도,458 이스라엘의 임금459 등으로 증거 한다. 나아가서 몸말은 예수가 하나님과 하나인 분이라고 말한다(요 10:30; 17:22). 그러므로 예수의 '존재'는 몸말의 가장 중요한 주제이다.

2) 활동

또한 요한복음의 몸말은 예수의 활동(행위)에 대해서도 구체적으로 묘사한다.460 그 대표적인 것이 표적461과 말씀과 수난과 십자가의 죽음과 부활 등이다. 요한복음의 몸말은 이 외에도 여러 가지 예수의 활동을 기록하고 있다: 제자들을 부르심(1:37-51), 성전사건(2:13-20), 사마리아 여인과의 대화(4:1-27), 제자들의 발을 씻으심(13:1-12), 제자 파송(20:21), 성령 주심(20:22) 등. 그런데 이러한 예수의 활동들은 예수의 존재와 떨어질 수 없는 관계에 있다. 예수의 활동들은 대부분 예수의 존재를 나타내는 데 초점을 맞추고 있기 때문이다. 그래서 예수의 활동에 그의 존재에 대한 선언이 함께 나타난다. 존재에서 활동이 나오고, 활동은 존재를 확증한다. 그러므로 예수의 활동은 예수의 존재에 대한 자증(自證)이 된다. 그리하여 예수의 존재론적인 특징과 기능적인 특징은 함께 있다.462

---

456 요 1:29,36.

457 요 1:41; 4:25.

458 요 4:29; 11:27; 17:3; 20:31.

459 요 1:49.

460 이에 대하여는 Endo, *Creation and Christology*, 240-247을 참조하라.

461 요한복음에서 예수께서 행하신 표적의 수는 일반적으로 7가지로 이해되어 왔다: 1)물로 포도주를 만드심(요 2:1-11), 2)왕의 신하의 아들을 고치심(요 4:46-54), 3)38년 된 병자를 고치심(요 5:1-9), 4)오병이어(요 6:1-15), 5)물 위를 걸으심(요 6:16-21), 6)날 때부터 소경 된 자를 고치심(요 9:1-7), 7)죽은 나사로를 살리심(요 11:1-44). 그러나 조석민은 요한복음의 표적이 모두 6가지라고 주장한다. 왜냐하면 예수께서 물 위를 걸으신 사건(요 6:16-21)은 표적으로 보기 어렵기 때문이다. 그 이유는 첫째, 이 기적 사건에는 표적을 의미하는 'σημεῖον'이 사용되지 않았다. 이것은 이 기적 사건을 표적으로 불리는 다른 기적 사건들과 구별하는 것이다. 둘째, 다른 표적들과 달리 예수께서는 이 기적 사건을 제자들에게만 나타내었다. 이런 의미에서 예수께서 물 위를 걸으신 사건은 기적 사건이지만, 요한복음의 저자가 표적이라고 부르는 다른 기적 사건들과 동일한 범주에 넣기는 어렵다(조석민, 「요한복음의 새 관점」, 97-118, esp. 101-104).

462 D. J. MacLeod, "The Incarnation of the Word: John 1:14," *BSac* 161 (2004), 72-88, esp. 81. 여기서 MacLeod는 요한복음이 예수를 그의 본질과 사명과 계시에서 유일한 존재로 나타낸다고 말함으로써 요한복음의 몸말이 예수 그리스도의 존재와 활동을 묘사하고 있음을 잘 말하였다.

3) 증거(자)

이 뿐만 아니라 요한복음 몸말은 예수에 대한 여러 가지 증거를 기록하고 있다.[463] 먼저 세례자 요한의 증거가 있고[464] 또한 제자들의 증거,[465] 예수의 증거,[466] 여러 사람의 증거[467], 아버지의 증거,[468] 성경의 증거,[469] 성령의 증거,[470] 기록자의 증거[471] 등이 있다. 이러한 증거들은 주로 예수의 존재와 활동에 대한 증거들이다.[472] 그러므로 예수는 자신의 활동을 통하여 자신의 존재에 대하여 '자증'(自證)하며, 또한 그의 직접적인 증거(물론 이것도 예수의 활동에 포함된다)를 통하여서도 '자증'하고 있다. 나아가서 하나님과 성령, 세례자 요한과 제자들과 여러 부류의 사람들에 의해 예수의 존재가 증거된다. 이것은 예수의 존재에 대한 '타증'(他證)이다. 이처럼 예수의 존재에 대한 증거는 예수의 활동과 그의 직접적인 증거로 나타나는 '자증'과, 제3자에 의한 '타증'이 함께 있다. 그리고 이 다중적인 증거의 목적은 모든 사람으로 하여금 믿게 하려는 것이다(요 20:31).

4) 반응

그런데 예수의 존재와 그것에 대한 이러한 증거는 필연적으로 사람들의 반응을 일으킨다. 여기에는 부정적인 반응과 긍정적인 반응이 있으며, 이것으로 인해 무리 중에서 쟁론과 분쟁(σχίσμα)이 발생한다(요 7:43; 9:16; 10:19).

---

[463] F. F. Bruce, *The Gospel of John: Introduction, Exposition, and Notes* (Grand Rapids: Eerdmans, 1983), 35: "The theme of witness, ··· pervades the whole Gospel."

[464] 요 1:19-28, 29-36; 3:21-30.

[465] 요 1:40-49.

[466] 요 1:50-51; 4:43-45; 5:18; 8:14-21, 23-26, 28-29.

[467] 사마리아 여인의 증거(요 4:28-30), 사마리아 사람들의 증거(요 4:42), 38년 된 병자의 증거(요 5:10-13, 15), 무리들의 증거(요 7:10-13,31,40), 예루살렘 사람들의 증거(요 7:25-27), 하속들의 증거(요 7:45-49), 니고데모의 증거(요 7:50-53), 눈을 치료받은 소경의 증거(요 9:8-34), 마르다의 증거(요 11:27), 도마의 증거(요 20:28) 등.

[468] 요 5:32,37; 8:18 등.

[469] 요 12:12-16; 19:36,37 등.

[470] 요 15:26 등.

[471] 요 21:24 등.

[472] 홍창표, "로고스, 요한복음 서론," 125-126: "'증거하러'(εἰς μαρτυρίαν)란 것이 복음에서 매우 중요한 자리를 차지한다. ··· 이 모두 다 예수님을 증거한다."

5) 결과

나아가서 이러한 반응은 이 반응에 상응하는 결과를 낳는다. 여기에는 부정적 결과와 긍정적 결과가 있다. 먼저, 부정적 결과는 부정적인 반응(무지, 거절, 불신)에서 발생하는 것으로서 심판과(요 3:18; 4:48; 5:38) 하나님의 진노와(요 3:36) 사망(요 5:24; 8:24) 등이다. 그리고 긍정적 결과는 긍정적인 반응에서 나오는 것으로서 영생 (요 3:15,16,36; 5:2,24; 6:33,35,40,47,48,51. cf. 4:14; 5:40; 6:51,54), 심판받지 않음(요 3:18), 하나님의 영광을 보는 것(11:40) 등이다.

이처럼 요한복음의 몸말은 세 번의 유월절의 전개 아래 예수의 존재와 활동, 그에 대한 증거와 반응, 그리고 반응의 결과라는 다섯 가지 주제로 구성되어 있다.

3. 요한복음 기록목적 진술 구절의 주제

위의 분석과 함께 요한복음의 기록 목적을 진술하는 구절들을 분석하는 것도 프롤로그의 구조이해에 도움이 될 것이다.[473] 요한복음의 기록 목적을 직접적으로 밝히는 구절은 요한복음 20:30-31이며, 요한복음 21:24,25도 요한복음의 기록에 관한 것이므로 참조하는 것이 도움이 될 것이다.

요한복음 20:30 Πολλὰ μὲν οὖν καὶ ἄλλα σημεῖα ἐποίησεν ὁ Ἰησοῦς ἐνώπιον τῶν
μαθητῶν [αὐτοῦ], ἃ οὐκ ἔστιν γεγραμμένα ἐν τῷ βιβλίῳ τούτῳ·

요한복음 20:31 ταῦτα δὲ γέγραπται ἵνα πιστεύ[σ]ητε ὅτι Ἰσοῦς ἐστιν ὁ Χριστὸς ὁ υἱὸς
τοῦ θεοῦ, καὶ ἵνα πιστεύοντες ζωὴν ἔχητε ἐν τῷ ὀνόματι αὐτοῦ.

요한복음 21:24 Οὗτός ἐστιν ὁ μαθητὴς ὁ μαρτυρῶν περὶ τούτων καὶ ὁ γράψας
ταῦτα, καὶ οἴδαμεν ὅτι ἀληθὴς αὐτοῦ ἡ μαρτυρία ἐστίν.

---

[473] A. Barus, "The Structure of the Fourth Gospel," *AJT* 21 (2007), 96-113, esp. 99: "··· the purpose of the Fourth Gospelprovides a clue for determining the contours of the Gospel. Surprisingly, this aspect, unfortunately, is neglected by scholars."

요한복음 21:25 ῎Εστιν δὲ καὶ ἄλλα πολλὰ ἃ ἐποίησεν ὁ ᾿Ιησοῦς, ἅτινα ἐὰν γράφηται
καθ᾽ ἕν, οὐδ᾽ αὐτὸν οἶμαι τὸν κόσμον χωρῆσαι τὰ γραφόμενα βιβλία.

여기서 ὁ ᾿Ιησοῦς(요 20:30; 21:24)와 ἐστίν(요 20:31)은 예수 그리스도의 존재를 나타내며, ἐποίησεν(요 20:30; 21:25)은 예수의 활동을 묘사한다. 그리고 "제자들 앞에서"(ἐνώπιον τῶν μαθητῶν, 요 20:30)는 '증거'로 분류되는데, 그 이유는 예수께서 제자들 앞에서 많은 표적을 행하셨고(요 20:30), 그 중에 한 제자가 요한복음을 기록하고 그 내용을 증거하는 자이기 때문이다(요 21:24). 예수는 제자들 앞에서 행하였고 그 중 한 제자가 기록자와 증거자가 되었다. 따라서 예수께서 제자들 앞에서 행한 것은 증거를 위한 것이다.[474] 또한 그의 증거가 참된 증거라는 것을 '우리가 안다'(οἴδαμεν, 요 21:24). 그러므로 '우리'는 제자의 증거를 진리로 받는 자들이며 또 다른 증거자들이다. 사실 "'나'(요 21:25)는 '우리'(요 21:24)를 대표하는 사람을 가리키는 것임에 틀림없다."[475] 결과적으로 예수께서 제자들 '앞에서' 행하심으로써 제자들로 하여금 증거자가 되게 하셨다.

또한 "너희로 … 믿게 하려 함이요"(요 20:31)는 반응에 관한 것이다. 물론 이것은 목적을 나타내는 것이지만, 결국 예수가 하나님의 아들 그리스도이심을 믿는 반응을 목적으로 하는 것이다. 또한 "우리는 그의 증거가 참인 줄 아노라"(요 21:24)고 말함으로써 '우리'는 요한복음 저자의 증거(증거와 기록)를 진리로 받는다는 자신들의 반응을 밝히고 있다. 그리고 "생명을 얻게 하려 함이니라"(요 20:31)는 결과를 나타낸다. 여기서 ἵνα는 결과를 나타내는 것이며, 바로 앞에 있는 "믿어"(πιστεύοντες, 수단을 나타내는 분사)가 이 사실을 지지한다. 이상의 내용을 도식화하면 다음과 같다.

---

[474] Morris, *The Gospel according to John*, 855: "Notice that he speaks of the signs as having been done 'in the presence of the disciples.' That is to say the disciples were witnesses of them"; H. N. Ridderbos, *The Gospel of John: A Theological Commentary*, translated by John Vriend (Grand Rapids: Eerdmans, 1997), 651: "Here again we see the distinction made in vs. 29 between those who have 'seen' and those who have not. … The Evangelist ascribes this undeniable apostolic character to their witness and thus also to his own reporting."

[475] 조병수, 「신약성경총론」, 145.

주제 \ 절	요 20:30,31	요 21:24,25
존재	ὁ Ἰησοῦς(30) Ἰησοῦς ἐστιν ὁ Χριστὸς ὁ υἱὸς τοῦ θεοῦ(31)	ὁ Ἰησοῦς(24)
활동	Πολλὰ…ἄλλα σημεῖα ἐποίησεν(30)	ἐποίησεν(25)
증거	ἐνώπιον τῶν μαθητῶν(30)	ὁ μαρτυρῶν περὶ τούτων(24) αὐτοῦ ἡ μαρτυρία(24) (οἴδαμεν(24) [cf. οἶμαι](25))
반응	ἵνα πιστεύσητε(31) πιστεύοντες(31)	οἴδαμεν(24) (cf. οἶμαι)(25)
결과	ἵνα ζωὴν ἔχητε(31)	

따라서 우리는 요한복음의 기록 목적 구절도 몸말과 동일하게 존재, 활동, 증거 (자), 반응, 결과라는 다섯 가지 주제로 되어 있음을 확인하게 된다.

4. 프롤로그의 구조

이제 우리는 프롤로그의 구조 이해를 위해 무엇보다도 프롤로그 전체 내용에 우선적인 초점을 맞출 것이다. 그리해야만 인위적이지 않고 억지스럽지 않으며, 특히 저자의 의도를 잘 나타낼 수 있다. 이러한 의도에 따라 프롤로그의 내용을 분해하면 다음의 도표와 같다.

절	존재	활동	증거	반응	결과
1	Ἐν ἀρχῇ <u>ἦν</u> ὁ λόγος, καὶ ὁ λόγος <u>ἦν</u> πρὸς τὸν θεόν, καὶ θεὸς <u>ἦν</u> ὁ λόγος.				
2	οὗτος <u>ἦν</u> ἐν ἀρχῇ πρὸς τὸν θεόν.				
3		πάντα δι᾽ αὐτοῦ <u>ἐγένετο</u>. καὶ χωρὶς αὐτοῦ <u>ἐγένετο</u> οὐδὲ ἕν. ὃ <u>γέγονεν</u>			
4	ἐν αὐτῷ ζωὴ <u>ἦν</u>, καὶ ἡ ζωὴ <u>ἦν</u> τὸ φῶς τῶν ἀθρώπων·				
5		καὶ τὸ φῶς ἐν τῇ σκοτίᾳ <u>φαίνει</u>	(καὶ τὸ φῶς ἐν τῇ σκοτίᾳ <u>φαίνει</u>)	καὶ ἡ σκοτία αὐτὸ <u>οὐ κατέλαβεν</u>.	
6			Ἐγένετο ἄνθρωπος, ἀπεσταλμένος παρὰ θεοῦ, ὄνομα αὐτῷ Ἰωάννης·		
7			οὗτος ἦλθεν εἰς <u>μαρτυρίαν</u> ἵνα <u>μαρτυρήσῃ</u> περὶ τοῦ φωτός, (ἵνα πάντες πιστεύσωσιν δι᾽ αὐτοῦ.)	ἵνα πάντες πιστεύσωσιν δι᾽ αὐτοῦ.	
8			οὐκ ἦν ἐκεῖνος τὸ φῶς, ἀλλ᾽ ἵνα <u>μαρτυρήσῃ</u> περὶ τοῦ φωτός.		
9	<u>Ἦν</u> τὸ φῶς τὸ ἀληθινόν,	ὃ <u>φωτίζει</u> πάντα ἄνθρωπον, <u>ἐρχόμενον</u> εἰς τὸν κόσμον.	(ὃ <u>φωτίζει</u> πάντα ἄνθρωπον)		
10	ἐν τῷ κόσμῳ <u>ἦν</u>	καὶ ὁ κόσμος δι᾽ αὐτοῦ <u>ἐγένετο</u>,		καὶ ὁ κόσμος αὐτὸν <u>οὐκ ἔγνω</u>.	

절	존재	활동	증거	반응	결과
11		εἰς τὰ ἴδια ἦλθεν		καὶ οἱ ἴδιοι αὐτὸν οὐ παρέλαβον.	
12		ἔδωκεν αὐτοῖς ἐξουσίαν		ὅσοι δὲ ἔλαβον αὐτόν … τοῖς πιστεύουσιν εἰς τὸ ὄνομα αὐτοῦ,	τέκνα θεοῦ γενέσθαι,
13		(οἳ … ἐκ θεοῦ ἐγεννήθησαν.)			οἳ οὐκ ἐξ αἱμάτων οὐδὲ ἐκ θελήματος σαρκὸς οὐδὲ ἐκ θελήματος ἀνδρὸς ἀλλ᾽ ἐκ θεοῦ ἐγεννήθησαν.
14	Καὶ ὁ λόγος σὰρξ ἐγένετο	καὶ ἐσκήνωσεν ἐν ἡμῖν	καὶ ἐθεασάμεθα τὴν δόξαν αὐτοῦ, δόξαν ὡς μονογενοῦς παρὰ πατρός, πλήρης χάριτος καὶ ἀληθείας.		
15	ἔμπροσθέν μου γέγονεν, ὅτι πρῶτός μου ἦν.	Ὁ ὀπίσω μου ἐρχόμενος	Ἰωάννης μαρτυρεῖ περὶ αὐτοῦ καὶ κέκραγεν λέγων, Οὗτος ἦν ὃν εἶπον, (Ὁ ὀπίσω μου ἐρχόμενος ἔμπροσθέν μου γέγονεν, ὅτι πρῶτός μου ἦν.)		
16					ὅτι ἐκ τοῦ πληρώματος αὐτοῦ ἡμεῖς πάντες ἐλάβομεν καὶ χάριν ἀντὶ χάριτος·
17		ἡ χάρις καὶ ἡ ἀλήθεια διὰ Ἰησοῦ Χριστοῦ ἐγένετο.			ὅτι ὁ νόμος διὰ Μωϋσέως ἐδόθη,
18	μονογενὴς θεὸς ὁ ὢν εἰς τὸν κόλπον τοῦ πατρός	θεὸν οὐδεὶς ἑώρακεν πώποτε· … ἐκεῖνος ἐξηγήσατο	(θεὸν οὐδεὶς ἑώρακεν πώποτε· … ἐκεῖνος ἐξηγήσατο)		

위의 도식에서 보는 바와 같이 프롤로그의 내용에 대한 분석은 프롤로그도 요한복음의 몸말과 기록목적구절과 동일하게 다섯 가지 주제로 구성되어 있다는 것을 분명하게 증거한다. 그리고 그 각 주제가 보여주는 특징은 다음과 같다.

1) 로고스의 존재

첫 번째 주제는 로고스의 존재이다. 위의 도식에서 동사 εἶναι는 로고스의 존재를 나타내는 것이 분명하다(요 1:1,2,4,9,10,15,18). 요한복음 1:1은 ἦν을 세 번 사용하여 로고스의 존재방식을 세 가지 측면에서 설명한다.[476] 2절의 ἦν은 1절에 있는 로고스의 존재에 대한 요약이다. 아래의 도표가 이 사실을 잘 보여준다.

```
1a   ἐν ἀρχῇ              ἦν   ὁ λόγος
1b         καὶ ὁ λόγος    ἦν              πρὸς τὸν θεόν
1c         καὶ θεὸς       ἦν   ὁ λόγος
2          οὗτος          ἦν
     ἐν ἀρχῇ                              πρὸς τὸν θεόν
```

또한 요한복음 1:1-2의 ἦν은 로고스를 선재적 존재로 나타내며, 세례자 요한의 증거인 15절의 ἦν도 로고스를 선재적 존재로 나타낸다. 요한복음 1:18의 ὤν은 로고스의 존재를 아버지와의 관계 속에서 설명한다. 요한복음 1:4,9의 ἦν은 로고스가 생명이며 빛이라고 말한다. 이것은 로고스 존재의 속성을 의미한다. 10절의 ἦν은 세상에 오신 로고스의 존재를 설명한다. 이처럼 프롤로그에서 ἦν은 로고스의 선재성, 로고스와 아버지 하나님과의 관계, 그리고 로고스와 세상과의 관계를 나타냄으로써 로고스의 존재를 표현하고 있다. 무엇보다도 1c에서 ἦν은 로고스가 하나님이라는 사실을 단언하는 데 사용됨으로써 이 용어가 로고스의 존재를 나타내고 있음을 명백히 보여 준다.[477]

---

[476] 이에 대하여는 본 논문 제5장.II.1.2)를 보라.

[477] 요 1:8에서 주어는 세례자 요한(ἐκεῖνος)이며 동사는 ἦν이다. 그러므로 ἦν이 로고스의 선재적,

반면에 요한복음 1:14은 성육신한 로고스의 존재를 설명하기 위해 γίνεσθαι(ἐγένετο)를 사용하고 있다. 그 이유는 이 단어가 로고스의 인간 존재로의 변화를 나타내는 데 적절했기 때문이다. 사실 프롤로그에서 γίνεσθαι는 인간의 존재(6)와 존재의 변화(12b)를 설명하는 데 사용되고 있다. "말씀의 성육신은 '되어'(ἐγένετο)라는 표현에서 육신으로 '존재'의 변경을 분명히 말한다(비교, 1,4,9,10절의 ἦν)."[478] "'되셨다'는 것은 말씀의 '존재' 양식에 변화가 생겼음을 의미한다. … 이제는 사람들 가운데, 그것도 사람의 모습으로, 온전한 '육적 실제성'을 지닌 사람으로 살게 되셨다는 것이다."[479] 저자는 γίνεσθαι를 사용하여 신적 로고스가 우리 가운데 거하기(σκηνοῦν) 위해 인성을 가진 존재가 된 것과 그것으로 인한 로고스의 비하를 강조하고 있다.[480] 그러므로 요한복음 1:14의 γίνεσθαι는 성육신한 로고스의 존재를 설명하는 것이 분명하다.

이와 같이 프롤로그는 로고스를 선재하는 하나님으로 설명하기 위하여 ἦν을 사용한 반면에 로고스가 인간 존재가 되었다는 것을 설명하기 위해 γίνεσθαι를 사용함으로써 이 두 용어를 구별하고 있다. 이 구별을 잘 보여주는 것이 " Ὁ ὀπίσω μου ἐρχόμενος ἔμπροσθέν μου γέγονεν, ὅτι πρῶτός μου ἦν"(요 1:15c,d)이다. 여기서 전자(15c)는 성육신한(역사성) 로고스를 의미하므로 γίνεσθαι를 동사로 사용하였으나 후자인 ὅτι πρῶτός μου ἦν의 로고스의 선재성(영원성)을

신적 존재를 표현하는 데 사용되었다는 주장이 깨어지는 듯이 보일 수 있다. 그러나 그렇지 않다. 왜냐하면 요한복음은 ἦν을 로고스의 선재를 표현하는 것 이 외에도 인격과 관련하여 다음의 세 가지로 사용하기 때문이다. 첫째, 요한복음은 ἦν을 인간 존재를 타나내는 일반적인 표현으로 사용한다(요 1:40,44; 3:1; 11:2; 12:6; 18:10,13,14,15). 이것은 성육신한 예수에게도 적용된다(요 3:26). 둘째, 요한복음은 ἦν을 인간의 상태나 신분을 나타내는 데 사용한다(요 1:28; 2:1; 3:23,24; 4:46; 5:5,35; 7:12,42; 9:8,18,24; 10:6,40; 11:1,6,30,32; 12:1,2; 13:23; 18:18,25,30,40; 20:24). 요 1:8의 ἦν이 여기에 해당되며, 이 또한 예수에게도 해당된다(요 2:23; 3:26). 셋째, 요한복음은 ἦν을 다른 영적인 존재를 표현하는 데 사용한다(요 8:44). 따라서 요한복음에서 ἦν은 로고스의 선재(요 1:1,2,4,9,10,15,18,30; 6:62; 9:33, cf. 요 8:42)를 나타내는 특별한 용어이면서 동시에 그 외의 인간과 영적 존재를 나타내는 일반용어이기도 하다. 그러므로 우리는 문맥에 주의하여 이 용어의 용례를 잘 분별해야 한다.

478 김문경, "말씀의 성육신(요 1:1-18)," 「성서마당」 59 (2003. 3), 31.

479 R. Schnackenburg, *Jesus in the Gospels: A Biblical Christology* (Louisville: John Knox Press, 1995), 289-290(= 「복음서의 예수 그리스도」, 김병학 역 [서울: 분도출판사, 2009]).

480 빌립보서도 이 사실을 명확하게 증거한다. "오히려 자기를 비어 종의 형체를 가져 사람들과 같이 되었고 사람의 모양으로 나타나셨으매"(빌 2:7-8). 여기에 있는 "되었고"(γενόμενος)는 로고스의 성육신을 표현하는 요 1:14의 "되었다"(ἐγένετο)와 같은 단어이다.

설명하는 것이므로 ἦν을 동사로 사용하였다. 한 문장 안에서, 그것도 한 로고스에 대하여 상이한 두 개의 동사를 사용한 것은 로고스의 성육신(역사성)과 선재(영원성)를 구별하려는 의도성 때문이다. 프롤로그는 εἶναι와 γίνεσθαι을 사용하여 로고스의 선재와 성육신을 구분하며, 동시에 로고스의 존재적 특징을 드러내고 있다.[481]

2) 로고스의 활동

두 번째 주제는 로고스의 활동이다. 로고스는 만물을 창조하며(요 1:3,10) 빛을 어두움(요 1:5)과 모든 사람에게 비추며(요 1:9) 세상과 자기 땅에 오며(요 1:9b, 11,15) 하나님의 자녀가 되는 권세를 주며(요 1:12) 하나님의 자녀를 출생시키며(요 1:13) 사람들 가운데 거하시며(요 1:14a) 은혜와 진리를 주시며(요 1:17) 아무도 본적이 없는 하나님을 나타내신다(요 1:18). 이 모든 것이 로고스의 활동이다. 특히 "δι᾽ αὐτοῦ"(요 1:3a,10b), "χωρὶς αὐτοῦ … οὐδὲ ἕν"(요 1:3b), "ἐκ τοῦ πληρώματος αὐτοῦ"(요 1:16a), "διὰ Ἰησοῦ Χριστοῦ"(요 1:17b)와 같은 표현들은 로고스의 활동을 아주 잘 증거하고 있다.

3) 로고스에 대한 증거(자)

세 번째 주제는 로고스에 대한 증거(자)이다. 요한복음의 프롤로그에는 증거자(μαρτύς)와 증거(μαρτυρία)에 관한 주제가 선명하다. 프롤로그에는 먼저 로고스의 활동을 통한 로고스의 자증이 있다. 로고스는 창조를 통하여 자신이 창조의 중개자 되심을 증거하며, 자신을 어두움에 비춤으로서 자신이 빛이심을 증거한다. 로고스는 사람들 가운데 거하심으로써 자신이 성육신한 로고스라는 것과 독생자의 영광을 증거하신다. 로고스는 은혜와 진리를 주심으로써 자신이 은혜와 진리가 충만한 분임을 증거한다. 특히 아버지를 나타내시는 그의 계시는 무엇보다도 중요한 증거이다(요 1:18). 이렇게 로고스는 자신의 활동을 통하여 자증한다.

---

481 역사성과 영원성에 대한 이러한 구별은 프롤로그 뿐 아니라 몸말에서도 분명하다. "πρὶν Ἀβραὰμ γενέσθαι ἐγὼ εἰμί"(요 8:58)에서 아브라함에게는 γίνεσθαι가, 예수에게는 εἶναι가 사용되고 있다. 이렇게 함으로써 요한은 아브라함에게 역사성을, 그리고 예수에게 영원성을 부여하려는 의도를 잘 나타내었다.

또한 프롤로그에는 제3자에 의한 로고스 증거가 있다. 이것은 로고스에 대한 타증(他證)이다. 여기에는 먼저 세례자 요한의 증거가 있다. 요한복음 1:6-8은 세례자 요한의 신분이 빛에 대한 증거자라는 것을 말하며, 15절은 그가 증거한 내용에 대하여 기록하고 있다. 세례자의 신분적 독특함은 그가 하나님으로부터 보내심을 받았다는 것이다. 그가 하나님으로부터 보내심을 받은 것은 빛에 대하여 증거하기 위해서이다(εἰς μαρτυρίαν, 요 1:7a,8b). 이 사실을 강조하기 위하여 같은 표현이 반복된다. 그리고 이 증거의 궁극적인 목적은 믿음이며(ἵνα πάντες πιστεύσωσιν, 요 1:7b), 증거의 내용은 로고스의 존재에 관한 것이다(μαρτυρεῖ περὶ αὐτοῦ,··· Οὗτος ἦν ὃν εἶπον, ··· πρῶτός μου ἦν, 요 1:15). 로고스에 대한 타증에는 또한 '우리'(ἡμεῖς) 의 증거가 있다. 요한은 "우리가 그의 영광을 보았다"(요 1:14b), "우리가 그의 충만으로부터 받았다"(요 1:16)고 말함으로써 로고스에 대한 '우리'의 증거를 강조하고 있다 (cf. 요 1:41,45; 3:11; 4:42; 20:25; 21:24 등). 이 모두가 로고스에 대한 타증이다.

4) 증거에 대한 반응

네 번째 주제는 증거에 대한 반응이다. 프롤로그에는 로고스에 대한 자증과 타증이 있다. 그리고 이 증거들에 대한 두 가지 반응이 극명하게 대조적으로 나타난다. 부정적인 반응은 깨닫지 못함(οὐ κατέλαβεν)(요 1:5), 알지 못함(οὐκ ἔγνω)(요 1:10), 영접하지 않음(οὐ παρέλαβον)(요 1:11)이며, 긍정적인 반응은 로고스를 영접함 (ἔλαβον αὐτόν)(요 1:12a), 즉 그의 이름을 믿는 것(πιστεύουσιν εἰς τὸ ὄνομα αὐτοῦ) (요 1:12c, cf. 요 1:7b)이다. 부정의 반응은 로고스의 존재와 활동에 대한 무지와 거절과 불신앙[482]이며, 긍정의 반응은 그를 믿고 영접하는 것이다.

5) 반응에 따른 결과

다섯 번째 주제는 반응에 따른 결과이다. 증거에 대한 두 가지 반응은 그 결과도 대조적이다. 긍정적 반응의 결과는 하나님의 자녀가 되며, 하나님의 독생자의 영광을 보며, 로고스의 충만으로부터 은혜와 진리를 충만하게 받는 것이다. 그러나 부정의

---

[482] 12절과 관련해서 볼 때, 로고스를 영접하지 않는 것은 곧 불신앙이다.

반응은 이와 반대의 결과를 가져온다. 프롤로그는 그것이 무엇인지를 언급하지 않는다. 하지만 긍정의 반응이 믿음이므로(요 1:12), 그 반대인 부정적 반응은 불신앙에서 온 것이다. 그리고 요한복음의 몸말에서 밝히는 부정적 반응의 결과, 즉 불신앙의 결과는 여러 가지이다: 심판(요 3:18. cf. 요 5:24), 사망(요 3:36; 8:24. cf. 요 3:15,16; 6:47), 멸망(요 3:16. cf. 요 3:36; 5:24; 6:40; 요일 5:13), 진노(요 3:36) 등.

6) 보충 증거

이에 더하여 우리는 프롤로그가 다섯 가지 주제로 이루어져 있다는 것에 대한 보충 증거를 프롤로그 내에서 확인할 수 있다. 그것은 이 다섯 가지 주제에 관련되는 단어들이 각각 연속적으로 세 번씩 반복되고 있다는 점이다. 예수의 존재와 관련하여 $\mathring{\eta}\nu$이 3회 사용되었으며(요 1:1a,1b,1c), 예수의 활동에 관련하여 $\gamma\acute{\iota}\nu\epsilon\sigma\theta\alpha\iota$가 3회 사용되었고(요 1:3a,3b,3c), 증거와 관련하여 $\mu\alpha\rho\tau\upsilon\rho\epsilon\mathring{\iota}\nu$[483]이 3회 사용되었다(요 1:7bis., 8). 반응에 대하여는 부정의 반응을 나타내기 위해 $o\mathring{\upsilon}(\kappa)$가 3회 사용되었고 (요 1:5,10,11) 결과에 대하여는 전치사 $\acute{\epsilon}\kappa$가 불가능의 의미로 3회 사용되었다(요 1:13).[484] 이것을 도식화하면 다음과 같다.

주제	관련 단어	관련 구절
존재	$\mathring{\eta}\nu$	1a, 1b, 1c
활동	$\gamma\acute{\iota}\nu\epsilon\sigma\theta\alpha\iota$	3a, 3b, 3c
증거	$\mu\alpha\rho\tau\upsilon\rho\epsilon\mathring{\iota}\nu$ / $\mu\alpha\rho\tau\upsilon\rho\acute{\iota}\alpha$	7bis., 8
반응	$o\mathring{\upsilon}(\kappa)$	5, 10, 11
결과	$\acute{\epsilon}\kappa$	13tres.

이와 같은 일치는 프롤로그를 다섯 가지 주제로 구성하려는 저자의 의도성을 잘 보여준다고 할 수 있을 것이다.

---

483 여기에서는 동사($\mu\alpha\rho\tau\upsilon\rho\acute{\epsilon}\omega$)와 명사($\mu\alpha\rho\tau\upsilon\rho\acute{\iota}\alpha$)로 나뉘어 사용되었다.

484 결과의 직접적인 내용은 "하나님의 자녀가 되는 것"(요 1:12)이다. 하지만 이것이 이루어지는 근거는 이와 직접 관련된다. 그리고 긍정적 의미로는 $\acute{\epsilon}\kappa$가 1회 사용되었다.

III. 결론

1. 다섯 가지 주제에 따른 논리적 구조

프롤로그의 구조 분석은 오랜 세월 동안 많은 학자들에 의해 시도되었고, 그 결과 또한 시도한 사람만큼이나 다양하다. 프롤로그의 구조를 분석하기 위한 많은 노력이 있었음에도 불구하고 모든 사람이 동의하는 구조분석은 아직 없다. 이 사실은 저자가 프롤로그를 기록함에 있어 현대 신학자들이 의존하는 그런 식의 문학적 구조를 의도하지 않았다고 볼 수 있는 증거가 되며, 이는 프롤로그에 대한 새로운 방식의 구조분석을 필요로 하는 것으로 볼 수 있다. 따라서 본 논문에서는 기존의 분석방식을 탈피하여 프롤로그의 내용에 충실한 구조분석을 시도하였다.

이 과정을 통하여 드러난 가장 중요한 사실은 요한복음의 몸말과 기록목적구절과 프롤로그 이 셋 모두 동일한 구성으로 되어 있다는 것이다. 요한복음은 세 번의 유월절로 구분되는 큰 구조의 틀 안에서 요한복음의 몸말과 기록목적구절은 각각 로고스의 존재, 활동, 증거(자), 반응, 반응의 결과라는 다섯 가지 주제로 어우러져 있고, 프롤로그 역시 이와 동일한 다섯 가지 주제로 구성되어 있다.[485] 따라서 프롤로그를 포함하여 요한복음 전체가 다섯 가지 주제로 연결된 구조를 보이고 있다.[486]

---

[485] R. Martin은 "요한은 서문에 계시(1:1-4), 배척(1:5-11), 영접(1:12-18)의 주제를 배열하는데, 이것이 요한복음의 세 주요한 부분을 이룬다: 1:19-6:71, 7-12장, 13-21장. 그러므로 1:1-18의 서문은 '복음서의 머리말이라기보다는 차라리 그것의 개요이다'"라고 말한다(*New Testament Foundations: A Guide for Christian Students*, vol. 1 [Grand Rapids: Eerdmans Publishing Company, 1975], 273). 그러나 그의 주제배열의 방식 자체는 긍정적으로 볼 수 있다하더라도 주제구분의 내용은 받기 어렵다.

[486] 따라서 요한복음의 구조를 '표적의 책'(2-11장)과 '수난의 책'(13-20장)으로 나누는 것(C. H. Dodd)과 '표적의 책'(2-11장)과 '영광의 책'(13-21장)으로 나누는 것(R. E. Brown)은 수용하기 어렵다. 이와 함께 요한복음 1-12장을 표적의 책으로 보기에 어려운 또 다른 이유는 저자가 표적이라고 불리는 사건들은 생략하면서(cf. 요 2:23; 3:2) 표적이라고 불리지 않는 이적들은 기록하고 있기 때문이다(요 6:16-20; 6:21). 만일 표적의 책이라고 불릴 만큼 요한이 표적에 많은 목적성을 두었다면, 그는 표적이라 불릴 수 있는 것을 많이 넣고 그렇지 않은 것은 뺄 수도 있었을 것이다. 그러나 그렇지 않다는 것은 표적이 요한에게 있어 학자들이 주장하는 만큼 그렇게 중요하지 않다는 것을 반증하는 것이다. 요한에게 있어서 표적이 중요한 것은 사실이나 학자들이 비중을 두는 것만큼의 무게를 싣지는 않았다. 요한에게

나아가서 이 다섯 가지 주제들은 통일체를 이룬다: 로고스가 존재한다. 그리고 로고스가 활동한다. 존재하는 로고스는 활동하는 로고스이다. 이 활동을 통하여 로고스는 자신의 존재를 증거한다. 이것은 로고스의 자증이다. 이와 함께 로고스의 존재와 활동에 대한 세례자 요한과 '우리'의 증거가 있다. 이것은 로고스에 대한 타증이다. 이 자증과 타증에 대하여 사람들은 부정과 긍정의 반응을 나타내며, 이에 따라 각각 부정과 긍정의 결과에 이르게 된다. 따라서 프롤로그의 구조는 다섯 가지 주제가 서로 긴밀하게 연결되어 하나의 통일체를 이루는 논리적 구조이다. 요약하면, 프롤로그의 구조는 다섯 가지 주제가 논리적으로 연결된 구조이며, 로고스 존재 중심의 기독론적 구조이다. 이것을 도식으로 나타내면 아래와 같다.

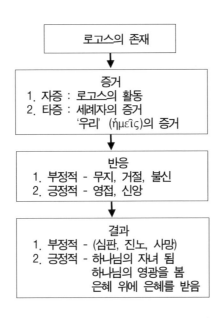

있어 표적이 중요하지만 그것만 강조하려는 의도는 없다. 표적에 대해 개략적인(summary) 말로 지나가는 것(요 12:37; 20:30; 21:25)은 예수께서 단순히 그러한 표적을 행했다는 것을 증거하는 데 목적이 있다. 따라서 이러한 요약(summary)을 근거로 표적자료(sign books)나 표적 신학(sign theology)이 있었다고 말하기는 어려우며, 표적을 근거로 요한복음의 구조를 이해하는 것에는 무리가 있다. 동일한 비판을 위해서는 조병수, 「신약성경총론」, 154-155; D. A. Carson, D. J. Moo, L. Morris, 「신약개론」, 노진준 역 (서울: 도서출판 은성, 1993), 149을 보라.

2. 의미와 신학

성경 본문의 구조는 신학을 표현하고 전달한다. 구조는 신학을 나타내는 수단이다. 그러면 요한복음의 몸말과 기록 목적 진술 구절들이 동일한 다섯 가지 주제로 되어 있는 것은 프롤로그와 관련하여 무엇을 의미하는가? 또한 다섯 가지 주제가 하나의 통일체를 이루는 논리적 구조인 프롤로그의 구조는 어떤 신학적 의미를 가지고 있는가?

첫째, 이 구조는 요한복음의 프롤로그가 요한복음의 기록목적에 따라 기록되었다는 것을 증거한다. 요한복음의 프롤로그와 요한복음의 기록목적구절들의 주제가 동일하다는 것은 프롤로그가 저자의 기록목적을 충실히 따르고 있다는 것을 잘 보여준다. 따라서 프롤로그는 저자의 의도적인 구성에 의해 이루어진 합목적적(合目的的)인 기록이다.

둘째, 프롤로그가 요한복음의 몸말과 동일 주제로 되어 있다는 것은 프롤로그와 몸말 사이의 통일성을 잘 증거한다. 즉 프롤로그는 다른 사람에 의해 몸말에 추가된 별개의 것이 아니라 온전히 한 저자에 의해 기록된 통일체(unity)라는 것을 잘 보여준다. 이 구조는 프롤로그가 요한복음에 이질적인 첨가물이 아니라 원래부터 몸말과 일체였으며 한 저자의 작품이라는 것을 분명하게 나타낸다.

셋째, 프롤로그가 다섯 가지 주제에 의해 통일된 논리적 구조라는 사실은 프롤로그 자체의 단일 저작성과 통일성을 확증한다.[487] 이 사실은 프롤로그에 삽입이나 추가가 있다는 주장이 틀렸음을 증거하며, 따라서 세례자 요한 구절이 추가된 것이 아님을 지지하는 강력한 근거가 된다.[488]

---

[487] E. Harris, *Prologue and Gospel: The Theology of the Fourth Evangelist* (JSNTSup 107) (Sheffield Academic Press, 1994), 12: "These verses appear to constitute a self-contained whole."

넷째, 이 구조는 로고스의 존재를 정점에 둠으로써 프롤로그가 로고스 중심의 기독론을 강조하고 있다는 것을 잘 보여준다. 이미 논증한 바, 요한복음은 다섯 가지 주제가 논리적으로 연합되어 있지만 그 중에서도 가장 핵심이 되는 것은 로고스의 존재이다. 모든 것이 로고스의 존재로부터 발생한다. 로고스의 존재가 없다면 그의 활동이나 그에 대한 증거나 그에 대한 반응과 결과도 있을 수 없다. 존재가 활동에 우선하고, 본질이 행위에 우선한다.[489] 따라서 '하나님의 자녀'(요 1:12b)를 프롤로그의 절정으로 보는 Culpepper의 주장과 로고스의 성육신(요 1:14)을 중심으로 보는 Bultmann과 요한복음 1:12을 핵심으로 생각하는 Käsemann, 그리고 요한복음 1:13을 프롤로그의 절정이라고 말하는 Barrett의 주장 등은 합당하지 않다. 비록 14절의 성육신이 로고스의 존재를 나타내는 것은 분명하지만, 그러나 그것 하나만을 강조하면 안 되고 프롤로그가 말하는 로고스의 존재 전부를 강조해야만 한다. 이와 같은 로고스 존재 중심의 신학 때문에 요한복음은 로고스의 존재에 대한 위대한 선언으로 시작하며(요 1:1-2), 로고스이신 예수의 존재에 대한 위대한 고백으로 마무리 한다(요 20:28). 요한복음의 시작과 끝은 모두 로고스가 '하나님'이라는 그의 존재를 선포한다! 이처럼 프롤로그의 구조는 다섯 가지 주제가 서로 긴밀하게 연결되어 통일체를 이루는 논리적 구조이며, 로고스 존재 중심의 기독론을 강조하는 구조이다.[490]

---

[488] Barrett, *The Gospel according to St. John*, 159: "There is no need to suspect interpolation here; John occupies an important place in the gospel, and it is quite natural that he should be introduced into the Prologue."

[489] A. J. Köstenberger, *Encountering John: The Gospel in Historical, Literary, and Theological Perspective* (Grand Rapids: Baker Books, 1999), 49: "… in essential terms (being): greater than any one of Jesus' numerous miracles (called 'signs' by John), greater than any one of Jesus' teachings (featured in John in several extended discourses) is the fact of who Jesus is: being precedes doing, essence precedes action."

[490] L. T. Johnson, *The Writings of the New Testament: An Interpretation* (Philadelphia: Fortress Press, 1986), 478: "… the structure of the Gospel is itself christocentric. That is, it circles about the figure of Jesus. … Patristic writers compared John to the figure of an eagle. Like birds of prey who circle their target, this evangelist describes outer and inner circles around the figure of Jesus."

제4장 요한복음 프롤로그의
로고스의 기원

본 장은 요한복음 프롤로그의 로고스의 기원에 대한 고찰이다. 오랜 기간 동안 많은 학자들은 종교사적 배경에 근거하여 프롤로그의 로고스를 이해할 때에야 그 의미를 바로 알 수 있다고 가정해 왔다.[491] 그 중에 대표적인 것이 헬레니즘 철학과 영지주의와 유대주의 그리고 이들을 함께 섞은 혼합종교[492] 등이다. 그러면 프롤로그의 '로고스'의 참된 기원은 무엇인가? 본 장은 이 질문에 답하기 위해 먼저 앞에서 말한 프롤로그의 로고스의 기원에 관한 주장들을 소개하고, 그 각각에 대하여 비판적 평가를 할 것이다. 그리고 이어서 이 로고스의 참된 기원이 무엇인지를 밝힐 것이다. 그리하여 요한의 로고스 신학의 불변적 토대를 견고히 할 것이다.

I. 헬레니즘(Hellenism) 철학

먼저 헬레니즘 철학의 로고스 이해를 위하여 고대 그리스 자연철학과 플라톤 (Platon) 철학, 그리고 스토아(Stoa) 철학의 로고스 이해를 살펴보자.

---

[491] D. A. Carson, R. T. France, J. A. Motyer, G. J. Wenham (eds.), *New Bible Commentary* (Leicester: Inter Varsity Press, 1994), 1025. = 「IVP 성경주석 : 신약」, 김재영, 황영철 역 (서울: 한국기독학생회출판부, 2005), 257-258.

[492] Herman N. Ridderbos, *The Gospel of John: A Theological Commentary*, translated by John Vriend (Grand Rapids: Eerdmans, 1997), 27.

1. 고대 그리스 자연철학

고대 그리스 자연철학에 로고스 개념을 최초로 도입한 사람은 주전 6세기의 헤라클레이토스(Herakleitos)이다. 그는 만물이 로고스를 따라 생겨났다고 주장한다 (DK22B1).[493] 또한 그는 로고스는 공통(ξυνός)이며, 대부분의 사람들이 자신의 개인적인 이해를 가지고 있는 것처럼 산다할지라도, 모두가 이 공통적인 것을 필연적으로 따라야 한다고 말한다(DK22B2).[494] 그는 이처럼 로고스는 만물을 생성하고 그것을 지배하는 변하지 않는 우주 법칙이며, 그것은 바로 불(fire)이라고 말하였다.[495] 이 세계를 만들고 그것을 지배하는 것은 신이나 인간이 아닌 로고스, 즉 영원한 '불'이다 (DK22B30).[496] 이 로고스는 영원한 법칙에 의해 우주를 지배하는 원리와 질서로서 물질적인 모든 것에 내재하는 '정신'(πνεῦμα)이며 자연현상에 관한 최종적인 설명을 부여해 주는 힘이다. 그러나 헤라클레이토스의 로고스는 체계적인 교리가 아니며, 더구나 인격적 신이 아닌 물질세계의 현상을 나타내는 원리이다.[497] 이 로고스는 만물에 침투되어 있기 때문에 범신론적이다.[498]

---

[493] *Die Fragmente der Vorsokratiker, Griechisch und Deutsch* von Hermann Diels, Herausgegeben von Walter Kranz (Weidmann, 1974) (DK), 150: "γινομένων γὰρ πάντων κατὰ τὸν λόγον." 본 논문은 이후에 이 문서를 사용할 때 DK로 표시한다. Cf. 탈레스 외, 「소크라테스 이전 철학자들의 단편 선집」, 김인곤 외 옮김 (서울: 아카넷, 2005), 221.

[494] *Die Fragmente der Vorsokratiker*, 151: "διὸ δεῖ ἕπεσθαι τῶι<ξυνῶι, τουτέστι τῶι> κοινῶ· ξυνὸς γὰρ ὁ κοινός. τοῦ λόγου δ' ἐόντος ξυνοῦ ζώουσιν οἱ πολλοὶ ὡς ἰδίαν ἔχοντες φρόνησιν"; Ed. L. Miller, "The Logos of Heraclitus: Updating the Report," *HTR* 74 (1981), 161-176, esp. 163. Cf. 탈레스 외, 「소크라테스 이전 철학자들의 단편 선집」, 245.

[495] Gordon H. Clark, *The Johannine Logos* (Nutley, NJ: Presbyterian and Reformed Publishing Company, 1972), 16: "*Logos* became a technical term in philosophy because of the work of Heraclitus, a Greek scholar who lived in Ephesus about 500 B.C. ⋯ there is universal law that does not change. Heraclitus called it the Logos. this law is indeed the original fire itself."

[496] *Die Fragmente der Vorsokratiker*, 157-158: "κόσμον τόνδε, τὸν αὐτὸν ἁπάντων, οὔτε τις θεῶν οὔτε ἀνθρώπων ἐποίησεν, ἀλλ' ἦν ἀεὶ καὶ ἔστιν καὶ ἔσται πῦρ ἀείζωον, ἁπτόμενον μέτρα καὶ ἀποσβεννύμενον μέτρα"; Miller, "The Logos of Heraclitus: Updating the Report," 166. Cf. 탈레스 외, 「소크라테스 이전 철학자들의 단편 선집」, 223; http://en.wikipedia.org/wiki/Heraclitus#Logos (2010.02.11).

[497] Leon Morris, *The Gospel according to John* (Grand Rapids: Eerdmans Publishing Company, 1977), 115, notes 128, 129.

[498] Donald Guthrie, *New Testament Theology* (Leicester, England; Downers Grove, Illinois: Inter-Varsity Press, 1981), 321(= 「그리스도 그리스도의 사역」, 이중수 역 [서울: 성서유니온, 1988]).

그러므로 고대 그리스 자연철학의 로고스와 요한복음의 로고스 사이에는 큰 차이가 있다. 무엇보다도 그리스 철학의 로고스는 인격적인 존재가 아니며, 세상에 대하여 적대적이지도 않고, 형이상학적인 개념으로서 정적이고 이원론적이다. 반면에 요한복음의 로고스는 개념이나 사상이 아니라 인격이고 역동적이며 성육신한 로고스이다. 따라서 요한의 로고스가 고대 그리스 자연철학의 로고스에서 기원되었다고 볼 수 없으며, 또한 헬레니즘 철학의 로고스에서 왔다[499]고도 말할 수 없다.[500] "사도 요한이 분명하게 지적하기 원한 것은 로고스가 어떤 형이상학적 원리나 추상적 존재가 아니라는 것이다. 그는 로고스가 참된 인격인 것을 지적하고 있다."[501] 그러므로 우리는 용어가 같다고 하여 요한의 로고스가 마치 고대 그리스 자연철학에 바탕을 두고 있는 것으로 생각해서는 안 된다.[502]

2. 플라톤(Platon) 철학

플라톤(Platon)은 로고스 교리를 거의 가지고 있지 않았다. 그는 초월적인 이데아(idea)의 존재를 단언하였으며, 이데아의 세계는 선이고 물질은 열등하다는 이원론(dualism)을 발전시켰다. 이데아의 세계는 그의 가장 고상한 실재였고, 그는 이 이데아의 세계를 로고스라고 불렀다.[503] 그는 이 이원론적 대조를 통하여 인간의 뛰어난 마음과 열등한 육체를 대조하였으며, 마음이 신 안에 있는 참된 실재와 합일(unity)하기 위해서는 명상을 통하여 물질적 감금에서 해방됨으로써 이루어진다

---

499 H. C. Waetjen, "Logos πρὸς τὸν θεόν and the Objectification of Truth in the Prologue of the Fourth Gospel," *CBQ* 63 (2001), 265-286, esp. 266: "The biblical Word of God was wedded to the Greek Logos."

500 Miller, "The Logos of Heraclitus: Updating the Report," 176: "Despite superficial similarities, this Logos of Heraclitus stands in no direct connection with that of the Fourth Gospel."

501 홍창표 "로고스, 요한복음 서론," 「신학정론」 제 11권 1호 (1993), 121; idem, 「신약과 문화」 (수원: 합동신학대학원출판부, 1995), 66.

502 O. Cullmann, *The Christology of the New Testament,* translated by Shirley C. Guthrie and Charles A. M. Hall (Philadelphia: The Westminster Press, 1963), 252. = 「신약의 기독론」, 김근수 역 (서울: 나단출판사, 2008), 383.

503 Clark, *The Johannine Logos,* 17.

고 생각하였다.[504] 즉 "열등한 육체 안에 갇혀 있는 마음이 '신과 합일'하려면 사고, 명상, 금욕주의를 통하여 이데아 세계의 최상층에 있는 최고의 선(The Highest Good), 목적(The End), 최고의 이데아(The Supreme Idea)를 찾아야 하며, 이로써 구원을 얻게 된다."[505] 따라서 플라톤에게 있어서 로고스는 성육신이나 인격과는 전혀 무관한 단지 이상적인 존재이며, 신과의 합일을 말함으로써 범신론적 사고를 보여 주고 있다.

3. 스토아(Stoa) 철학

스토아학파는 약 B. C. 300년에 결성되었다. 그들은 헤라클레이토스의 사상을 이어 받아 발전시켰다.[506] 그들에게 있어서 로고스는 만물 안에 내재하여 만물을 생성하고 다스리는 원리, 즉 세계 생성과 운행의 원리이다. 그러므로 로고스는 모든 것을 존재케 하는 이성적인 원리이며, 이성적 인간 정신에서 가장 중요한 것이다. 그들에 관한 한 로고스 외에 다른 신은 없으며, 존재하는 모든 것은 로고스의 씨들인 배아적 로고스들(seminal *logioi*)로부터 발생한다.[507] 즉 씨가 뿌려진 곳에 식물이 자라듯이 존재하는 만물 안에 로고스가 내재하여 만물을 존재케 한다는 것이다. 따라서 "스토아 철학에서 로고스는 태초에 있어 만물을 지배하며 인간의 이성 안에 임재 하는 비인격적이고 범신론적인 세계법(세계혼 Weltseele)이며,"[508] 존재라기보다는 추상이다. 그들에게 있어서 로고스는 자연의 공통적인 법칙으로서 우주를 지배하는 힘이며 우주의 통일성을 유지하는 우주의 정신으로 이해하였다.[509] 이에 따라 그들은 '모든 인간은 신성의 불꽃이다'[510]라고 말하였는데 이것은 철저히

---

[504] S. S. Smalley, *John : Evangelist and Interpreter* (Downers Grove: Inter Varsity Press, 1998), 47.

[505] 배종수, "요한복음 1:1-18에 나타난 요한의 로고스 이해," 「신학과 선교」 14 (1989), 337.

[506] 탈레스 외, 「소크라테스 이전 철학자들의 단편 선집」, 722.

[507] D. A. Carson, *The Gospel according to John* (Grand Rapids: Eerdmans, 1991), 114-115.

[508] 조병수, 「신약성경총론」 (수원: 합동신학대학원출판부, 2006), 176.

[509] G. R. Beasley-Murray, *Word Biblical Themes: John* (Dallas: Word Publishing, 1989), 24.

범신론적인 개념이다. G. H. Clark는 스토아 철학의 범신론적 로고스 개념과 요한복음의 로고스를 비교하여 다음과 같이 말하였다.

　　이교도들은 그들의 로고스가 역사 안에서 정해진 때에 한 특별한 사람 안에서 성육신했다고 말하지 않는다. 참으로, 그들의 로고스는 어떤 의미에서 모든 사람과 모든 동물 안에서 육신이 되었다. 그것은 세계 전체에 그 자신을 나타낸다. 그러나 바로 이것 때문에, 그것은 요한이 예수를 묘사하는 것과 같은 그러한 유일한 현현(manifestation)으로 가지고 있지 않다. 스토아 철학자들에게 있어서 로고스의 활동은 지극히 당연하며, 그것은 오직 한번 발생한 어떤 것이 아니라 모든 일(event)에서 반복되었다.[511]

　　또한 S. S. Smalley도 요한복음의 로고스가 스토아 철학의 영향을 받았다는 주장에 대하여 다음과 같이 비판한다.

　　요한복음 1장의 구성은 논쟁거리이다. 그러나 요한복음 저자의 대중적인 스토아 개념 사용 그 자체를 근거로 그가 스토아주의자라거나 심지어 스토아주의로부터 로고스 사상을 차용했다는 견해를 입증할 수 없다. 요한은 로고스라는 용어를 다르게 사용하는데, 이는 성육신한 말씀(Word)의 개념이 신의 마음을 로고스로 보는 스토아 사상과 거리가 멀기 때문이다.[512]

　　나아가서 O. Cullmann은 프롤로그의 로고스와 비교하여 고대 그리스 자연철학과 스토아 철학의 로고스의 비 존재성, 비인격성을 다음과 같이 말했다.

　　'로고스'는 그리스 철학의 가장 이른 시기에 헤라클레이토스(Heraclitus)

---

510 Clark, *The Johannine Logos*, 16-17.
511 Clark, *The Johannine Logos*, 17.
512 Smalley, *John : Evangelist and Interpreter*, 48.

에게서 나타나며, 특히 스토아학파에서 나타난다. 여기서 로고스는 우주를 다스리고 동시에 인간 지성 안에 현존하는 우주적 법칙이다. 그러므로 이것은 추상(abstraction)이지 인격적 실체(ὑπόστασις)는 아니다. 따라서 스토아학파가 로고스를 많이 말했다 할지라도, 그리고 로고스가 '태초에' 있었다고 말하지만, 그럼에도 불구하고 그들은 요한의 로고스와는 전혀 다른 비인격적(impersonal), 범신론적(pantheistic) 세계정신(world soul)을 가진 어떤 것을 의미했다.[513]

따라서 "스토아 철학에서 로고스는 창조적이고 심리적인 힘이지 인격적이거나 자의식적인 것이 결코 아니다. … 로고스에 대한 요한의 이해와 비교할 때, 이러한 대조점들은 스토아 철학이 요한의 로고스 사상의 원천이었다는 주장을 허물어 버린다."[514] "스토아 철학에서 로고스는 이성, 즉 우주를 지배하는 비인격적 합리적 원리이다."[515] 스토아의 로고스는 인격이 아닌 단지 내재적인 원리를 말할 뿐이다. 반면에 요한의 로고스는 이러한 범신론적이고 비인격적인 원리와는 결코 동일시되지 않는다. 특히 스토아 철학은 각 사람이 자신 안에 로고스의 일부를 가졌다고 말하지만, 요한복음은 로고스 자신이 온전히 사람이 되셨다(요 1:14)고 말씀한다. 결국 "스토아철학은 자비로운 하나님의 대속의 사랑을 알지 못한 것이다."[516]

또한 스토아 철학에서 로고스는 신이지만 요한복음에서 로고스는 신(하나님)이면서 동시에 하나님과 함께 계시는 독특한 관계이다. 즉 로고스는 하나님과 구분은 되지만 분리는 될 수 없는 삼위일체의 신이시다. 따라서 로고스와 하나님 사이의 단순한 동일시는 옳지 않다. 더 나아가서 스토아 철학의 로고스는 형이상학적인 추상적 논리인 것에 반하여 요한복음의 로고스는 역사적 사건의 중심에 있다.[517]

---

[513] Cullmann, *The Christology of the New Testament*, 251.

[514] David F. Wells, *The Person of Christ: A Biblical and History Analysis of the Incarnation* (Illinois, Westchester: Crossway Books, 1984), 68. = 「기독론」, 이승구 역 (서울: 도서출판 토라, 2008).

[515] Andreas J. Köstenberger, *Encountering John: The Gospel in Historical, Literary, and Theological Perspective* (Grand Rapids: Baker Books, 1999), 51.

[516] Everett Ferguson, *Backgrounds of Early Christianity* (Grand Rapids: Eerdmans, 2003), 369.

[517] Köstenberger, *Encountering John*, 62.

4. 요약 정리

헬레니즘 철학의 로고스와 요한복음의 로고스 사이에는 큰 차이가 있다. 그 대표적인 것은 헬레니즘 철학의 로고스는 범신론적이며 비인격적인 것에 반하여 프롤로그의 로고스는 유일신(요 1:1c)이며 인격적 실체라는 것이다.[518] 요한복음의 로고스는 개념이나 사상이나 원리나 정신이 아니며 또한 세계이거나 세계가 된 것도 아니다.[519] 그는 하나님 자신이며 우주 만물을 만드신 창조주이시며, 성육신 하신 분이다. 그러나 그리스 세계에 만연한 로고스의 사용에는 성육신과 같은 것이 없다.[520] 그러므로 헬레니즘 철학의 로고스와 요한복음 프롤로그의 로고스는 용어는 같으나 그 의미와 개념은 전혀 다른 것이다. 헬레니즘 철학은 로고스가 역사와 인류에 개입한다는 사상을 가지고 있지 않기 때문에 요한의 로고스와는 관계가 없다.[521] 의심할 여지없이 헤라클레이토스와 스토아 철학자들은 범신론자들 (pantheists)이었다. 반면에 사도 요한이 로고스 용어를 사용했을 때 그는 헬레니즘 범신론을 차용하지 않았다.[522] 성경은 오히려 헬레니즘 철학을 공격한다. 헬라시대 와 헬레니즘 시대의 철학을 개관하고 그것을 신약성경의 사상과 비교한 Bo Reicke는 다음과 같은 결론을 내렸다. "위의 어떤 철학도 신약성경에서 적극적인 역할을 하지 않았다. 사도 바울은 아테네에서 에피큐레안들, 스토익들과 논쟁하였고(행 17:18), 고린도에서는 지혜와 지식을 전파하는 자들에 대항하였다(고전 1:18-2:9). 그리스도는 골로새에 있던, 유대 의식들과 관련된 철학보다 우월하였다(골 2:8)."[523]

---

[518] 배종수, "요한복음 1:1-18에 나타난 요한의 로고스 이해," 348-349.

[519] H. Kleinknecht, "λέγω, λόγος, ῥῆμα, λαλέω," *TDNT*, 69-91, esp. 91: "Gk. λόγος became, or, in Stoicism and Neo-platonism, is the world." 이와 함께 요한의 로고스 개념에 그리스 영향을 반대하는 그의 이유를 참조하라(90f.).

[520] Guthrie, *New Testament Theology*, 328.

[521] O. Cullmann, *Die Christologie des Neune Testaments* (Tübingen: Mohr Siebeck, 1957), 258. = *The Christology of the New Testament*, 252; 조병수, 「신약성경총론」, 176, note 49.

[522] Clark, *The Johannine Logos*, 17. Cf. Guthrie, *New Testament Theology*, 322.

[523] Bo Reicke, *Neutestamentliche Zeitgeschichte*, 3판, 1982, 48. 변종길, "요한복음에 나타난 비유의

II. 영지주의

영지주의는 비밀스런 '그노시스'(γνῶσις)로 말미암는 구원을 강조한 다양한 종교 운동들로서 A. D. 2세기에 번성한 이원론적 이단이다.[524] 이것은 2세기 교부들의 문헌에서 가장 분명하게 입증되었다.[525] 영지주의의 중심 사상은 이원론이며[526] 종교적 특징은 혼합주의이다.[527] 영지주의가 어떻게, 어디서, 언제 발생했는지에

핵심은 무엇인가,"「그 말씀」 (1998, 7), 87에서 재인용.

[524] E. M. Yamauchi, "The Gnostic and History," *JETS* 14 (1971), 29-40, esp. 29.

[525] E. M. Yamauchi, "Gnosticism," in *The New International Dictionary of the Christian Church*, General Ed. J. D. Douglas (Grand Rapids: Eerdmans, 1974), 416-418: 영지주의를 연구하는 데 필요한 문헌으로는 첫째, 교부들의 저서가 있다. 교부들의 저서로는 순교자 저스티누스, 이레니우스, 히폴리투스, 오리겐, 터툴리안과 같은 2, 3세기 교부들의 저서들과 후대에 에피파네스(315경-403)가 남긴 글이 있다. 영지주의에 대한 그들의 글의 대부분은 매우 논쟁적이다. 둘째, 콥트어 자료들이 있다. 19세기에 두 편의 영지주의 콥트어 필사본이 번역되었다. 세 번째 사본은 19세기 말에 발견되었으나 1955년에 완간되었다. 여기에는 마리아(막달라) 복음(Gospel of Mary), 예수의 지혜(Sophia of Jesus), 베드로 행전(Acts of Peter), 요한 외경(Apocryphon of John)이 실려 있다. 1946년에 이집트 나그 함마디 근처에서 13편의 콥트어 사본 발견되었는데, 여기에는 진리의 복음(The Gospel of Truth), 레기노스의 서신(The Epistle of Rheginos), 도마복음(The Gospel according to Thomas), 빌립복음서(The Gospel of Philip), 요한 외경(The Apocryphon of John), 아르콘들의 휘포스타시스(The Hypostasis of Archons), 아담묵시록(The Apocalypse of Adam)이 있다. 셋째, 만다교 자료들이 있다: Ginza, Johannesbuch, Qolasta 등. 넷째, 그 밖의 자료들로는 고도의 혼합주의 형태인 영지주의인 마니교가 있고, 그 밖의 본문들에는 '헤르메티카'(Hermetica), '시리아어 솔로몬 송가'(Syriac Odes of Solomon), '진주의 찬송'(Hymn of the Pearl), 알렉산드리아의 필로가 남긴 글들, 랍비 전서들에 나오는 마님(manim)에 대한 언급들, 유대교 메르카바 신비주의, 그리고 사해문서가 있다. 그리고 영지주의 이단의 대표적인 인물과 특성에 대하여는 Yamauchi, "The Gnostic and History," 29를 참조하라.

[526] Yamauchi, "The Gnostic and History," 29; Ferguson, *Backgrounds of Early Christianity*, 310; Beasley-Murray, *Word Biblical Themes: John*, 25.

[527] Alexander Böhlig, "Synkretismus, Gnosis, Manichäismus," in *Koptische Kunst: Christentum am Nil* (Essen: Villa Hügel, 1963), 42-47: "'영지주의'(Gnosticism)는 2세기에 성행했던 각종 종교적 이론들을 총망라하는 명칭으로, 그 특징은 혼합주의(syncretism)이다": Justo L. Gonzalez, 「기독교 사상사」 (I) 고대편, 이형기, 차종순 역 (서울: 대한예수교장로회총회출판국, 1988), 159에서 재인용; ibid., 159-160: "영지주의는 페르시아의 이원론, 동양의 신비주의 종교, 바벨론의 점성술, 헬라 철학, 이 외에도 2세기에 실제적으로 통용했던 모든 이론들을 총망라해서 혼합시켰다"; ibid., 160, note 16: "영지주의는 한 근원에서 흘러나온 것이 아니고 당시에 유행했던 여러 종교적 요소들을 뭉친 것이다"; Gray M. Burge, "History of Interpretation," in *Interpreting the Gospel of John* (Grand Rapids: Baker Book House, 1992), 16, note 1: "Gnostic and Gnosticism (from the Gk. γνῶσις, 'knowledge') refer to a complex religious movement which, in its Christian form, came into clear prominence by the second century. Sects quickly formed around prominent leaders whose teaching directly opposed that of the orthodox church"; 홍창표, 「신약과 문화」 (수원: 합동신학대학원출판부, 1995),

대해서는 일치된 견해가 없다.[528] 그런데 어떤 사람들은 프롤로그의 로고스가 이러한 영지주의에서 왔다고 주장한다. 이제 그들이 제시하는 근거에 대하여 살펴보고, 그 정당성을 평가할 것이다.

1. 영지주의 기원 일반

이를 위하여 먼저 프롤로그 로고스의 영지주의 기원에 관한 일반적인 이해를 살펴보자. 영지주의에서 로고스는 신과 인간 사이의 신화적 중간자이다. 영지주의는 로고스의 성육신을 역사적 사실로 믿지 않고 단지 신비적, 가현설적 의미로 받았다.[529] Bultmann은 요한복음 '로고스'의 기원을 이러한 영지주의에서 찾았다. 그는 초기 기독교가 대단히 이른 시기에 동양의 영지주의 사상(eastern gnostic speculation)의 영향을 받았다는 증거가 요한복음에 있다고 말한다.[530] 그와 그의 제자들은 영지주의가 기독교가 시작되기 이전(pre-Christian)에 발생하였다고 주장한다. 그들에 따르면, 기독교 이전에 이미 영지주의 '구속자 신화'(redeemer myth)에 근거한 종파가 있었으며, 세례자 요한의 초기 제자들이 여기에 속한다고 한다. 이 제자들은 구속자 신화를 세례자 요한에게 적용하여 영지주의 세례자 종파 찬양시를 만들었다. 요한복음 저자가 바로 이 종파에 속해 있던 세례자의 초기 제자였으며, 그가 후에 기독교로 개종하여 요한복음 프롤로그를 기록하면서 이 찬양시를 채용하고 개작했다.[531] 이런 가설에 의하여 Bultmann은 요한복음 1:6-8, 15절만(어쩌면 17절도) 요한

131: "노스틱주의는 종파(sect)의 하나로 인간 구원을 그노시스 계시로 인하여 신격화되는 종교적인 신앙을 가진 혼합주의를 말하는 것이다"; Ferguson, *Backgrounds of Early Christianity*, 307: "Most forms of Gnosticism that we know seem to contain elements from pagan thought, Judaism, and Christianity … suggesting that some fusion of Greek speculative thought brought about Gnosticism."

528 Yamauchi, "Gnosticism," 417; Ferguson, *Backgrounds of Early Christianity*, 307.

529 Cullmann, *The Christology of the New Testament*, 252; 조병수, 「신약성경총론」, 177.

530 R. Bultmann, "The History of Religions Background of the Prologue to the Gospel of John," in *The Interpretation of John. Issues in Religion and Theology 9*. ed. John Ashton (Philadelphia: Fortress Press, London: SPCK, 1986), 18-35, esp. 33.

531 J. Ashton, "The Transformation of Wisdom: A Study of the Prologue of John's Gospel," *NTS* 32 (1986), 161-186, esp. 161: "Bultmann's solution was to see the Prologue as a pre-Christian Gnostic hymn, stemming from Baptist circles and subsequently taken over by evangelist and adapted to form the opening of the Gospel."

복음 저자의 것이며, 세례자 요한에 대하여 말해진 것이 예수의 것이라고 주장되었고 세례자는 예수를 위한 증인이 되었다는 점에서 세례자 종파는 그들의 영웅을 도둑맞았다고 주장했다.[532] 결국 Bultmann과 그를 따르는 사람들은 영지주의 구속자 신화와 그것에 근거한 영지주의 세례자 종파 찬양시를 요한복음과 프롤로그 로고스의 중요한 기원으로 생각한다. 그러나 프롤로그의 로고스의 기원이 영지주의라는 Bultmann의 주장은 오랫동안 많은 학자들에 의해 비판을 받았고 거부되었다.[533] 여기에는 최소한 세 가지 이유가 있다.

첫째는 역사적인 측면이다. Bultmann이 내세운 가설은 역사성을 결여하고 있다. 세례자 종파의 유무에 대한 확실한 증거가 없으며,[534] 세례자 요한이 신적 존재로 예배되고 찬양시의 대상이 되었다는 증거도 없다.[535] R. E. Brown은 이와 관련하여 다음과 같이 Bultmann의 가설에 반대한다. 그에 의하면, 영지주의 찬양시가 세례자 요한을 찬양하기 위해 만들어졌다는 주장은 입증될 수 없으며, 세례자 종파가 세례자 요한을 말씀(Word)으로 불렀다는 어떤 증거도 없다. 프롤로그에 있는 강한 반(反)영지주의(anti-Gnostic) 특성들(3,14)도 Bultmann의 생각에 반대한다.[536]

또한 H. N. Ridderbos도 Bultmann의 견해를 다음과 같이 비판한다.

Bultmann에 따르면 요한복음의 프롤로그는 기독교 이전에 나온 것으로, 세례자 요한의 초기 제자들에게서 유래된 것이다. 그의 추론에 따르면, 세례자 종파의 제자들은 로고스라는 이름과 개념을 그들의 영웅인 세례자 요한에게 적용했다. 로고스라는 인물 자체도 더 과거로 거슬러 올라가 소위 영지주의적 구속자 신화라고

---

532 R. Bultmann, *The Gospel of John*, trans. G. R. Beasley-Murray and ed. R. W. N. Hoare and J. K. Riches (Philadelphia: Westminster, 1971), 13-83. = 「요한복음서 연구」, 허혁 역 (서울: 성광문화사, 1990).

533 Sukmin Cho, *Jesus as Prophet in the Fourth Gospel*, NTM 15 (Sheffield: Sheffield Phoenix Press, 2006), 256, note 9: "Bultmann … who set forth a hypothesis that the Johannine prologue was originally a pre-Christian cultic hymn, with its ultimate source in Gnosticism, as reflected in such texts as the Odes of Solomon and some of the Mandaean writings. However, Bultmann's hypothesis has not been accepted."

534 E. Haenchen, *A Commentary on the Gospel of John 1*, trans. R. W. Funk (Philadelphia: Fortress Press, 1984), 123.

535 Haenchen, *A Commentary on the Gospel of John 1*, 123.

536 R. E. Brown, *The Gospel according to John I-XII*, vol. I (2 vols) (New York: Doubleday, 1966), 21.

부르는 것에서 빌려 온 것이다. 요한복음의 저자는 세례자 요한의 제자들이 그들의 숭배하는 선생에게 사용했던 형태의 로고스라는 인물을 개작하여 예수 그리스도에 대하여 사용했다. 이는 무엇보다도 그 노래로 세례자 요한에게 드려진 영예를 그리스도의 것이라고 주장하기 위해서였다.[537] 그러나 이 가설은 거의 혹은 전혀 지지를 얻지 못했다. 왜냐하면 이 가설이 이전 로고스 찬양시(the previous Logos song)를 세례자 요한과 관련시키기 때문이다.[538]

이와 더불어 로고스의 성육신에 관한 프롤로그의 진술도 영지적 세례자 종파로부터 유래할 수 없다. 기독교 이전 찬양시(pre-Christian hymn)가 세례자의 성육신을 말했을 것이라고 생각하는 것은 전혀 개연성이 없기 때문이다.[539] 그러므로 프롤로그가 영지주의 구속주 신화에 근거하고 있다는 Bultmann의 가설은 역사적인 신빙성이 전혀 없으며, 따라서 우리는 영지주의를 요한복음 로고스의 기원으로 받을 수 없다.[540]

둘째는 자료적인 측면이다. 기독교 이전의 영지주의 자료는 없다.[541] 이것은 Bultmann의 가설에 가장 치명적인 것이다. 오히려 오늘날 대부분의 학자들은 영지

---

[537] Bultmann, "The History of Religions Background of the Prologue," 32.

[538] H. N. Ridderbos, "The Structure and Scope of the Prologue to the Gospel of John," *NovT* 8 (1966), 180-201, esp. 184.

[539] B. Klappert, "λόγος," *New International Dictionary of New Testament Theology* (*NIDNTT*) vol. 3, general ed. Colin Brown (Grand Rapids: Zondervan Publishing House, 1986), 1081-1117, esp. 1114-1117.

[540] E. C. Hoskyns, *The Fourth Gospel* (London: Faber & Faber, 1947), 163. G. S. Sloyan, *What Are They Saying about John?* (New York: Paulist Press, 1991), 5.

[541] 물론 이들은 기독교 이후의 자료들이라도 기독교 이전의 사상을 반영할 수 있다고 말할 수 있을 것이다. Dodd와 Bultmann이 자신들의 가설을 지지하기 위하여 인용한 자료 목록은 두 사람 모두 신약성경 이후의 자료를 사용한다는 것을 증명한다. Dodd가 헤르메티카를 광범위하게 사용한 것도 여기에 해당된다. 그는 헤르메티카가 대부분 2-3세기에 기록되었다고 분명히 믿는다. 그러나 그는 이 자료가 로고스의 기원을 위한 증거로 공헌할 수 있다고 주장한다. 왜냐하면 그 사상들은 그것들이 문학적인 형태로 만들어지기 전에도 일반적으로 알려져 있었다고 생각하기 때문이다. 마찬가지로 Bultmann도 기독교 이전의 영지적 신화가 실재했다는 것을 증명하기 위해 1세기 이후의 자료를 광범위하게 사용함으로써 공격을 받았다. 그는 속사도적 기독교 문서와 솔로몬의 송가 둘 다를 풍성하게 사용한다. 그는 이 문서는 그것이 기록되기 이전 세기들에 널리 알려진 신화의 형태를 나타낸다고 간주하여, 이 문서들이 로고스의 기원에 타당한 것으로 언급한다(R. Kysar "The Background of the Prologue of the Fourth Gospel: A Critical of Historical Methods," *JT* 16 [1970], 250-255, esp. 253f.). 하지만 이러한 주장들은 모두 기독교 이전의 영지주의 발생에 대한 분명한 근거를 제시하지 못하며, 따라서 기독교 이후 영지주의 발생을 주장하는 학자들을 충분히 설득하지 못한다.

주의의 구속자 신화는 그리스도를 본 따 발전된 기독교 이후의 산물이라고 확신한다.[542] 구속자 신화를 포함하고 있는 기독교 이전의 문서는 없다.[543]

Bultmann이 요한복음의 로고스의 기원을 기독교 이전 영지주의로 결론짓는 또 다른 근거 자료는 '솔로몬의 송가'(the Odes of Solomon)이다. 그러나 J. H. Charlesworth는 솔로몬의 송가의 저자가 영지주의자라는 Bultmann의 주장을 다음과 같이 비판 한다: 먼저 그 송가에서 '지식'은 자신의 영혼이 하늘로부터 왔다는 것을 인식함으로써 구원을 얻는 영지적 개념이 아니다. 또한 영지주의 우주론과 달리, 창조자가 정죄 받지 않고 찬양을 받는다. 또한 일반적으로 영지적 언어가 많지 않으며 구약이 그 송가의 표현 양식이다. 게다가 솔로몬 송가의 계시는 숨겨지지 않고 선포된다. 더 나아가서 *Pistis Sophia*의 저자가 자신이 포함한 각 송가에 영지주의적 탈굼(targum)을 첨가하는 것이 필요하다고 생각했다는 사실은 그 송가가 그에게 영지적이지 않았다는 것을 의미한다.[544] "만약 프롤로그와 솔로몬의 송가 사이에 의존 관계가 정말 존재한다면, 요한복음이 송가(Odes)에 의해 영향을 받았다는 주장보다 송가가 요한복음의 영향을 받았다는 것이 오히려 논의의 여지가 있다."[545]

그러므로 요한복음 로고스가 기독교 이전에 이미 존재한 영지주의를 배경으로 한다는 Bultmann과 그의 제자들의 주장은 역사적 신빙성이 전혀 없을 뿐만 아니라 근거 자료에 있어서도 도저히 받을 수 없는 것이다.[546] "불트만이 그렇게 결론을 내릴 수 있는 것은 다만 자기의 선입관과 전제(presupposition)에 근거한 것뿐이며,"[547] 이 전제는 "역사적 지식에 대한 어떤 신뢰할 수 있는 자료를 제공하기에는

---

542 Yamauchi, "Gnosticism," 417.

543 Ferguson, *Backgrounds of Early Christianity*, 308; see. D. Guthrie, *New Testament Introduction* (Illinois: Inter Varsity Press, 1970), 322, esp. note 3. = 「신약 서론」 상, 김병욱, 정광욱 역 (서울: 크리스챤다이제스트, 1992), 308.

544 J. H. Charlesworth, "The Odes of Solomon - Not Gnostic," *CBQ* 31 (1969), 357-369.

545 Smalley, *John : Evangelist and Interpreter*, 58. = 「요한신학」, 81.

546 C. K. Barrett, *The Gospel according to St. John*, second ed. (Philadelphia: Westminster Press, 1978), 20-21: "Bultmann thinks that one of the gnostic discourses is the source underlying the Prologue, ··· John's use of a Discourse Source is as unprovable as his use of a Signs Source; and the existence of the former is perhaps less probable than the existence of the latter"; Smalley, *John : Evangelist and Interpreter*, 59.

너무나도 사색적이다."[548]

셋째는 내용적인 측면이다. 영지주의에서 로고스는 "일시적으로 인간이 되었지만, 그것은 언제나 단지 신화적이며 가현설적인 의미이지 결코 실제적인 성육신의 역사적 의미는 아니다."[549]. 이런 까닭에 D. A. Fergusson은 Bultmann의 주장에 대하여 다음과 같이 비판했다.

그러나 영지주의와 달리 요한은 말씀이 실제로 육신이 되었다고(요 1:14) 말한다. 그 구속자는 죽는 인간존재이지 단지 육체를 가장하고 나타난 것이 아니다. 더구나 그는 선택된 자의 우주적 비밀을 제공하지 않는다. 그는 신앙과 불신앙 사이의 철저한 결단을 가지고 모든 인간들을 대면한다.[550]

또한 R. Schnackenburg도 Bultmann의 주장을 다음과 같이 비판했다.[551]

영지주의의 로고스는 구원의 힘이 되는 하나의 선한 능력이다. 영지주의 사자의 인격성이 요한복음의 인격적인 로고스 개념의 기원이라고 주장할 수는 없다. … 하지만 실제로 그것은 단지 하나의 신화적 형상일 뿐 인격을 취한 자라고 말하기 어렵다. 기독교 로고스의 인격적 특성은 예수의 역사적 오심에 대한 기독교적 믿음에서 비롯되었다. 요한의 찬양시가 영지주의 신화에 직접적으로 의존하고 있다는 것은 증명되지 않았다.[552]

---

[547] 홍창표, 「신약과 문화」, 177.

[548] C. H. Dodd, *The Interpretation of the Fourth Gospel* (Cambridge: Cambridge University Press, 1980), 121-122, esp. 122.

[549] Cullmann, *The Christology of the New Testament*, 252.

[550] Fergusson, 「불트만」, 165.

[551] R. Schnackenburg, "Die Herkunft und Eigenart des joh. Logos-Brgriffs," in *Das Johannesevangelium*, vol. 1 (Freiburg, Basel, Wien: Herder, 1965), 257-269. = "The Origin and Nature of the Johannine Concept of the Logos," in *The Gospel according to St. John*, vol. 1 (New York: Herder & Herder, 1968), 481-493.

[552] Schnackenburg, "Die Herkunft und Eigenart," 264-269. = "The Origin and Nature," 488-493.

나아가서 S. S. Smalley도 요한복음에 대한 영지주의 영향과 관련하여 Bultmann의 주장을 약술한 뒤, 그의 주장을 다음과 같이 비판한다.

> 요한복음을 그 어떤 실제적 의미에서 '영지주의적'이라고 간주하기 어렵다. 요한복음 저자는 구원의 역사적 기초에 대해 실제적 관심을 가질 뿐 아니라, 영지주의가 지니지 못한 십자가를 통한 죄로부터의 구속을 말하는 구원의 신학을 가지고 있다. 요한에게는 구원이 결코 비밀리에 전달된 지식에 의해 성취된 무지로부터의 구원을 뜻하지 않는다. 요한의 구원론은 역사적이고 그리스도 중심인 것에 반하여 영지주의의 구원론은 신화적이고 관념론적이다. 결과적으로 요한의 배경에 관한 불트만의 사상들은 의문의 여지없이 받아들일 수 없다.[553]

이와 같이 역사적, 자료적, 내용적 측면에서 볼 때, 요한복음 프롤로그의 로고스가 영지주의에서 유래되었다는 Bultmann의 주장은 터무니없는 것이다.[554] 특히 요한복음 자체가 영지주의의 가현설(docetism)을 부정하고 있으므로[555] 더 더욱 Bultmann의 주장은 설득력이 없다. 그런데도 불구하고 Bultmann이 영지주의를 주장할 수밖에 없는 근본 원인에 대하여 조병수는 다음과 같이 분석하고 비판한다.

> Bultmann의 사고 속에는 신약성경은 문화적인 산물이라는 사고가 들어 있다. 예수에 대한 복음서의 진술은 복음서 기자의 문화적 산물이며(조금 더 이르다면 그들 앞에 있는 전승단계의 문화적 산물), 신에 대한 바울의 진술은 바울의 문화적 산물이다. Bultmann의 사고에는 계시의 자리는 물론이고 신의 자리도 없다. 오직 실존론적인 인간만이(또는 가시적 세계만이) 있을 뿐이다. 인간 밖의

---

[553] Smalley, *John : Evangelist and Interpreter*, 60-61. = 「요한신학」, 83-85.

[554] 요한복음의 로고스 기원에 대한 Bultmann의 주장과 문제, 그리고 이에 대한 비판을 알려면 Smalley, *John : Evangelist and Interpreter*, 56-60과 홍창표, "요한복음의 로고스 개념," 「신약과 문화」, 173-181을 참조하라.

[555] 요 1:14; 19:34-35; 20:20,27. Cf. 요일 1:1-2; 4:2-3.

무엇이 존재할 가능성을 말할 수가 없다. Bultmann이 요한복음을 영지주의의 산물로 몰고 간 것도 사실은 이런 이유 때문이다. 그는 요한복음에서 신의 음성을 발견하지 못한다. 단지 요한복음에는 영지주의의 신학적인 흔적만이 있을 뿐이다.[556]

2. 헤르메스 문서(Hermetica)

또한 프롤로그 로고스의 영지주의 유래를 주장하는 학자들 중에는 헤르메스 문서들(Hermetica)을 그 근거로 제시하는 이들도 있다.[557] 헤르메티카는 A. D. 2-3세기에 속한 문서로서 영지주의의 이교적 분파임을 나타내는 영지주의적 이원론 문서들이다.[558] "이들은 Hermes Trismegistus[559]와 그의 아들들 사이의 대화 형식을

---

[556] 조병수, "Rudolf Bultmann의 해석학," 60-61.

[557] Dodd, *The Interpretation of the Fourth Gospel*, 10-53.

[558] Smalley, *John : Evangelist and Interpreter*, 52: 헤르메티카는 하나의 철학적 관점을 바탕으로 한 종교적 주제들을 다루는데 그 철학은 플라톤 철학 사상과 스토아 철학 사상의 혼합체이다; Guthrie, *New Testament Introduction*, 321: "which was a body of philosophical and religious tractates attributed in Egypt to Hermes Trismegistus"; G. E. Evans, "헤르메스 문서(Hermetica)," G. E. Evans ed. 「초대교회의 신학자들」 박영실 역 (서울: 그리심, 2008), 244-251; 홍창표, 「신약과 문화」, 116-117; Ferguson, *Backgrounds of Early Christianity*, 314; http://www.encyber.com/search_w/ctdetail.php?gs=ws&gd=&cd=&d=&k=&inqr=&indme=&p = 1 & q = % C 7 춤 % B 8 %BA%B9%AE%BC%AD%C1%FD&masterno=188906&contentno=188906: 「헤르메스 문서집」 이라고 불리는 것 외에 「아스클레피오스」라는 제목이 붙은 라틴역 문서와 스토바에우스, 라크탄티우스, 킬리로스 등에서 얻은 단편이 있는데, 이를 총칭하여 '헤르메티카'(Hermetica)라고 말한다. 헤르메스 문서는 한 사람의 저자가 아닌 많은 교사의 가르침이 편집되어 이루어졌다. 그러나 이것들은 한결같이 허구의 신인 Hermes Trismegistus(3중으로, 지극히 위대한 헤르메스)의 가르침으로 설명되어 있다. 그 가르침의 주체를 이루고 있는 것은 플라톤적, 피타고라스적 철학사상이며, 이 밖에 스토아철학, 필로적 유대사상 등이 섞여 있다. 헤르메티카는 하나같이 철학적 종교를 주장하고 있으며, 그노시스에 의해 신인(神人)의 합일(合一)이 이루어진다고 말하였다. 따라서 그 그노시스의 계시자는 신적 정신(누스)이라고 설명된다(2009.12.23).

[559] Smalley, *John : Evangelist and Interpreter*, 52, note 28: 고대 이집트의 전설적인 현인으로서, 나중에 Hermes, 즉 Thot의 신으로 신격화되었다; http://en.wikipedia.org/wiki/Hermes_Trismegistus: "Hermes Trismegistus (Greek: Ἑρμῆς ὁ Τρισμέγιστος, 'thrice-great Hermes'; Latin: Mercurius ter Maximus) is the representation of the syncretic combination of the Greek god Hermes and the Egyptian god Thoth. In Hellenistic Egypt, the Greeks recognised the congruence of their god Hermes with the Egyptian god Thoth. Subsequently the two gods were worshipped as one in what had been the Temple of Thoth in Khemnu, which the Greeks called Hermopolis"(2010.02.05).

따고 있으며, 신에 대한 지식을 통한 구원의 수단과 이에 관련된 윤리적 인간 요구들에 관한 토론들을 싣고 있다. 이 문서들은 범신론과 영지주의의 분위기를 풍기고 있다."560 특히 이 문서들 중 Poimandres에는 창조에 참여하고 영계와 물질계를 연결시키는 로고스의 개념이 실려 있다(i,6. Λόγος υἱὸς θεοῦ).561

하지만 이것은 요한복음 로고스의 기원이 될 수 없다. 그 이유는 먼저 이 문서가 요한복음보다 나중에 기록되었기 때문이다(연대기 문제). 오늘날 대부분의 학자들은 2세기 또는 그것보다 더 뒤에 헤르메티카(Hermetica)가 만들어졌다고 생각한다.562 Yamauchi는 Hermetica의 기록연대에 대하여 Munck의 의견을 따라 다음과 같이 결론을 내린다. "신약성경이 기록되기 이전에 영지주의 문서들이 존재했다고 결정함으로써 기독교 이전에 영지주의가 존재했다는 것을 입증하려는 시도들이 있어왔다. 헤르메티카 문서가 그 예이다. 그러나 결국 그것이 신약성경 이후의 것으로 판명되었다."563

또한 요한복음의 내용과 헤르메티카의 내용과 신학이 판이하게 다르기 때문이다(내용과 신학의 문제). "Hermes 문학(*Corpus Hermeticum*)에서는 로고스가 누스(Nous), 즉 원인간(Urmensch)인데 이는 구원자를 가리킨다. 그러나 Hermes 신화에서 로고스의 인격화가 언급되지만 범신론적인 의미를 담고 있는 알레고리하고 철학적인 해석에 근거한다."564 또한 요한복음과 동일하게 헤르메티카에도 '로고스' 용어가 나온다고 하여 이 문서와 요한복음이 같다고 말하는 것은 너무 단순한 이해이다. 동일 용어에 근거하여 요한의 로고스가 헤르메티카에서 왔다고 주장하는 것은 지나친 비약이며, 그리스 신화로 요한복음을 해석하는 것이다.565 창세기의 천지 발생을

---

560 Smalley, *John : Evangelist and Interpreter*, 52.

561 Smalley, *John : Evangelist and Interpreter*, 52.

562 E. M. Yamauchi, *Pre-Christian Gnosticism* (Grand Rapids: Baker Book House, 1983), 71.

563 J. Munck, "The New Testament and Gnosticism," in W. Klassen and G. Snyder (eds.), *Current Issues in New Testament Interpretation* (New York: Happer & Row Publishers, 1962), 224-238, esp. 226; E. M. Yamauchi, *Pre-Christian Gnosticism*, 71-72.

564 조병수, 「신약성경총론」, 177; Cullmann, *The Christology of the New Testament*, 253.

565 Barnabas Lindars, *John* (NTG) (Sheffield: JSOT Press, 1990), 47(= 「요한복음」, 조원경 역 [서울: 반석문화사, 1994]): "헤르메스 트리스메기스토스 (실제로는 애굽신 토트의 새 변형)는 중생의

고찰하는 포이만드레스(Poimandres)는 로고스 개념을 자주 사용하지만 기독교의 영향을 나타내지는 않는다.[566] Dodd는 이 문서에 나타나는 요한복음과의 병행이 "동일한 일반적인 영향 아래에서 작용된 정신 활동의 결과"[567]라고 말한다. "하지만 그리스 정신은 신(神)지식을 추구하고 자연을 통한 신과의 합일(communion)을 추구하는 반면에 기독교는 그리스도를 통하여 하나님께 나아간다(approach). 이것이 근본적인 차이이다."[568] 이상의 연대기적, 내용적, 신학적 차이에 대하여 Smalley는 다음과 같이 잘 정리했다.

헤르메티카의 연대를 고려할 때, 요한이 이 문학의 입장에 의존했을 가능성은 전혀 없다. 그러나 이 사상들이 문집으로 엮어지기 훨씬 이전에 지중해권 지역에 널리 회자되었으며 그 결과 요한복음의 내용에 영향을 끼쳤을 것이라고 볼 수도 있다. 그러나 이것을 증명하는 일은 결코 쉽지 않다. 면밀히 검토하면, 요한의 구원 신학은 헤르메티카의 우주발생론과 구원론에서 사용된 것들과 피상적으로는 서로 닮은 것 같으나 궁극적으로는 그것들과 판이한 차이를 보이는 용어들과 사상들을 포함하고 있다. 포이만드레스의 로고스가 요한복음 1장과 함께 창세기 1장의 배경을 공유하지만, 하나님의 계시에 관심을 갖기보다는 오히려 인간 영혼에 깃들어 있는 로고스에 응답하는 우주적 로고스에 훨씬 더 관심을 갖는다. 또한 요한복음과 헤르메티카 사이에는 각각의 전망과 신학에서 엄청난 대조들이 있다. 전자는 기독교적이나 후자는 이교적·영지주의적이다. 동시에 그 접촉점들은 너무나 피상적이다.[569]

중개자이다. … 중생 사상이 요한복음 3:1-8에 나오지만, 요한복음 저자가 이 주제를 다루기 위해 헤르메스 문서를 의존한 것으로 간주할 필요는 전혀 없다."

566 Guthrie, *New Testament Theology*, 323.
567 C. H. Dodd, *The Bible and Greeks* (London: Hodder & Stoughton, 1935), 247.
568 Guthrie, *New Testament Theology*, 323.
569 Smalley, *John : Evangelist and Interpreter*, 52-53.

3. 만다교(Mandaean) 문서

또한 프롤로그의 로고스가 영지주의에서 기원했다고 주장하는 이들 중에는 만다교 문서를 그 근거로 삼는 학자들도 있다. 그들은 만다교가 프롤로그 로고스의 기원이라고 주장한다. 만다교는 영지주의의 일종이며,[570] 만다교(Mandaens)라는 명칭은 '만다'(manda, gnosis)라는 말에서 왔다. 만다교 문헌(1947년 Nag Hammadi[571]에서 콥틱 영지주의 원본 발견함)은 주후 7-8세기의 이슬람법이 종파가 되려면 종파문서를 작성해야 한다는 요구에 따라 기록된 것이다. 만다교 정경은 주후 700년경 혹은 그 전에 생겼을 것이라고 추측된다. 만다교 문헌은 동부 아람어로 기록되었고, 그 중에 중요한 것은 긴자(Ginza, 'treasure')이다.[572] 이란과 이라크에 있는 만다교 공동체들은 유일하게 잔존하는 고대 영지주의의 자취들이다. 이들이 사용하는 본문들은 Reitzenstein과 Bultmann 같은 독일 학자들에 의해 초기 영지주의 전승들을 그럴 듯하게 재구성하는 데 사용되었다.[573] Bultmann이 요한복음을 "기독교 이전 영지주의의 영향을 받아서 생긴 복음서"라고 주장했을 때, 그는 '만다교' 문서를 근거로 그렇게 결론을 내린 것이다.[574] 그는 만다교 문서가 동양의 영지적 구속자

---

[570] http://timeline.britannica.co.kr/bol/topic.asp?article_id=b07m1289a: 만다교(Mandaean. 만다어로 '지식'을 뜻하는 mandayya에서 유래)는 이라크와 쿠지스탄(이란 남서부)에 지금도 남아 있는 고대 중동지방의 종교이다. 흔히 영지주의의 한 종류로 취급되며 여러 면에서 마니교와 비슷하다. 다른 이원론적인 체제와 마찬가지로 만다교는 그 신적 근원에 관한 은밀한 지식(gnosis)을 통한 영혼의 구원을 강조한다. 우주의 상부구조에는 사악한 지배자 아르콘이 있어 영혼이 최고의 신과 재결합하기 위해 천계를 통과하여 올라가는 것을 방해한다. 그러나 여러 영지주의 체계와는 달리 만다교는 결혼을 강력히 옹호하고 성적인 방종을 금지한다. 만다교에는 정교한 제의예식, 특히 다른 영지주의에서는 두드러지지 않는 세례의식이 발달했다. 만다교도들은 예수를 거짓 메시아로 보지만, 세례를 통해 병을 고치는 기적을 행한 세례 요한을 존경한다. 왜냐하면, 그들은 세례를 불멸성과 정화 및 신체적인 건강을 가져다주는 마술적인 과정이라고 보기 때문이다. 그들은 기독교 수도원의 독신생활을 비난한다. 현존하는 만다교 문헌 중 중요한 것으로는 우주에 관한 논문인 「긴자」(Ginza)(Book of Adam), 세례 요한의 활동을 묘사한 「요한서」, 마술과 점성술에 관한 「조디아크서」, 그리고 만다교도들의 하늘 구세주의 정화를 묘사한 「히빌지와의 세례」가 있다; Smalley, *John : Evangelist and Interpreter*, 49-51, esp. 49-50: "만다교의 교리는 통합해서 볼 경우 성격상 영지주의적인 것으로 간주될 수 있다. 그것은 영혼이 육체로부터 탈출함으로써 얻는 구원이라는 중심적 신화를 포함한다. 이 탈출을 위한 준비는 세례 의식을 올바로 이행함으로써 이루어진다."

[571] Nag Hammadi에 대하여는 홍창표, 「신약과 문화」, 117-119를 보라.

[572] 홍창표, 「신약과 문화」, 174-175, note 21.

[573] Yamauchi, "Gnosticism," 416-418, esp. 417.

[574] 홍창표, 「신약과 문화」, 174-181.

신화의 가장 순전한 형태를 보존한다고 생각한다.[575] 그는 만다교의 기원이 근본적으로 세례자 요한 종파에서 기인하며, 세례자 요한이 구속자 신화와 만다교 의식 형성의 원인이었다고 주장한다.[576] 그가 구성한 영지주의 구속자 신화(redeemer myth)의 개요는 다음과 같다.[577]

1. 우주적인 드라마에서, 하늘의 원인간(Urmensch) 즉, 빛에 속한 최초의 인간(Primal Man of Light)이 타락한다. 그리고 마귀의 세력들에 의해 조각조각 찢어진다. 이 조각들은 사람들의 '영혼'(pneumatics) 안에서 빛의 불꽃으로 보존된다.

2. 마귀들은 잠과 건망증으로 그 영혼들을 마취시키려고 노력하며, 그리하여 영혼들은 그들의 신적 유래를 잊어버린다.

3. 초월적 신이 빛에 속한 또 다른 존재인 '구속자'(Redeemer)를 보낸다. 그는 마귀들이 눈치 채지 못하도록 사람의 모양으로 가장하고 마귀의 영역에 내려간다.

4. 구속자는 영혼들의 하늘 기원이라는 진리로 영혼들을 깨우기 위해 보냄을 받는다. 그리고 그는 영혼들이 하늘로 올라가기 위한 필수적 암호인 'gnosis' 즉, '지식'을 그들에게 준다.

5. 구속자 자신은 마귀의 세력들을 쳐부수면서 하늘로 올라간다. 그렇게 함으로써 그는 그를 따를 영혼들을 위한 길을 만든다.

6. 사람들의 영혼들이 모여서 한곳에 머무르게 될 때 우주적 구속이 성취된다. 좀 더 정확하게 말하면 처음에 타락했던 그 원인간이 복원된다.

이 신화는 빛의 인물인 처음 인간의 존재를 가정한다. 이 인간은 갈기갈기 찢어져 빛의 조각으로 나누어졌다. 그것은 이 세상에서 인간 영혼으로 분배되었다. 어둠의

---

575 R. Bultmann, *Theology of the New Testament* Ⅰ (London: SCM Press, 1978), 166-183.

576 Smalley, *John : Evangelist and Interpreter*, 49-51; E. M. Yamauchi, *Pre-Christian Gnosticism: A Survey of the Proposed Evidence* (Oregon: Wipf and Stock Publishers, 2003), 29.

577 Yamauchi, *Pre-Christian Gnosticism*, 29-30. Cf. Bultmann, *Theology of the New Testament* Ⅰ, 166-183; idem, 「기독교 초대교회 형성사: 서양 고대종교 사상사」, 허혁 옮김 (서울: 이화여자대학교출판부, 1994), 166-167.

세력들은 이 영혼들이 그들의 하늘 기원을 깨닫지 못하도록 방해한다. 그래서 하나님은 이 영혼들을 일깨우기 위하여, 그들의 몸으로부터 그들을 자유롭게 하기 위하여, 그들을 그들의 하늘 본향으로 다시 모으기 위하여 구속자(Redeemer)를 육체의 형태로 보냈다. Bultmann은 요한복음이 이 구속자 신화를 전제하고 있으며, 그리고 오직 이 신화의 관점에서 이해될 수 있었다는 것을 증명하려고 했다.[578]

그러나 구속자 신화를 근거로 만다교 문서가 프롤로그의 로고스의 기원이 된다는 주장은 적어도 다음과 같은 이유들로 비판을 받는다.

첫째, 구속자 신화에서 구속자는 말 그대로 신화(myth)이지만 요한복음에서 구속자는 역사적 실재이다.

둘째, 만다이즘이 요한복음의 배경에 영향을 미쳤다고 섣불리 결론을 내리지 못하게 하는 결정적인 요소는 연대기(chronology)이다. 요한복음이 만다교 사상에 의존한다는 주장은 계속하여 비판을 받아 오고 있다.[579] 구속자 신화는 그것이 기독교 이전에 존재했다는 것에 대한 명확한 증거를 제시하지 못한다.[580] 만다교 문서의 기록연대는 요한복음보다 훨씬 이후이다.[581] 만다교 문서는 기원후 700년경에 기록되었다. 이에 대하여 조병수는 다음과 같이 결론을 내린다.

> Bultmann은 요한복음의 가장 영향력 있는 배경을 영지주의, 특히 만데이즘(Mandäism)이라고 주장한다. Bultmann은 요한복음에 나오는 이원론적인 표현들(빛과 어둠, 생명과 죽음, 영과 육 등)과 구원론적인 표현들(성육신, 지식과 진리에 대한 언급 등)을 이에 대한 가장 중요한 증거로 제시하였다. 그러나

---

[578] Yamauchi, *Pre-Christian Gnosticism*, 163.

[579] 이에 대하여는 Smalley, *John : Evangelist and Interpreter*, 51과 R. Schnackenburg, *The Gospel according to St. John*, vol. 1 (London: Bruns & Oates, 1980), 139를 보라.

[580] *NIDNTT*, 1116: "… the myth of the descent of the Redeemer does not allow of certain proof of its pre-Christian origins."

[581] Ridderbos, *The Gospel of John*, 30; Schnackenburg, *The Gospel according to St. John*, vol. 1, 143; D. M. Smith. *The Theology of Gospel of John* (New York: Cambridge University Press, 1995), 14(=「요한복음 신학」, 최홍진 역 [서울: 한들출판사, 2001]): (만다교를 로고스의 배경으로 생각하는) "견해의 문제는 현 형태의 만다교 문서들이 신약성경보다 여러 세기 후의 것이라는 점과 만다교 문서나 그들의 전승들이 초기 기독교보다 시기적으로 앞섰다고 볼 수 없다는 점이다."

Bultmann의 주장에서 가장 크게 문제가 되는 것은 만데이즘 영지주의의 현존하는 자료들이 모두 후대의 것이라는 사실에 있다. 현재 기록으로 남아있는 자료들 가운데 7세기 이전의 것이 없다.[582]

그런데도 이것이 요한복음과 신약성경에 기원이 된다는 말은 있을 수 없는 주장이다. 이것은 2세기에 일어난 영지주의가 기독교의 기원이 된다고 주장하는 것보다 더 도발적인 생각이다. 요한이 만다교에 의해 영감을 받았다는 것은 참으로 불가능한 일이다.[583] 만일 요한복음과 만다교 문서 사이에 유사성이 있다면 그것은 만다교의 구속자 신화가 요한복음의 영향을 받은 것이지 그 반대는 있을 수 없는 일이다.[584]

셋째, 구속자 신화의 내용은 성경의 가르침과 충돌한다. (1) 영혼들이 신의 조각이며 신과 같이 된다고 말하는 것은 성경의 가르침과 정면으로 위배된다.[585] 인간의 영혼은 빛의 조각, 즉 신의 조각이 아니다. 각 인간 안에 신의 파편이 존재한다고 말하는 것은 범신론적 사상이며, 각 인간의 영혼이 비밀스런 지식을 앎으로 육체를 깨고 빛의 존재, 즉 신적 존재가 된다는 것은 종교다원주의적인 생각이다. (2)

---

582 조병수, "Rudolf Bultmann의 해석학," 61; Guthrie, *New Testament Theology*, 323: "Although there are some striking verbal parallels between the Johannine prologue and the Mandaean liturgies in such phrases as 'I am a Word,' 'the Word of life,' 'the Light of Life,' it is unsatisfactory to claim any Mandaean influence on John since the evidence for the liturgies is very late. Only if chronological considerations are played down can any literary connection be claimed. If there is any influence it is more reasonable to suppose that the Mandaean liturgies have absorbed ideas from Christian sources. We may dispense with these, therefore, as a probable source of information for the understanding of John's Logos doctrine"; Carson, *The Gospel according to John*, 31-32: "None of our written source is earlier than about the seventh century AD. Nevertheless, Bultmann held that Mandaean Gnosticism antedates Christianity and is determinative in the shaping of Johannine Christianity"; D. A. Fergusson, 「불트만」, 전성용 옮김 (서울: 대한기독교서회, 2000), 168. = *Bultmann* (London: Geoffrey Chapman, 1992).

583 Schnackenburg, *The Gospel according to St. John*, vol. 1, 142: "It is most improbable that the fourth evangelist was inspired by the Mandaeans in particular to take up the pattern of a saviour and revealer sent into the world, descending from the upper world and ascending there again."

584 G. S. Sloyan, *John: Interpretation - A Bible Commentary for Teaching and Preaching* (Atlanta: Westminster John Knox Press, 1988), 15. = 「요한복음」, 김기영 역 (서울: 한국장로교출판사, 2000), 52.

585 M. Hengel, *The Son of God* (Philadelphia : Fortress Press, 1976), 34f.

성경은 비밀스런 지식을 앎으로 구원을 얻는 것이 아니라 예수 그리스도를 믿음으로 구원을 받는다고 말한다. 이 뿐만 아니라 성경은 인간과 물질을 영혼과 대적하는 깨뜨림의 대상이 아니라 구원과 사랑의 대상이라고 말씀한다. 예수는 영혼의 구주일 뿐만 아니라 몸의 구주이며 전인격과 우주만물의 구주이시다. (3) 예수는 구원을 받아야 하는 구원의 대상이 아니다. 만다교 문서의 구속자 신화는 '구속받은 구속자 신화'(redeemed redeemer myth)이다. 여기에서 구속자는 앞서 가면서 그 자신 즉 구속자 자신을 위해서도 구속에 이르는 길을 준비한다. 왜냐하면 그는 이곳 지상에서 마귀들에게 발각되지 않기 위해 신의 모습으로 나타나지 않고 지상의 인간의 옷으로 변장했기 때문이다.[586] 그러나 예수 그리스도는 마귀를 속이기 위해 가현적인 모습으로 이 땅에 오신 것이 아니라 참 인간으로 오셨다. 그리고 예수는 그 일로 인해 죄인이 되어 구원을 받아야만 하는 분이 아니다. 그는 아무런 죄가 없으신 분이다(요 8:46; 18:38; 19:4,6. cf. 요일 3:5; 히 4:15). 따라서 예수는 구원을 받아야 할 아무런 이유가 없다. (4) 만다교 문서는 구속자 신화의 주요 요소들을 요한복음의 그리스도의 비하와 승귀, 빛과 생명의 언어, 참과 거짓의 대조, '위'와 '아래'의 대조 등과 병행하는 것으로 본다. 그러나 이 개념들에 대한 요한의 해석은 만다교의 주장과 전적으로 다르다. (5) E. M. Yamauchi에 의하면 만다교 본문들과 초기 기독교 사이에 세례의 의미에서 중요한 차이가 있다. 만다교의 세례는 주술적인 반면에 기독교의 세례는 윤리적이다.[587] (6) 예수가 갖는 특별한 칭호도 만다교 구속자 신화와 마찰한다. 요한복음은 예수가 계시자와 구속자로서 하늘로부터 내려오고 거기로 올라가는 것과 관련하여 '인자'라는 특별한 칭호를 사용한다(요 1:51 등). 그러나 만다교 문서에는 하늘로부터 보냄을 받은 사자에게 이 칭호를 사용하지 않는다. 따라서 만다교는 요한복음의 직접적인 배경으로 간주될 수 없다.[588]

---

[586] Bultmann, *Theology of the New Testament* I, 166-167.

[587] Smalley, *John : Evangelist and Interpreter*, 49-51.

[588] Schnackenburg, *The Gospel according to St. John*, vol. 1, 142.

4. 요약 정리

이레니우스(Irenaeus)는 영지주의 교사들이 헬라 철학사색의 구질구질한 넝마 무더기들을 뒤섞어 옷을 만들고, 자신의 것이 아닌 그 옷으로 자신을 치장했다고 비난했다(Adv. Haer. 2.14.1-6).[589] 또한 그는 영지주의자들이 성경이라는 귀중한 보석을 모방하여 솜씨 좋은 모조 유리제품을 만들었다고 비판했다(Adv. Haer. 1. pref.).[590] 이와 비슷하게, 종교사학파 학자들을 비롯하여 현대의 많은 신학자들은 종교배경사적 사색에 근거하여 요한복음의 선재하신 로고스 하나님을 이단적이고 신화적이며 혼합적인 영지주의 모조품으로 만들려는 웃지 못 할 일을 벌여왔다. 우리는 다음과 같은 이유들로 인해 요한복음 프롤로그의 로고스가 영지주의에서 기원했다는 주장을 수용할 수 없다.

첫째, 영지주의 문서들의 기록연대와 관련하여 볼 때, 요한복음의 로고스는 영지주의에서 기원하지 않았다. 오히려 영지주의가 기독교에서 파생하여 2세기에 꽃을 피운 기독교적 이단이다. 이것은 교부들의 판단이다. 또한 Barbara Aland는 A. D. 125년을 영지주의 발생의 연대로 생각한다.[591] 영지주의의 구속받은 구속자 신화는 틀림없이 A. D. 2-3세기에 시작했다. D. M. Smith는 기독교 이전에 영지주의가 발생했다고 주장하는 신학계의 일반적인 풍토에 대하여 다음과 같이 비판하였다. "이제는 영지주의가 기독교 이전에 시작되었다는 것을 의심하는 학자는 거의 없다. 그러나 그들 사이에도 영지주의 구속자 신화가 기독교 이전에 존재했느냐에 대한 사실상의 불일치가 있다."[592] 이것은 기독교 이전의 영지주의의 존재를 부정하

---

[589] Irenaeus, *Against Heresies* 2.14.1-6, esp. 2. Cf. Perkins, *Gnosticism and the New Testament* (Minneapolis: Fortress Press, 1993), 179.

[590] Cf. Perkins, *Gnosticism and the New Testament*, 1.

[591] Barbara Aland, "Gnosis und Christentum," in *Rediscovery of Gnosticism*, vol. 1 (Leiden: E. J. Brill, 1980), 319-342, esp. 340: "Zu datieren wäre die Entstehung der Gnosis etwa auf das erste Viertel des 2. christlichen Jhs."

[592] D. M. Smith, *The Composition and Order of the Fourth Gospel: Bultmann's Literary Theory* (New Haven & London: Yale University Press, 1965), 83-84.

는 좋은 증거이다. 실재로 연대기적으로 기독교 이전의 자료에는 영지적 구속자 신화가 없다.[593] C. A. Evans는 구속자 신화가 2-3세기에 시작했고, 유대교와 기독교 로부터 자유롭게 인용했고, 구약과 신약으로부터도 구절들을 자유롭게 차용했다고 주장한다.[594] 따라서 영지주의는 빨라야 1세기 말에 전조가 있었으며, 2세기에 가서 야 충분히 발전한 것으로 보아야 한다.[595] 영지주의는 기독교의 출현 이후에, 특히 2세기에 만연된 종교였다. 이런 까닭에 요한복음이 기록되기 이전에 완전히 성숙한 영지주의의 존재에 대한 증거가 없으며,[596] 기독교 이전의 영지주의 문서는 단 하나도 존재하지 않는다.[597]

Bultmann의 견해의 결점은 그가 2-3세기에 기록된 영지주의 자료에 의해 기독교 이전에 영지주의가 있었다고 가정하는 것이다.[598] 즉 2-3세기의 문서가 1세기의 문서에 영향을 주었다고 주장하는 것은 어리석은 일이다.[599] 만일 프롤로그에 영향을 끼친 사상을 프롤로그 이후의 문서에서 찾는다면, 1세기 이후의 문서에서 발견된 사상들이 신약성경에 영향을 주었다는 주장을 할 수 있는 무수한 가능성들이 열릴 것이다.[600] 헤르메티카와 만다교 문서들은 모두 명백하게 기독교 출현 이후에 기록된 것들이다.[601] 비평주의 학자들은 영지주의가 부분적으로 기독교를 의존한 것으로 설명하기 보다는 기독교를 영지주의 형식으로 설명하려고 노력했다. 이것 때문에 그들은 요한복음이 2세기에 기록되었다고 주장한다. 그러나 요한복음이 2세기 후반 에 기록되었다는 것은 믿을 수 없으며,[602] 요한복음은 Bultmann이 추측한 것과

---

[593] Hengel, *The Son of God*, 33.

[594] C. A. Evans, *Word and Glory: On the Exegetical and Theological Background of John's Prologue* (Sheffield: Sheffield Academic Press, 1993), 199.

[595] Hengel, *The Son of God*, 34: "Neither Jewish wisdom speculation nor Qumran and Philo should be termed 'gnostic'."

[596] Carson, *The Gospel according to John*, 114; Guthrie, *New Testament Introduction*, 284.

[597] E. M. Yamauchi, *Pre-Christian Gnosticism*, 20.

[598] R. McL. Wilson, "'Jewish Gnosis' and Gnostic Origins," *HUCA* 45 (1974), 177-189, esp. 187.

[599] Yamauchi, "Gnosticism," 417: "R. McL. Wilson … warns against reading back trace of the fully developed Gnosticism of the second century into earlier texts."

[600] Kysar, "The Background of the Prologue," 254.

[601] Yamauchi, *Pre-Christian Gnosticism*, 164.

달리 영지주의 문서들의 개작이 아니다.[602] 요한복음 이전에 존재하고 전달되어 요한복음에 영향을 끼쳤을 영지주의 문서는 전혀 없으며,[604] 또한 요한복음의 프롤로 그에 영향을 끼친 어떤 영지주의 문서도 없다. 연대기적으로 영지주의 문서들은 모두 요한복음보다 이후의 것들이다. 이런 까닭에 요한복음 로고스의 영지주의 기원을 주장하는 Bultmann도 기독교 이전 영지주의 자료를 전혀 인용하지 못했고 할 수도 없었다.[605] "불트만의 사색 외에 다른 자료는 아무것도 없다."[606] 결론적으로 요한복음은 확실히 영지주의적인 것이 아니며, 우리는 영지주의가 이미 요한복음을 알고 있었다는 기초 위에서 요한복음의 로고스를 이해해야 한다.[607]

둘째, 영지주의 문서들의 내용과 신학도 요한복음의 로고스의 기원이 될 수 없다. 먼저, 영지주의는 사상과 종교들의 혼합물이다. 헤르메스 문서와 만다교 문서는 모두 영지주의 일파이고, 영지주의는 철저히 이원론에 바탕하고 있는 신비종교이며, 모든 종류의 개념들의 혼합물이다.[608] "영지주의 신화는 그 최종 형태에 있어서 상이한 자료들과 환경에서 유래한 사상들의 종합이다."[609] 하지만 요한복음에는 이런 혼합적인 성격이 전혀 없다. 게다가 요한의 로고스는 성부 하나님과 구별은 되나 분리는 될 수 없는(요 1:1,2) 아버지와 하나이신(요 10:30; 17:11,22; cf. 14:9)

Clark, *The Johannine Logos*, 17.

603 Leonhard Goppelt. *Theologie des Neuen Testaments*, Zweiter Teil (Göttingen: Vandenhoeck & Ruprecht, 1976), 628(=「신약신학」, 박문재 역 [서울: 크리스챤다이제스트, 2000]): "… Johannes nicht … wie Rudolf Bultmann annahm, gnostische Vorlagen umgearbeitet hat."

604 R. E. Brown, *An Introduction to the New Testament* (New York: Doubleday, 1997), 93(=「신약개론」, 김근수 이은순 역 [서울: 기독교문서선교회, 2003], 166): "요한이 영지주의에 의해 크게 영향을 받았다는 주장은 반대에 부딪힌다. 왜냐하면 발전된 영지주의에 대한 유효한 자료가 요한복음 이 후에 기록되었기 때문이다.

605 Samuel Sandmel, *Philo of Alexandria* (New York: Oxford University Press, 1979), 137, 157.

606 Sandmel, *Philo of Alexandria*, 157: "there is … no source other than Bultmann's speculation."

607 Martin Hengel, *The Johannine Question*. Tr. John Bowden (Philadelphia: Trinity Press International, 1989), 113(=「요한문서탐구」, 전경연, 김수남 역 [서울: 대한기독교서회, 1998]). Cf. Ferdinand Hahn, 「신약성서신학 I」(*Theologie des Neuen Testaments* I), 강면광 외 역 (서울: 대한기독교서회, 2007), 682: "분명한 것은 최근의 인식에 따라 영지주의를 출처로 보는 것은 배제되어야 한다는 것이다."

608 Clark, *The Johannine Logos*, 17.

609 Smalley, *John : Evangelist and Interpreter*, 59.

하나님이시다(요 1:1,18). 이처럼 요한의 로고스는 유일신 한 분 하나님이시므로 혼합종교적인 성격은 없다. 프롤로그의 로고스는 영지주의적 이원론과 범신론을 부정하며 종교혼합주의를 일체 용납하지 않는다.

또한 영지주의자들은 철저한 이원론자들이어서 모든 물질적인 것을 경멸했다.[610] 하지만 요한복음의 로고스는 하늘만 만드신 것이 아니라 땅도 만드셨다(요 1:3,10).[611] 따라서 하늘뿐만 아니라 땅도 "자기 땅"(τὰ ἴδια, 요 1:11a)이며, 사람도 "자기 백성"(οἱ ἴδιοι, 요 1:11b)이다. 또한 요한의 로고스는 영혼뿐만 아니라 육체도 만드셨고(πάντα, 요 1:3. cf. 골 1:16; 히 122) 또한 친히 육신이 되셨다(요 1:14). 영지주의는 이 세상이 악하다고 생각하여 하나님이 세상을 창조하신 것을 부인하지만 프롤로그는 세상을 포함하여 천하 만물이 로고스로 말미암아 창조되었다는 것을 분명히 밝힌다. 그러므로 요한복음의 로고스는 이원론에 바탕을 둔 영지주의에서 온 것이 아니다. 요한복음에 영지주의적 이원론은 없다. 이 중대한 차이가 요한의 로고스가 영지주의에서 왔다는 것을 부정하는 강력한 증거이다.

나아가서 우리는 요한복음이 영지주의의 중심적인 개념어인 γνῶσις, σοφία, πίστις 등을 사용하지 않는다는 것에 주목해야 한다. 이와 관련하여, 홍창표는 γινώσκειν과 πιστεύειν이 요한복음에 사용되고 있지만 그럼에도 불구하고 명사 γνῶσις, πίστις가 가진 뜻을 나타내기 위한 문장을 만들지는 않음으로써 요한복음의 저자가 영지주의의 핵심 용어들을 고의적으로 피했다고 말한다. 또한 그는 저자 요한이 영지주의 용어인 σοφία를 ἀλήθεια로 대신하고 있고, 이 단어는 그의 독특한 용어이자 특별한 의미를 가진 것이라고 주장한다.[612]

셋째, 쿰란문서의 발견(1947)으로 요한복음과 사해사본 사이의 유사점들이 많이 드러났다. 그 예로는 이원론적인 언어들(빛과 어둠, 위로부터와 아래로부터)과 신학적 언어들(진리의 영, 생명의 빛, 빛의 자녀, 하나님의 일)이다. 하지만 이것은 요한복음이 쿰란공동체를 직접적으로 의존하고 있다는 것을 의미하는 것은 아니다.[613] 단지

---

610 Sandmel, *Philo of Alexandria*, 135-139.
611 Ridderbos, *The Gospel of John*, 30-31.
612 홍창표, 「신약과 문화」, 181.

여기서 중요한 것은 쿰란 문서가 요한복음이 후기 헬레니즘의 환경에 매여 있었다는 종교사적 견해를 반박할 수 있다는 것이다.[614] 이 때문에 요한복음을 주로 영지주의 나 헬레니즘에 귀속시키려는 학풍은 사양길에 접어들었다.

기독교의 시작 이전, 또는 기독교가 시작하는 동시대에 영지주의적인 분위기나 전조가 있었다고 추측하는 것은 얼마든지 가능하다. 그러나 기독교가 시작되기 이전에 또는 기독교가 시작되던 시기에 이미 영지주의가 체계화되고 확립되어 있어 서 기독교가 혼탁한 영지주의의 급류에 휩쓸렸다고 말하는 것은 역사성과 기록연대, 내용, 신학 등 모든 부분에서 근거를 찾을 수 없는 오직 가설이며 억측일 뿐이다.

III. 유대주의

많은 학자들이 영지주의를 프롤로그의 로고스의 배경으로 생각해 왔으나, 쿰란 문서의 발견으로 인해 유대주의를[615] 그 배경으로 고려하게 되었다. 이것은 그들이 요한복음과 쿰란 문서 사이의 언어와 사상의 유사성뿐만 아니라 요한복음에 많은 유대적 특성들이 있다고 생각했기 때문이다.[616] 따라서 이제 유대주의 배경으로

---

[613] W. F. Albright, "Recent Discoveries in Palestine and the Gospel of St John," in W. D. Davies and D. Daube (eds.), *The Background of the New Testament and Its Eschatology* (FS. C. H. Dodd) (Cambridge: Cambridge University Press, 1964), 153-171, esp. 170: "And yet, with all this superficial similarity, there is a wide gulf between the doctrines of the Essenes and the essentials of Johannine teaching." D. A. Carson, D. J. Moo, L. Morris, *An Introduction to the New Testament* (Grand Rapids: Zondervan, 1992), 159. 요한복음과 쿰란 문서 사이의 차이점은 다음과 같다. 1) 그리스도의 오심(성육신)이 모든 차이를 만든다. 2)구원은 쿰란 공동체에 의해 해석된 율법을 통해 성취되는 것이 아니라 오직 육신이 되신 로고스를 통해 성취된다. 3)최후의 승리는 빛의 천사의 개입이 아닌 승리하는 메시아 예수에 의해 이루어진다(Smalley, *John : Evangelist and Interpretation*, 35).

[614] Ridderbos, "The Structure and Scope of the Prologue," 182; Guthrie, *New Testament Theology*, 326.

[615] 변종길, "요한복음에 나타난 비유의 핵심은 무엇인가," 「그 말씀」 (1998. 7), 87: "구약성경은 비록 유대인들에게 주어졌지만 그것은 인간 유대인들의 사상이 아니라 하나님의 말씀이었기 때문에, 신약시대에 사도들을 통해 주시는 하나님의 계시와 일맥상통할 수밖에 없다. 그것은 둘 다 살아계신 하나님의 말씀이기 때문이다. 이런 점에서 '구약성경'과 '유대주의'를 분명히 구별해야 한다."

지목되는 유대지혜사색, 필로, 랍비문서, 탈굼 등을 고찰함으로써 프롤로그 로고스의 유대주의 기원에 대한 진위를 확인하고자 한다.

1. 유대 지혜 사색(speculation)

이를 위해 가장 먼저 살펴볼 내용은 유대지혜사색이다. 유대 문서 중에는 지혜에 대하여 말하는 문서들이 있다.[617] Bultmann은 이러한 각종 유대 지혜 문서와 구약 지혜서의 일부 내용에 근거하여 지혜를 선재한 신적이고 우주적인 인물이라고 말한 뒤에,[618] "이 모든 것이 요한복음의 프롤로그를 뚜렷이 밝힌다."[619]고 주장한다. 그에 의하면, 특히 선재하는 지혜의 우주적 역할, 즉 창조의 역할이 프롤로그가 지혜 사상을 의존했다는 관점을 완성하는 데 도움을 준다. 비록 지혜가 세상 안에 내재하는 우주적인 힘으로서 철학적인 용어로 묘사된 것이 사실이지만 지혜는 "만물의 창조자"(the fashioner of all things)라고 불린다(잠 3:19; 지혜서 7:12,22; 8:4; 9:1-2). 잠언 8:27-30, 욥기 28:25-29에 따르면 하나님은 창조 시에 지혜를 찾았다. 그런데 이 지혜는 신화이다(탈굼, 필로, 잠언 3:19, 지혜서 8:4, 에녹 2서 30:8).[620] 이러한 논증을 통하여 Bultmann이 궁극적으로 말하려는 것은 프롤로그의 로고스가 유대 지혜 문서에서 유래되었다는 것과[621] 이 지혜가 창조자이면서 동시에 신화이므로 프롤로그의 로고스는 신화에 지나지 않는다는 것이다.

그러나 유대 지혜 사색이 프롤로그의 로고스의 기원이라고 말하는 것에는 다음과 같은 문제점들이 있다.

첫째, 무엇보다도 그들의 성경관에 심각한 문제가 있다. 그들은 욥기와 잠언도

---

616 Sukmin Cho, *Jesus as Prophet in the Fourth Gospel*, 20-21.

617 시락 1:1-30; 24:1-11(23); 51:13-30; 바룩 3:9-44; 솔로몬의 지혜서 등.

618 Bultmann, "The History of Religions Background of the Prologue," 19-25.

619 Bultmann, "The History of Religions Background of the Prologue," 25.

620 Bultmann, "The History of Religions Background of the Prologue," 25-26.

621 Bultmann, "The History of Religions Background of the Prologue," 27: "I believe it has been satisfactorily established that the Logos speculation of the Prologue of John derives from wisdom speculation present in Jewish sources."

외경과 같은 유대 지혜 문서에 집어넣었다. 그리하여 이들은 구약성경도 유대 지혜 문서와 같은 인간의 작품으로 보고 이 둘 사이를 자유로이 드나들고 있다.[622] 이러한 성경관에 우리는 동의할 수 없다.

둘째, 유대 지혜 사색에서 지혜는 진정한 인격이 아니다. 먼저, 유대 지혜 문서는 지혜를 삼위일체의 두 번째 위격(a second person)으로 제시하지 않고, 단지 창조에서 이미 나타난 신적 속성으로 제시한다.[623] 반면에 요한의 로고스는 하나님과 함께 계실 뿐만 아니라 하나님 자신이시다(요 1:1-2). 또한 유대 지혜 문서는 지혜를 결코 인격으로 나타내지 않지만,[624] 요한복음은 로고스를 인격이신 예수와 동일시한다.[625] 비록 유대 지혜 문서가 의인화된 지혜를 언급한다 하더라도, 그 지혜는 어느 곳에서도 '기껏해야 신적 속성의 의인화이지 절대로 신적 인격 자체는 아니다.[626] 더 나아가서 지혜의 인격화는 하나님의 속성에 대한 문학적인 표현 방법이다. 지혜는 실제 인격이 아니라 단지 개념상 인격화된(personified) 것으로 나타내려는 '일반적인 문학 장치'(a common literary device)이다.[627] 하지만 요한의 로고스의 인격은 단순히 문학적 표현이 아니라 실제 인격이다. 요한의 로고스는 단순히 '인격화'가 아니고 '인격' 자체이다. 즉 인간화가 아니고 인간이시다.

유대 지혜 문서는 인격과 거리가 아주 멀어서 인격적 실체로서의 로고스를 알지 못한다.[628] J. D. G. Dunn은 "지혜 전승과 필로에서 로고스를 의인화(personification)로 취급하나 인격자(person)로 다루지 않으며, 하나님의 의인화된 행동(personified actions)일 뿐 그 자체로서 개체적 신적존재를 취급하는 것은 아니다"라고 말했다.[629] 그러므로 프롤로그의 로고스의 인격과 유대 지혜 문서의 지혜의

---

622 변종길, "요한복음에 나타난 상황성," 「그 말씀」 (1998. 1), 113.

623 Köstenberger, *Encountering John*, 53.

624 T. H. Tobin, "The Prologue of John and Hellenistic Jewish Speculation," *CBQ* 52 (1990), 252-269, esp. 254: "In Jewish wisdom literature the figure of wisdom (*hokma, sophia*) was never displaced by the logos as it was in the hymn of the Prologue."

625 Tobin, "The Prologue of John and Hellenistic Jewish Speculation," 255.

626 Ridderbos, "The Structure and Scope of the Prologue," 188.

627 Köstenberger, *Encountering John*, 53.

628 Schnackenburg, "Die Herkunft und Eigenart," 261-263. = "The Origin and Nature," 485-487. = "요한복음서의 로고스," 139-142.

629 J. D. G. Dunn, *Christology in the Making: A New Testament Inquiry into the Origins of the Doctrine*

인격화는 근본적으로 다르다. 예수는 참 인간이었으나 지혜는 그렇지 않다.[630] 로고스의 인격은 그의 성육신에서 더욱 분명하다. 유대 지혜 문서에서의 지혜는 하나님이라고 불리지도 않으며, 하나님과의 관계도 분명하지 않고, 무엇보다 성육신에 관한 진술이 없다. 로고스의 성육신은 선례가 없는 것으로 유대 지혜 사색에는 이것과 병행되는 내용이 없다.[631] "로고스가 육신이 되어 인간 역사 속에 오셔서 활동한 것은 유대교적 영향과 구별되는 요한복음의 로고스 개념의 독특한 점이다."[632] 이 독특성은 부인될 수 없다.

셋째, '로고스' 용어의 발전 단계와 관련하여 '로고스'의 사용 이유가 분명치 않다. 이에 대하여 Schnackenburg는 다음과 같이 정리한다.

후기 유대교의 신학은 '하나님의 말씀'을 지속적으로 언급하면서 '하나님의 말씀'에 대해서 다른 용어들을 선택한다. 지혜서 9:1-2에는 하나님의 '말씀'과 '지혜'가 결합되어 있다. 여기서 '하나님의 말씀'은 '지혜'로 전이되며, 지혜가 모든 피조물을 다스린다. 에녹서 30:8에서도 마찬가지이다. 그러므로 만일 로고스 찬양시가 이와 같은 '지혜'의 방식으로 말씀의 주권적인 행위, 특히 사람들과의 관계에서 주권적인 통치를 묘사한다면, 이것은 발전의 후기 단계이다. 그렇다면 로고스 찬양시의 저자가 '말씀'이라는 용어로, 그것도 '하나님의 말씀'이 아니라 절대적 용어인 '로고스'로 되돌아간 이유가 분명하지 않다. 그러므로 유대 지혜 사색은 요한의 로고스 찬양시에서 선택한 '로고스' 용어를 설명하지 못한다.[633]

---

of the Incarnation (Philadelphia: The Westminster Press, 1980), 243.

[630] R. E. Brown, An Introduction to New Testament Christology (New York: Paulist Press, 1994), 205-210. (= 「신약성서 그리스도론 입문」, 김광식 역 [경북 칠곡: 분도출판사, 2003], 249-254): "Jesus, after all, was a real person, while Wisdom was not." Brown은 이 말의 뜻이 무엇인지를 다음과 같이 설명한다: "Yet unlike Wisdom and like Moses, The Word become flesh in Jesus is a real human being authoritatively revealing and teaching what he heard and saw with God."

[631] Cf. E. Haenchen, "Probleme des johanneischen Prologs," in Gott und Mensch, Gesammelte Aufsätze (Tübingen: J. C. B. Mohr, 1965), 131. NIDNTT, 1115에서 재인용.

[632] 서중석, 「복음서 해석」 (서울: 대한기독교서회, 1991), 339.

따라서 요한의 로고스 찬양시가 그 내용과 형식에서 유대주의의 인격화된 지혜에 대한 찬양시에서 유래되었으며, 많고 명백한 병행들이 틀림없이 이 둘을 같은 범주에 둔다는 주장[633]은 수용하기 어렵다. 비록 요한복음의 로고스 찬양시가 유대의 지혜 사색과 내용면에서 관련을 맺고 있다 하더라도,[635] 요한 복음에 '지혜가 단 한 번도 사용되지 않았다는 사실은 이 병행이 요한의 직접적 유대 문서 의존의 결과가 아니라 요한복음과 유대 문서가 공히 구약을 의존한 결과로 보는 것이 옳다.[636] 또한 로고스의 인격과 성육신과 용어의 발전 과정 등은 요한의 로고스가 유대 지혜 사색에서 기원한 것이 아니라는 사실을 분명히 보여 준다.

2. 필로(Philo)

프롤로그의 유대주의 기원 여부를 확인하기 위해 두 번째로 살펴 볼 대상은 필로(Philo)이다. 알렉산드리아의 Philo(약 20 BC - AD 50)는 예수와 동시대인으로서 전통적인 유대인이었다. 그의 사상은 절충주의였다.[637] 그는 유대주의와 당대의

---

633 Schnackenburg, "Die Herkunft und Eigenart," 261-263. = "The Origin and Nature," 485-487. Cf. Klappert, "λόγος," *NIDNTT,* 1116: "If Wisdom too has many conceptions and material statements parallel to Jn. 1:1ff., yet not only the statement concerning the creation of Wisdom (otherwise in Jn. 1:1ff.), but also the fact that Jewish Wisdom literature cannot account for the choice of the term 'Logos' in Jn. 1:1ff. speaks against a direct derivation of the Johannine Logos-concept from Jewish Wisdom speculations."

634 Eldon J. Epp, "Wisdom, Torah, Word: The Johannine Prologue and the Purpose of the Fourth Gospel," in *Current Issues in Biblical and Patristic Interpretation: Studies in Honor of Merrill C. Tenney Presented by His Former Students,* Edited by Gerald F. Hawthorne (Grand Rapids: Eerdmans, 1975), 128-146, esp. 130.

635 Cf. Epp, "Wisdom, Torah, Word," 130-135. 지혜는 생명과 빛의 원천이며, 하나님과 함께 하늘에 거하며, 땅에 나타나 사람들 가운데 머문다(바룩 3:9-4:2). 지혜는 창조자이자 하나님과 밀접한 관계에 있으며 하나님의 영광을 반영한다. 그리고 지혜는 빛에 의해 특징지어지며 구원의 수단이다(솔로몬의 지혜 7:21-9:18).

636 Carson, *The Gospel according to John,* 115-116.

637 Sandmel, *Philo of Alexandria,* 122: "What Philo is here doing is making into a synthetic unity an idea basic to Greek thought, … with a view basic in Judaism." 홍창표, 「신약과 문화」, 424.

철학 체계들(그 중에서도 특히 플라톤주의와 스토아주의)에서 유래한 요소들을 조합하여 헬레니즘적 범주 내에서 유대주의에 대한 이해를 표현하려고 시도하였다.[638] 그는 구약성경과 유대 문서의 신적 지혜를 그리스 철학의 로고스와 동일시하여 결합했다. 이러한 시도의 궁극적인 목적은 헬레니즘화였다.[639] 그는 '로고스' 용어를 많이 활용했으나[640] 그에게서 단순하거나 일관된 로고스 교리를 발견하기는 어렵다.[641]

Philo는 로고스를 하나님과 구별된 별개의 실존(real being)으로 보았다.[642] 그는 로고스를 현상세계의 원형인 이상세계(이데아의 세계)로 생각하였으며,[643] 특히 이상 인간, 원인간(primal Man), 하나님의 형상이라고 생각하였다.[644] 따라서 필로의 로고스는 완전한 인간, 즉 창세기 1장의 하나님의 형상을 따라 만들어진 인간이다. 그는 땅의 티끌로 만들어진 창세기 2장의 인간과 구별되는 아버지의 '장자', 즉 그의 '초태생'이다.[645] 또한 Philo의 로고스는 창조의 대행자이며 세상에 대한 하나님의 통치의 매개자이고, 세상이 하나님에게 오는 신적 중개자(divine mediator)[646]이자

---

638 Smalley, *John : Evangelist and Interpreter*, 61; Wells, *The Person of Christ*, 68: "Philo, in fact, united a Platonic conception of God with a Jewish one."

639 Sandmel, *Philo of Alexandria*, 122: "There is two sides to Philo's accomplishment. One is his Hellenization of Judaism ⋯ But ⋯ Philo also Judaizes Grecian ideas. ⋯ It is a Hellenization not just in form but also in substance."

640 *TDNT*, IV, 88에서는 필로가 로고스를 1,300회 이상 사용한다고 말한다. 그러나 성경 관련 프로그램인 Bible Works version 7.0을 활용하여 *Works of Philo*에서 λόγος를 검색한 결과는 다음과 같다. 1,200 verses, 8 forms, 1,413 hits; Guthrie, *New Testament Theology*, 322: "It(Logos) forms an important key to his system of thought."

641 Sandmel, *Philo of Alexandria*, 89: "Philo, unhappily, abstains from providing his system." Ibid., 94: "At no time does Philo, in the abundance of what he has to say about the Logos, ever define Logos for us." = 「알렉산드리아의 필로」, 박영희 옮김 (서울: 도서출판 엠마오, 1989), 127; Barrett, *The Gospel according to St. John*, 153: "No simple or even consistent doctrine of the Logos can be drawn from his writings."

642 홍창표, 「신약과 문화」, 423.

643 Philo, *Philonis Alexandrini: Opera Quae Supersunt*, vol. 1. Ed. Leopoldvs Cohn (Berolini: Typis et Impensis Georgii Reimeri, 1962), 8(De opificio mundi, 24-25): "ἰδέα τῶν ἰδεῶν ὁ θεοῦ λόγος"; Clark, *The Johannine Logos*, 17; Sandmel, *Philo of Alexandria*, 89: "The Logos on the one hand is the totality of all the 'ideas' which reside in the intelligible world; one the other hand, the Logos is the single supreme 'idea,' from which all other archetypal ideas emanate"; Philo. *The Works of Philo: Complete and Unabridged*, tr. by C. D. Yonge (Peabody: Hendrickson Publishers, 2008), 5; 알렉산드리아 필로, 「창조의 철학」, 노태성 옮김 (서울: 다산글방, 2005), 27.

644 Barrett, *The Gospel according to St. John*, 154.

645 Beasley-Murray, *Word Biblical Themes: John*, 24

대제사장이며[647] 죄 용서를 위한 보혜사이기도 하다.[648] 그는 로고스가 순수하게 영이신 하나님과 물질세계 사이의 큰 간격을 매우기 위해 하나님과 구별되어 하나님과 우주 사이에서 중개자(intermediary)로 활동한다.[649] 그에게 있어서 로고스는 세계의 창조와 질서의 수단인 동시에 세계와 하나님 사이를 연결하는 고리(link)이다.[650] 나아가서 Philo는 로고스가 영혼 안에서의 하나님의 임재와 활동을 설명하기 위한 것이라고 생각했다. 그러므로 로고스에게는 신적 속성들이 주어졌으며, 로고스는 하나님으로부터 첫 번째로 태어난 자[651]로서 하나님의 형상[652]이며 '두 번째 하나님' 이다.[653] 세상을 창조하고 보존하고 다스리는 신적 기능이 로고스에게 양도되었고, 인간을 구원하는 행위에도 참여한다.[654]

이와 같은 Philo의 로고스는 요한의 로고스와 판이하게 다르다. 첫째, Philo의

---

[646] M. Endo, *Creation and Christology : A Study on the Johannine Prologue in the Light of Early Jewish Creation Accounts* (WUNT 2, 149) (Tübingen: Mohr Siebeck, 2002), 5: 필로의 로고스는 신적 중개자(divine mediator)로 묘사된다. 그러나 이것은 근본적으로 실체적 존재가 아니라 하나님 자신의 능력과 활동에 대하여 말하는 생생한 방법이거나 또는 (특히 단신교적 관점에 대항하여) 신학적이고 해석적인 문제들을 해결하는 방법이다.

[647] Philo, *Philonis Alexandrini: Opera Quae Supersunt*, vol. 2. Ed. Paulus Wendland (Berolini: Typis et Impensis Georgii Reimeri, 1962), 52(De gigantibus I. 52): "ὁρᾷς ὅτι οὐδὲ ὁ ἀρχιερεὺς λόγος ἐνδιαρτίβειν."

[648] Beasley-Murray, *Word Biblical Themes: John*, 24.

[649] 필로에게 있어서 로고스는 초월적 하나님과 물질세계를 잇는 다리이며, 제2의 하나님이다. Sandmel, *Philo of Alexandria*, 94-95: "Logos, then, is the intersection in the intelligible world of To On(τὸ ὄν) and man. ··· The actual divine contact with the world accordingly is ascribed to the Logos."(= 「알렉산드리아의 필로」, 133-134)(cf. ibid., 91: Philo's usual term for God as the transcendent, unknowable deity, is the Platonic term To On, 'that which exists'); 홍창표, 「신약과 문화」, 423.

[650] Smalley, *John : Evangelist and Interpreter*, 62.

[651] Philo, *Philonis Alexandrini: Opera Quae Supersunt*, vol. 2, 106(De agricultura I. 51): "τὸν ὀρθὸν αὐτοῦ λόγον καί πρωτόγονον υἱόν."

[652] Philo, *Philonis Alexandrini: Opera Quae Supersunt*, vol. 1, 8(De opificio mundi, 25): "δῆλον ὅτι καὶ ἡ ἀρχέτυπος σφραγίς, ὅν φαμενλέγω νοητὸν εἶναι κόσμον, αὐτὸς ἂν εἴη τὸ παράδειγμα, ἀρχέτυπος ἰδέα τῶν ἰδεῶν ὁ θεοῦ λόγος"; idem, *Philonis Alexandrini: Opera Quae Supersunt*, vol. 5, Ed. Leopoldvs Cohn (Berolini: Typis et Impensis Georgii Reimeri, 1962), 21(De specialibus legibus I. 81): "λόγος δ' ἐστὶν εἰκὼν θεοῦ, δι' οὗ σύμπας ὁ κόσμος ἐδημιουργεῖτο."

[653] Philo, *Philonis Alexandrini: Opera Quae Supersunt*, vol. 1, 107(Legum Allegoriarum II, 86): "τὸ δὲ γενικώτατόν ἐστιν ὁ θεός, καὶ δεύτερος ὁ θεοῦ λόγος, τὰ δ' ἄλλα λόγῳ μόνον ὑπάρχει."

[654] Schnackenburg, "Die Herkunft und Eigenart," 261-263. = "The Origin and Nature," 485-487.

로고스는 완전히 신적이지도 않고 선재적이지도 않다.[655] 그의 로고스에는 선재 (pre-existence)가 없으며, '하나님으로부터 첫 번째로 태어난 자'로서 창조된 존재이다. 그러나 요한의 로고스는 태초에 계신 선재하신 하나님이다(요 1:1-2). 그러므로 요한복음 로고스의 기원을 필로에게서 찾으려는 시도는 한낱 헛수고에 지나지 않는다.

둘째, 필로에게 있어서 중재적 실체들은 자기 모순적이다. 그것들은 신적인 것도 아니고 인간적인 것도 아니며, 인격들도 아니고 속성들도 아니며, 독자적 실체들도 아니고 힘들도 아니며, 그 둘 다의 성질을 모두 가지고 있다. 그 실체들은 구약이 항상 구분하고 있는 창조자와 피조물의 경계선을 없앤다.[656]

셋째, Schnakenburg는 다음과 같은 이유로 요한의 필로 의존을 비판한다. (1) 필로의 로고스는 하나님과 창조물 사이의 중개적인 힘이며, 하나님의 형상이다. 그러나 요한복음의 로고스는 실제로 만물의 창조자이다. (2) 필로에게 있어서 로고스의 신성은 단지 비유적이지만, 요한복음의 로고스는 하나님의 참된 아들이다. 필로의 로고스는 '장자' 또는 '초태생'이며, 이는 '작은 아들'인 세상과 대조된다. (3) 필로의 로고스의 구원하는 기능은 요한복음의 그것과 본질적으로 다르다. 필로의 로고스는 세상을 다스리고 특별한 방법으로 의인들의 영혼들을 다스린다. 신적인 로고스는 하나님과 일치를 이루는 중개자이거나 교사이다. 그러나 요한복음의 로고스는 역사적으로 온 계시자이자 구속자이다. 결국 필로는 지혜 사상과 로고스 사상이 결합된 유대적 헬레니즘에 정신적 영향을 끼쳤으나 기독교에는 직접적인 영향을 주지 못했다.[657]

넷째, C. H. Dodd와 C. K. Barrett는 필로와 요한복음 사이의 유사점들에 근거하여 요한이 필로를 배경으로 하고 있을 가능성을 말한다. 하지만 Smalley는 다음과 같은 이유들로 이 가능성을 반박한다. (1) 우리는 필로가 A.D. 1세기 팔레스틴에서

---

[655] Wells, *The Person of Christ*, 69.

[656] H. Bavinck, *The Doctrine of God*, translated, edited outlined by William Hendriksen (Edinburgh: The Banner of Truth Trust, 1979), 261(= 「개혁주의 신론」, 이승구 역 [서울: 기독교문서선교회, 1988]).

[657] Schnackenburg, "Die Herkunft und Eigenart," 261-263. = "The Origin and Nature," 485-487.

알려지고 읽혀졌는지 알지 못한다. (2) 요한은 필로에 대한 문헌상의 의존을 전혀 보이지 않는다.[658] (3) 만일 이들 저자 상호간에 공통의 기반이 있다면 그것은 양자가 모두 구약성경에 의존했을 가능성이 높다. (4) 둘 사이에 공유된 여러 술어(영원한 생명, 로고스, 진리 등)와 사상들은 양자에 있어서 서로 매우 다르게 사용되었으며, 판이하게 다른 출발점들을 전제한다. 요한복음은 기독교적이며 역사적인 데 반해, 필로는 유대적이며 철학적이다. (5) 두 저자는 방법에 있어서도 큰 차이를 보인다. 필로의 끈질긴 알레고리화 작업은 요한복음에 나타난 구약성경 해석과 다르다.[659] 하나님의 말씀에 대한 요한의 신학은 필로의 철학적 해석이 도저히 미칠 수 없는 방식으로, 성경과 역사에 닻을 내리고 있다. 필로는 알레고리적인 주석에 매우 많이 기울어져 있는 반면에 요한은 구약성경을 거의 알레고리화 하지 않으며, 구약의 주제들을 기독교적 터전 안에서 재 저술하고 재 적용하고자 여러 이미지와 설명들을 동원하고 있다.[660]

다섯째, Philo의 로고스와 요한의 로고스 사이의 근본적인 차이는 로고스의 인격이다. 비록 그가 로고스에게 하나님의 형상, 창조와 계시의 중개자, 대제사장, 하나님의 장자, 천사장, 둘째 하나님, 왕 등의 인격적 명칭을 부여하지만 그것은 구약의 인물들과 알레고리적 동일시를 한 것이며,[661] 로고스를 실제적인 인물로 생각하지 않았다.[662] 필로의 로고스가 하나님의 형상이며, 그에게 신적 속성이 주어지고 신적 기능이 양도되었으나 하나님으로부터 분리된 실체로서 신적 본질과 동일시되지 않는다. 그의 로고스는 인격이 아니며 하나님도 아니다.[663] 그래서 Ladd는 "필로의

---

658 Beasley-Murray, *Word Biblical Themes: John*, 24-25: "There is no ground for believing that Philo's writings were known at first hand to the fourth evangelist."

659 Smalley, *John : Evangelist and Interpreter*, 63-64.

660 Smalley, *John : Evangelist and Interpreter*, 63.

661 *TDNT*, IV, 88-89.

662 H. Conzelmann, 「신약성서신학」, 박두환 역 (서울: 한국신학연구소, 2001), 596.

663 Guthrie, *New Testament Theology*, 322-323. Guthrie는 필로의 로고스 교리에 대하여 다섯 가지로 요약했다. 그 중에 첫 번째가 필로의 로고스에는 뚜렷한 인격성이 전혀 없다는 것이다("It seems clear that Philo did not think of *logos* in personal terms."); Wells, *The Person of Christ*, 69: "it is doubtful that this Word was personal as it is in John"; Dodd, *The Interpretation of the Fourth Gospel*, 73. Guthrie는 이 외에도 필로의 로고스의 특징을 다음과 같이 말한다: 필로는 로고스를 하나님의

로고스는 종종 실체화되고(hypostatized) 의인화되지만(personified) 결코 인격화 되지는 않는다(never personalized)"664고 말한다. Guthrie도 "필로의 로고스는 명백한 인격(personality)을 갖고 있지 않으며 … 필로는 로고스를 인격적 견지에서 보지 않은 것이 분명하다"665고 말한다. 반면에 요한의 로고스는 인격이신 하나님 자신이다(요 1:1-2).

필로에게서 로고스는 주로 하나님의 속성일 뿐이나 요한의 로고스는 속성을 넘어서 인격이시다. 필로의 로고스와 요한의 로고스 사이의 유사성은 단지 단어상의 유사성일 뿐이다. 같은 말을 쓰고 있으나 그 의미는 전혀 다르다.666 이런 까닭에 필로의 로고스는 무시간적 관념인 반면에 요한복음의 로고스는 예수 '사건'과 항상 연결된다.667 요한복음 프롤로그는 역사상에서 일어난 로고스의 성육신 '사건'을 말하지만 필로는 로고스의 철학적 개념들을 말하고, 직접적으로 성육신을 다루지 않는다.668 필로의 로고스는 명백한 인격을 가지고 있지 않으며 그 자신이 성육신하지도 않았다.669 "요한의 로고스는 필로의 로고스가 할 수 없는 것을 한다. 즉, 그는 예수의 인격적, 성육신적 연합을 이루신다. 그러므로 요한의 로고스와 필로의 로고스는 상호 의존적이 아니라 대립적이다."670

여섯째, Philo에게 있어서 "로고스는 우주 안의 합리적 질서나 또는 사물에 내재하는 양상(pattern)과 동의어이다. 이것은 결코 '지고한 존재'(the supreme being)의 자기 계시와 동일시된 적이 없다. 그러나 요한에게 있어서 로고스는 하나님 자신이시

첫 아들로 간주한다. 필로의 로고스는 빛과 생명에 연결되지 않는다. 필로의 로고스는 성육신될 수 있다는 제시가 없다. 필로의 로고스는 결코 인격화 되지(personalize) 않았지만, 효력 있는 중개자에 대한 의인화(personification)로 간주 될 수 있다(ibid., 322f.).

664 G. E. Ladd, *A Theology of the New Testament* (Grand Rapids: Eerdmans, 1974), 241.

665 Guthrie, *New Testament Theology*, 322.

666 Bavinck, *The Doctrine of God*, 259.

667 Sandmel, *Philo of Alexandria*, 149.

668 Sandmel, *Philo of Alexandria*, 155; Guthrie, *New Testament Theology*, 323: "There is no suggestion that the *logos* could become incarnate"; Bavinck, *The Doctrine of God*, 262: "필로에게 있어서 '이성'(로고스)의 성육신은 터무니없는(absurd) 것으로 보이는 듯하다. 그러나 신약에서는 말씀(로고스)의 성육신이 하나님의 최고 계시이다."

669 Carson, *The Gospel according to John*, 115.

670 Wells, *The Person of Christ*, 69.

.
192 · 내 뒤에 오시는 이

고, 결코 합리적 질서에 대한 동의어가 아니다."[671]

이상의 내용들은 요한의 로고스가 필로의 로고스에서 유래한 것이 아니라는 사실을 명확하게 증거한다. "하나님은 로고스라는 단어에 새로운 의미를 부여하셨다. 그러므로 형식은 유사하나, 내용은 다르다. 필로와 요한은 단지 로고스라는 이름(name)을 공통으로 가지고 있을 뿐이다."[672]

3. 랍비 문서 – 토라(Torah)

요한복음 프롤로그의 로고스의 기원으로 주장되는 또 다른 유대주의 배경은 토라(תורה)이다. 유대주의에서 로고스와 토라는 밀접하게 관련되어 있다. 유대 랍비 문서에서 토라는 모든 것들이 창조되기 전에 창조되었으며, 하나님은 이 토라를 모범(pattern)으로 세상을 창조하셨다고 말한다. 그리하여 "태초에"(창 1:1)는 "토라에"(in the Torah)를 의미하는 것으로 해석되었다.[673] 또한 유대 문서는 지혜와 토라를 동일시하며,[674] 토라와 로고스가 대부분 호환적(interchangeable)적으로 사용된다(cf. 사 2:3).[675] 이러한 이유들로 인해 사람들은 유대 랍비 문서의 토라가 요한의 로고스의 기원이라고 말한다.

그러나 유대 문서의 토라는 창조된 반면에 요한의 로고스는 창조의 중개자이다(요 1:3,10). 창조자요 빛과 생명의 원천은 토라가 아니라 예수 그리스도이시다.[676] 또한 토라는 신적(divine)일 뿐, 신 자체는 아니나[677] 로고스이신 예수는 유일신 하나님

---

[671] Wells, *The Person of Christ*, 69.

[672] Bavinck, *The Doctrine of God*, 263.

[673] M. E. Boismard, *St. John's Prologue*, translated by Carisbrooke Dominicans (Maryland: Newman Press, 1957), 97; Brown, *The Gospel according to John I-XII*, 523; 홍창표, 「신약과 문화」, 64.

[674] Cf. 시락 24:23(LXX) ταῦτα πάντα βίβλος διαθήκης θεοῦ ὑψίστου νόμον ὃν ἐνετείλατο ἡμῖν Μωυσῆς κληρονομίαν συναγωγαῖς Ἰακώβ. 바룩 4:1(LXX) αὕτη ἡ Βίβλος τῶν προσταγμάτων τοῦ θεοῦ καὶ ὁ νόμος ὁ ὑπάρχων εἰς τὸν αἰῶνα πάντες οἱ κρατοῦντες αὐτῆς εἰς ζωὴν οἱ δὲ καταλείποντες αὐτὴν ἀποθανοῦνται.

[675] Brown, *The Gospel according to John I-XII*, 523; Morris, *The Gospel according to John*, 119; Epp, "Wisdom, Torah, Word," 135: "the term 'Torah' also could properly be substituted for 'Word'."

[676] Brown, *The Gospel according to John I-XII*, 524.

[677] Boismard, *St. John's Prologue*, 97: "which is to recognize it as divine."

자신이시다. 게다가 요한의 로고스는 삼위일체의 제2위로서 인격자이시나 유대 문서의 토라가 인격이냐 하는 것은 여전히 의문이다.[678] 요한의 로고스는 토라도 아니요 토라의 의인화도 아니다. 나아가서 '지혜'와 관련하여 이미 언급한 대로, '토라'도 용어의 발전 단계와 관련하여 '로고스'로 사용된 이유가 분명치 않다. 이것에 대하여 Schnackenburg는 다음과 같이 정리 한다: 원래의(ursprüngliche) '하나님의 말씀'을 점점 더 토라로 해석하려는 경향이 있다. 시편 119편에서 '하나님의 말씀과 '율법'은 동의어로 언급되며, 전체적으로는 토라에 대한 찬양이다. 바룩서에서 '지혜'는 '율법'과 관련지어 해석된다(참조, 잠 8:33이하; 지혜서 6:18; 집회서 24:23). 프롤로그가 로고스에 대하여 말하는 것처럼 랍비주의가 토라에 대하여 말함으로써 로고스와 비슷한 속성과 구원하는 기능들을 토라에게 돌리는 것은 하나님의 말씀이나 지혜 대신에 토라를 채용한 유대주의 내에서의 발전이다. 그렇다면 '토라'에서 '말씀'에로의 회귀는 매우 이상한 것이다.[679] 이상의 이유들로 인해 요한의 로고스의 토라 기원은 신빙성이 없다.

4. 탈굼(Targums) - 메므라(Memra)

마지막으로, 프롤로그 로고스의 유대주의 기원으로 언급되는 또 따른 자료는 탈굼(Targums)이다. 유대주의의 탈굼[680]은 하나님의 '말씀'을 '메므라'(מימרא, Memra)로 대체했다. 그래서 어떤 학자들은 메므라가 요한의 로고스의 기원이라고 생각한

---

678 Boismard, *St. John's Prologue*, 97: "In fact, it is very difficult to determine whether or no Judaism had reached the idea of a veritable personification of the Law considered as a real and distinct hypostasis of God."

679 Schnackenburg, "Die Herkunft und Eigenart," 261-263. = "The Origin and Nature," 485-487. = "요한복음서의 로고스," 139-142.

680 Smalley, *John : Evangelist and Interpreter*, 70, note 125: "The 'Targums' were interpretative paraphrases of the Old Testament in Aramaic, made when Hebrew ceased to be the normative medium of speech among the Jews." Targum에 대한 전반적인 개념 이해를 위해서는 Morris, *The Gospel according to John*, 119를 보라. 또한 William Barclay, "John 1:1-14: Fully Man and Fully God," in *Great Themes of the New Testament* (Louisville: Westminster John Knox Press, 2001), 23-44, esp. 27을 보라.

다.[681] 그러나 여기에는 몇 가지 문제가 있다. 다음은 탈굼의 메므라 사용의 한 예이다.[682]

구약성경(LXX.)	탈굼(Onkelos)
출 3:12 εἶπεν δὲ ὁ θεὸς Μωυσεῖ λέγων ὅτι ἔσομαι μετὰ σοῦ	My *Memra* will be your support
출 19:17 ἐξήγαγεν Μωυσῆς τὸν λαὸν εἰς συνάντησιν τοῦ θεοῦ ἐκ παρεμβολῆς	They were brought to the *Memra* of God
창 28:21 ἔσται μοι κύριος εἰς θεόν	shall *the Memra* of Yahweh be my God

여기서 '메므라'는 하나님 자신을 대신하며,[683] 하나님이 사람들과 관계함에 대한 부연설명(paraphrase)으로 사용되고 있을 뿐,[684] 로고스의 기원으로 설명되지는 않는다.

또한 사람들은 종종 메므라가 예수 안에서 성육신한 인격적인 로고스에 대한 요한의 사상과 참된 병행을 이루는 신적인 실체(hypostasis)라고 가정해왔다. 그러나 탈굼의 메므라는 하나님의 참된 실체가 아니라 하나님의 이름을 사용하지 않고 하나님에 관해 말하는 수단이며, 하나님이 지나치게 신인동성동형론적으로 묘사되었을 때 하나님에 대한 경건한 완곡적 표현이다. 그 일례를 들면 다음과 같다.[685]

---

681 C. F. Burney, *The Aramaic Origin of the Fourth Gospel* (Oxford: Clarendon Press, 1922), 38; J. Armitage Robinson, *The Historical Character of St. John's Gospel*, 2d ed. (New York: Longmans, Green, 1929), 104-105; C. T. R. Hayward, "The Holy Name of the God of Moses and the Prologue of St. John's Gospel," *NTS* 25 (1978-1979), 16-32; William H. Brownlee, "Whence the Gospel according to John?" in *John and Qumran*, ed. J. H. Charlesworth (London: Geoffrey Chapman, 1972), 166-194, esp. 179; W. Barclay, "Great Themes of the New Testament, II: John 1:1-14," *ExpT* 70 (1958-1959), 78-82, 114-117, esp. 79-80.

682 Brown, *The Gospel according to John I-XII*, 524.

683 Brown, *The Gospel according to John I-XII*, 524: "··· it is a surrogate for God Himself"; 홍창표, 「신약과 문화」, 65; Klappert, "λόγος," *NIDNTT*, 1116: "··· an executive agent for God's activity."

684 Brown, *The Gospel according to John I-XII*, 524.

685 Barclay, "John 1:1-14: Fully Man and Fully God," 28.

	구약성경(LXX.)	탈굼(Onkelos)
신 33:27	σκέπασις θεοῦ ἀρχῆς καὶ ὑπὸ ἰσχὺν βραχιόνων ἀενάων	The eternal God is thy refuge, and by his *Memra* was the world created
사 48:13	ἡ χείρ μου ἐθεμελίωσεν τὴν γῆν καὶ ἡ δεξιά μου ἐστερέωσεν τὸν οὐρανόν	By my *Memra* I have founded the earth, and by my strength I have hung up heavens

신인동성동형론적 묘사는 초보적인 종교에 속하는 것으로 간주되어 하나님을 나타내는 데는 부적당한 것으로 생각되었다. 그 때에 메므라가 하나님과 하나님의 이름을 대신했다.[686] 따라서 메므라는 구약성경의 수많은 신인동형동성론 (anthropomorphism)을 피하는 수단이었다.[687] 이처럼 탈굼은 메므라를 인격화하지 않았고, 다만 '메므라'를 사용하여 하나님의 초월성을 표현했다.[688] 탈굼의 메므라 사용에는 실체에 대한 고찰(Hypostasenspekulation)이 하나도 없는 반면, 요한의 로고스에는 "탈굼의 메므라에 나타나는 '개념의 사색적인 색조'(speculative cast)가 전혀 없다."[689] 탈굼의 메므라는 개념의 사색인 반면에 요한의 로고스는 실체이다. 우리가 잊지 말아야 할 것은 하나님의 말씀의 의인화가 곧 실체화를 뜻하는 것은 아니라는 사실이다.[690] 따라서 메므라의 의미는 요한의 로고스의 의미와 같은 것이 아니며,[691] 요한의 로고스가 탈굼의 메므라에서 기원한 것도 아니다.[692]

---

[686] Barclay, "John 1:1-14: Fully Man and Fully God," 27-28.

[687] Barrett, *The Gospel according to St. John*, 153. Cf. Barclay, "John 1:1-14: Fully Man and Fully God," 27.

[688] Brown, *The Gospel according to John I -XII*, 524.

[689] Wells, *The Person of Christ*, 69.

[690] Schnackenburg, "Die Herkunft und Eigenart," 261-263. = "The Origin and Nature," 485-487. = "요한복음서의 로고스," 139-142); Klappert, "λόγος," 1116: "⋯ there was never any hypostasis of 'Memra'."

[691] Barclay, "John 1:1-14: Fully Man and Fully God," 28: "We do not argue that the *meaning* of this phrase is anything like the meaning of Logos as John used it."

[692] Morris, *The Gospel according to John*, 120: "The Johannine use is not that of the Targums"; Barrett, *The Gospel according to St. John*, 153: "*Memra* is a blind alley in the study of the biblical background of John's logos doctrine." Cf. Craig S. Keener, *The Gospel of John: A Commentary,*

5. 요약 정리

이상에서 우리는 유대주의가 요한의 로고스의 기원이 될 수 있는가에 대하여 연구하였다. 유대주의에서 유대 후기 지혜 문서에 나타나는 지혜 사색과 Philo와 랍비 문서의 토라와 탈굼의 메므라에서 로고스는 다양한 모습으로 묘사되고 있다.

이 다양성을 요한복음의 로고스와 비교할 때, 가장 두드러진 특징은 존재의 차이이다. 먼저 유대 문서의 로고스는 피조된 존재로서[693] 선재하지 않았고, 단지 신적일 뿐 참된 신적 실체는 아니다. 이들 중 어느 것도 신적 본질과 동일시되지 않는다. 그러나 요한의 로고스는 창조주이며 참된 하나님이다. 또한 네 종류의 유대 문서에 공통적으로 나타나는 특징은 인간 실존(real being)에 관한 것이다. 유대 지혜, 필로의 로고스, 토라, 메므라는 모두 단지 인격화 되고 의인화 된 것일 뿐 참된 인격적 실체는 아니다. 반면 요한의 로고스는 참된 인격체이며 이것은 성육신을 통해 확증되었다. 따라서 우리는 유대 문서가 묘사한 지혜나 토라, 로고스와 메므라의 의인화에서 요한의 로고스의 기원을 찾는 것에 동의할 수 없다. 그리고 이러한 존재의 차이, 즉 신성과 인성의 차이는 요한복음의 신학을 결정짓는 절대적인 기준이 된다. 참된 하나님이신 로고스가 성육신하심으로 또한 참된 인간이 되신 것은 다른 어떤 철학이나 사상이나 종교에서 찾아 볼 수 없는 요한복음 고유의 로고스 신학이자 요한복음을 특징짓는 독특한 기독론이기 때문이다.

또한 유대 문서와 요한복음의 로고스 사이에 용어와 내용의 병행이 있음에도 불구하고 이 둘은 전혀 다른 개념과 의미로 사용되고 있다. 그러므로 둘 사이에 용어와 일부 내용이 일치한다고 해서 그들 간의 개념과 의미와 신학도 일치한다고 주장하는 것은 옳지 않다.

---

vol. 1 (Peabody: Hendrickson Publishers, 2003), 350.

  693 Guthrie, *New Testament Theology*, 324-325. see. 시락 1:1-10; 24:3-5,9.

IV. 구약성경

지금까지 우리는 요한복음 프롤로그의 로고스가 헬레니즘 철학과 영지주의, 그리고 유대주의에서 기원했을 가능성에 대하여 살펴보았다. 그 결과 우리는 이 모든 것이 프롤로그의 로고스의 기원이 될 수 없다는 것을 확인하였다. 이제 마지막으로 구약성경을 프롤로그의 로고스의 기원으로 상정(想定)하고 그 진위를 확인하고자 한다.

1. 요한복음과 구약성경

구약성경을 프롤로그의 로고스의 기원으로 제시하는 근본 이유는 요한복음과 구약성경의 밀접성 때문이다. 이 사실은 요한복음의 구약성경 의존과 요한복음이 예수의 정체를 구약성경에 근거하여 이해하고 있다는 점, 나아가서 요한복음의 예수도 자신의 정체를 구약성경을 의존하여 제시하고 있다는 점에서 잘 나타난다.

1) 요한복음의 구약성경 인용과 의존성

먼저 요한복음의 중요한 특징 중의 하나는 요한복음의 구약 의존성이다. 이 의존성은 요한복음의 구약 인용에서 잘 나타난다.[694] 헬라어 신약성경 Nestle-Aland 요한복음 본문은 17개의 직접적인 구약 인용(요 1:23,51; 2:17; 6:31,45; 10:34; 12:13a,13b,15,27,38,40; 13:18; 15:25; 19:24,36,37)과 약 190개의 난외에 표기된 관련구절들 및 병행구절들을 소개한다.[695] G. Reim은 Nestle-Aland에 근거하여 요한복음에 24개의 구약성경 인용이 있고, 구약성경과 관련된 구절로는 84개가 분명하게,

---

[694] Barbara and Kurt Aland ed. *The Greek New Testament* (*GNT*), 4th edition (D-Stuttgart: Deutsche Bibelgesellschaft, 1994), 887-901; 배종수, "요한복음 1:1-18에 나타난 요한의 로고스 이해," 352.

[695] 김문경, 「요한신학」 (서울: 한국성서학연구소, 2004), 61-62.

42개는 개연성 있는 정도로 그리고 16개는 가능성 있는 관련 구절들인 것으로 본다. 21곳에서 유대적 규례가 지시되고, 68개의 구절에서 형태상의 병행구를 발견할 수 있다고 한다. 그리하여 그는 전체 231개의 구약 전거를 제시한다.[696] 이러한 요한의 구약 의존은 직접 인용과 입증할 수 있는 암시와 주제적 연결에 이르기까지 광범위하게 관련되며,[697] 이것은 "요한복음의 구약신학을 깊이 세우는 본문 간 관련성의 망(web of intertextuality)을 만든다."[698]

결론적으로 요한은 구약성경을 심오하게 인용함으로써 그것에 대한 자신의 의존성과 신학을 분명하게 나타내고 있다. 이 사실에 대하여 조병수는 다음과 같이 정리한다.

> 요한복음에서 율법, 선지서, 시가서에 이르는 구약성경에 대한 폭넓은 참조는 다음과 같은 결론을 내리게 한다. 첫째로 요한은 복음서를 기록하기 이전에 충분한 구약성경 자료를 확보하고 있었다. 둘째로 요한은 구약성경의 영속적인 효력을 확신하면서(요 10:35) 절대적으로 신뢰하였다(요 2:22). 셋째로 요한은 풍부한 구약 신학을 확립하고 있었다. 이 때문에 요한복음은 구약성경에 내리고 있는 깊은 뿌리를 도외시한 채 이해될 수 없다.[699]

따라서 우리는 구약성경이야말로 프롤로그의 로고스의 참된 기원이라는 사실을 인정하지 않을 수 없다. 요한복음은 참으로 구약적이다. 그러므로 요한의 로고스의 진정한 기원은 그리스 철학이나 영지주의나 유대주의가 아니라 구약성경이다.[700]

---

696 김문경, 「요한신학」, 62, note 22에서 재인용 (G. Reim, "Studien zum alttestamentlichen Hintergrund des Johannesevangeliums," in *Johannam, Erweiterte Studien zum alttestamentlichen Hintergrund des Johannesevangeliums* [1995], 97-190).

697 조병수, "요한복음의 구약성경 인용;" 「그 아들에게 입 맞추라」: 수은 윤영탁 박사 은퇴기념논문집 (수원: 합동신학대학원출판부, 2005), 407-456; A. J. Köstenberger, "John," in ed. by G. K Beale, and D. A. Carson, *Commentary on the New Testament Use of the Old Testament* (Grand Rapids: Baker Academic, 2007), 415-512, esp. 415.

698 Köstenberger, "John," 420.

699 조병수, "요한복음의 구약성경 인용," 421.

2) 요한복음의 예수 정체 이해의 근거

그러면 요한복음이 이렇게 구약성경을 의존하고 있는 이유는 무엇인가? 그것은 요한이 예수의 정체를 전적으로 구약성경에 근거하여 이해하기 위해서이다. 이 사실은 요한의 구약성경 인용이 예수 그리스도에게 집중되어 있다는 점에서 잘 증명된다. Carson에 의하면, 요한복음에는 14개의 직접 인용 구절들이 있다. 이 중에 5구절은 예수의 것으로, 6구절은 저자의 것으로, 1구절은 세례자 요한의 것으로, 그리고 2구절은 군중들의 것으로 추정된다. 그런데 이들은 모두 예수를 가리킨다.[701] 또한 구약성경을 암시하는 구절들(성막, 야곱의 사다리, 야곱의 우물, 만나, 광야의 뱀, 안식일, 여러 절기들 등)은 구약성경에 매우 익숙한 저자와 독자들을 전제로 한 것이다.[702] 여기서도 구약성경이 그리스도에 대하여 말한다는 것이 전제되거나 입증되며, 따라서 이 구절들도 기독론적으로 해석되어야 한다.[703] 나아가서 주제에 있어서도 구약에 기초한 기독론적 칭호들이 많이 있다(포도나무, 목자, 하나님의 어린양, 성전, 메시아 등).

"요한복음에서 구약성경의 내용들은 모든 결정적인 순간에 등장하는데, 특히 구약성경에 대한 직접 인용이 그렇다. … 몇 가지를 제외하고는 대체적으로 기독론을 설명하는 데 매우 중요한 역할을 한다."[704] 다시 말하면, "요한복음에서 구약성경의 직접 인용이 상당히 큰 의미를 가지는 것은 인용의 빈도가 잦다는 데 있지 않고, 그것이 예수의 생애에서 모든 중요한 순간에 등장한다는 데 있다. 예수의 구속

---

[700] Carson, *The Gospel according to John*, 115: "… there is a more readily available background than that provided by Philo or the Greek philosophical schools. Considering how frequently John quotes or alludes to the Old Testament, that is the place to begin."

[701] D. A. Carson, "John and the Johannine Epistles," in *It is Written: Scripture Citing Scripture; Essays in Honour of Barnabas Lindars*, ed. D. A. Carson and H. G. M. Williamson (Cambridge: Cambridge University Press, 1988), 246: "The OT citations in one way or another point to Jesus."

[702] Carson, Moo, Morris, *An Introduction to the New Testament*, 159.

[703] Carson, "John and the Johannine Epistles," 252.

[704] 조병수, "요한복음의 구약성경 인용," 409. G. R. Beasley-Murray, *John* (WBC), vol. 36 (Waco, Texas: Word Books, 1987), lix(=「요한복음」, 이덕신 역 [서울: 도서출판 솔로몬, 2001]): "요한의 최우선적 관심은 기독론적이었기 때문에 요한의 구약 사용은 주로 기독론적 본문에서, 그것도 특별히 그 본문들을 예표론적으로 적용하는 곳에서 발견된다. 이것은 요한복음 19:36의 구약 인용에서 예증된다."

드라마가 진행되는 모든 중대 국면에 구약성경이 인용되고 있다는 것은 놀라운 일이다."[705] 결국 요한복음의 구약 의존은 예수의 생애가 구약성경을 따르고 있다는 것을 증거하며,[706] "예수의 사역, 죽음과 부활이 '성경대로'(according to the Scripture) 이루어졌다는 것을 전달하기 위한 가장 명확한 방식을 구성한다."[707] 조병수는 요한복음이 나타내는 이와 같은 구약성경과 예수와의 관계에 대하여 다음과 같이 명확하게 설명하였다.

> 요한은 구약성경으로 예수 그리스도를 정확하게 설명하려고 했던 것이다. 요한에 의하면 구약성경은 전체적으로 예수와 그의 사건에 대한 예고이다. 구약성경은 예수 그리스도에 대한 예고로서 기능을 한다. 따라서 요한은 구약성경에서 예수에 대한 설명을 발견하였다. 요한은 예수 그리스도는 구약성경에 의해서만 정확하게 이해된다고 믿었던 것이다. 그러나 역으로 보면 요한은 예수 그리스도로 구약성경을 정확하게 이해하려고 했던 것이다. 구약성경은 예수 그리스도에 의해서만 정확하게 해석된다. 요한은 예수 그리스도가 구약성경을 파악하는 진정한 열쇠라고 믿었던 것이다. 이런 의미에서 예수는 구약성경에 대한 반영이라고 말할 수 있다.
>
> 이렇게 볼 때 … 구약성경과 예수 그리스도 사이에 일어나는 상호작용이 있다는 것을 알 수 있다. 요한은 구약성경에 의하여 예수 그리스도를 재해석하였을 뿐만 아니라, 예수 그리스도에 의하여 구약성경을 재해석하였다. 요한은 예수를 발견하기 위하여 구약성경으로 되돌아갔고, 구약성경을 발견하기 위하여 예수에게로 되돌아갔다. 구약은 예수를 이해하기 위한 기초이며, 예수는 구약을 이해하기 위한 기초이다.
>
> 이렇게 구약성경과 예수 그리스도 사이에 발생하는 상호작용을 전제로 하여 요한은 구약성경이 그리스도를 지시하고 있다는 확신을 아주 분명하게 보여준다(요 1:45; 5:39; 5:46f.).[708]

---

[705] Richard Morgan, "Fulfillment in the Fourth Gospel: the Old Testament Foundations: an Exposition of John 17," *Interpretation* 11 (1957), 155-165, esp. 156-157.

[706] 조병수, "요한복음의 구약성경 인용," 417.

[707] M. J. J. Menken, *Old Testament Quotations in the Fourth Gospel: Studies in Textual Form* (Netherlands: Kok Pharos, 1996), 212.

이상에서 본 바, 요한복음의 직접 인용들이 모두 예수를 가리키며, 구약 암시들과 주제들도 예수와 관련된다는 사실은 요한복음이 예수 그리스도를 말하기 위해 구약을 전적으로 의존하며 그것에 절대적 근거를 두고 있다는 것을 의미한다. 요한은 철저히 예수를 구약성경과 관련시키고 있고, 그것에 근거하여 예수를 해석하고 있다. 요한복음은 구약성경을 예수 그리스도에 대한 예상도(prefigurement)로 본다.[709] 그러므로 예수를 가리키는 칭호인 로고스도 구약성경에서 유래한 것이 확실하다. 실체와 칭호는 둘이 아니기 때문이다. 설령 유대 문서나 여타 자료들에서 로고스가 언급된다 해도 그것이 프롤로그의 로고스의 배경이 될 수는 없다. 요한은 예수를 말하기 위해 오직 '성경'(구약성경)을 지시할 뿐, 그 외에 다른 어떤 것도 말하지 않기 때문이다. 또한 예수도 "이 성경이 곧 내게 대하여 증거하는 것이로다"(요 5:39)라고 말씀하심으로써 자신의 배경이 구약성경임을 분명히 하셨다.

요한은 예수는 구약성경에 의하여, 구약성경은 예수에 의하여 이해되고 해석되는 상호작용을 보여 줌으로써 요한복음이 철저히 구약성경을 근거하여 예수의 정체를 이해하고 있다는 것[710]과 구약성경 외에 다른 어떤 것도 예수 그리스도이신 로고스의 배경이 될 수 없다는 것을 확고히 한다.

3) 예수의 자기 정체와 활동에 대한 이해 근거

이와 더불어 요한복음이 구약성경을 의존하는 또 다른 이유는 예수가 전적으로 구약성경을 근거하여 자신의 정체와 활동을 나타내기 때문이다. 예수는 구약의 사건과 예언이 자신의 정체를 증거하고, 자신의 활동에서 성취된다는 것을 구약성경

---

708 조병수, "요한복음의 구약성경 인용," 435-436.

709 Carson, "John and the Johannine Epistles," 257.

710 Kraus는 요한복음이 기독론적인 구약성경 사용에서 다음과 같이 네 가지 사항을 제시한다고 말한다: 1) 구약성경 자신이 예수를 증거한다, 2) 그리스도 사건은 구약성경의 성취이다, 3) 예수는 구약성경을 완성한다, 4) 그리스도 사건에 대한 설명인 요한복음은 구약성경과 동일한 위치를 점유한다 (Wolfgang Kraus, "Johannes und das Alte Testament : Überlegungen zum Umgang mit der Schrift im Johannesevangelium im Horizont Biblischer Theologie," ZNW 88 [1997], 1-23). 조병수, 「요한복음의 구약성경 인용」, 409, note 4에서 재인용. 김문경, 「요한신학」, 63: "구약성서 인용은 기독론적이고 종말론적으로 그리스도에 대한 증거로 사용된다."

을 의지하여 보여 준다: 야곱의 환상에 대한 언급(요 1:50-51), 성전정화(요 2:13-18), 모세가 광야에서 뱀을 든 사건(요 3:14-15), 그리스도의 신분 확인(요 4:25-26), 성경의 증거(요 5:39), 모세와의 연속성(요 5:45-46), 생명의 떡 강화(요 6장), 모세의 율법을 의지함(요 7:22-23), 성령에 관한 구약의 예언 성취(요 7:38). 율법에 근거한 논증(요 8:17-18; 10:34-36), 아브라함과의 관계(요 8:56), 인자(요 9:35-37. cf. 요 1:51; 3:13,14; 5:27; 6:27,53,62; 8:28; 12:23; 13:31. cf. 단 7:13; 겔 2:1-3), 목자(요 10:11; cf. 사 40:11; 겔 34:12,23; 37:24), 대적자들을 논박(요 10:34 등), 어린 나귀를 타심(요 12:14-15), 떡과 발꿈치(요 13:18. cf. 시 41:9), 창세전에 아버지와 함께 계심(창 1장; 잠 8:23; 요 17:5,24), 십자가 위에서 신포도주 마심(요 19:28-29).

이 모든 내용들은 예수가 자신의 정체를 구약성경에 근거하여 밝히는 것이며, 그의 모든 행위가 구약성경을 이루는 것임을 나타내는 것이다. 이것은 예수가 자신의 정체와 활동을 전적으로 구약성경에 의존하고 있다는 것을 확실하게 보여 주는 것이며[711] 구약성경이 예수 그리스도 로고스의 기원이라는 것을 잘 보여주는 것이다. 이와 관련하여 Menken은 다음과 같이 진술하였다.

> 예수는 그의 사역이 구약성경과 일치한다는 것을 보여주기 위하여 성경을 사용한다(요 6:45; 7:38; 13:18; 15:25). 예수의 행동은 제자들에게 성경의 말씀을 생각나게 한다(요 2:17). 예수와 그의 대적자들은 참으로 예수는 누구인가에 대한 그들의 논쟁에서 자신들의 다른 관점을 지지하기 위하여 인용을 사용한다(요 6:31; 7:42; 8:17; 10:34; 12:34). 저자는 독자들에게 '예수가 성경과 일치하며 성경의 성취를 이룬다'는 것을 확고히 하기 위해 인용을 증거로 제시한다.[712]

요한복음은 예수를 로고스로 칭한다. 로고스는 예수를 가리키는 한 가지 칭호이다. 그런데 예수는 자신의 정체와 활동을 구약성경에 근거하여 제시하고 설명한다. 구약성경은 예수에 대한 증거의 책이다(요 5:39; cf. 1:45). 따라서 예수를 칭하는

---

[711] Köstenberger, "John," 418; Carson, "John and the Johannine Epistles," 246.

[712] Menken, *Old Testament Quotations in the Fourth Gospel*, 12-13.

로고스도 구약성경에 의하여 설명되고 그것의 증거를 받는 것이 마땅하다. 결론적으로 구약성경이 로고스의 기원이다.

2. 기독론적 명칭

요한의 로고스가 구약성경으로부터 기원했다는 것을 확인하기 위해서는 요한복음에 나타난 예수에 대한 칭호, 즉 기독론적 명칭들을 살펴보는 것도 큰 도움이 된다. 독특하게도 요한복음 1:29-51에는 예수에 대한 칭호들이 대거 나타난다: 하나님의 어린양(요 1:29,36), 하나님의 아들(요 1:34,49), 메시아(요 1:41. cf. 요 4:25),[713] 모세가 율법에 기록하였고 여러 선지자가 기록한 그이(요 1:45. cf. 요 5:39-40), 이스라엘의 임금(요 1:49; cf. 요 12:13), 인자(요 1:51; cf. 요 3:13,14; 5:27; 6:27,53,62; 8:28; 9:35; 12:23,34bis; 13:31). 이 여섯 가지[714] 칭호들은 모두 구약적인 것들이며,[715] 이는 예수를 구약성경에 약속된 신적 메시아로 묘사하는 것이다.[716]

특히 눈여겨보아야 할 예수에 대한 칭호는 ἐγώ εἰμι이다.[717] 이것은 요한이 갖는 예수에 대한 독특한 이해이다. 김문경은 요한복음의 ἐγώ εἰμι를 문법적으로 세 가지 형태로 구분 한다: 첫째, 절대적인 형태(요 8:24,28,58; 13:19; 18:6) 둘째, 서술적인 형태(요 4:26; 6:20; 18:5,8). 셋째, 비유적 서술 형태(막요 6:35,41,48,51;

---

[713] 이 칭호는 신약성경 중 오직 요한복음에만 사용되었다. Cf. Smith, *The Theology of Gospel of John*, 125.

[714] 만일 요 1:34에서 "ὁ υἱὸς τοῦ θεοῦ" 대신에 "ὁ ἐκλεκτός τοῦ θεοῦ"(하나님의 '택자')"(p[5] א)를 택하게 되면 모두 일곱 가지가 된다.

[715] 이 외에도 아브라함(요 8:31이하), 야곱(요 4:5이하), 모세(요 1:17) 등 구약의 인물들이 다른 복음서들에 비해 요한복음에 많이 언급되고 있다.

[716] S. S. Kim, "The Relationship of John 1:19-51 to the Book of Signs in John 2-12," *BSac* 165 (2008), 323-337, esp. 337.

[717] "ἐγώ εἰμι"는 예수가 메시아임을 가리키는 독특한 칭호이다(요 4:25, cf. 요 1:20; 8:24,28). E. D. Freed, "*Ego eimi* in John 1:20 and 4:25," *CBQ* 41 (1979), 288-291; Brown, *The Gospel according to John I-XII*, 536: "… the use of ἐγώ εἰμι … came to be understood … as a divine name"; idem, *An Introduction to New Testament Christology*, 138: "… so that 'ἐγώ εἰμι' becomes the divine name to be known in the day of the Lord"; R. Kysar, *John, the Maverick Gospel* (Atlanta: John Knox Press, 2007), 60. = 「요한복음서 연구」, 나채운 역 (서울: 성지출판사, 1996).

빛-요 8:12, cf. 9:5; 문-요 10:7,9; 목자 요 10:11,14; 부활과 생명-요 11:25; 길, 진리, 생명-요 14:6; 포도나무-요 15:1,5).[718] 비록 이렇게 구분된다고 하더라도 이들 모두는 예수를 설명하고 있고,[719] 그 중에서도 특히 절대적인 형태의 ἐγώ εἰμι는 구약성경(LXX)에서 하나님 자신을 가리키는 데 사용되었다(출 3:6,14; 7:5; 14:4; 20:2; 사 41:4; 43:10,13,25; 45:18; 46:4; 호 13:4; 욜 2:27 등).[720] 그러므로 요한복음에 사용된 ἐγώ εἰμι라는 예수의 칭호는 예수가 바로 구약성경이 말씀하는 그 하나님이시라는 것을 잘 나타낸다(요 1:1,18; 20:28). 한 가지 구체적인 예를 들면, 요한복음 8:12-58의 논쟁과 관련하여, 나중에 사람들은 예수에게 "네가 사람이 되어 자칭 하나님이라"(요 10:33)고 말했기에 돌로 쳐 죽이기 원했다고 말했다. 이것은 예수가 "아브라함이 나기 전에 '내가 있느니라'(ἐγώ εἰμι)"(요 8:58)고 말한 것에 대한 사람들의 반응이다. 따라서 예수의 ἐγώ εἰμι는 "나는 스스로 있는 자니라"(출 3:14. ἐγώ εἰμι ὁ ὤν[LXX.]; אהיה אשר אהיה[MT])는 하나님의 자기 지칭을 예수가 자신에게 적용한 것이다.[721] 또한 요한복음 8:58의 ἐγώ εἰμι는 이사야(특히 사 43:10,13)의 ἐγώ εἰμι에(LXX; אני הוא [MT])근거하고 있다. 거기서 여호와는 배타적인 신성을 주장한다.[722] "이 용어를 통해 예수는 그의 생애 안에 하나님의 역사적인 현현이 발생하고 있었다는 것을 공언하셨다. ⋯ 예수는 자신을 구약의 하나님과 동일시하고 있다."[723] 따라서 요한복음의 ἐγώ εἰμι는 "구약과 관련되는 신약성경의 계시형태이며, 구약성경의 배경

---

[718] 김문경, 「요한신학」, 101. Cf. Ladd는 두 가지, 즉 술어적인 형태와 절대적 형태로 나눈다(*A Theology of the New Testament*, 250). Kysar는 술어를 기준으로 술어가 없는 것, 함축되어 있는 것, 명시되어 있는 것으로 나눈다(*John, the Maverick Gospel*, 57).

[719] Kysar, *John, the Maverick Gospel*, 58. 여기서 Kysar는 절대형의 의미가 나머지 두 가지 형태를 포함하여 이 모든 것들의 보다 더 깊은 의미를 나타낼 수 있다고 생각한다.

[720] 이에 대한 병행구는 요한계시록에서도 발견된다(계 1:8,17; 2:23; 21:6; 22:13,16). Kysar, *John, the Maverick Gospel*, 59: "These passages ⋯ They all emphasize the oneness of God's existence"; Brown, *The Gospel according to John Ⅰ-ⅩⅡ*, 533-538; J. H. Bernard, *A Critical and Exegetical Commentary on the Gospel according to St. John* vol. 1 (Edinburgh: T. & T. Clark, 1928), cxix: "This is clearly the style of Deity, ⋯ Its force would at once be appreciated by any one familiar with the LXX version of the O.T."

[721] Luke T. Johnson, *The Writings of the New Testament: An Interpretation* (Philadelphia: Fortress Press, 1986), 487-489(= 「최신신약개론」, 채천석 역 [서울: 크리스챤다이제스트, 2002]).

[722] Endo, *Creation and Christology*, 232.

[723] Ladd, *A Theology of the New Testament*, 251.

아래 설명되어야 한다."724 이처럼 예수의 칭호인 ἐγώ εἰμι의 배경은 헬라 세계에서 발견되는 것이 아니라 구약성경에서 발견된다.725

요한복음에는 예수에 대한 다양한 칭호들이 나타나며, 그것들은 구약성경에 뿌리를 두고 있다. 특히 예수가 자신을 지칭하는 칭호인 ἐγώ εἰμι 역시 구약성경에서 나왔으며 예수의 하나님 되심을 증거한다.726 이러한 사실은 프롤로그의 '로고스'의 기원에 대한 중요한 열쇠를 제공한다. 왜냐하면 요한복음에 나타난 예수에 대한 많은 칭호들이 구약성경에서 왔다는 사실은 예수에 대한 또 다른 칭호인 '로고스' 역시 구약성경에서 왔을 가능성을 매우 높여주기 때문이다. 우리는 요한이 예수에 대한 많은 칭호들 중에 굳이 '로고스'만 구약성경이 아닌 이방 철학이나 종교에서 끌어와야만 했을 특별한 이유를 요한복음에서 발견하지 못한다. 그러므로 '로고스'도 예수를 가리키는 여러 칭호들 중의 하나이며, 다른 칭호들이 구약에서 기원한 것처럼 로고스도 구약에서 기원했다고 보는 것이 옳다. 예수를 증거하는 것이 구약성경이라면(요 5:39) 그를 가리키는 칭호도 마땅히 구약성경에서 와야 한다. 성경은 폐하지 못하므로(요 10:35) 구약성경은 요한 신학의 자명한 원칙이며727 로고스의 유일한 배경이다.

3. 요한복음의 구약 모티브

프롤로그의 로고스의 기원과 관련하여 생각해야 할 또 다른 요소는 요한복음에 나타나고 있는 구약 모티브들이다. 요한복음에는 많은 구약 모티브들이 있다.728 그 예를 들면 다음과 같다: 성전 모티브(2장), 놋뱀 사건(3장), 수가 동네의 야곱의 우물(4

---

724 김문경, 「요한신학」, 104.

725 Ladd, *A Theology of the New Testament*, 251.

726 Brown, *The Gospel according to John I-XII*, 533-538: "나는 …이다'라는 말은 영어로 "I am"이다. 구약성경은 하나님의 이름으로 자주 "I am"을 사용한다. 가장 대표적인 것은 출애굽기 3:14이다. 이것은 요한복음에서도 동일한 방식으로 기능한다.

727 Smith. *The Theology of Gospel of John*, 76: "Scripture and the God of scripture are axiomatic for John's theology."

728 Sukmin Cho, *Jesus as Prophet in the Fourth Gospel*, 21: "Old Testament theological motifs are explicitly or implicitly used in the Gospel."

장), 무리를 먹이신 표적(6장), 선한 목자 비유(10장), 포도나무와 가지(15장) 등.

이와 관련하여 우리에게 큰 도움을 주는 논문은 조석민의 Jesus as Prophet in the Fourth Gospel이다. 그는 이 논문에서 요한복음에 예수께서 행한 여섯 개의 표적이 있으며, 이 표적들은 모두 예수를 모세, 엘리야, 엘리사와 같은 선지자로 묘사하기 위한 것(cf. 요 6:15)이라는 사실을 매우 소상히 밝혔다.[729] 요한복음에서 선지자로서의 예수 그리스도는 구약성경의 선지자들을 모티브로 하고 있다.

이와 더불어 요한복음에서 중요하게 다뤄지는 유월절[730]도 구약 모티브에 속한다. 요한복음은 모두 비슷한 표현으로 세 번의 유월절을 분명하게 언급하며(요 2:13; 6:4; 11:5), 이는 모두 예수의 공생애와 밀접하게 관련된다.[731] 즉 요한은 유월절을 중심으로 예수의 사역을 구성하고 있다. 이것은 예수의 공생애 활동이 유월절과 밀접하게 연관되어 있음을 말하려는 것이다. 이러한 의도는 예수의 수난에서 더욱 강조적으로 나타난다. 세 번째 유월절은 일주일을 중심으로 기록되어 있다. 이것은 복음서의 약 반을 차지하는 분량으로(11:55-19:42) 저자는 여기서 "유월절이 가까웠다, 유월절 엿새 전, 유월절 닷새 전, 유월절 전"으로 구분하고 있다. 이것은 독자의 눈과 관심이 유월절 전 날에 일어난 사건으로 향하게 만든다. 이 날은 바로 예수께서 죽임을 당하신 유월절 예비일이다.

요한복음에서 유월절 예비일은 매우 중요하다. 요한복음은 공관복음과 달리 유월

---

729 Sukmin Cho, *Jesus as Prophet in the Fourth Gospel*. 이 논문에 대한 자세한 서평을 위해서는 Michael K. Magee, "Book Review," *CBQ* 71 (2009), 160f.; Ulrich Busse, "Book Review," *Theologische Literaturzeitung*, 134 (2009), 939f.; 김정훈, "서평,"「기독신학저널」제13호 (2007, 가을호), 229-337; 양용의, "서평,"「신약연구」6 (2007), 665-677; 유상섭, "서평,"「신학지남」294 (2008), 261-263을 보라.

730 R. Kysar, *The Fourth Evangelist and His Gospel: An Examination of Contemporary Scholarship* (Minneapolis: Augsburg Pub. House, 1975), 42-46에 의하면, W. Wilkens는 현재 형태의 요한복음은 유월절 복음서(the passover gospel)라고 말한다. 물론 그의 3단계 발전설(three-fold development)을 받을 수는 없지만, 요한복음에서 유월절의 중요성을 강조한 것은 정당하다.

731 예수의 공생애와 유월절 비교

1:1-18	1:19-2:12	2:13-5:47	6:1-11:54	11:55-19:42	20:1-21:23	21:24-25
서론	예수의 등장	첫째 유월절 예수의 활동	둘째 유월절 예수의 활동	셋째 유월절 예수의 수난	예수의 부활	결론

절 전 날, 곧 유월절 어린양을 잡던 날인 유월절 예비일에 예수가 십자가에 달려 죽었다고 말하기 때문이다.[732] 예수는 유월절 어린양이 도살되는 바로 그 시간에 죽임을 당하였다. 이것은 예수의 죽음을 유월절 어린양의 죽음과 연관시키려는 의도로 보아야 한다. 즉 이것은 예수님이 유월절 어린양임을 말하는 것이다.

이상에서 우리는 요한복음과 요한복음의 예수 그리스도가 구약성경에 모티브를 가지고 있다는 것을 확인하였다. 따라서 예수를 지칭하는 로고스도 구약에서 기원한 것임을 부정할 수 없다. 만일 그렇지 않다면 위에서 설명한 구약적 모티브들을 전혀 가지고 있지 않은, 오히려 신화적이고 이교적 모티브를 가진 로고스가 프롤로그의 로고스의 뿌리라고 말해야 할 것이다.

4. 프롤로그의 구약 암시

요한의 로고스의 구약 기원을 증명하는 또 다른 중요한 단서는 프롤로그에 나타난 구약 암시들이다.

1) 태초와 창조

첫째로 70인역(LXX.) 창세기의 시작부와 요한복음의 시작부에는 두 가지가 일치한다. 하나는 단어의 일치이다. 창세기는 ἐν ἀρχῇ(LXX. בראשית[MT])로 시작하고, 요한복음도 ἐν ἀρχῇ로 시작한다.[733] 프롤로그는 모세의 첫 번째 책과 똑같이 시작하고 있다. 따라서 "새 이야기는 옛 이야기와 같다."[734] 이것은 요한이 의도적으로

---

732 공관복음과 요한복음 사이의 이 불일치를 해결하기 위한 제안으로 Guthrie, *New Testament Introduction*, 295-298과 Barrette, *The Gospel according to St. John*, 46-51을 참조하라.

733 Clark, *The Johannine Logos*, 22: 요한복음의 첫 두 단어는 ἐν ἀρχῇ이며, 이 단어들은 구약성경 70인역의 처음 두 단어이기도 하다. 구약성경에 대한 요한복음의 이러한 관련은 요한의 메시지가 이교도의 그리스 철학이나 종교로부터 개작되었다는 주장을 거부하게 하는 많은 이유들 중의 하나이다.

734 Craig R. Koester, *The Word of Life: A Theology of John's Gospel* (Grand Rapids/Cambridge: Eerdmans Publishing Company, 2008), 27; 조석민, 「요한복음의 새 관점」 (서울: 도서출판솔로몬, 2008), 56; Köstenberger, "John," 421; Bruce Milne, *The Message of John: Here is Your King!* (Leicester:

구약성경의 창조 이야기와 시작 구절을 요한복음의 시작 구절에 반향하는 것이다.[735] 요한복음은 창세기에서 머리말을 빌려 씀으로써[736] 창세기의 첫 구절을 상기시키고자 한 것이 분명하며,[737] "구약성경과 요한복음의 첫 단어들 사이의 정경적 연결을 확립한다."[738]

다른 하나는 내용의 일치이다. 창세기는 하나님이 '말씀하심'으로 만물이 창조되었다고 말하며(창 1:3,6,9,11,14,20,22,24,26), 요한복음은 '로고스를 통하여'(δι' αὐτοῦ

Inter-Varsity Press, 1993), 31: "요한복음의 '태초에…'라는 시작 구절은 '태초에 하나님이 … 창조하시니라'는 창세기 1:1과 직접 연관된다. … 따라서 요한의 '태초에…'라는 말은 창세기를 나타내는 다른 말(shorthand)이다"; O. Cullmann, "The Theological Content of the Prologue to John in Its Present Form," in *The Conversation Continues: Studies in Paul and John in Honor of J. Louis Martyn*, ed. R. T. Fortna, B. R. Gaventa (Nashville: Abingdon, 1990), 297; 박형용, 「사복음서 주해」 (수원: 합신대학원 출판부, 2009), 29: "사도 요한이 자신의 복음서를 시작하면서 '태초에'라는 용어로 시작한 것은 그의 생각이 하나님의 창조와 창세기의 창조 기록에 미치고 있음을 증거하는 바다"; 김성수, 「태초에」 (용인: 마음샘, 2009), 33-48; Merrill C. Tenney, *John: The Gospel of Belief. An Analytic Study of the Text* (Grand Rapids: Eerdmans, 1948), 64(= 「요한복음서 해석」, 김근수 역 [서울: 기독교문서선교회, 2003]): "태초에라는 구절은 창세기 1:1의 '태초에 하나님이 천지를 창조하시니라'는 구절과 본질적으로 같다"; Carson, *The Gospel according to John*, 114: "그리스어 ἀρχή는 '기원'(origin)의 의미도 가지고 있는데, 요한복음 1:1은 아마도 이것의 반영이다. 왜냐하면 이미 '태초에' 계셨던 그 말씀(Word)이 곧바로 하나님의 창조의 대행자(agent)로 설명되기 때문이다(요 1:3-4). 우리는 그를 만물의 창시자(originator, 기원자)로 불러도 좋다."

그러나 이와 달리 창세기의 "태초에"와 요한복음 로고스의 "태초에"가 다른 것이라고 말하는 사람들도 있다. 예를 들면 다음과 같다. Brown, *The Gospel according to John I-XII*, 4: "이 '태초'는 창세기에서와 같은 창조의 시작을 가리키는 것이 아니다. 왜냐하면 창조는 3절에서 나타나기 때문이다. '태초'는 오히려 창조 이전의 기간에 대한 언급이며, 시간적이기보다는 질적인(more qualitative than temporal) 하나님의 영역에 대한 지칭이다"; idem, *An Introduction to New Testament Christology*, 136. 여기서도 Brown은 창세기의 '태초'와 프롤로그의 '태초'를 다른 것으로 본다. 전자는 창조의 시작을, 후자는 모든 것이 창조되기 이전을 의미하는 것으로 본다. 김문경, 「요한신학」, 70: "창세기 1:1과 달리 여기서 '태초에'는 창조 이전의 시기, 하나님의 영역을 말한다. 창세기에서와 같이 하나님의 창조가 강조되는 것이 아니라, 교회 공동체의 여러 그리스도 신앙고백(비교, 빌 2:6; 골 1:15; 히 1:3)에서 발견되는 '말씀'의 현실적이며, 인격적인 선재가 강조된다."

[735] Köstenberger, *Encountering John*, 53; P. Borgen, "Creation, Logos and the Son: Observations on John 1:1-18 and 5:17-18," *Ex Auditu* 3 (1987), 88-97, esp. 88; Francis J. Moloney, *The Gospel of John*, SPS Vol. 4 (Minnesota: A Michael Glazier Book, 1998), 35: "The first words of the Prologue, 'In the beginning (ἐν ἀρχῇ) was the Word,' establish a parallel between the opening of the Gospel and the biblical account of the beginnings of the human story in Gen 1:1."

[736] 조병수, 「신약성경총론」, 176.

[737] Barrett, *The Gospel according to St. John*, 231; Beasley-Murray, *Word Biblical Themes: John*, 22: "'*In the beginning* was the Word…' We recall the first sentence of the Bible: '*In the beginning* God created…'"; Endo. *Creation and Christology*, 206: "It is widely accepted that the opening words, ἐν ἀρχῇ (John 1:1), correspond to the beginning words of the Genesis creation account, בראשית (Gen 1:1; ἐν ἀρχῇ [LXX])."

[738] Andreas J. Köstenberger, *A Theology of John's Gospel and Letters* (Grand Rapids: Eerdmans, 2009), 338; 김성수, 「태초에」, 42-48.

ἐγένετο, 요 1:3,10) 만물이 창조되었다고 말한다. 구약의 '하나님의 말씀'과 요한복음의 '로고스'가 동일한 사역을 한다. 이것은 요한이 구약성경을 이용하여 로고스의 창조 참여를 말하는 것이다.[739] "칠십인역 구약에서 말씀은 창조와 관련이 있으며(창 1:3,6,9) 특히 시편 33:6에 말씀의 창조적인 기능에 대하여 요약되어 진술된다("주의 말씀으로 하늘이 만들어졌다." LXX 32:6).[740] 이처럼 창조시의 하나님의 말씀에 의한 만물창조는 로고스의 만물창조(요 1:3)와 병행을 이룬다. 이것은 저자가 이교의 자료로부터 그의 사상들을 취하지 않았다는 또 다른 증거를 확보하는 것이다. 이교도들에게는 창세기가 묘사하는 것과 같은 말씀으로 명하심으로써 이루는 창조(fiat creation)의 개념이 없다.[741]

이와 같이 요한복음 프롤로그의 시작부는 구약성경의 시작부와 용어와 내용에서 일치를 보임으로써 요한복음과 요한의 로고스가 구약성경에 근거하여 있다는 것을 잘 나타낸다.[742]

2) "거하심" (σκηνοῦν)

둘째로 요한은 말씀이 육신이 되어 우리 가운데 "거하셨다"(요 1:14)고 증거한다. 여기에 사용된 헬라어 σκηνοῦν은 '텐트를 치다, 장막을 치다, 살다, 거주하다'라는 의미를 담고 있다.[743] 이 단어는 히브리어 שכן과 같은 의미로 구약성경에 사용되었고 (출 25:8; 29:45; 슥 2:14), 출애굽기 40:34-38을 회상하게 한다. 구름이 회막 위에 덮이고 여호와의 영광이 성막에 충만하였다. 하나님이 이스라엘 가운데 함께 계신

---

[739] Andreas J. Köstenberger and Scott R. Swain, *Father, Son and Spirit: The Trinity and John's Gospel* (Downers Grove, Illinois: Inter Varsity Press, 2008), 48: "프롤로그에서 로고스를 칭하는 하나님이라는 용어는 구약성경에 나타난 하나님에 대한 언급이며, … 이 단어는 창조주를 언급하기 위하여 창세기 1:1에 나타난다."

[740] 조병수, 「신약성경총론」, 176. Cf. 시 33:6; 107:20; 147:15; 사 55:10.

[741] Clark, *The Johannine Logos*, 22.

[742] 김성수, 「태초에 말씀이 계시니라」 (용인: 마음샘, 2007), 13, note 6: "요한은 제일 먼저 로고스와 하나님과의 관계에 대하여 말한 다음(요 1:1-2), 바로 이어서 천지 만물의 창조에 있어서 로고스의 역할에 대하여 말함으로써(요 1:3) 로고스라는 말의 의미를 창세기 1장의 맥락에서 이해할 것을 간접적으로 지시하고 있다."

[743] Carson, *The Gospel according to John*, 127.

것이다. 이와 마찬가지로 요한복음 14절은 σκηνοῦν을 사용함으로써 로고스가 성육신(incarnation)하여 우리 가운데 '거하심'(inhabitation), 즉 '임마누엘'(마 1:23)하심을 명확하게 암시하고 있다.[744] 따라서 "로고스의 성육신에 대해 사용된 용어는 광야에서 하나님의 백성들 가운데 쉐키나(Shekinah)가 있었음을 상기시킨다(ἐσκήνωσεν ἐν ἡμῖν)."[745] 이 또한 로고스의 구약 기원에 대한 중요한 배경이다.

3) 모세를 통한 율법 수여

셋째로 요한은 "율법은 모세로 말미암아 주셨다"(요 1:17)고 말한다. 이것은 하나님이 시내산 위에서 모세에게 율법을 주시고 십계명을 두 돌판에 써 주신 것(출 31:18; 34:27-28)을 지시한다.

4) 영광

넷째로 요한은 성육신한 예수에게서 영광을 보았다고 말한다(요 1:14b). 그는 하나님의 임재를 의미하는 '거하심'(요 1:14a)과 함께 하나님의 영광을 언급한다. 즉 σκηνοῦν과 δόξα가 나란히 언급된다. 전자가 하나님의 임재를 의미한다는 것은 이미 말하였거니와 후자인 영광 또한 동일한 의미를 갖는다.[746] 따라서 이는 하나님의 임재와 그것으로 인한 하나님의 영광을 말하는 구약성경을 암시하기에 충분하다(출 40:34-35; cf. 출 33:22; 민 14:10; 신 5:24; 시 26:8; 102:15; 렘 17:12; 겔 10:4). 구약의 계시 안에서 이스라엘 사람들이 성막과 성전에 나타난 하나님의 영광을 보았던 것처럼 '우리'(요 1:14b)는 성육신하여 우리 가운데 장막을 치신 예수 그리스도에게서 그의 영광을 본다.[747] 그리고 우리는 이 둘 사이의 깊은 관련성을 본다.

---

[744] 조석민, 「요한복음의 새 관점」, 62-63; Carson, *The Gospel according to John*, 127. 이 σκηνοῦν은 장차 새 예루살렘에서 완성될 것이다(계 7:15; 21:3).

[745] Beasley-Murray, *John*, lix.

[746] 조석민, 「요한복음의 새 관점」, 63: "'영광'으로 번역된 헬라어 단어 δόξα의 사용은 하나님의 임재를 암시하고 있다"; Carson, *The Gospel according to John*, 128: "··· a word used to denote the visible manifestation of God's self-disclosure in a theophany(Ex. 33:22; Dt. 5:22)."

[747] Milne, *The Message of John: Here is Your King!* 48.

5) 은혜와 진리

다섯째로 요한은 성육신하신 로고스에게서 독생자의 영광을 보았고, 그것은 "은혜와 진리가 충만"했다고 말한다(요 1:14d). 요한은 이 말을 함으로써 거의 확실히 그의 독자들로 하여금 출애굽기 33-34장을 생각나게 한다.[748] 거기서 모세는 "원컨대 주의 영광을 내게 보이소서"(출 33:18)라고 하나님께 청하였고, 하나님은 모세 앞으로 지나시며 "여호와로라 여호와로라 자비롭고 은혜롭고 노하기를 더디하고 인자와 진실이 많은 하나님이로다"(출 34:6)고 반포하셨다. 여기서 "인자와 진실"을 나타내는 히브리어는 חסד[749]와 אמת이며, 이는 '은혜와 진리'(요 1:14d)를 의미한다.

6) 로고스의 인격

여섯째로 요한복음의 로고스는 단순히 '인격화'된 것이 아니라 완전한 '인격적 실체'이시다. 이것은 로고스가 하나님이시며, 성육신을 하셨다는 사실에서 잘 나타난다. 만일 우리가 구약성경에서 이것에 대한 분명한 병행을 확인할 수 있다면 요한의 로고스가 구약에서 기원한 것이라는 결정적인 단서가 될 것이다. 예수는 구약성경이 자신을 증거하는 것이라고 말씀하였으므로 구약성경은 이것에 대해서도 분명히 밝히고 있을 것으로 보인다.

구약성경에서 하나님의 말씀은 창조와 계시와 구원에 참여한다.[750] 요한은 바로 이러한 인격자인 하나님의 말씀을 구약성경에서 발견했던 것으로 보인다. 요한은 이사야가 하나님 아버지를 본 것이 아니라 "*그의* 영광을 보고 *그에* 관하여' 말했다(Ταῦτα εἶπεν Ἠσαΐας ὅτι εἶδεν τὴν δόξαν *αὐτοῦ*, καὶ ἐλάλησεν περὶ *αὐτοῦ*, 요 12:41-42)고 증거한다. 여기서 "그"(αὐτός)는 문맥에 근거하여 볼 때, 특히 "그를 믿는 자가 많되"(요 12:42, πολλοὶ ἐπίστευσαν εἰς *αὐτόν*)에 근거할 때 성육신 하신 예수를 가리키는 것이 분명하다. 사도 요한은 이사야가 성전에서 본 "만군의 왕이신 여호와"

---

[748] Carson, *The Gospel according to John*, 129. Cf. 시 25:10; 26:3; 40:10; 잠 16:6; 20:28.

[749] Carson, *The Gospel according to John*, 129: "… variously rendered 'steadfast love,' 'mercy,' 'covenant love' - but it has recently been shown quite clearly that it is the *graciousness* of the love that is at stake."

[750] Guthrie, *New Testament Theology*, 324.

(사 6:1ff.)를 인격자이신 선재하신 예수로 이해한 것이다.[751] 그러므로 요한복음에 나타난 로고스의 영원한 인격은 구약성경에 나타난 여호와 하나님의 인격에 근거하고 있음이 분명하다.[752]

이러한 요한의 로고스의 인격은 그의 성육신에서 확증된다. 말씀이 육신이 된 것은 로고스가 참된 인격적 실체라는 것을 단정적으로 증거하는 것이다. 그런데 이 성육신도 이미 구약성경에서 분명하게 말씀되었다(사 6:6-7. cf. 사 7:14). 이것은 로고스가 하나님이시라는 것과 로고스가 육신이 되셨다는 프롤로그의 로고스에 관한 내용과 병행을 이룬다. 그러므로 요한복음에 나타난 로고스의 영원한 인격은 그의 성육신에 의해 확증되며, 이는 예수의 성육신에 관하여 말씀하는 구약성경에 근거하고 있다. 이처럼 요한의 로고스의 인격 사상은 구약성경에서 기원한 것이다.

7) 구약적 표현

일곱째로 요한은 세례자 요한에 대한 설명을 "사람이 있었다"(ἐγένετο ἄνθρωπος, 6a)로 시작한다(6). 이 말의 형식은 구약성경에서 어떤 이야기를 시작할 때 쓰던 방식이다(예. 삼상 1:1. - ויהי איש; 욥 1:1 - איש היה).[753] 또한 요한이 '어떤 사람'(τις) 대신에 '사람'(ἄνθρωπος)이라는 말로 니고데모를 등장시킨 것도 이러한 구약성경의 용법을 반영한 것일 수 있다(삿 13:2; 17:1 - ויהי איש).[754] 이 모든 것은 구약성경에서 역사를 서술(historical narrative)할 때 사용하는 문체의 특징을 가지고 있다.[755] 프롤

---

[751] 또한 사 9:6(전능하신 하나님)과 요 1:1c를, 사 40:26(창조)과 요 1:3을 비교하라. Carson, "John and the Johannine Epistles," 252: "Given his understanding of the pre-incarnate nature of the Logos, John makes the obvious connexion and concludes that what Isaiah really saw was Jesus Christ in his pre-incarnate glory."

[752] 배종수, "요한복음 1:1-18에 나타난 요한의 로고스 이해," 348-354. 배종수는 이 외에도 요한이 로고스의 인격성을 말 할 수 있었던 근거로 예수의 진술, 즉 그 자신이 창세전에 아버지와 함께 영광을 가졌으며 아버지의 사랑을 받았다고 증거 했으며(요 17:5,24) 또 그의 신 의식에서 충분히 로고스의 인격을 도입했을 것이라고 주장한다(요 5:18; 8:58; 10:30). 더 나아가서 배종수는 성령의 계시를 요한이 로고스의 인격을 증거 하는 근거로 제시한다.

[753] Lesslie Newbigin, *The Light Has Come: An Exposition of the Fourth Gospel* (Grand Rapids: Eerdmans, 1982), 5. = 「요한복음 강해」, 홍병룡 역 (서울: IVP, 2001).

[754] Barrett, *The Gospel according to St. John*, 204.

[755] P. Borgen, "The Prologue of John as Exposition of the Old Testament," in *Philo, John*

로그가 보여주는 이러한 구약 의존은 프롤로그의 중심인물인 로고스의 구약 배경에 대한 간접적인 근거가 된다.

이상과 같이 로고스를 설명하는 프롤로그에는 여러 가지 구약적 암시들이 나타나 있다. 따라서 우리는 요한의 로고스가 구약성경과 깊은 관련을 맺고 있다는 것을 부인할 수 없다.

5. 구약의 말씀(דבר)과 프롤로그의 말씀(λόγος)

프롤로그의 로고스(λόγος)는 구약성경의 말씀(דבר, 시 33:6; 107:20)의 그리스적인 의역(LXX. 시 32:6)이다.[756] 이 사실은 이 둘 사이의 중요한 일치들에 의해 확증된다. 구약성경의 '말씀'(דבר)에는 최소한 다음과 같은 다섯 가지 특징들이 있다. 첫째, 구약성경에서 말씀은 창조와 관련된다(창 1:3,6,9). 하나님의 말씀과 창조 행위는 창세기 1장 전체에 밀접히 연관되어 있다. 시편 기자는 "주님의 말씀에 의해"(יהוה בדבר) 하늘이 만들어 졌다(시 33:6)고 말함으로써 아주 구체적으로 하늘이 하나님의 말씀으로 지어졌다는 것을 밝힌다(cf. 시 147:15-18; 148:5). 둘째, 구약성경에서 말씀은 계시를 나타낸다. 주님의 말씀은 예언자의 메시지이다. 즉 하나님이 자신의 의도를 그의 백성들에게 전달하는 수단이다(예. LXX. 렘 1:4 καὶ ἐγένετο λόγος κυρίου πρὸς αὐτόν; 겔 1:3; 암 3:1). 이것은 창세기 초두에 나타나고(창 3:8; 12:1; 15:1; 22:11), 시편에는 아주 공식적인 것이 되었다. 말씀은 우리에게 그의 뜻에 대한 영구한 계시를 부여해 주는 것이다(cf. 시 119:9,25,28,41,58,65,76,107,116,140,160 등). '말씀은 추상적인 것이 아니라 말해진 것이며, 활동적인 것이다. 셋째, 구약성경의 말씀은 영원하시다(시 119:89).[757] 넷째, 구약성경의 하나님의 말씀은 구원과

---

and Paul: New Perspectives on Judaism and Early Christianity, Brown Judaic Studies 131 (Atlanta: Scholars, 1987), 86; Endo, Creation and Christology, 198; Brown, The Gospel according to John I-XII, 27: "The first words of vs. 6 ⋯ would be a normal opening for a historical narrative. Judg xiii 2."

756 조병수, 「신약성경총론」, 176; Eric May, "The Logos in the Old Testament," CBQ 8 (1946), 438-447, esp. 328. 이 사실은 시 33:6에 대한 נעשו שמים יהוה 와 בדבר 와 τῷ λόγῳ τοῦ κυρίου οἱ οὐρανοὶ ἐστερεώθησαν(LXX. 32:6)을 비교해 보면 매우 분명하게 알 수 있다.

757 Wells, The Person of Christ, 69; Guthrie, New Testament Theology, 324-325.

심판을 실행한다(사 55:11; cf. 시 29:3ff.). 다섯째, 구약성경의 말씀은 인격이다. 구약의 말씀의 인격성에 대한 문제로 요한의 로고스의 기원을 구약의 말씀에 두지 않는 학자들도 많이 있다. Conzelmann은 "로고스에 대한 요한의 특징은 구약성경으로부터 설명할 수 없다. 창조기사에 있어서 그의 말씀은 말씀 자체이고 인격을 의미하지 않는다. 그러므로 로고스라는 말은 창조기사에서는 찾아볼 수 없다. 말씀은 구약성경 안에서는 결코 삼위일체의 하나인 그리스도의 인성이 아니라 항상 하나님의 선포된 말씀을 의미한다"[758]고 말했다. Bultmann도 요한복음 1:1의 로고스를 구약성경에서 이해할 수 없다고 본다. 그 이유는 구약의 말씀은 시간적 사건(temporal event)일 뿐 영원한 인격인 로고스와 동일시 할 수 없다는 데 있다.[759] 배종수도 요한의 로고스가 구약의 말씀에서 큰 영향을 받은 것 같지는 않다고 말한다. 왜냐하면 요한의 로고스는 영원한 인격자이지 우주의 원리나 하나님의 발언이 인격화된 것이 아니기 때문이다.[760]

하지만 그렇지 않다. 구약성경의 말씀은 분명한 인격이시다. 그 이유는 구약의 말씀과 요한의 로고스 사이의 병행 때문이다. 시편 33:6은 בדבר יהוה שמים נעשו(LXX. 32:6 τῷ λόγῳ τοῦ κυρίου οἱ οὐρανοὶ ἐστερεώθησαν)라고 말씀하며, 요한복음 1:3a는 πάντα δι᾽ αὐτοῦ ἐγένετο라고 말씀한다. 따라서 구약의 '말씀'과 요한복음의 '로고스'는 둘 다 창조의 중개자로서 동일 존재이다. 그런데 요한의 로고스는 창조의 중개자일 뿐만 아니라 하나님이시며 분명한 인격이시다(요 1:1-3). 따라서 이와 동일 존재인 구약의 '말씀' 역시 창조의 중개자이며 하나님이며 인격이시다. 이 뿐만 아니라 구약성경 내에서의 병행이 구약의 말씀의 인격성을 증거한다. 먼저, 창세기 1:1은 "하나님이 하늘과 땅을 창조하셨다"고 말씀한다. 그리고 시편 33:6은 "여호와의 말씀(דבר)으로 하늘이 지음이 되었다"고 말씀한다. 따라서 "하나님의 창조 행위에서 하나님의 말씀은 하나님 자신이다."[761] 하나님과 하나님의 말씀은 동일 존재이며,

---

758 Conzelmann, 「신약성서신학」, 596.

759 Bultmann, *The Gospel of John*, 20-21, esp. 21: "The Λόγος of Jn. 1.1 cannot therefore be understood on the basis of the O.T.: for the Λόγος here is not an event recurring within the temporal world, but is eternal being, existent with God from the very beginning."

760 배종수, "요한복음 1:1-18에 나타난 요한의 로고스 이해," 339-340.

761 Milne, *The Message of John: Here is Your King!* 31.

따라서 하나님이 인격이므로 하나님의 말씀도 인격이시다. 나아가서 김성수는 "בדבר יהוה שמים נעשו וברוח פיו כל־צבאם'(시 33:6)은 창조에 있어서 '말씀', 곧 성자의 역사와 '기운, 신', 곧 성령의 역사가 긴밀하게 연결되어 있음을 보여주고 있기도 하다"고 주장한다.[762] 창조와 관련된 구약의 '말씀'은 성자이시며, 그는 성령과 마찬 가지로 인격이다. 그러므로 구약성경의 말씀이 비인격적이기 때문에 요한의 로고 스의 기원으로 볼 수 없다는 주장은 설 자리를 잃게 된다. 요약하면, 구약성경에서 하나님의 말씀(דבר)은 인격이시며, "창조와 계시와 구원에서 하나님의 강력한 자기표 현(self-expression)이다."[763]

그런데 요한복음 프롤로그의 말씀(λόγος)도 위의 구약의 말씀(דבר)과 동일한 특징을 가지고 있다. 첫째로 요한의 말씀은 만물 창조의 중개자이시다(요 1:3).[764] 둘째로 요한의 말씀은 하나님을 계시한다(요 1:14,18; cf. 4,5,7-9). 또한 그리스도는 하나님을 지시하기만 하는 것이 아니라 그 자신이 하나님이다(요 1:1c). 셋째로 요한복음의 말씀은 하나님이시므로 영원하시다. 요한복음 1:1에서 세 번이나 미완료 ἦν이 사용되었는데, 이는 말씀의 계속적인 무시간적 존재임을 의미한다. 넷째로 요한복음의 말씀은 그의 이름을 믿는 자들을 하나님의 자녀로 만든다(요 1:12; cf. 요 3:18). 말씀이 구원을 행하신다. 다섯째, 요한복음의 로고스는 선재하신 하나님이 시며 성육신 하신 분이기에 분명한 인격이시다. 이와 같이 구약성경의 말씀(דבר)과 요한복음 프롤로그의 말씀(λόγος)은 동일한 특성을 가지고 있으므로,[765] 요한의 λόγος는 구약성경의 דבר에 그 기원을 두고 있는 것이 분명하다.[766]

---

[762] 김성수, 「태초에」, 87, note 112.

[763] Carson, *The Gospel according to John*, 116.

[764] 구약성경의 말씀(דבר)에 의한 창조(시 33:6)와 병행되는 신약성경의 말씀(λόγος)에 의한 창조는 요한복음 외에 다른 곳에서도 찾아볼 수 있다(롬 11:36; 고전 8:6; 골 1:16; 히 1:2; 11:3; 벧후 3:5 등).

[765] Beasley-Murray, *John*, 11: "The divine nature of the Logos is seen in his activity in creation (1-5), revelation (5,9-12,18) and redemption (12-14, 16-17); in all these God expresses himself through the Word"; idem, *Word Biblical Themes: John*, 28: "프롤로그에서 말씀의 주된 개념은 중개자(대 행자, Mediator)의 개념이라는 것이 명백하다. 그는 창조(1-4a,10)와 계시(4b,5,18)와 구원(12,13,16)에서 대행자이다. 시작 구절은 하나님에 대한 말씀의 관계 규정에 의해 말씀이 그러한 역할을 성취할 수 있는 근거를 분명하게 보여준다."

[766] 조병수, "요한복음의 구약성경 인용," 418-419: "요한복음에서 구약성경은 성경(γραφή), 글 (γράμμα), 말씀(λόγος), 율법(νόμος), 선지자(προφήτης)로 표현된다. 특히 여기서 로고스(요 12:38;

6. 구약의 지혜

나아가서 프롤로그의 로고스는 구약성경에 나오는 지혜와 깊은 관련이 있다. 지혜는 태초에 창조 이전에 하나님과 함께 있었고(잠 8:22-27) 하나님이 창조하실 때 창조자로 있었다(잠 8:28-30). 이와 마찬가지로 요한의 로고스도 태초에 있었고(요 1:1a) 하나님과 함께 있었으며(요 1:1b) 그가 만물을 창조했다(요 1:3). 또한 잠언은 지혜를 얻는 자는 생명을 얻을 것이라고 말씀한다(잠 8:35). 요한복음의 로고스 역시 생명의 근원이다(요 1:4; 3:16; 6:57; 10:28 등). 나아가서 잠언의 지혜는 신적 속성으로 나타난 것이 아니라, 영원부터 하나님이 소유하고 규정하며 세상의 창조를 협의하신 인격(person)으로 나타나 있다.[767] 마찬가지로 요한의 로고스도 인격이신 하나님이시다.

이와 같은 병행들은[768] 요한복음의 로고스가 잠언의 지혜와 밀접한 연관이 있다는 것을 짐작케 한다.[769]

7. 요약 정리

앞에서 우리는 요한복음의 저자 뿐 아니라 예수 자신도 예수의 정체를 철저히 구약에 근거하여 이해하고 있다는 것을 확인했다. 그리고 요한복음의 다양한 기독론 적 명칭도 구약성경에서 온 것임을 확인했으며, 특히 예수 자신을 가리키는 ἐγώ

15:25; 29:9)는 요한이 예수를 로고스라고 칭한 것과 무관하지 않다. 요한이 예수를 로고스(λόγος)라고 칭한 것은 예수가 동일하게 로고스로 칭해지는 구약성경과 깊은 관련이 있다는 것을 암시하는 것으로 볼 수도 있다"; 김병국, 「설교자를 위한 요한복음 강해」, (서울: 도서출판 대서, 2007), 90: "요한의 사상과 언어의 배경을 헬라 철학에서 찾아서는 안 된다. 로고스의 배경은 구약의 'דבר'에서 찾아야 한다."

[767] Bavinck, *The Doctrine of God*, 261-262

[768] Brown, *The Gospel according to John I-XII*, 523: "… in the OT presentation of Wisdom, there are good parallels for almost every detail of the Prologue's description of the Word."

[769] 현창학, 「구약 지혜서 연구」 (수원: 합신대학원출판부, 2009), 195; Guthrie, *New Testament Theology*, 324-325: "Undoubtedly the Proverbs passage provides some remarkable parallels with the Johannine prologue and is probably the closest OT parallel to be found."

εἰμι는 구약의 하나님을 지칭하는 것임을 확인했다. 또한 요한복음에 나타난 구약 신학적 모티브들과 프롤로그에 있는 구약 암시들은 프롤로그의 로고스가 구약성경에 뿌리를 두고 있다는 것을 분명히 나타내었다. 게다가 로고스의 삼위일체 하나님 되심은 구약에서도 동일하며, 말씀을 지칭하는 용어인 요한의 로고스와 구약의 דבר는 그 특징들에 있어서 동일했다. 나아가서 구약성경의 '지혜'와 요한복음의 로고스 사이에는 많은 일치들이 있었다. 이러한 모든 내용들은 요한복음의 로고스의 기원이 구약성경이라는 것을 분명하게 보여 주는 것이다. 따라서 구약성경이 요한의 로고스의 기원을 위한 본질적이고 포괄적인 요소이다.[770] Köstenberger는 "요한의 '말씀' 신학은 하나님의 말씀에 관한 구약의 묘사에 흠뻑 젖어있다"고 말하였다.[771] 따라서 요한복음은 오직 구약성경을 배경으로 로고스를 증거하였을 뿐, 이 외에 다른 어떤 철학이나 종교나 사상을 근거로 하지 않았다.[772] 우리는 요한의 로고스의 뿌리를 찾기 위하여 구약 지혜 문학을 포함하여 구약성경을 벗어날 필요가 없다.[773]

V. 결론

이제 우리는 프롤로그의 로고스의 기원에 대하여 다음과 같은 결론에 도달하게 된다. 그것은 헬레니즘 철학과 요한이 사용하는 로고스 '용어'가 일치한다고 해서

---

[770] A. M. Hunter, *According to John* (London: SCM Press, 1968), 26; Schnackenburg, *The Gospel according to St. John*, vol. 1, 124: "This Gospel would be unthinkable without the O.T. basis which supports it."

[771] Köstenberger, *A Theology of John's Gospel and Letters*, 338. 그는 이에 대한 근거로 다음의 네 가지를 제시한다. 1) '시작'에라는 구절에 의해 히브리 성경의 처음 단어들을 반영하기 위한 요한복음 저자의 계획적인 노력. 2) 창세기 1장에 있는 몇몇 중요한 단어들(빛, 어두움, 생명)이 요한복음 1장에 재등장함. 3) 구약적 암시들 : 이스라엘의 광야방랑(요 1:14: 그의 장막을 치다)과 율법수여(1:17-18). 4) 가장 결정적인 것으로, 요한복음 저자가 자신의 기독론적 근본 체제를 세우기 위하여 이사야 55:9-11을 개작한 것; B. T. Viviano, "The Structure of the Prologue of John (1:1-18): A Note," *RevBib* 105 (1998), 176-184, esp. 182: "… Isa 55:10-11 … . And this passage of Isaiah almost certainly had *the* decisive effect on John 1:1-18."

[772] 홍창표, 「신약과 문화」, 67.

[773] Smalley, *John : Evangelist and Interpreter*, 48: "We need not look further than the Old Testament."

그 기본적인 사상도 같다는 생각을 버려야 한다는 것이다.[774] 기독교 이전에 영지주의 신화가 존재했다는 것에 대한 확실한 증거가 없으며, 특히 요한복음의 저자가 이교도 문서를 그토록 집중적으로 복음에 편집하여 넣었다고 보는 것은 잘못된 생각이다.[775] "그리스 철학의 로고스 개념이나 만다교 문서, 솔로몬의 송가, 나그 함마디의 콥트어 영지주의계 문서 등에 나타나는 신비적 사유들이 요한복음 로고스의 모태로 간주될 수 없다."[776] 또한 요한의 로고스가 유대주의 문서에서 왔다고 볼 근거도 없다. 유대문서의 용어와 내용이 요한의 로고스와 일부 병행된다면 그것은 요한이 유대문서의 영향을 받았기 때문이 아니라 둘 다 구약성경의 영향을 받은 결과로 보는 것이 옳다.[777] 요한이 사용한 로고스의 신학적 용도는 헬레니즘 철학이나 유대사상에서 발견되지 않는다.[778]

1. 핵심 차이

헬레니즘과 영지주의의 로고스는 사상이나 원리나 개념 또는 신화인 반면에 요한의 로고스는 선재하시는 하나님이시다. 이것이 가장 우선되는 다른 점이다. 요한의 로고스는 신과 인간의 중간 상태가 아니며 하나의 사상으로도 분해될 수

---

[774] Carson, France, Motyer, Wenham (eds.), *New Bible Commentary*, 1025.

[775] Sloyan, *What Are They Saying about John?* 10.

[776] R. Schnackenburg, *Jesus in the Gospels: A Biblical Christology* (Louisville: John Knox Press, 1995), 284. (= 「복음서의 예수 그리스도」, 김병학 역 [서울: 분도출판사, 2009]).

[777] 홍창표, 「신약과 문화」, 180: "… 유대인 문헌의 '지혜 사색'에서 영향을 받은 것을 의미한 것이 아니고 … 요한복음 저자가 구약성경에 근거를 가진 것을 표시한 것뿐이다." 이에 반하여, 이필찬은 요한복음의 '태초'가 창세기뿐만 아니라 유대문헌의 '태초'에 상응하는 것으로 생각하여(p. 34) 요한복음과 중간기 유대 문헌과의 관련성을 강조한다(이필찬, 「이 성전을 허물라」[경기도 고양시: 엔크리스토, 2008], 33-57). 이것은 Endo와 Bauckham의 주장과 같다. 그러나 유대 문헌을 마치 구약과 신약의 징검다리와 같은 필수적인 문헌으로 볼 이유는 없다. 이미 살펴본 대로 유대문헌을 요한복음의 로고스의 기원으로 보기 어렵다.

[778] Ladd, *A Theology of the New Testament*, 241: "The important question is the theological use John makes of the Logos, and this can be paralleled neither in Hellenistic philosophy nor in Jewish thought." Cf. Ed. L. Miller, "The Logos Was God," *EvQ* 53 (1981), 65-77, esp. 67: "As for the well-known question concerning the origin and background of the Johannine *Logos*, I reject all the theories which root it in some pre-Johannine tradition such as Greek philosophy, Gnostic-thought, Old Testament *hochma*/*sophia* concepts, Sapiential literature of later Jewish thought, Philo Judaeus, etc."

없다.779 두 번째 차이는 로고스의 성육신이다.780 "모든 이교의 철학으로부터, 더욱이 필로의 교리로부터 기독교의 로고스 교리를 구별하는 중요하고도 궁극적인 사상(idea)은 로고스의 성육신이다."781 인간으로부터 신을 완전히 분리하는 영지주의의 이원론은 성육신 개념을 받아들일 수 없다.782 그리스 철학과 영지주의는 모두 이원론적이고 범신론적 합일을 주장하지만, 요한의 로고스는 성육신을 통한 구속을 이루신다. 요한의 로고스는 의인화가 아니라 인격 자체이며, 원리가 아니라 생명 존재이다.783 세 번째 차이는 로고스의 삼위일체 되심이다. 요한복음 프롤로그의 로고스는 삼위일체 하나님이시다. 그러나 헬레니즘 철학과 영지주의, 그리고 유대주의 문서는 선재하는 삼위일체 로고스를 말하지 않는다. 삼위일체로서의 로고스는 오직 신, 구약성경에서만 말씀한다. 네 번째 차이는 로고스의 인격이다. 이것은 앞의 세 가지에 근거하여 자연스럽게 나타나는 차이이다. 헬레니즘 철학과 영지주의와 유대주의는 모두 '인격적 실체'가 아닌 '인격화'로서의 로고스와 지혜, 토라, 메므라를 말하지만, 구약성경과 요한복음은 '말씀'이 인격적 실체임을 분명히 보여 준다.784 "요한의 로고스는 구속하고 창조하는 하나님의 말씀이 예수 안에서 인격으로 현존하였다는 것을 분명히 말하였다. 다른 모든 유비들과는 달리 요한의 로고스는 하나님과 세상 사이의 대리적 존재가 전혀 아니며, 세상을 향하여 은혜로 얼굴을 돌리신(gracious turning) 하나님 자신이었다."785 요한복음은 로고스의 인격성을 크게 부각시키고 있다: 로고스는 하나님과 함께 계셨으며 하나님 자신이셨다. 또한 로고스는 성육신하셨으며 삼위일체이시다. 이에 반해 종교사적 배경이 말하는 로고스는 신화, 원리, 사상, 인격화 등과 같은 것이지 신도 아니고 인격 자체도 아니다. 이것이 로고스의 종교사적 배경을 받을 수 없는 중요한 이유이다.

---

779 Schnackenburg, *The Gospel according to St. John*, vol. 1, 421.

780 Clark, *The Johannine Logos*, 22.

781 Clark, *The Johannine Logos*, 28.

782 Lindars, *John*, 74.

783 Morris, *The Gospel according to John*, 123; idem, *Reflections on the Gospel of John* vol. 1 (Grand Rapids: Baker Book House, 1986), 6.

784 변종길, "요한복음에 나타난 상황성," 114-115.

785 Leonhard Goppelt, *Theology of the New Testament*, vol. 2, tr. John E. Alsup (Grand Rapids: Eerdmans, 1982), 315.

2. 혼합의 문제

프롤로그 로고스의 기원과 관련하여 특히 유의해야 할 것은 구약성경을 로고스의 유일한 배경으로 보지 않는 학자들은 대부분 앞에서 말한 것 중의 두 가지 이상을 로고스의 기원으로 주장한다는 점이다. Bultmann도 영지주의 하나만이 아니라 헬라철학과 유대지혜사상을 모두 요한복음 로고스의 배경으로 여긴다. Dodd도 구약성경뿐만 아니라[786] 헬라철학과 영지주의, 랍비 자료, 필로 자료, 헬레니스틱 유대교 사상 모두를 요한복음 로고스의 배경으로 생각한다. Schnackenburg도 요한 의 로고스는 구약성경으로부터만 유래할 수 없으며, 요한의 로고스는 유대주의(유대 지혜사상, 토라)를 헬라식으로 표현한 것이라고 주장한다. 이는 필로가 구약성경의 신적 지혜를 헬라 철학의 로고스와 동일시하여 성경과 헬라 철학의 결합을 시도한 것과 같다. Kysar 역시 "로고스는 여러 가지 다른 종교적 그리고 헬라적 배경에 뿌리를 둔 관념이다"는 전제 하에 다음과 같이 언급한다.

"저자가 의도적으로 프롤로그의 로고스로 하여금 풍부하고 다양한 의미를 지니도록 하였다. … 저자는 예수께서 수많은 다른 종교들과 우주에 대한 철학적 관점들로 이루어진 전체의 방대한 전통을 완성(성취)하셨다고 하는 사실을 말하기 위해서 로고스라는 이런 폭넓은 종교적, 철학적 범주를 예수에 게 적용시키고자 한다. 저자가 말하고자 하는 바는 이것이다. 그리스도란 이 모든 것, 즉 스토아주의의 로고스, 구약의 말씀, 그리고 유대교의 지혜가 한 인격 안에서 합쳐 이루어진 존재이다."[787]

나아가서 Barrett도 구약성경은 요한의 로고스의 유일한 배경이 아니라 다른 많은 배경들 중의 본질적인 한 요소라고 말함으로써[788] 구약성경을 요한의 로고스의

---

[786] Dodd, *The Interpretation of the Fourth Gospel*, 275: "It is difficult to resist the conclusion, ⋯ the Logos of the Prologue has many of the traits of the Word of God in the Old Testament."

[787] Kysar, *John, the Maverick Gospel*, 40-41.

[788] Barrett, *The Gospel according to St. John*, 30.

배경 중에 필수적인 한 요소로만 이해한다.

국내 학자 중에서는 최흥진[789]과 김동수[790]와 김세윤[791] 등이 이들과 같은 입장에 있다. 이들은 모두 요한의 로고스를 신화와 철학 사상과 종교들의 혼합물로 이해하고 있고, 따라서 프롤로그를 포함하여 요한복음 전체를 그렇게 여기고 있는 것이다.

그러나 헬라철학과 기독교 이전 영지주의와 유대지혜사상과 헬레니스틱 유대주의와 고대 신화[792] 등을 모두 프롤로그 로고스의 기원으로 간주하는 것은[793] 요한의 로고스의 기원을 다원적인 것으로 규정하는 것이며, 요한복음 전체를 신화와 혼합종교의 산물로 만드는 것이다. 이것은 요한복음 자체가 증거하는 유일신 사상(요 1:1c; 10:30; cf. 요일 5:8)과 정면으로 위배된다.

앞에서 논증한 대로, 요한의 로고스의 기원은 오직 구약성경이다. 요한복음의 로고스는 매우 강하게 직접적으로 구약성경에 뿌리박고 있다.[794] "말할 필요도 없이, 요한에게 미친 주요 영향은 궁극적으로 유대적인 것도 아니요, 유대-헬레니즘적인

---

789 최흥진, 「요한복음」(서울: 한국장로교출판사, 2006), 74: "요한의 로고스 개념과 사상은 헬라철학, 특히 스토아철학, 필로의 사상, 구약성서, 그리고 유대 문학 등에 직접적 혹은 간접적 영향을 입었을 것으로 추정된다." 최흥진은 이 중에서도 유대교 지혜 전승의 지혜 개념이 요한의 로고스에 가장 많은 영향을 주었다고 말한다.

790 김동수, 「요한복음」, 27ff., 43f. 여기서 김동수는 필로(스토아 철학과 플라톤 철학 개념 결합), 지혜문학, 구약을 로고스의 배경으로 인정하면서 이 세 가지를 혼합하고 있다. 그는 여러 가지 혼합적 배경을 이야기하면서(p. 29), 그 중에 가장 중요한 배경은 구약이라고 말한다.

791 김세윤, 「요한복음 강해」(서울: 도서출판 두란노, 2002), 33-37. 김세윤은 "요한복음의 머리말은 헬라의 플라톤 철학이나 스토아 사상으로 읽어도 잘 이해할 수 있으며, 구약의 말씀과 지혜의 관점에서 읽어도 잘 이해할 수 있다. 헬라사상과 유대사상이 놀랍게 '융화'(integration)되어 있기 때문이다. 이것은 구약과 유대교의 신학적 배경에서 형성된 복음이 헬라적 개념으로 완벽하게 번역되고, 토착화된 가장 좋은 모델이다"라고 말함으로써 이미 한 세기 가까이 지난, 그리고 많은 학자들에 의해 비판받은 Bultmann의 주장을 여전히 똑같이 따라하고 있는 것이다. 그는 아예 프롤로그에 대하여 '헬라 독자를 위한 오리엔테이션', '구약의 말씀 및 지혜 신학 그리고 헬라(Platonism/Stoicism)의 로고스 사상을 공히 배경으로 함'이라는 소제목을 달고 있다.

792 Bultmann, "The History of Religions Background of the Prologue," 30: "… a much more ancient mythological speculation lies behind all the various statements and ideas we have been reviewing."

793 Beasley-Murray도 프롤로그의 로고스를 고대 근동의 종교들과 혼합된 것으로 이해하여 다음과 같이 주장하였다. "The breadth of the Evangelist's sympathies is demonstrable above all through his employment of the Logos concept in the prologue. The attempt should never be made to explain it on the basis of Hellenism or Judaism alone. Its roots are in the ancient religions of the nearer Orient in which ancient Israel was set."(G. R. Beasley-Murray, *John* [WBC], vol. 36 [Waco, Texas: Word Books, 1987], lxv). Cf. Dodd. *The Interpretation of the Fourth Gospel,* 278.

794 홍창표, 「신약과 문화」, 180.

것도 아니요 오로지 기독교적인 것이다."[795] 신약성경은 그것이 기록될 당시의 주위 철학이나 사상이나 종교의 영향을 받은 것이 아니라 이 세상에 주어진 하나님의 계시로서 하나님 자신의 사상을 전달하는 것이다. "요한은 비록 유대인으로 태어나고 '유대주의'의 배경에서 자랐으며 말년에는 '헬레니즘'이 지배하는 소아시아에서 복음을 전하며 목회를 하였지만, 그가 전한 것은 유대주의적인 것도 아니요 헬레니즘적인 것도 아니며 하나님의 아들 예수 그리스도께 받은 '복음'이었다."[796]

3. '병행마니아'(parallelomania)의 문제

프롤로그의 로고스의 기원과 관련하여 유의해야 할 또 다른 점은 병행의 문제이다. 종교사적 비평학자들은 단순히 단어적 병행에 근거하여 요한복음의 로고스가 헬라철학, 유대 문서 등에서 기원했다고 주장한다. 그러나 주의해야 할 것은 용어의 동일함이 반드시 개념이나 의미의 동일함을 의미하지는 않는다는 것이다. 용어적 병행이 언제나 사상의 병행과 일치를 의미하는 것은 아니라는 말이다. 같은 단어는 언제 어디서나 같은 의미와 개념과 사상을 가진다고 생각하는 것은 의미론의 시대착오적 오류이다.[797] Samuel Sandmel은 두 문헌간의 병행 구절을 발견했다고 주장하는 사람들의 문제 중 하나는 표면적 병행구절을 실제적 병행구절인 것으로 생각한다는 것이다.[798] 병행에 미쳐 있는 사람들은 성경 외의 자료들을 신약성경 전체와 비교하지 않고, 그 중 일부분 혹은 작은 조각들과만 비교하여 그것이 마치 전부인 것처럼 과장하고 확대하는 오류를 범한다. 이것은 표면으로 실제를 대신하는 것이다. 그러나 그들이 만약 전체로서의 신약성경을 다른 자료들(그리스 철학, 영지주의 문서, 유대 문서 등)과 비교한다면 이들 사이의 차이점들은 아주 분명하게 드러날 것이다.[799]

---

[795] Smalley, *John : Evangelist and Interpreter*, 74.
[796] 변종길, "요한복음에 나타난 비유의 핵심은 무엇인가," 86-87
[797] D. A. Carson, *Exegetical Fallacies*, 2th ed. (Grand Rapids: Baker Book House, 1996), 33-35.
[798] S. Sandmel, "Parallelomania," *JBL* 81 (1962), 1-13.
[799] Jakob van Bruggen, 「누가 성경을 만들었는가」, 김병국 역 (서울: 총신대학교출판부, 2002),

그러므로 요한의 로고스의 기원을 바로 이해하기 위해서는 단순 병행적 해석이 아닌 통합적 해석을 해야 한다. 이것은 요한복음 전체의 문맥과 이해에 근거하여 로고스의 기원을 확인하는 것이다. 로고스는 예수에 대한 요한복음의 중요한 이해이며, 요한복음은 철저히 구약성경을 의존하고 있으므로, 구약성경에서 로고스의 기원을 찾아야 하는 것은 너무나도 당연한 귀결이다.

4. 진정한 기원 : 구약성경

그리스 철학 용어로서의 로고스는 우주를 조정하는 최고의 지성을 가리킨다. 이것은 헤라클레이토스와 스토아 철학자들에 의해 범신론적으로 이해되었고, 필로에 의해 좀 더 정통적인 방식으로 이해되었다. 반면에 구약성경이 이 용어의 성경적 의미를 나타낸다.[800] 이런 까닭에 복음의 핵심과는 절대적으로 거리가 먼 세계에서 '로고스'에 대한 해결의 열쇠를 찾으려는 모든 노력은 유익하지 않다. 이러한 노력은 가상하다하더라도 그 결과는 신뢰할 수 없다.[801] 우리가 앞에서 요한복음의 구약성경 기원을 확인한 바와 같이, 신약성경의 다른 책들과 마찬가지로 요한복음에서도 구약성경은 절대적인 위치를 점유한다. 요한복음의 모든 것은 구약성경으로부터 흘러나온다고 해도 과언이 아니다. 그래서 J. B. Lightfoot는 요한복음이 신약성경에서 계시록 다음으로 가장 히브리적인 책이라고 말하였다.[802] 사도요한이 구약성경을 말씀(λόγος, 요 12:38; 15:25,)으로 칭한 것은 요한의 '로고스'가 구약성경과 깊은 관련이 있다는 것을 암시하는 것으로 볼 수도 있다.[803] 요한복음의 저자는 구약성경 외에 다른 것에서 로고스 예수의 근거를 찾지 않았다. 그는 아버지와 아들이 하나이

123(= *Wie maakte de bijbel?: over afsluiting en gezag van het Oude en Nieuwe Testament* [Omslag Dik Hendriks, 1986]).

800 Clark, *The Johannine Logos,* 19.

801 Ridderbos, "The Structure and Scope of the Prologue," 181.

802 J. B. Lightfoot, *Biblical Essays* (London: MacMillan and Company Ltd, 1893, 1904; Hendrickson Publishers, 1994), 135.

803 조병수, "요한복음의 구약성경 인용," 418-419.

며(요 10:30) 아들을 본 자는 아버지를 보았다고 말씀한다(요 12:45; 14:9). 그러므로 아버지 하나님은 구약성경에 관계되고, 아들 로고스는 이방 신화와 철학과 종교들에 관계된다고 말하는 것은 어불성설이다. 프롤로그의 로고스의 진정한 기원은 구약성경이며,[804] 따라서 요한의 로고스 이해를 위하여 구약성경으로 돌아가는 것은 당연한 이치이다.[805]

---

[804] F. F. Bruce, *The Gospel of John: Introduction, Exposition, and Notes* (Grand Rapids: Eerdmans, 1983), 29: "The true background to John's thought and language is found not in Greek philosophy but in Hebrew revelation"; T. W. Manson, *Studies in the Gospel and Epistles* (Philadelphia: The Westminster Press, 1962), 118: "It is, I think, indisputable that the roots of the doctrine are in the Old Testament and that its main stem is the *dbar Yahweh*, the creative and revealing Word of God, by which the heavens and earth were made and the prophets inspired." Cf. Köstenberger, *Encountering John*, 39: "The background for this logos Christology is probably the Old Testament understanding that God sends his Word to accomplish his purposes(cf. Is 55:10-11)."

[805] Cf. Ed. L. Miller, "The Johannine Origins of the Johannine Logos," *JBL* 112 (1993), 445-457, esp. 446-447. 여기서 요한복음의 로고스의 기원을 요한문서 외에서 찾을 필요가 없다는 Miller의 이 주장은 이방철학과 종교와 사상에 관하여 말할 때는 옳으나, 구약성경과 관련해서는 잘못되었다.

제5장 요한복음 프롤로그의
로고스(λόγος) 신학

본 장은 요한복음 프롤로그의 로고스 신학에 관한 고찰이다. 이를 위하여 먼저 프롤로그의 로고스 이해를 위한 바른 근거와 로고스 명명 이유를 연구한 뒤, 이어서 로고스의 존재와 활동에 따른 프롤로그의 로고스 신학을 논할 것이다.

I. 로고스 신학의 근거와 로고스 명명(命名) 이유

1. 로고스 이해의 기초

로고스(λόγος)는 일반적으로 '말씀', '말하기'(speech), '설명', '이야기' 또는 '메시지'를 의미한다.[806] 요한복음에서 40회 사용된[807] 이 용어는 예수를 일컫는 여러 가지 칭호들 중의 하나이다.[808] 이 사실은 프롤로그의 로고스 이해를 위한 중요한 기초를 제시한다.

---

[806] BDAG, 598-601.

[807] 요 1:1tres.,14; 2:22; 4:37,39,41,50; 5:24,38; 6:60; 7:36,40; 8:31,37,43,51,52,55; 10:19,35; 12:38,48; 14:23,24bis.; 15:3,20bis,25; 17:6,14,17,20; 18:9,32; 19:8,13; 21:23.

[808] Sukmin Cho, *Jesus as Prophet in the Fourth Gospel*, NTM 15 (Sheffield: Sheffield Phoenix Press, 2006), 255: "In John's Gospel, ὁ λόγος is used in a particular way to refer to Jesus, so it is one of John's special christological designations."

1) 예수 그리스도

프롤로그의 로고스가 예수를 지칭하는 여러 칭호들 가운데 하나라면, 로고스는 예수의 모든 것을 나타내는 것이 아니라 예수에 관한 특정한 것들을 보여 주는 것이다. 로고스는 예수의 모든 것이 아니라 예수의 일부이다. 로고스가 예수를 포함하는 것이 아니라 예수가 로고스를 포함한다. 따라서 로고스 신학의 중요한 기초이자 근거는 예수 그리스도이다. 이 사실은 우리로 하여금 로고스에 의하여 예수 그리스도를 이해할 것이 아니라 예수에 의하여 로고스를 이해해야 할 것을 요청하며, '로고스가 예수이다'가 아니라 '예수가 로고스이다'라는 관용적 표현 (formula)을 만들어 낸다. 본질상 프롤로그의 주제는 예수 그리스도이며 로고스는 술어이다. 그 반대는 아니다.[809] 요한의 로고스에 대한 이해의 원천은 역사적인 그리스도의 존재와 사역에 있으므로 로고스는 예수를 기초할 때만 그 의미를 가질 수 있다.[810]

2) 몸말의 예수 이해를 통한 프롤로그의 로고스 이해

그런데 '로고스가 예수인 것이 아니라 예수가 로고스이다'는 사실은, 즉 예수에 의하여 로고스를 이해해야 한다는 말은 요한복음 전체의 예수 이해에 기초하여 프롤로그의 로고스를 이해할 것을 요구한다.[811] 그러므로 우리는 로고스를 몸말에서 분리하여 독립적으로 보려는 시도를 지양하고, 대신에 요한복음 전체가 묘사하는 '예수'를 통하여 프롤로그의 로고스를 이해해야 한다. 로고스만 따로 떼어서 이해하려는 것은 저자의 의도가 아니다. 프롤로그는 몸말과 다른 자료에서 온 것이 아니며,

---

809 Ridderbos, "The Structure and Scope of the Prologue to the Gospel of John," *NovT* 8 (1966), 180-201, esp. 189-191, 198.

810 Andrew F. Walls, "Logos," *Baker's Dictionary of Theology*, ed. by Everett F. Harrison (Grand Rapids: Baker Book House, 1983), 328.

811 W. G. Kümmel, *The Theology of the New Testament according to Its Major Witnesses: Jesus-Paul-John*, translated by John E. Steely (Nashville: Abingdon Press, 1973), 278(= 「주요 증인들에 따른 신약성서 신학-예수, 바울, 요한」, 박창건 역 [서울: 성광문화사, 1985]): "… it is undoubtedly correct that 'the gospel must not be interpreted by the term Logos, rather we must understand this term with its varied history in the light of the Gospel as a whole'(W. F. Howard)."

별개의 둘이 아니라 하나(unity)이다. 이 사실은 이미 앞에서 여러 차례 밝히고 강조했다. 프롤로그의 로고스 기독론은 요한복음만의 독특함이므로 그것은 요한복음 전체에 의해서 조명되고 이해되어야 한다. 결국, 몸말의 예수 이해가 프롤로그의 로고스 이해의 열쇠이다.[812]

2. '로고스' 명명 이유

그러면 이제, 위에서 밝힌 프롤로그의 로고스 이해를 위한 필수적인 두 가지 기초에 근거하여 프롤로그에서 예수를 '로고스'(λόγος)로 쓴 이유가 무엇인지를 알아보자. 요한은 예수의 어떤 특징을 강조하고 드러내고자 예수를 로고스로 명명했는가? 그가 이 용어를 사용하여 전하려고 한 예수에 대한 내용은 무엇인가?

1) 구약성경과의 관련성

요한복음이 기록된 A. D. 1세기 후반에 '로고스' 용어는 헬라 세계와 유대주의에서 공히 사용되고 있었다. 고대 세계에서 로고스는 한 일반적 개념이었다.[813] 그런데 사도 요한은 이렇게 통용되고 있던 용어인 '로고스'를 사용하여 그의 신학의 중심인 예수 그리스도를 소개하고 있다. 이것은 매우 의외의 일이다. 왜냐하면 '로고스'가 철학적 개념과 사상과 원리로, 그리고 이방 종교의 신화적인 존재로 보편화 되어 있던 1세기의 시대 상황에서, 사도 요한이 이 '로고스'라는 용어로 예수를 소개하는 것은 많은 사람들에게 예수에 대한 오해를 불러일으킬 수 있었기 때문이다. 즉 그가 예수를 '로고스'라고 말하면, 사람들은 예수를 헬레니즘의 한 부산물 또는 이교도들의 종교와 동일하거나 유사한 것으로 생각할 수 있었다. 이러한 오해는 현대 비평학자들에게서도 계속되고 있으며, 따라서 상황에 대한 이러한 추론은

---

812 D. A. Carson, R. T. France, J. A. Motyer, G. J. Wenham (eds.), *New Bible Commentary* (Leicester: Inter Varsity Press, 1994), 1025.

813 O. Cullmann, *The Christology of the New Testament*, translated by Shirley C. Guthrie and Charles A. M. Hall (Philadelphia: The Westminster Press, 1963), 251.

거의 틀림없을 것으로 생각된다.

그렇다면 충분히 예상되는 이런 오해를 감수해가면서까지 저자가 굳이 '로고스' 용어를 사용해야만 했던 이유가 분명히 있었을 것이다. 혹자는 복음 전파를 위한 이방세계와의 접촉점을 만들기 위함이었다고 생각하기도 하지만,[814] 그것을 주요 이유로 보는 것은 너무나도 단세포적인 생각이다. 우리는 이미 로고스의 기원에 관한 연구를 통하여 요한의 로고스가 구약성경에서 유래했다는 것을 확인했다. 따라서 사도 요한이 로고스 용어를 사용한 가장 근본적이고 핵심적인 이유는 로고스의 혼합종교적 배경에 찬동하기 위해서가 아니라, LXX에서 '로고스'(λόγος)로 의역된 구약성경의 '말씀'(רבד)과 예수와의 관련성을 나타내기 위함이다.[815] "요한이 로고스를 사용한 이유는, 그 용어가 하나님의 계시의 문맥에서 사용될 때 히브리어 רבד의 의미를 표현하는 가장 자연스런 용어이기 때문이다."[816] 그는 이것을 통하여 예수의 정체(존재, 활동 등)와 그에 대한 신학을 잘 표현할 수 있었다.[817] 그리고 이러한 로고스의 구약성경 관련성은 다음이 로고스 명명 이유들에서도 분명하다.

2) 선재하신 하나님

요한이 예수 그리스도를 '로고스'로 명명한 두 번째 이유는 예수 그리스도가 선재하시는 하나님이시기 때문이다. 요한복음의 몸말은 예수 그리스도를 선재하는 (요 8:58; 17:5,24) 삼위일체(요 10:30) 하나님(요 14:9; 20:28)으로 증거한다. 이와 병행하여, 구약성경은 말씀(רבד)을 선재하신 삼위일체 하나님으로 증거한다(잠 8:22-31; 시 45:6. cf. 히 1:8; 시 93:2). 또한 예수께서 유대인들에게 밝히신 "아브라함이 나기

---

814 Bruce Milne, *The Message of John: Here is Your King!* (Leicester: Inter-Varsity Press, 1993), 31: "이 단어가 1세기에는 문학적이고 철학적인 맥락에서 광범위하게 사용되고 있었다. 이 단어를 사용함으로써 요한은 아주 다양한 독자층의 마음에 공명(共鳴)을 얻을 수 있었을 것이다."

815 조병수, "요한복음의 구약성경 인용," 418f.

816 D. H. Johnson, "Logos," in *Dictionary Jesus and the Gospels*, J. B. Green and S. McKnight eds. (Downers Grove, Illinois: Inter Varsity, 1992), 481-484, esp. 484. =『예수 복음서 사전』, 요단출판사 번역위원회 역 (서울: 요단출판사, 2003).

817 D. A. Carson, *The Gospel according to John* (Grand Rapids: Eerdmans, 1991), 116; G. R. Beasley-Murray, *Word Biblical Themes: John* (Dallas: Word Publishing, 1989), 21.

전부터 내가 있느니라"(요 8:58)는 말씀은 하나님이 모세에게 그 자신을 나타내신 "나는 스스로 있는 자니라"(출 3:14; cf. 신 32:39)의 반영이다.[818] 이러한 일치로 인해 요한은 프롤로그에서 선재하신(요 1:1a,2), 삼위일체 하나님이신(요 1:1b,c,2) 예수 그리스도를 구약의 'רבד'의 LXX 의역인 '로고스'로 명명한 것이다.

3) 계시의 내용이자 계시자인 예수

요한이 예수 그리스도를 로고스로 명명한 세 번째 이유는 예수 그리스도가 하나님에 대한 계시의 내용이자 하나님을 나타내는 계시자이기 때문이다.[819] 즉 그는 하나님이면서 동시에 하나님을 계시한다. 먼저 예수는 자신의 존재를 통하여 이 일을 이룬다: 예수는 아버지의 이름을 세상에 알리신다(요 17:26). 예수는 하나님을 자기의 친아버지라 하여 자기를 하나님과 동등으로 삼았다(요 5:18). 예수를 아는 것은 아버지 하나님을 아는 것이며(요 8:19; 14:7), 예수를 본 것은 아버지를 본 것이다(요 14:9). 예수는 아버지 안에 있고 아버지는 예수 안에 계신다(요 14:10,11; 17:21). 결국 예수와 아버지는 하나이며(요 10:30), 예수를 미워하는 자는 아버지를 미워하는 것이 된다(요 15:23).

또한 예수는 활동을 통하여 이 일을 나타내었다: 예수는 하나님께서 행하시는 일을 똑같이 행함으로써 하나님의 활동을 나타내었다(요 5:19). 예수는 아버지가 명령하신 대로 행하신다(요 14:31). 아버지가 그의 안에 계서 아버지의 일을 말씀하신다(요 14:10). 예수는 하나님의 말씀을 말함으로써 하나님의 뜻을 나타낸다. 예수는 자의로 말하지 않고 그를 보내신 하나님이 명령하신 것을 말씀한다(요 12:49). 그는 아버지께서 말씀하신 그대로 말씀하신다(요 12:50). 예수는 아버지께서 주신 말씀을 사람들에게 주신다(요 17:8). 그러므로 예수가 하는 말은 곧 아버지의

---

818 이에 대하여는 본 논문 제4장(요한복음 프롤로그의 로고스의 기원)의 IV.2를 참조하라. Cf. G. E. Ladd, *A Theology of the New Testament* (Grand Rapids: Eerdmans, 1974), 241.

819 J. Painter는 요한복음 기독론의 특징은 예수를 '하나님의 계시자'(Jesus as the Revealer of God)로 묘사하는 것이라고 말한다("Christology and the Fourth Gospel: A Study of the Prologue," *ABR* 31 [1983], 45-62, esp. 45.)

말이다(요 14:24).

이처럼 요한복음의 몸말에서 예수는 계시의 내용인 하나님이자 동시에 하나님의 존재와 활동을 나타내는 하나님의 계시자이다. 계시자가 계시의 내용과 동일하다. 예수는 계시를 가져올 뿐만 아니라 그의 인격 자체가 곧 계시이다. 예수를 통하여 하나님이 알려지고, 예수는 사람들에게 하나님으로 존재한다.[820]

구약성경에서는 '말씀'(דבר)이 하나님의 계시이면서 동시에 계시자이다. 먼저 하나님의 말씀은 계시 자체이다. 하나님은 말씀으로 자신의 뜻을 나타내시고(히 1:1) 심지어 하나님 자신을 나타내신다("여호와께서 실로에서 여호와의 말씀으로 사무엘에게 자기를 나타내시니." 삼상 3:21. cf. 민 14:17). 여호와의 말씀이 임하였다는 것은 그 말씀에 여호와 자신의 존재가 부여되었다는 것이다.[821] 또한 하나님의 말씀은 계시자이다. 실제로 구약성경(창 1장, 이사야 55:10-11 등)에서 말씀(דבר)은 하나님의 계시자로 나타난다("여호와의 말씀이 임하였다." 창 15:1,4; 삼상 15:10; 삼하 7:4; 24:11; 왕상 6:11; 12:22; 대상 17:3; 대하 11:2; 사 38:4; 렘 1:2,4,11,13; 겔 3:16; 6:1; 단 9:2; 욘 1:1; 학 1:1; 슥 1:1 등등). 그리고 "여호와께서 이사야에게 이르시되"(사 7:3)와 "여호와의 말씀이 이사야에게 임하니라"(사 38:4)는 동의어이다.[822]

그러므로 요한복음의 몸말에서 예수 그리스도는 하나님의 계시이자 계시자이듯이 구약성경에서도 하나님의 말씀(דבר)은 하나님의 계시이자 계시자이다. 그런데 프롤로그에서도 말씀(λόγος)으로 칭해지는 예수는 하나님을 계시하는 계시자이면서(요 1:18) 동시에 계시 자체인 하나님이다(요 1:1).[823] 이러한 일치로 인해 요한은

---

820 J. Painter, "C. H Dodd and the Christology of the Fourth Gospel," *JLSA* 59 (1987), 42-56, esp. 54.

821 Leon Morris, *New Testament Theology* (Grand Rapids: Zondervan Publishing House, 1986), 225-228, esp. 226(= 「신약신학」, 박용성 역 [서울: 기독교문서선교회, 1990]): "The Word is given almost an existence of its own when we find that 'the Word of the Lord came' … (e.g., Jer. 1:2,4; Ezek. 1:3l; Hos. 1:1)."

822 F. F. Bruce, *The Gospel of John: Introduction, Exposition, and Notes* (Grand Rapids: Eerdmans, 1983), 30.

823 J. G. Van der Watt, "The Composition of the Prologue of John's Gospel: The Historical Jesus Introducing Divine Grace," *WTJ* 57 (1995), 330, esp. note 85; 조석민, "로고스의 개념과 기능(요한복음 1:1-18)," 「Pro Ecclesia」 vol. 4. No. 1 (프로 에클레시아 신학회, serial number 7, 2005), 56: "로고스는 성육신하신 예수 그리스도이시며, 그 기능은 하나님을 계시하는 것이다"; 홍창표, "로고스, 요한복음 서론(1:1-18)," 119: "결국 예수를 '로고스'로 칭한 이유는 그것이 예수 안에 있는

프롤로그에서 예수 그리스도를 말씀(λόγος)으로 명명한 것이다.[824]

4) 생명의 원천인 예수

프롤로그에서 예수 그리스도가 로고스로 명명된 네 번째 이유는 그가 생명이며, 그의 말씀 또한 생명이기 때문이다. 생명이신 하나님 아버지께서 아들 예수에게 생명을 주어 그 속에 있게 하셨다(요 5:26). 예수는 하나님이 하늘에서 내려 세상에게 생명을 주는 하나님의 떡(ὁ ἄρτος τοῦ θεοῦ)이며, 생명의 떡(ὁ ἄρτος τῆς ζωῆς)이며(요 6:35,48), 산 떡(ὁ ἄρτος ὁ ζῶν)이다(요 6:51). 이 떡을 먹으면 영생한다(요 6:51,58). 이처럼 예수 그리스도는 생명이다(요 11:25; 요 14:6). 따라서 오직 그의 이름을 힘입어 생명을 얻는다(요 20:31).

또한 예수가 생명이기에 그의 말씀도 생명이다. 예수는 "내가 너희에게 이른 말이 영이요 생명이라"(요 6:63)고 말씀하였다. 그리고 하나님의 계명은 영생인데, 예수는 바로 그 계명을 말하므로(요 12:50)[825] 그의 말은 생명이다. 예수는 영생의 말씀(ῥήμα ζωῆς αἰωνίου)을 가지고 있다(요 6:68). 따라서 사람이 그의 말을 들어 생명을 얻는다(요 5:24). 이상에서 의미하는 바는 예수도 생명이며 그의 말씀도 생명이라는 것이다. 여기서 예수 그리스도는 생명이라는 특성에서 그의 말씀과 동일시되고 있다.[826] 그래서 예수는 말씀(λόγος)으로 명명된 것이다.

말씀이 생명이라는 진리에 대한 구약성경의 증거는 만나에 관한 모세의 설명에서

하나님의 자기 계시(self-disclosure)에 매우 합당한 용어이기 때문이다"; Carson, *The Gospel according to John*, 135: "The emphasis of the Prologue, then, is on the revelation of the Word as the ultimate disclosure of God himself"; H. Conzelmann, 「신약성서신학」, 박두환 역 (서울: 한국신학연구소, 2001), 595: "로고스 그 자체가 전체이며 배타적인 내용이다. 이것은 계시자와 계시의 내용이 엄밀한 의미에서 동일하다는 것을 의미한다"; 홍창표. "로고스, 요한복음 서론(1:1-18)," 「신학정론」 제 11권 1호 (1993), 117.

824 Andreas J. Köstenberger, *A Theology of John's Gospel and Letters* (Grand Rapids: Eerdmans, 2009), 338: "The designation 'Word' conveys the notion of divine self-expression or speech(cf. Ps. 19:1-4)." Cf. 변종길, "요한복음에 나타난 상황성," 「그 말씀」 (1998. 1), 110-118; 홍창표, "로고스, 요한복음 서론(1:1-18)," 115-117; Van der Watt, "The Composition of the Prologue," 324-325.

825 οἶδα ὅτι ἡ ἐντολὴ αὐτοῦ ζωὴ αἰώνιός ἐστιν. ἃ οὖν ἐγὼ λαλῶ, καθὼς εἴρηκέν μοι ὁ πατήρ, οὕτως λαλῶ(요 12:50).

826 Cf. 요한일서 1:1 "태초부터 있는 생명의 말씀"(Ὃ ἦν ἀπ' ἀρχῆς … περὶ τοῦ λόγου τῆς ζωῆς).

잘 나타난다(신 8:3). 이 진리는 프롤로그에서도 동일하다. 요한은 말씀 안에 생명이 있었는데(요 1:4), 예수가 바로 그 말씀이라고 말함으로써(요 1:1-2,17) 예수가 생명의 원천이라는 것을 증거하였다(cf. 시 36:9). 따라서 생명의 원천인 예수를 생명인 말씀, 즉 로고스로 부르는 것은 너무나 당연하다.

5) 하나님의 말씀 증거자인 예수

요한이 예수를 로고스로 명명한 다섯째 이유는 예수가 하나님의 말씀을 전하는 분이기 때문이다. 예수는 자신의 말을 말하는 것이 아니라 하나님으로부터 말씀을 받아 하나님의 말씀을 말한다. 그는 그 보고 들은 것을 증거하며(요 3:31-32), 아버지께서 가르치신 대로 말하며(요 8:28), 자의로 말하지 않고 아버지께서 말씀하신 그대로 이르시고(요 12:49-50), 아버지께서 들은 것을 다 알게 하셨다(요 15:15). 한 마디로 예수는 하나님께 들은 진리를 말한 분이다(요 8:40). 그러므로 예수의 말씀은 예수 자신의 것이 아니요 하나님이 주신 하나님의 말씀이다(요 3:34; 14:24; 17:8,14). 이처럼 예수는 하나님의 말씀만을 말하는 분이므로 예수의 말씀은 곧 아버지의 말씀이다. 그래서 예수의 말씀을 듣고 그것을 믿음으로 받는 모든 사람은 아버지의 말씀을 듣는 것이다(요 5:24; 8:51; 12:48; 14:24; 15:3; 17:14,17). 그것은 구원의 말씀이며(요 14:24) 진리의 말씀이다(요 17:17).[827] 여기서 우리는 예수 그리스도가 말씀(λόγος)으로 불리는 이유를 발견한다. 예수 그리스도는 전적으로 하나님의 말씀을 말하시는 분이기에 말씀, 즉 로고스로 불린다.[828] 예수는 하나님의 말씀만을 말하는 하나님의 '로고스'이시다(요 1:1).

---

[827] B. Klappert, "λόγος," *NIDNTT*, 1081-1117, esp. 1114.

[828] Carson, *The Gospel according to John*, 135: "As Jesus gives life and is life, raises the dead and is the resurrection, gives bread and is bread, speaks truth and is the truth, so as he speaks the word he is the Word"; Cullmann, *The Christology of the New Testament*, 259: "예수께서 계시를 가져 오실 뿐 아니라 그의 인격 안에 계시가 있기도 하다. … 그는 빛을 가져 오시고, 동시에 그가 곧 빛이시다. 그는 생명을 베푸시고 그가 곧 생명이시다. 그는 진리를 선포하시고 그가 곧 진리이시다. 좀 더 적절히 표현하자면, 바로 그 자신이 빛이요 생명이요 진리이므로 그는 빛, 생명, 진리를 가져 오신다. 이것은 로고스의 경우에도 마찬가지이다."; G. R. Beasley-Murray, *John* (WBC), vol. 36 (Waco, Texas: Word Books, 1987), 10. Cf. 박형용, 「사복음서 주해」 (수원: 합신대학원출판부, 2009), 34.

6) 창조(주)와 구속(주)인 예수

요한복음에서 예수 그리스도가 로고스로 명명되는 여섯째 이유는 그가 창조주와 구속주이기 때문이다. 프롤로그는 만물이 말씀인 예수로 말미암아 창조되었으며 (πάντα δι' αὐτοῦ ἐγένετο)(요 1:3), 세상이 그로 말미암아 창조되었다(ὁ κόσμος δι' αὐτοῦ ἐγένετο)(요 1:10)고 말씀한다. 예수는 만물 창조의 중개자이다. 한편, 구약성경은 하나님의 말씀으로 만물이 창조되었다고 말한다. 창세기 1장의 "하나님이 가라사대(말씀하셨다) … (그대로 되었으니)"는 "여호와의 말씀으로 하늘이 지음이 되었으며"(시 33:6. LXX 시 32:6)와 같은 의미이다. 창세기의 창조 기사는 하나님의 말씀의 효과에 대한 충분한 증거를 제시한다. 그가 말씀하신다. 그리고 만물이 존재한다(창 1:3,9; cf. 1:11,15,24,29-30).[829] 이와 같이 예수와 구약의 말씀은 창조의 주제에서 병행하므로, 요한은 예수를 말씀, 즉 로고스로 명명한 것이다. 사도 요한은 창세기 1장에서 여덟 번 반복된 "그리고 하나님이 말씀하시니"(ויאמר אלהים)를 로고스라는 한 마디에 압축하였다.[830]

또한 요한복음은 예수가 구원자라고 증거한다. 하나님이 그 아들 예수를 세상에 보내신 것은 세상을 구원하기 위해서이다(요 3:17; 12:47). 그가 온 것은 양으로 생명을 얻게 하고 더 풍성히 얻게 하기 위해서이다(요 10:10). 그는 구원의 문이며(요 10:9), 그를 믿는 자마다 영생을 얻는다(요 3:16; 6:47). 구약성경에서도 하나님의 말씀이 구원하신다. "저가 그 말씀을 보내어 저희를 고치사 위경에서 건지시는도다" (시 107:20).[831] 프롤로그에서도 말씀의 이름을 믿는 자들에게 하나님의 자녀가 되는 권세를 주셨다(요 1:12). 이와 같이 구원이라는 주제에서 구약의 말씀과 프롤로그의 로고스와 몸말의 예수는 동일이다. 따라서 요한은 예수가 구속주시라는 진리에 근거하여 예수를 로고스로 명명한 것이다.[832]

---

829 A. J. Köstenberger, "John," in ed. by G. K Beale, and D. A. Carson, *Commentary on the New Testament Use of the Old Testament* (Grand Rapids: Baker Academic, 2007), 415-512, esp. 421.

830 홍창표, "로고스, 요한복음 서론(1:1-18)," 120.

831 ἀπέστειλεν τὸν λόγον αὐτοῦ καὶ ἰάσατο αὐτοὺς καὶ ἐρρύσατο αὐτοὺς ἐκ τῶν διαφθορῶν αὐτῶν(LXX. Psalm 106:20).

832 Paul LaMarche, "The Prologue of John (1964)," in *The Interpretation of John*. Edited by John Ashton. Issues in Religion and Theology 9 (Philadelphia: Fortress, 1986), 41: "… the title of Logos designates not only the *Word* as we now call him, but Christ the Saviour."

이처럼 요한이 예수를 로고스로 명명한 것은 예수가 창조주요 구속주가 되시기 때문이다. 이에 대하여 Bavinck는 다음과 같이 설명하였다.

그리스도께서 왜 이 이름(로고스)을 가지셨는가에 대한 참다운 이유는 의심할 바 없이 성경 모든 곳에서 발견할 수 있는 교리, 즉 창조와 구속 사역 모두에서 하나님께서 말씀을 통해 자신을 계시하신다는 것에서 찾아볼 수 있다. 말씀을 수단으로 해서 하나님은 만유를 창조하시고 보존하시고 통치하신다. 또한 말씀을 통해서 하나님은 우주를 새롭게 하신다. 요한이 그리스도를 로고스로 부르는 것도 하나님이 창조와 구속에서 로고스 안에서 그리고 로고스를 통하여 그 자신을 계시하시기 때문이다(요 1:3,14).[833]

7) 종말론적 심판자인 예수

나아가서 예수가 로고스로 명명되는 또 다른 이유는 그의 심판하는 기능 때문이다. 예수와 그의 말에 대한 신앙의 여부가 심판의 기준이 되며(요 3:18; 5:24), 이 심판에서 예수 자신이 심판자가 된다(요 5:22). 그리고 그의 심판이 의로운 이유는 그가 자신의 원대로 심판하지 않고 그를 보내신 아버지의 원대로 심판하기 때문이다(요 5:30). 이와 함께 예수의 말씀 자체도 심판자가 된다: "나를 저버리고 내 말(ῥῆμα)을 받지 아니하는 자를 심판할 이가 있으니 곧 나의 한 그 말(λόγος)이 마지막 날에 저를 심판하리라"(요 12:48).[834] 그러므로 예수 그리스도와 그의 말씀이 모두 심판자이며, 예수를 거절하는 것은 곧 그의 말씀을 거절하는 것이 된다(요 12:48).[835] 여기서 예수와 말씀이 동일시되며, 따라서 요한은 예수를 말씀, 즉 로고스라 명명한

---

833 H. Bavinck, *The Doctrine of God,* translated, edited outlined by William Hendriksen (Edinburgh: The Banner of Truth Trust, 1979), 268.

834 요한복음에는 λόγος가 39회, ῥῆμα가 12회, 모두 51회 나온다. 이 두 어휘는 요한에 의해 상호교환적으로(interchangeably) 사용되었다(Ed. L. Miller, "The Johannine Origins of the Johannine Logos," *JBL* 112 [1993], 445-457, esp. 450f.).

835 ὁ ἀθετῶν ἐμὲ καὶ μὴ λαμβάνων τὰ ῥήματά μου ἔχει τὸν κρίνοντα αὐτόν· ὁ λόγος ὃν ἐλάλησα ἐκεῖνος κρινεῖ αὐτὸν ἐν τῇ ἐσχάτῃ ἡμέρᾳ(요 12:48). 여기서 예수를 거절하는 것이 그의 말씀(ῥῆμα)을 거절하는 것과 동일시되고 있다. 관사 ὁ 에 분사 둘(ἀθετῶν, λαμβάνων)이 걸리고 있고, καί가 "that is"의 의미를 가지고 있기 때문이다. 그리하여 예수와 말씀이 동일시된다. 또한 ῥῆμα와 λόγος 사이에 차이가 없는 것을 알 수 있다.

것이다.

구약성경에서도 말씀이 심판과 관련하여 언급된다. 하나님의 말씀이 심판하신다. 이를 위하여 하나님은 여호와의 말씀을 선지자의 입에 두신다(렘 1:9-10). 또한 하나님의 말씀은 불이 되어 심판하신다(렘 5:14. cf. 계 11:5). 이와 같이 여호와의 말씀은 심판을 행하신다. 나아가서 하나님은 모세의 입에 하나님의 말씀을 두고 그 말씀에 대한 반응에 따라 심판을 행하신다. 이것은 예수 그리스도를 예표한다(신 18:18-19. cf. 신 18:15). 이 말씀은 종국적으로 예수 그리스도와 그의 말씀을 가리키는 것이다(행 3:23). 이리하여 구약성경도 하나님의 말씀이 심판자이며, 예수 그리스도와 그의 말씀이 심판자라는 것을 증거한다. 하나님의 심판에서 예수와 말씀이 하나이다. 따라서 예수는 말씀, 즉 로고스라는 이름으로 불린다.

3. 결론

예수는 로고스보다 크다. '로고스가 예수이다'가 아니라 '예수가 로고스이다.' 그러므로 로고스에 의하여 예수를 이해할 것이 아니라 예수에 의하여 로고스를 이해해야 한다.[836] 로고스 신학의 기초는 예수이다. 따라서 프롤로그의 로고스 이해는 요한복음 전체의 예수 이해를 바탕으로 해야 한다. 요한이 예수를 로고스로 명명한 이유도 이와 같은 원리에서 확인해야 한다. 그 결과 우리는 다음과 같은 결론을 얻었다.

틀림없이 요한은 요한복음을 기록할 당시에 그의 시대의 종교적, 철학적 어휘로서의 '로고스'의 의미를 충분히 숙지하고 있었을 것이다. 이 말은 그가 이 용어를 사용하여 헬레니즘 철학과 이교의 종교적 사상 등을 따라 요한복음을 기록했다는 뜻이 아니다. 그 반대로, 이 말은 그가 당시에 사용되던 로고스의 의미를 정확하게 알고 있었기 때문에 오히려 그는 로고스에 대한 당시의 일반적인 의미와는 확연히 다른, 구약성경에 기원을 둔 '요한의 로고스'의 의미와 특징을 선명하게 드러낼

---

836 Cullmann, *The Christology of the New Testament*, 249: "It is a common error to think that the Logos designation dominates the Gospel of John."

수 있었다는 뜻이다.

그는 먼저 예수 그리스도가 창세전부터 계신 선재하신 삼위일체 하나님이며, 따라서 그가 생명의 원천이 되는 분이라는 예수의 존재적 특징을 로고스로 나타내었다. 또한 그는 창조, 구속, 심판, 계시, 말씀증거 등 예수 그리스도가 하나님으로서 그리고 아들로서 행하는 여러 가지 신적 활동을 로고스로 묘사하였다.[837] 앞에서 밝힌 대로, 이것은 대부분 구약성경의 하나님의 말씀의 존재와 활동에 일치한다.[838] 요약하면, 요한이 예수 그리스도를 로고스로 명명한 것은 그것이 예수 그리스도의 하나님 되심(존재)과 그의 모든 신적 활동을 나타내는 데 가장 적합했기 때문이다. 프롤로그의 로고스는 단순히 헬레니즘 철학이나 영지주의나 유대문서 등에서 차용된 것이 아니라, 예수 그리스도의 신적 존재와 활동(기능)을 증거하고 사람들이 그를 믿도록 하기 위해 의도적으로 구약성경에서 가져온 요한만의 특별한 용어이다.

II. 로고스의 존재와 활동

H. C. Waetjen은 요한복음의 프롤로그는 선재한 로고스의 활동에 대한 요약적 설명을 보여 준다고 말한다.[839] 그러나 프롤로그는 로고스의 활동을 말할 뿐만 아니라 로고스의 존재에 더 강조점을 두고 우선적으로 설명하고 있다.

---

[837] D. H. Johnson, "Logos," in J. B. Green and S. McKnight (eds.), *Dictionary of Jesus and the Gospels* (Downers Grove, Illinois: Inter Varsity, 1992), 481-483, esp. 484: "… his use of logos in the rest of the Gospel seems to imply that the word he is speaking of is that prophetic word which goes forth from God's mouth to accomplish creation, judgement, redemption and renewal."

[838] Carson, *The Gospel according to John*, 116: "In short, God's 'Word' in the Old Testament is his powerful self-expression in creation, revelation and salvation"; Bruce, *The Gospel of John*, 29: "The 'word of God' in the Old Testament denotes God in action, especially in creation, revelation and deliverance."

[839] H. C. Waetjen, "Logos πρὸς τὸν θεόν and the Objectification of Truth in the Prologue of the Fourth Gospel," *CBQ* 63 (2001), 265-286, 265.

1. 로고스의 존재

1) 전제적(Presupposed) 존재

요한복음 1:1은 ἦν을 세 번 사용하여 로고스(λόγος)의 존재방식을 설명한다. 그러나 우리는 로고스의 존재방식을 말하기 전에 먼저 모든 수식어를 배제한 ὁ λόγος ἦν 또는 ἦν ὁ λόγος 자체를 생각해야 한다. 이것은 '로고스가 존재하신다'는 의미로서 로고스 존재에 대한 전제적 선언이다.[840] 이렇게 로고스가 존재하신다는 사실을 전제로 제시한 것은 로고스가 있은 후에야 로고스의 존재 방식에 대한 설명이 가능하기 때문이다. 요한복음은 로고스가 존재하신다는 말로 시작한다. 이것은 증명이 아니라 신적 전제이고, 설명이 아니라 신적 선포이며, 인간 이성의 자각이 아니라 하나님의 계시이다. 요한은 ἦν을 사용하여 하나님이 존재하신다는 것을 전제한다.[841] 그러므로 ἦν은 전제의 ἦν이며, 로고스 이해는 하나님이 계시로 나타낸 이 전제에서부터 시작되어야 한다.

2) 존재 방식

이러한 로고스의 존재에 대한 전제는 로고스의 존재 방식으로 나아간다(요 1:1-2). 로고스의 존재 방식은 ἦν과 그것을 꾸며주는 말에 의해 세 가지로 설명된다.[842] 로고스는 "태초에 있었고"(ἐν ἀρχῇ ἦν ὁ λόγος)(1a), "하나님과 함께 있었고"(ὁ λόγος ἦν πρὸς τὸν θεόν)(1b), "하나님이셨다"(θεὸς ἦν ὁ λόγος)(1c).

(1) 시간적 존재 방식 : 로고스의 선재(pre-existence)

먼저, 로고스는 태초에 계셨다(ἐν ἀρχῇ ἦν ὁ λόγος)(1a). 이것은 로고스의

---

[840] Cf. Ferdinand Hahn, 「신약성서신학 I」(*Theologie des Neuen Testaments* I), 강면광 외 역 (서울: 대한기독교서회, 2007), 665.

[841] Craig R. Koester, *The Word of Life: A Theology of John's Gospel* (Grand Rapids/Cambridge: Eerdmans Publishing Company, 2008), 27.

[842] Cf. R. E. Brown, *The Gospel according to John I-XII*, vol. I (2 vols) (New York: Doubleday, 1966), 4: "Since Chrysostom's time, commentators have recognized that each of the three uses of "was" in vs. 1 has a different connotation: existence, relationship, and predication respectively."

시간적843 존재 방식을 말하는 것으로서 로고스의 선재(pre-existence)를 의미한다. 그 이유는 먼저, "태초"가 창조 이전의 세계를 의미하기 때문이다. 프롤로그에서 창조는 3절에 가서야 나타나므로, "태초"는 창조 이전의 기간에 대한 언급이며 하나님의 영역에 대한 지칭이다.844 따라서 "태초"는 인간이 접근할 수 없는 하나님의 영역이며(cf. 빌 2:6; 골 1:15; 히 1:3),845 시간적인 연속선에서 최초의 점을 말하는 것이 아니라 시간의 피안(beyond time)을 의미한다.846 이처럼 프롤로그의 "태초"는 창조 이전의 시간을 가리키므로847 "태초에" 계신 로고스는 선재의 로고스이다. 이런 이유로 요한복음은 직접적으로 예수 그리스도의 선재를 말한다(요 8:58; 17:5,24). 또한 요한복음에서 예수 그리스도는 "하늘에서 내려온 자"로 묘사된다(요 3:13). 예수는 땅에 존재하기 전에 하늘에 존재하던 분이다. 이것은 단순히 예수의 존재에 관한 공간성을 말하려는 것이 아니라 그의 선재성을 말하려는 것이다(cf. 요 6:62).

요한복음 1:1a에서 로고스의 선재를 말하는 또 다른 이유는 동사 "ἦν" 때문이다. 이 동사는 미완료과거(impf.) 시제로서 무시간적인 의미를 가지며,848 연속성이 아니라 존재 상태의 무제한성을 시사한다.849 이것은 제한의 의미를 가진 3절(창조), 6절(세례자의 등장), 14절(성육신) 등에 사용되는 ἐγένετο와 대조된다.850 그러므로 로고스는 어느 날 갑자기 존재하게 된 것이 결코 아니다. 그는 언제나 계셨으며, 선재하신 하나님이시다.

---

843 물론 이 '시간'은 만물이 창조된 후에 존재하게 된 '역사적 시간'이 아니라 창조 이전 영원에서의 '하나님의 시간'을 의미한다.

844 Brown, *The Gospel according to John I-XII*, 4.

845 김문경, "말씀의 성육신(요 1:1-18)," 「성서마당」 59 (2003), 29.

846 C. K. Barrett, *The Gospel according to St. John*, second ed. (Philadelphia: Westminster Press, 1978), 152.

847 Köstenberger, *A Theology of John's Gospel and Letters*, 338.

848 J. H. Bernard, *A Critical and Exegetical Commentary on the Gospel according to St. John* vol. 1 (Edinburgh: T. & T. Clark, 1928), 2.

849 D. Macleod, 「그리스도의 위격」, 김재영 역 (서울: 한국기독학생회출판부, 2001), 53-54.

850 Barrett, *The Gospel according to St. John*, 152; Francis J. Moloney, *The Gospel of John*, SPS Vol. 4 (Minnesota: A Michael Glazier Book, 1998), 35: "The use of the imperfect tense of the verb 'to be' places the Word outside the limits of time and place, neither of which existed ἐν ἀρχῇ (Gen 1:1)"; 홍창표, "로고스, 요한복음 서론(1:1-18)," 119-120. 프롤로그의 ἦν과 ἐγένετο의 의미구별을 위해서는 본 논문 제3장.II.4.1)을 보라. 또한 본 장(5장).II.1.3).(1).③을 보라.

(2) 공간적 존재 방식 : 하나님과 함께

또한 로고스는 하나님과 함께 계셨다(ὁ λόγος ἦν πρὸς τὸν θεόν)(요 1:1b). 이 사실은 로고스의 공간적[851] 존재 방식을 나타낸다. 로고스는 "하나님과 함께"(πρὸς τὸν θεόν) 계셨다. 로고스는 홀로 계시지 않는다. 이것은 먼저, 로고스와 하나님의 친밀함을 나타낸다. "πρός"는 인격과 인격 사이의 매우 친밀한 관계를 나타내기 때문이다.[852] 이 사실은 로고스가 인격이라는 것을 나타내며,[853] 하나님과 로고스 사이의 인격적인 진정한 연합과 완전한 하나 됨을 나타낸다.[854] 이처럼 두 인격 사이의 함께 함(communion)을 강조하는 πρός에 의해 하나님에 대한 로고스의 관계의 본질이 제시되었다.[855] 로고스는 언제나 하나님과 밀접한 관계 가운데 계신다. 우리는 하나님과 떨어져 있는 로고스를 생각할 수 없다. 로고스이신 그리스도는 하나님과 자리를 같이 한다.

또한 로고스가 "하나님과 함께"(πρὸς τὸν θεόν) 계셨다는 사실은 하나님을 향한 로고스의 지향성을 나타낸다. 헬라어에는 '함께'를 의미하는 여러 가지 전치사가 있다. μετά, σύν, ἐν, παρά 등이 그것이다. 그런데도 요한이 굳이 πρός를 선택한 데에는 특별한 의도가 있다. 이것은 "특정한 공간적 방식에서 방향을 표시하려는

---

851 물론 이 공간도 우리의 사고를 넘어서는 공간 개념이다.

852 Carson, *The Gospel according to John*, 116; A. T. Robertson, *A Grammar of the Greek New Testament in the Light of Historical Research* (Nashville: Broadman Press, 1934), 623; idem, *Word Pictures in the New Testament* 5 (Grand Rapids: Baker Book House, 1960), 4; Maximilian Zerwick S. J, *Biblical Greek* (Rome: Editrice Pontificio Instituto Biblico. 2001), 34: "… in John πρός seems always (about 100 times!) to be used in a dynamic sense (which in our case may be understood as one of personal relationship)"; C. G. Kruse, *The Gospel according to John* (England: Inter-Varsity Press, 2003), 62; Ed. L. Miller, "The Logos Was God," *EiQ* 53 (1981), 65-77, esp. 75; Walter Bauer, *A Greek-English Lexicon of the New Testament and Other Early Christian Literature* 3rd ed. (BDAG), revised and edited by Frederick William Danker (Chicago: University of Chicago Press, 2000), 874-875('πρός,' 3.d.β and 3.g.); M. Endo, *Creation and Christology : A Study on the Johannine Prologue in the Light of Early Jewish Creation Accounts* (WUNT 2, 149) (Tübingen: Mohr Siebeck, 2002), 208; 조석민, 「요한복음의 새 관점」 (서울: 도서출판솔로몬, 2008), 56.

853 Carson, *The Gospel according to John*, 116-117.

854 R. Schnackenburg, *The Gospel according to St. John*, vol. 1 (London: Bruns & Oates, 1980), 233.

855 Ed. L. Miller, "The Logic of the Logos Hymn: A New View," *NTS* 29 (1983), 555; idem, "The Logos Was God," 73-76.

까닭이다. 즉 이 단어는 로고스의 열망이 하나님을 향하는 것을 표시하는 전치사이다."856 그러므로 이 "함께"(πρός)는 단순히 '공간적 함께'만이 아니라 '지향적 함께'를 의미하며, 인격적 대상을 향한 움직임을 나타낸다. 이와 같이 요한이 "있었다"(ἦν)는 말에 지향의 전치사를 연결시킨 것은 하나님을 향한 로고스의 지향이 로고스의 영원한 상태이고 본질임을 나타내기 위해서이다. 로고스는 철저히 하나님의 뜻을 따르고 하나님의 생각을 실현한다. 로고스가 하늘에서 내려온 것은 자신의 뜻을 행하려 함이 아니라(요 6:38,39) 그를 보내신 이의 뜻을 행하며 그의 일을 온전히 이루기 위해서이다(요 4:34). 그는 독립적 목적을 가지지 않으며 순전히 하나님의 의도에 의존한다.

이와 같은 로고스의 하나님에 대한 친밀함과 지향성은 로고스의 하나님에 대한 의존성으로 귀결되며, 따라서 로고스는 하나님께로 가는 길이 되신다(요 14:6).

(3) 인격적(신분적) 존재 방식 : 하나님

나아가서 로고스는 하나님이시다(θεὸς ἦν ὁ λόγος)(요 1:1c). 이것은 로고스의 신분적 또는 인격적 존재 방식을 나타낸다. 로고스가 태초에 계실 수 있었던 것은, 그리고 로고스가 하나님과 함께 계실 수 있었던 것은 로고스 자신이 하나님이었기 때문이다. 이처럼 요한복음은 그 시작부터 로고스가 하나님이시라는 진리를 강조하며, 이러한 기조는 요한복음 전체에서 동일하게 나타나고 있다. 그러므로 로고스의 신성이 요한복음 기독론의 핵심이다. 저자는 이 사실을 강조하기 위하여 요한복음 1:1-2을 아래와 같이 독특한 구조로 기록하였다.

A. ᾿Εν ἀρχῇ ἦν ὁ λόγος, καὶ ὁ λόγος ἦν πρὸς τὸν θεόν, (1a,b)

B   *καὶ θεὸς ἦν ὁ λόγος.* (1c)

A'. οὗτος ἦν ἐν ἀρχῇ πρὸς τὸν θεόν. (2)

---

856 홍창표, "로고스, 요한복음 서론(1:1-18)," 120.

위에서 보는 바와 같이, A(요 1:1a,b)의 모든 요소(주어, 시간, 공간)들이 A'(요 1:2)에서 요약된다. A와 A'는 ὁ λόγος를 οὗτος[857]라는 지시 대명사가 받은 것 외에는 하나도 빠진 것 없는 똑같은 문장이다. A'는 A를 요약하여 반복함으로써 A와 완벽한 병행을 이룬다. 따라서 전체 구조는 B(요 1:1c)가 A와 A' 사이에 들어 있는 형태이며, 이는 B를 중심으로 하는 교차구조이다. 이것은 로고스가 하나님이라는 사실을 강조하는 것이다.[858]

하지만 로고스가 하나님이라는 이 진리는 "θεὸς ἦν ὁ λόγος"(요 1:1c)에 대한 그리스어 문법 문제로 인해 반대에 부딪치기도 한다. 그 반대의 핵심 내용은 "θεός"에 관사 "ὁ"가 없으므로 로고스는 하나님이 아니라 단지 '신적'(θεῖος, divine)인 존재이거나[859] 여러 신들 중의 하나(a god)라는 것이다. 그러나 이 주장은 다음과 같은 이유들로 인해 잘못된 것이다.

첫째로 θεὸς ἦν ὁ λόγος(요 1:1c)에서 θεός에 관사가 없기 때문에 로고스를 '신적'인 존재로 말하는 것은 옳지 않다. 먼저, 이 주장은 문법적으로 옳지 않다. E. C. Colwell은 명확한 주격 술어(definite predicate nominative)는 그것이 동사 뒤에 올 때 관사를 가지지만, 동사 앞에 올 때에는 관사를 가지지 않는다고 말하였다.

---

[857] οὗτος는 원래 지시대명사(this)이나 여기서는 독립적으로 인칭대명사로 사용되었다.

[858] Cf. Endo는 요 1:1-2를 아래와 같이 교차구조 분석함으로써 로고스가 하나님이시라는 것을 강조하고 있다(*Creation and Christology*, 209).

A	ἐν ἀρχῇ			
B		ἦν		
C1			ὁ λόγος	
C2		καὶ ὁ λόγος		
D				ἦν
E				πρὸς τὸν θεόν,
E'				καὶ θεός
D'				ἦν
C2'			ὁ λόγος	
C1			οὗτος	
B'		ἦν		
A'	ἐν ἀρχῇ			πρὸς τὸν θεόν.

[859] Miller, "The Logos Was God," 68: "'And the Logos was divine.' This rendering is sponsored, for example, by Strachan and Haenchen, and among the translations it shows up in Goodspeed and Moffatt." Cf. Donald Guthrie, *New Testament Theology* (Leicester, England; Downers Grove, Illinois: Inter-Varsity Press, 1981), 327, note 321.

예를 들면, 요한복음 19:21에서 '유대인의 왕'이라는 칭호가 두 번 나타나는데 전자에는 '왕' 앞에 관사가 있지만 후자에는 '왕'이 동사 앞에 나타나므로 관사가 없다.[860] 신약성경 중에서 마태복음 27:11,37; 마가복음 15:2; 누가복음 23:3,37; 요한복음 18:33에 동일한 '유대인의 왕'이라는 구절이 관사와 함께 동사 뒤에 나타난다. 그러나 마태복음 27:42에서는 같은 칭호가 관사 없이 동사 앞에 나타난다.[861] 또한 요한복음 8:39; 17:17; 로마서 14:17; 갈라디아서 4:25; 요한계시록 1:20도 이와 동일하다. 이처럼 그리스어 구문에서 동사에 선행하는 명확한 주격 술어로 쓰인 명사에는 관사가 없는 것이 일반적이다. 역으로 말하면, 요한복음 1:1c에서 θεός 앞에 관사를 생략한 것은 θεός를 주어가 아닌 술어로 읽게 하려는 저자의 의도로 볼 수 있다.[862] 따라서 무관사 θεός가 하나님이 아니라 단지 신적 속성을 표현한다는 주장은 틀린 것이다.

또한 이 주장은 신약성경의 용어 사용과도 맞지 않다. 신약성경에는 명확하게

---

[860] ἔλεγον οὖν τῷ Πιλάτῳ οἱ ἀρχιερεῖς τῶν Ἰουδαίων, Μὴ γράφε, Ὁ βασιλεὺς τῶν Ἰουδαίων, ἀλλ᾽ ὅτι ἐκεῖνος εἶπεν, Βασιλεύς εἰμι τῶν Ἰουδαίων(요 19:21).

[861] E. C. Colwell, "A Definite Rule for the Use of the Article in the Greek New Testament," *JBL* 52 (1933), 12-21, esp. 13: "A definite predicate nominative has the article when it follows the verb; it does not have the article when it precedes the verb."

한편, Countess는 Colwell의 이 원리를 예증하기 위하여 아래의 구절들을 예로 들어 다음과 같이 설명한다.

6:35	Ἐγώ εἰμι ὁ ἄρτος τῆς ζωῆς·
8:12	Ἐγώ εἰμι τὸ φῶς τοῦ κόσμου·
10:7	Ἐγώ εἰμι ἡ θύρα τῶν προβάτων.
10:11	Ἐγώ εἰμι ὁ ποιμὴν ὁ καλός·
11:25	Ἐγώ εἰμι ἡ ἀνάστασις καὶ ἡ ζωή·
14:6	Ἐγώ εἰμι ἡ ὁδὸς καὶ ἡ ἀλήθεια καὶ ἡ ζωή·
15:1	Ἐγώ εἰμι ἡ ἄμπελος ἡ ἀληθινή.

"이 모든 구절들에서 동사(copula) 뒤에 관사를 가진 술부의 명사가 온다. 그런데 흥미롭게도 요한복음 9:5에서 요한은 φῶς εἰμι τοῦ κόσμου라고 쓴다. 여기서 무관사의 술어적 명사는 동사 앞에 왔다.

물론 Colwell은 이 원리에서 제외되는 것에 대하여도 예를 제시한다. 그리고 그는 그것이 "아마도 이방인들을 위하여 더 큰 강조를 하려고 사도에 의해 일시적으로 영향을 받은 문체주의(stylism)이다'라고 말한다(Colwell, "A Definite Rule," 18)."(Robert H. Countess, "The Translation of θεός in the New World Translation," *BETS* 10 [1967], 153-160). D. A. Carson은 Colwell의 주장의 오류를 지적하면서도 그의 주장이 요한복음 1:1에는 적합하다고 말한다(*Exegetical Fallacies*, 2th ed. [Grand Rapids: Baker Book House, 1996], 82-84).

[862] R. C. H. Lenski, *The Interpretation of St. John's Gospel* (Minneapolis: Augsburg publishing House, 1943), 33.

'신적'이라는 의미를 가진 다른 단어(θεῖος)가 분명히 있다. 따라서 만일 요한이 θεός를 형용사적 의미의 '로고스는 신적(divine)이었다'로 말하려 했다면, 그는 명확하게 '신적인'을 의미하는 그리스어 형용사 θεῖος를 사용했을 것이다(예. 행 17:29; 롬 1:20; 벧후 1:3,4).[863] 그러나 요한은 이 단어를 사용하지 않았다. 그리하여 그는 하나님과 로고스(혹은 성부와 성자) 간에는 본질상 아무런 차이가 없다는 것을 강조하고자 했던 것이다.[864]

나아가서 이 주장은 문맥을 무시한 것이다. 프롤로그의 문맥은 로고스를 '신적'으로 해석하는 것을 허락하지 않는다. 로고스는 아버지의 품속에 있는 독생하신 "하나님"이시므로(요 1:18) 그를 '신적'인 존재로 말해서는 안 된다.[865]

따라서 θεός(요 1:1c)는 관사가 없다는 이유로 '신적'(θεῖος)으로, 즉 속성적으로 해석되어서는 안 된다.[866] 그럴 경우에 도마의 신앙고백이 불가능하게 된다.[867] 그리스도의 신성은 요한복음의 핵심 내용이다. 그리고 도마가 예수에게 행한 "나의 주 나의 하나님"(요 20:28)이라는 고백은 요한복음에 있는 로고스의 신성에 대한 무수히 많은 내용들 중 그 절정에 해당된다.[868] 따라서 요한복음의 첫 구절을 오역하는 것은 요한복음 전체를 왜곡하는 것이다.[869] 그런데도 만일 누군가가 로고스에 관사가 없으므로 로고스를 '신적'으로 해석해야 한다고 끝까지 고집한다면, 그는 '이스라엘의 임금'(요 1:49)을 '이스라엘의 임금적'으로 해석해야 할 것이다. 왜냐하면 여기서도 "임금"이라는 말 앞에 관사가 없기 때문이다. 하지만 이렇게 해석하는

---

863 Beasley-Murray, *Word Biblical Themes: John*, 29-30; Köstenberger and Swain, *Father, Son and Spirit*, 49-51; Miller, "The Logos Was God," 68: "… if John intended the adjective here, he certainly would have employed it."

864 Milne, *The Message of John: Here is Your King!* 34

865 Miller, "The Logos Was God," 69: "… the translation 'God' fits otherwise with the Prologue where in v.18 we should accept the reading μονογενὴς θεός over μονογενὴς υἱοῦ."

866 Zerwick S. J, *Biblical Greek*, 56(section 175): "… a noun preceding the verb and lacking the article should not be regarded as 'qualitative' on the mere grounds of the absence of the article(e.g., Jo 1:1 καὶ θεὸς ἦν ὁ λόγος); a noun following the verb and lacking the article should *a fortiori* be taken as 'qualitative'."

867 Cullmann, *The Christology of the New Testament*, 308; Miller, "The Logos Was God," 69.

868 Miller, "The Logos Was God," 69.

869 Gordon H. Clark, *The Johannine Logos* (Nutley, NJ: Presbyterian and Reformed Publishing Company, 1972), 21.

것은 내용과 문맥에 의해 지지를 받지 못하다.

둘째로 θεὸς ἦν ὁ λόγος(요 1:1c)에서 θεός에 관사가 없기 때문에 로고스를 여러 신들 중의 하나의 신(a god)으로 여긴다면, 당장 프롤로그 내에서 혼란이 발생할 것이다. '태초에'(ἀρχῇ)는 여러 태초 중의 하나의 태초(a beginning, 요 1:1,2)가 될 것이며, '생명'(ζωή)은 여러 생명들 중의 한 생명이(a life, 요 1:4) 될 것이고, '하나님으로부터'(παρὰ θεοῦ)는 여러 신들 중의 한 신으로부터(from a god, 요 1:6)라는 의미가 될 것이다. 또한 '요한'(Ἰωάννης)은 여러 요한 중의 한 요한(a John, 요 1:6)이 되며, 하나님(θεός)은 여러 신들 중에 한 신(a god, 요 1:18)이 될 것이다. 따라서 요한복음 1:1c의 θεός를 '하나의 신'(a god)으로 해석하는 것은 합당하지 않으며, 그것은 단지 신학적 편견에 의한 것으로 보인다.[870] 나아가서 이 주장은 요한복음 1:1a-c의 흐름을 깨뜨려 프롤로그를 혼란스럽게 할 것이다. 왜냐하면 이 구절의 절정은 "로고스가 하나님과 함께 계셨다"(요 1:1b)가 아니라 "로고스가 하나님이시다"(요 1:1c)에 있기 때문이다.[871] 따라서 θεός에 관사가 없다는 것에서 여러 신들 중의 하나의 신으로 추론하는 것은 합당하지 않다.[872]

셋째로 요한복음 1:1c의 로고스가 'divine'이나 'a god'이 아니라 하나님을 나타낸다는 사실은 요한복음에 관사 없는 θεός로 하나님을 지칭하는 용례들이 많이 있다는 점에서 쉽게 입증된다.

(1) θεός가 보어로 쓰일 때 관사 없이도 쓰였다: ὃν ὑμεῖς λέγετε ὅτι θεὸς ἡμῶν ἐστιν(요 8:54).

(2) θεός가 관사 없이 전치사와 함께 사용되었다. 그 용례는 다음과 같다:

요한복음 1:6   Ἐγένετο ἄνθρωπος, ἀπεσταλμένος παρὰ **θεοῦ**

요한복음 1:13   οὐδὲ ἐκ θελήματος ἀνδρὸς ἀλλ' ἐκ **θεοῦ** ἐγεννήθησαν

---

870 Daniel B. Wallace, *Greek Grammar beyond the Basics : An Exegetical Syntax of the New Testament with Scripture* (Grand Rapids: Zondervan Publishing House, 1996), 267.

871 Miller, "The Logos Was God," 69.

872 Andreas J. Köstenberger and Scott R. Swain, *Father, Son and Spirit: The Trinity and John's Gospel* (Downers Grove, Illinois: Inter Varsity Press, 2008), 49-51: "… in Greek syntax it is common for a definite nominative predicate noun preceding a finite verb to be without the article."

요한복음 3:2   'Ραββί, οἴδαμεν ὅτι ἀπὸ **θεοῦ** ἐλήλυθας διδάσκαλος

요한복음 3:21   ἵνα φανερωθῇ αὐτοῦ τὰ ἔργα ὅτι ἐν **θεῷ** ἐστιν εἰργασμένα

요한복음 9:16   Οὐκ ἔστιν οὗτος παρὰ **θεοῦ** ὁ ἄνθρωπος

요한복음 9:33   εἰ μὴ ἦν οὗτος παρὰ **θεοῦ**, οὐκ ἠδύνατο ποιεῖν οὐδέν

요한복음 16:30 ἐν τούτῳ πιστεύομεν ὅτι ἀπὸ **θεοῦ** ἐξῆλθες

물론 어떤 사람들은 여기서 θεός가 전치사와 함께 쓰이기 때문에 관사를 생략했다고 말할 수도 있을 것이다. 그러나 θεός가 전치사와 함께 쓰인다고 해서 모두 관사를 생략한 것은 아니다. 먼저, 요한복음에 '전치사+관사+θεός'의 예들이 많이 있다:

요한복음 1:2   οὗτος ἦν ἐν ἀρχῇ ***πρὸς τὸν θεόν***

요한복음 8:47   διὰ τοῦτο ὑμεῖς οὐκ ἀκούετε ὅτι ***ἐκ τοῦ θεοῦ*** οὐκ ἐστέ

요한복음 14:1   πιστεύετε ***εἰς τὸν θεὸν*** καὶ εἰς ἐμὲ πιστεύετε

또한 한 절에 '전치사 + θεός'와 '전치사+관사+θεός'가 동시에 나타나는 경우도 있다:

요한복음 13:3 ὅτι ***ἀπὸ θεοῦ*** ἐξῆλθεν καὶ ***πρὸς τὸν θεὸν*** ὑπάγει.

게다가 사본에 따라 동일 구절에 관사가 있기도 하고 없기도 한다:

요한복음 16:27 ὅτι ἐγὼ ***παρὰ [τοῦ] θεοῦ*** ἐξῆλθον.

따라서 θεός 앞의 관사 유무는 전치사에 의해 결과된 것이 아니다.

(3) θεός는 아무런 관사나 전치사 없이 홀로 사용되기도 한다:

요한복음 1:12   ἔδωκεν αὐτοῖς ἐξουσίαν τέκνα **θεοῦ** γενέσθαι

요한복음 1:18   **θεὸν** οὐδεὶς ἑώρακεν πώποτε

요한복음 6:45   Καὶ ἔσονται πάντες διδακτοὶ **θεοῦ**

요한복음 10:33   καὶ ὅτι σὺ ἄνθρωπος ὢν ποιεῖς σεαυτὸν **θεόν**

요한복음 19:7   ὅτι υἱὸν **θεοῦ** ἑαυτὸν ἐποίησεν

넷째로 궁극적으로는 θεὸς ἦν ὁ λόγος(요 1:1c)에서 θεός 앞에 관사가 없는 것이 오히려 문맥에 합당하다. 만약에 θεός 앞에 관사가 있다면, 이것은 하나님과 로고스가 너무나 동일해서 앞 구절(요 1:1b)에 있는 두 인격 사이에 확립된 구별이 거의 지워질 것이기 때문이다.[873] 따라서 요한이 θεός에 관사를 붙였다면 그는 사실이 아닌 다른 어떤 것을 말하고 말았을 것이다. 즉 그는 로고스를 하나님과 동일시함으로써 로고스와 별개인 신적 존재란 절대로 있을 수 없다고 말하는 셈이 되었을 것이다.[874] 이 경우에 바로 앞에 나오는 "이 말씀이 하나님과 함께 계셨으니" (요 1:1b)라는 말은 터무니없는 생각이 되고 만다.[875] θεός에 관사가 없다는 사실은 말씀이 곧 하나님이지만 그러나 말씀만이 유일한 하나님인 것은 아니라는 것을 의미한다. 만일 ὁ θεός가 사용되었다면, 그것은 삼위일체 중에 성자 외에는 어떠한 신적인 존재도 존재하지 않는다는 뜻을 함축한다."[876] "이것은 신적 존재 전체를 로고스와 동일시하려는 것으로서 앞의 구절과 모순된다."[877] 따라서 θεὸς ἦν ὁ λόγος(요 1:1c)에서 θεός에 관사가 없기 때문에 로고스를 하나님으로 볼 수 없다는 주장은 명백한 이단적인 발상이다.

---

[873] Köstenberger and Swain, *Father, Son and Spirit*, 49-51.

[874] G. E. Ladd, A Theology of the New Testament (Grand Rapids: Eerdmans, 1974), 242: "The definite article is used only with *logos*. If John had used the definite article also with *theos*, he would have said that all that God is, the Logos is: an exclusive identity."

[875] Carson, *The Gospel according to John*, 117; Milne, *The Message of John: Here is Your King!*, 34, note 8; Miller, "The Logos Was God," 73: "Having just asserted that the *Logos* was 'with' God, John could not now say that the *Logos* was identical with God"; John Calvin, *The Gospel according to St. John 1-10* (Calvin's New Testament Commentaries) translator T. H. L. Parker (Grands Rapids: Eerdmans Publishing Company, 1961), 9: "But at the same time this expression attributes to Him an *hypostasis* distinct from the Father."

[876] Barrett, *The Gospel according to St. John*, 156.

[877] Bernard, *A Critical and Exegetical Commentary on the Gospel according to St. John*, vol. 1, 2.

(4) 삼위일체적 존재 방식 : λόγος와 θεός의 동일성과 구별성

요한의 로고스는 '하나님'으로서 '하나님과 함께' 계신다(요 1:1).[878] 따라서 하나님이라는 한 명칭 아래 두 인격이 소개되고 있는 것이다. 프롤로그가 진행되면서 로고스는 하나님의 아들(요 1:14,18)이자 동시에 하나님(요 1:18)으로 증거된다. 로고스는 아버지와 분명히 구별되면서도 아버지와 동등하신 하나님이며, 아버지와 하나이다. 이것은 로고스가 하나님과 구별은 되지만 분리는 결코 될 수 없는[879] 하나님과 하나인 존재(요 10:30)라는 것을 보여 줌으로써,[880] 로고스의 삼위일체적 존재 방식을 나타내고 있다. 로고스는 하나님과 구별되지만(πρός) 또한 하나님 자신이다(ἦν).[881] Cullmann은 이에 대하여 다음과 같이 말하였다.

그 '말씀'은 하나님 자신으로부터 분리되는 것이 아니다. 그것은 하나님과 함께 계셨다(ἦν πρὸς τὸν θεόν). … 그 로고스는 하나님께 종속되시지도 않는다. 그냥 하나님께 속하신다. 그는 하나님께 종속되시지도 하나님 옆의 한 두 번째의 존재도 아니시다. … 그러나 하나님과 로고스 간에 전혀 아무 구별도 없다는 그릇된 억측을 방지하기 위해 복음서 기자는 서문에서 강조적으로 이렇게 되풀이하여 말한다. '그가 태초에 하나님과 함께 계셨으니.'[882]

로고스는 '하나님과 함께' 있었고 또한 '하나님이었다'(ἦν πρὸς τὸν θεόν-ἦν ὁ λόγος). 그러므로 하나님과 로고스 사이에는 개별성과 동일성이 함께 존재한다.[883]

---

878 Köstenberger and Swain, *Father, Son and Spirit*, 113.

879 홍창표, "로고스, 요한복음 서론(1:1-18)," 118; Carson, *The Gospel according to John*, 96: "God's own Word, identified with God yet distinguishable from him"; Beasley-Murray, *Word Biblical Themes: John*, 29: "He was 'with God' and 'was God' - at once distinction and identification!"; 박형용, 「사복음서 주해」 (수원: 합신대학원출판부, 2009), 33.

880 D. François Tolmie, "The Characterization of God in the Fourth Gospel," *JSNT* 69 (1998), 57-75. 62: "The repetition of the second statement in v. 2 serve … that the Logos is to be equated with, yet also to be distinguish from, God. The aim of this 'tension' seems to be to convey a very high evaluation of the Logos without endangering the sovereignty of God."

881 Robert Kysar, 「요한의 예수 이야기」, 최흥진 역 (서울: 한국장로교출판사, 1995), 14.

882 Cullmann, *The Christology of the New Testament*, 265-266.

첫째로 λόγος와 θεός는 동일하다. 로고스의 신분은 분명하게 테오스(θεός)로 진술된다(요 1:1c). 로고스가 태초에 계셨고, 하나님과 함께 계셨다는 점에서 로고스가 테오스라는 사실은 분명하다. 따라서 테오스를 나타낼 수 있는 자는 로고스밖에 없다(요 1:18). 이것은 아주 고차원적 기독론이다.[884] 로고스가 테오스와 동일하다는 의미에서 로고스의 영광은 테오스의 영광이다(요 1:14). 이 때문에 로고스는 창세전에 테오스와 더불어 누렸던 그 영광을 말할 수 있다: "아버지여 창세전에 내가 당신과 함께 가졌던 영화로써 지금도 당신과 함께 나를 영화롭게 하소서"(요 17:5), "아버지께서 내 안에 계셔 그의 일을 하시는 것이다"(요 14:10).

이러한 특징은 먼저 로고스와 테오스가 존재적으로 동일하다는 것을 의미한다. 로고스는 만물이 형성되기 이전에 이미 존재하였고, 영원성을 그 특질로 가지고 있다. 그러므로 로고스는 하나님 자신과 조금도 다르지 않고, 오히려 로고스는 하나님과 동등하시고 하나님과 하나이시다. 로고스는 하나님과 별개의 존재가 아니다.[885] 또한 로고스와 테오스는 기능적으로도 동일하다. 로고스는 하나님과 동일하기에 그 일에 있어서도 동일한 기능이 강조된다: "나의 아버지가 지금까지 일하시고 나도 일한다"(요 17:5). 결국 "기능적으로나 존재적으로나 예수는 하나님과 한 분이시다."[886] 이러한 로고스와 테오스의 동일성으로부터 예수는 분명하게 테오스로 고백된다: "도마가 가로되 나의 주시며 나의 하나님이시니이다"(요 20:28; 요일 5:20).

둘째로 λόγος와 θεός는 구별된다. 로고스가 하나님과 구별된 인격이라는 사실은 로고스가 하나님과 함께 있었다(요 1:1b)[887]는 표현과 로고스가 아버지의 품속에 있는 독생하신 하나님(요 1:18)이라는 표현에서 잘 나타난다.[888] 후자에서 하나님은

---

883 Kysar, *John, the Maverick Gospel*, 43.

884 S. S. Smalley, *John : Evangelist and Interpreter* (Downers Grove: Inter Varsity Press, 1998), 239, note 49.

885 A. Schlatter, 「요한복음 강해」, 김희보 역 (서울: 종로서적, 1994), 4. = *Das Evangelium nach Johannes* (Stuttgart: Calwer Verlag, 1979).

886 Smalley, *John : Evangelist and Interpreter*, 239; 조병수, 「신약성경총론」, 174.

887 Miller, "The Logos Was God," 65: "⋯ which involves a distinction between the Logos and God the Father and an emphasis on the personal character of their relation."

888 Miller, "The Logos Was God," 65: "Most scholars now correctly take μονογενὴς θεός rather than μονογενής υἱός to be the original reading."

"아버지"이며, 로고스는 "독생하신 자"(μονογενής)이다. 인격은 둘이며, 신분은 아버지와 독생자이다. 이처럼 테오스(θεός)와 로고스 사이에는 분명한 구별이 있다.

이와 같이 λόγος와 θεός 사이에는 동일성과 구별성이 함께 있다.[889] 로고스는 하나님이지만(ἦν) 동시에 하나님과 함께 계신다(πρός). 로고스와 테오스 사이에는 구별성과 불가분리성이 공존한다.[890] 이 때문에 "나와 아버지는 하나이다"(요 10:30)라는 명제적인 선언이 가능하며, 또한 아버지는 아들 안에 있고 아들은 아버지 안에 있으며(요 10:38; 14:10,11; 17:21,23),[891] "아버지가 나보다 크시다"(14:28)는 로고스의 주장이 합당한 것이다. 이것은 삼위일체[892] 교리를 위한 결정적 요소이며

---

[889] Cf. 서형석, "요한복음 서막에 나타난 로고스의 선재와 성육," 「Canon and Culture」 제4권 1호 (2010), 215-247: 서형석은 이 동일성과 구별성을 '갈등' 또는 '모순'이라는 말로 표현하며, 저자가 이 갈등 해결을 통하여 요한공동체 내에 존재했던 갈등을 해소하려고 했다고 주장한다. 그러나 로고스의 동일성과 구별성은 갈등구조가 아니다. 만일 이 둘이 갈등구조라면 삼위일체 하나님은 갈등 속에 있는 이상한 하나님이 되고 말 것이다. 특히 요한복음 어디에서도 로고스와 테오스 사이에 갈등이 존재한다고 말하지 않는다. 오히려 이 둘은 '하나'이며(요 10:30), 깊이 사랑하는(요 3:35; 5:20; 15:10; 17:24 등) 친밀한 관계이다(요 1:18). 그는 요 10:30의 '하나'가 기능론적인 하나를 의미한다고 하지만 본문은 존재론적인 하나님을 분명히 나타내고 있다(ἐσμέν). 또한 요 1:1c도 로고스의 기능면이 아닌 존재(ἦν)에 대하여 언급하고 있다. 그는 몇몇 학자들이 교리적인 전제를 가지고 요 1:1-2을 해석한다고 비판하지만, 실은 그 자신 안에도 요한복음이 갈등구조로 되어 있다는 신학적 전제가 강하게 작용하고 있는 것으로 보인다.

[890] J. Calvin, *Institutes of the Christian Religion,* 1,13,17. Translated by Henry Beveridge (Grand Rapids: Eerdmans, 1997): "Still they indicate distinction only, not division"; Miller, "The Logos Was God," 65: "… unity of substance, distinction of persons"; S. W. Need, "Re-reading the Prologue: Incarnation and Creation in John 1.1-18," *Theology* 106 (2003), 397-404, esp. 402: "… in the beginning of things the Logos was with God and was God. The verse draws attention both to a unity and to a clear distinction between the two."

[891] R. Schnackenburg, *Jesus in the Gospel: A Biblical Christology* (Louisville: John Knox Press, 1995), 256: "The oneness formula, 'I am in the Father, and the Father is in me'(10:38; 14:10-11; 17:21), maintains both the distinction and the union."

[892] 이 외에도 요한복음에는 삼위일체로서의 로고스의 특성이 많이 나타난다. 먼저, 아들을 아는 것은 아버지를 아는 것이다(요 8:19; 14:7; 16:3). 아버지와 예수는 하나이며(요 10:30), 그래서 예수를 본 자는 곧 아버지를 본 것(요 12:45; 14:9)이다. 아버지도 아들도 서로 분리되어서는 알 수 없다. 요한복음 12:41에서 요한은 "이사야가 이렇게 말한 것은 주의 영광을 보고 주를 가리켜 말한 것이라"고 말함으로써 하나님과 예수 그리스도를 동일시한다(김광식, 「고대 기독교 교리사」 [서울: 한들출판사, 1999], 49). 요한복음 20:28은 예수가 하나님이라고 밝힌다. 그러면서도 예수는 하나님 아버지와 구별되는 하나님의 아들이기도 하다(요 1:34,49; 3:17,35,36; 5:19,20,21,22,23,25,26; 6:40; 8:36; 10:36; 14:13; 17:1; 19:7; 20:31). 이처럼 예수는 하나님과 한 분이면서도 동시에 하나님의 아들이시다. 예수는 하나님과 한 분이므로 하나님으로부터 분리는 될 수 없다. 그러나 또한 예수는 하나님의 아들이므로 하나님과 구별이 된다. 로고스는 하나님 자신이시며 또한 하나님의 아들이므로 하나님과 동일하나 또한 구별되며, 구별은 되나 또한 분리는 되지 않는 인격적 실존(real being)이다.

인간의 생각으로는 해결 못 할 일이다.[893]

3) 성육신

요한은 이어서 로고스가 육신이 되었다고 말한다(요 1:14). 프롤로그에서 '로고스'(λόγος)는 요한복음 1:1과 14절에 나타나는데, 각각 로고스의 '하나님 되심'과 '육신이 되심'에 관련된다. 이것은 로고스의 성육신이 로고스의 하나님 되심과 동등한 중요성을 가지고 있다는 뜻으로 볼 수도 있다.[894] 이토록 중요한 의미를 가진 로고스의 성육신은 크게 '육신이 되심'(incarnation)과 '거하심'(inhabitation)으로 구분된다.

(1) 육신이 되심(incarnation)

먼저, 로고스가 육신이 된 것은 신성의 로고스가 인성을 취하시고 초 역사에서 역사로, 영원에서 시간 속으로 들어오신 것이다. 요한은 이러한 성육신의 과정을 아래와 같이 매우 독특하게 표현한다.

	1절	태초에(ἐν) 말씀이 하나님과 함께 계셨다(ἦν).
	5절	빛이 어두움에 비춘다(φαίνει).
로고스의	9절	참 빛이 세상에 와서 모든 사람들을 비춘다(φωτίζει).
비하	10절	그가 세상에(ἐν) 계셨다(ἦν).
	11절	자기 땅, 자기 백성에게 왔다.
	14절	말씀이 육신이 되어 우리 가운데 거하셨다.

태초에(ἐν) 계시던 말씀이 세상에(ἐν) 계신다. 하나님과 함께 계시던 말씀이 자기 백성과 함께 계신다. 어두움에 비추던 빛이 모든 사람들을 비춘다. 하나님이신

---

893 홍창표, "로고스, 요한복음 서론(1:1-18)," 118.
894 D. J. MacLeod, "The Incarnation of the Word: John 1:14," *BSac* 161 (2004), 72-88, esp. 73: "The repetition of λόγος ('Word') in verse 14 ties it to verse 1."

말씀이 육신이 되어 우리 가운데 거하신다. 이것은 선재하신 로고스가 세상에 오신 것을 강조하는 점강법적 표현이다. 하나님이신 로고스가 사람이 되어 천상에서 세상으로, 하늘에서 땅으로 내려오셨다(요 3:13). 이것이 로고스의 성육신이다. 여기에는 다음과 같은 몇 가지 특징들이 나타난다.

① 로고스의 존재 방식의 변화

첫째로 로고스의 성육신은 로고스의 존재 방식의 변화를 가져왔다.[895] 말씀이 육신이 되었다고 할 때, "되었다"(ἐγένετο)라는 표현은 로고스의 존재 방식의 변화를 말하는 것이다(cf. 요 1,4,9,10절의 ἦν).[896] 따라서 성육신은 하나님이신 로고스가 그의 신적 존재 방식을 인간적 존재 방식으로 바꾼 것이다. 이 변화는 신적 로고스와 인간적 육신(σάρξ) 사이에 있는 실로 엄청난 간격을 연결하는 변화이다.[897] 하지만 그렇다고 해서 성육신한 로고스가 이전의 신적 존재 방식을 버리는 것은 아니다.[898] 그는 하나님이었고 또한 하나님이시다. 왜냐하면 성육신한 로고스 안에 신적 존재 방식과 인간적 존재 방식이 함께 있기 때문이다. 로고스의 성육신은 로고스의 신성과 인성을 한 인격 안에 그 본질대로 보존하는 가운데 이루어졌다. 로고스의 신적 본질과 인적 본질은 변하거나 섞이지 않고 존속되며, 이 둘은 한 인격 안에 연합되었다.[899] 그렇기 때문에 로고스는 하나님을 사람들에게 온전히 알릴 수 있었고, 또한 그는 사람이 하나님에게로 가는 완벽한 길이 될 수 있었다.[900]

---

895 MacLeod, "The Incarnation of the Word: John 1:14," 76.

895 MacLeod, "The Incarnation of the Word: John 1:14," 76.

896 김문경, "말씀의 성육신(요 1:1-18)," 31; Beasley-Murray, *John*, 13: ἐγένετο에 대해서 Richter는 다음과 같이 주석했다. 즉 술어 명사와 연결되는 동사 γίνομαι는 사람 혹은 사물이 특성을 바꾸거나 새로운 상태로 들어감으로써 이전의 것이 아닌 다른 어떤 것이 되는 것을 표현한다. 문맥에서 그 다른 어떤 것은 육신을 가리킨다."

897 Leon Morris, *Jesus is the Christ: Studies in the Theology of John* (Grand Rapids: Eerdmans; Leicester, Engl.: Inter-Varsity Press, 1989), 59. = 「요한신학」, 홍찬혁 역 (서울: 기독교문서선교회, 1995).

898 Jerome, *Adv. Jovinianum* 2.29 (PL 23.326): "The Word became flesh … and yet did not stop being what it was before." R. Schnackenburg, *Jesus in the Gospels: A Biblical Christology* (Louisville: John Knox Press, 1995), 290에서 재인용; MacLeod, "The Incarnation of the Word: John 1:14," 75; Andreas J. Köstenberger, *John* (ECNT) (Grand Rapids: Baker Academic, 2008), 40.

899 MacLeod, "The Incarnation of the Word: John 1:14," 76.

900 Smalley, *John : Evangelist and Interpreter*, 240.

② 로고스가 '육신'(σάρξ)이 되었다(요 1:14a).

둘째로 로고스의 성육신은 로고스가 육신(σάρξ)이 된 것이다. 이것은 실로 하나님의 자기표현이며 탁월한 계시이다.[901] 그런데 여기서 한 가지 특이한 점이 발견된다. 그것은 말씀이 사람이 되셨다고 말하지 않고 육신이 되셨다고 말한다는 점이다.[902] 요한은 ἄνθρωπος나 σῶμα를 사용하는 대신에 거의 생경한 용어인 σάρξ를 로고스의 성육신에 사용하였다(cf. 롬 8:3).[903] 이와 관련하여 눈여겨보아야 할 것은 요한복음에 로고스 예수(요 1:17)를 '사람'으로 말하는 곳이 매우 많다는 것이다(요 4:29; 7:46; 9:11,16; 10:33; 11:47,50; 18:14,17,29; 19:15). 이 뿐만 아니라 예수 자신도 스스로를 '사람'으로 증거하셨다(요 8:17-18,40). 이처럼 요한복음에는 예수를 '사람'으로 지칭하는 예들이 많이 있다. 그런데도 불구하고 요한은 로고스가 '사람'이 되었다고 말하지 않고 굳이 '육신'이 되었다고 말한다. 여기에는 분명히 어떤 의도가 있다. 그것이 무엇인가?

Morris는 이것이 예수의 육체적인 실재성을 강조하기 위한 것이라고 말한다.[904] 하지만 육신(σάρξ) 대신에 사람(ἄνθρωπος)이나 몸(σῶμα)으로 말한다고 해서 로고스의 육체적 실재성이 약화되는 것은 아니다. 또한 기독교 이전(pre-Christian) 영지주의 찬양시를 따라서 로고스가 이 땅에 오기 전에 이미 '하늘의 사람'이었기 때문에 ἄνθρωπος 대신에 σάρξ를 사용했다고 하는 것도 어떤 지지도 받지 못한다.[905] MacLeod는 요한이 요한복음을 기록하던 때에 가현설(Docetism)이 그가 살던 곳과 사역하던 곳에 널리 퍼져 있었기 때문에 σάρξ를 사용했다고 말한다.[906] 하지만 정말 가현설이 그 시대에 만연했는지 확실하지 않으며, 설령 그렇다하더라도 σάρξ가 그것을 입증하는 용어는 아니다. 나아가서 어떤 학자들은 이 문제를 영지주의의

---

901 Carson, *The Gospel according to John*, 127.
902 요한복음은 오직 한번 사람을 'σάρξ'로 부른다(요 17:2).
903 Köstenberger, *John*, 40.
904 Morris, *Jesus is the Christ*, 58.
905 MacLeod, "The Incarnation of the Word: John 1:14," 74.
906 MacLeod, "The Incarnation of the Word: John 1:14," 74.

영향에 그 가능성을 둔다.[907] 그러나 이것이야 말로 수긍하기 어렵다. 그 이유는 이미 앞에서 여러 차례 밝힌 대로 영지주의는 2-3세기에 가서야 제 모습을 드러내었기 때문이다.

그러므로 이 문제는 무엇보다도 바로 앞 절인 13절과의 관계 속에서 이해되어야 한다.[908] 13절은 사람이 혈통으로나 육정(θέλημα σαρκός)으로나 사람의 뜻으로는 하나님의 자녀가 될 수 없다고 말한다. 바로 여기에 '육신'(σάρξ)이 사용되었는데, 이것은 인간이 하나님의 자녀가 되는 데 있어서 육신의 무익함을 강조하는 것이다(cf. 요 6:63). 이 무익함 때문에 예수는 "육으로 난 것은 육이요"(요 3:6)라고 말씀하셨다. 이 말씀은 인간적인 모든 것이 육신이며, 그것은 곧 자연적인 출생의 원리이자[909] 아래서 난 것이며 하나님과 분리된 인간적 특성이라는 것을 의미한다. 그래서 인간 육신으로는 결코 하나님의 자녀가 될 수 없으며 하나님 나라에 들어갈 수도 없다. 그런데 놀랍게도 이 문제를 해결하기 위해 로고스가 친히 '육신'이 되셨다. 사람이 하나님께 갈 수 없기에 하나님이 사람에게 직접 오신 것이다. 사람이 "육신의 소원으로"(ἐκ θελήματος σαρκός)는 하나님의 자녀가 될 수 없기에(요 1:13), 말씀이 친히 육신이 되셔서 사람으로 하나님의 자녀가 되게 하신 것이다. 즉 인간 육신이 할 수 없는 일을 하나님이 육신이 되어 이루신다. 그러므로 하나님이신 로고스가 육신(σάρξ)이 되신 것은 육신(σάρξ)인 인간으로 하여금 하나님처럼 되도록 하기 위함이었다(요 10:34,35; cf. 요일 3:2; 벧후 1:4).[910] 이런 의미에서 "그리스도의 최초의 승리는

---

907 Bruce, *The Gospel of John*, 39-40; Milne, *The Message of John*, 46: "In all likelihood John is consciously combating early docetic ideas which denied the true humanity of Jesus Christ."

908 안타깝게도 필자는 로고스의 성육신(요 1:14)을 그 앞 절(요 1:13)의 육정(θέλημα σαρκός)과 관련하여 이해하는 사람을 아직 발견하지 못했다.

909 Köstenberger, *John*, 40.

910 Iranaeus, *Against Heresies*, 5, Preface; "… the Word of God, our Lord Jesus Christ, who did, through His transcendent love, become what we are, that He might bring us to be even what He is Himself(하나님의 말씀이신 우리 주 예수 그리스도는 그의 망극하신 사랑으로 우리로 하여금 그 자신과 같이 되게 하시려고 우리와 같은 존재가 되셨다)"; Henry Bettenson, 「초기 기독교 교부」(*The Early Christian Fathers*), 박경수 역 (서울: 크리스챤다이제스트, 1997), 111; 유해무, 「신학: 삼위일체 하나님을 향한 송영」 (서울: 성약출판사, 2007), 249; ibid., 239: "신격화(Deification/Divinization)는 동방교회를 이해하는 데 아주 중요한 주제이다. 동방 신학의 큰 주제는 하나님의 인간화와 인간의 신격화라고 말할 정도이다. 아타나시우스는 이 주제를 다음과 같이 요약한다.

254 · 내 뒤에 오시는 이

부활이 아니고 성육신이다. 하나님이 인간이 되셨을 때, 사탄은 자신을 최후의 파멸로 이끌 최초의 패배를 한 것이다."[911]

③ 로고스가 육신이 '되었다(ἐγένετο)(요 1:14a).

셋째로 로고스의 성육신은 로고스가 육신이 '된 것'(γίνεσθαι)이다. 요한은 로고스의 성육신을 '된 것'으로 설명한다. 이를 위해 그는 로고스의 신적 존재를 말할 때 사용한 용어인 ἦν(요 1:1,2,4,10,15)과 구별하여 'ἐγένετο'를 사용한다. 이것은 로고스의 성육신과 관련하여 어떤 의미가 있는가?

먼저 γίνεσθαι의 의미를 명확하게 규명하려면 프롤로그에서 이 단어가 어떤 의미로 사용되었는지를 살펴보아야 한다. 첫째로 프롤로그에서 γίνεσθαι는 만물 창조를 표현한다. 3절은 로고스로 말미암은 만물 창조를 설명하기 위해 무려 세 번이나 ἐγένετο를 쓰고 있다. 세상 창조를 말하는 10b에서도 이 단어는 동일한 의미로 사용되었다. 둘째로 프롤로그에서 γίνεσθαι는 인간 존재를 설명한다. 6절은 이 단어를 사용하여 세례자 요한을 설명한다. 이처럼 로고스에 의한 만물 창조와 세례자 요한을 설명하는 데 동일한 용어를 사용한 것은 인간이 로고스에 의한 피조물임을 나타내려는 것일 수 있다. 셋째로 프롤로그에서 γίνεσθαι는 '하나님의 자녀'를 묘사하는 데 사용되었다. 로고스가 그를 영접하는 자, 곧 그의 이름을 믿는 자들에게 하나님의 자녀가 '되는'(γένεσθαι) 권세를 주신다(12b). 그러므로 하나님의 자녀는 피나 육신의 뜻이나 남자의 뜻으로 날 수 없고 오직 하나님으로부터 태어나게 된다(13). 넷째로 프롤로그에서 γίνεσθαι는 로고스가 주시는 특별한 '영적 선물'을

'그(하나님의 말씀)는 우리로 하여금 하나님이 되도록 인간이 되셨다(Athanasius, *Oratio de incarnatione Verbi*, 54, PG 25, 192B)"; ibid., 262f.: "아우구스티누스는 신격화가 하나님의 은혜의 행위이며 인간의 종말론적인 목표임을 강조한다. … 만물을 창조하셨던 말씀은 우리의 신분이 되셔서 우리의 신분이 아니었던 바에 이르게 하신다(Augustinus, *Serm*, 117,15, PL 38, 670; cf. 80,5, PL 38, 496) … 아우구스티누스에 의하면 성육신의 목표는 신격화이다. '인간이었던 자들이 신이 될 것이요, 하나님이셨던 분이 인간이 되셨다'(Augustinus, *Serm*, 192,1,1, PL 38, 496; cf. *Serm*, 121,5, PL 38, 503)"; cf. Brown, *An Introduction to New Testament*, 337: "… he empowers all who do accept him to become God's children, so that they share in God's fullness."

911 Justo L. González, *A History of Christian Thought*, vol. I (Nashville: Abingdon Press, 1983), 70.

설명하는 데 사용되었다. 왜냐하면 예수 그리스도로 말미암아 은혜와 진리가 '왔다'(ἐγένετο, 17b)고 말씀하기 때문이다. 이와 같이 프롤로그에서 γίνεσθαι는 로고스에 의해 존재하게 된 만물(요 1:3)과 세상(요 1:10), 인간 존재와 하나님의 자녀, 그리고 로고스로 인해 온 영적 선물을 묘사하는 데 사용되었다.

그런데 놀랍게도 요한은 "ὁ λόγος σὰρξ ἐγένετο"(요 1:14a)라고 말함으로써, 로고스에 의해 존재하게 된 것들을 설명하는 데 사용한 'γίνεσθαι'를 로고스 자신의 성육신에도 동일하게 사용하고 있다. 이것이 의미하는 바는 무엇인가? 위에서 언급한 이 단어의 네 가지 용례와 관련해 볼 때, 그 의미는 다음과 같다. 첫째, 로고스의 만물 창조를 묘사하는 데 사용된 γίνεσθαι가 로고스의 성육신을 묘사하는 데 공히 사용된 것은 로고스가 피조물과 같은 양식으로 존재하게 되었다는 것을 의미한다.[912] 이것은 창조의 중개자가 피조물이 된 것, 즉 로고스의 비하를 나타낸다. 둘째, 요한이 인간 존재를 설명하기 위해 사용한 γίνεσθαι로 로고스의 성육신을 표현한 것은 로고스가 만물처럼 된 것 중에서도 특히 인간과 동일한 존재가 되었다는 것을 나타내는 것이다. 이것은 로고스의 성육신의 실재를 입증한다.[913] 로고스의 성육신은 로고스가 참 육신이 된 것이지 단지 육신을 옷 입은 것이 아니다. 로고스는 인간 안에 내주하지 않고 참 사람이 되었다.[914] 셋째, 사람이 하나님의 자녀가 되는 것을 말하는 데 사용한 γίνεσθαι로 로고스의 성육신을 표현한 것은 로고스가 인간이 됨으로써 인간 스스로는 결코 이룰 수 없는 인간이 하나님의 자녀가 되는 것을 가능하게 하셨다는 것을 나타내는 것이다. 인간이 하나님의 자녀 '됨'의 유일한 근거는 로고스가 인간이 '되심'에 있다. 넷째, 로고스로 말미암은 영적선물을 묘사하는 데 사용된 γίνεσθαι로 로고스의 성육신을 표현한 것은 로고스의 성육신이 모든 영적 선물의 원천이자 최고의 영적 선물임을 나타내는 것이다. 그가 은혜와 진리를 충만하게 주실 수 있는 것(요 1:16,17)은 성육신 하신 로고스가 은혜와 진리로 충만한 영광을 지니신 분이기 때문이다(요 1:14).

---

912 Hahn, 「신약성서신학 I」, 689: "'말씀이 육신이 되었다'라는 표현으로 인간적 실존으로 진입하는 행위를 잘 드러낸다."

913 Beasley-Murray, *John*, 5.

914 A. W. Pink, *Exposition of the Gospel of John* (Grand Rapids: Zondervan, 1975). 33.

(2) 거하심(inhabitation)

또한 로고스의 성육신은 '육신이 되심'에서 끝나지 않고 '거하심'(inhabitation)으로 이어진다. 로고스가 육신이 된 것만으로도 그의 인간에의 완전한 참여를 설명하는 데 부족함이 없다. 그러나 사도 요한은 한 걸음 더 나아가 로고스가 '우리 안에 거하셨다'고 말한다. 로고스는 육신을 가지실 뿐 아니라, 사람들 사이에 거하셨다. 그러므로 "말씀이 육신이 되었다"는 진술은 바로 뒤에 따라오는 "우리 가운데 거하셨다"(ἐσκήνωσεν ἐν ἡμῖν)는 진술의 토대가 된다.[915] 결국 로고스의 '성육신'은 그의 육신이 되심과 그의 거하심 둘 다를 통합하여 일컫는 용어이다.

그런데 로고스의 '거하심'(σκηνοῦν)은 구약 시대에 하나님이 장막에서 자기 백성들을 만나고 그들 가운데 거하신 것과 관련되는 것으로 볼 수 있다.[916] 왜냐하면 소리와 의미에서 σκηνόω는 거주함을 의미하는 히브리어 동사 שׁכן을 생각나게 하며, 그것은 때때로 하나님이 이스라엘 가운데 머무시는 것을 표현하는 데 사용되었기 때문이다.[917] 또한 σκηνόω는 '장막'을 의미하는 명사 σκηνή와 관련되며, 나아가서 장막(tabernacle)을 의미하는 히브리어 משׁכן(출 25:9)이 70인역에서 σκηνή로 번역되었기 때문이다.[918] 이처럼 로고스의 거하심은 하나님이 그 백성 가운데 거하심과 직결된다. 그리고 하나님은 그렇게 거하심으로써 그들에게 회복의 소망을 주셨다(출 29:45-46; LXX, 욜 4:17; 슥 2:14-15; 겔 37:27).

이와 마찬가지로 로고스도 육신이 되어서 사람들 가운데 거하심으로써 그들에게 구원의 소망을 주셨다. 이는 공동체로서의 인간 사회 속에서 구원의 길을 제시하기 위함이다.[919] 이런 까닭에 로고스 안에 있는 생명은 '사람들'의 빛이며(요

---

915 Cf. Painter, "Christology and the Fourth Gospel," 50.

916 이에 대하여는 본 논문 제4장.IV.4.2)를 참조하라. Cf. Barrett, *The Gospel according to St. John*, 165: "… the word σκηνοῦν has chosen here with special reference to the word δόξα which follows. It recalls, in sound and in meaning, the Hebrew שׁכן, which means 'to dwell'; the verb is used of the dwelling of God with Israel (e.g. Exod 25:8; 29:46; Zech 2:14), and a derived noun שׁכינה was used (though not in the OT) as a periphrasis for the name of God himself."

917 Carson, *The Gospel according to John*, 127-128.

918 MacLeod, "The Incarnation of the Word: John 1:14," 77.

919 MacLeod, "The Incarnation of the Word: John 1:14," 73: "He has done so, He can meet

1:4), 세상에 오신 참 빛으로서 '각 사람'을 비춘다(요 1:9).

로고스의 육신이 되심과 더불어 그의 이러한 거하심이 바로 헬레니즘적 로고스와 본질적으로 다른 점이다. 그들은 로고스를 인격자로서의 하나님이 아닌 단지 원리나 세력으로 생각한다. 따라서 그들의 로고스는 세상과 단절되어 있다. 하지만 요한의 로고스는 이와 정반대이다. 그는 태평스럽게 세상과 단절되어 있는 것이 아니라 오히려 열정적으로 세상에 참여한다. 로고스는 인간의 성정을 취하여 인간이 있는 곳에 거하심으로써 세상의 갈등 속에 들어간다. 그리고 그들을 고통으로부터 구원한다.[920]

4) 독생자

또한 요한은 성육신 하신 로고스를 아버지의 "독생자"(μονογενής)(요 1:14b,18b)라고 칭한다. 이 용어는 단순히 '출생'적 의미를 가지는 것으로 생각하는 것보다는[921] 관계적인 차원에서 '유일한'의 의미로 이해하는 것이 더 합당해 보인다.[922] 그 이유는 첫째로 μονογενής가 '출생'을 의미한다고 보기 어렵다는 것이다. "μονογενής는 출생을 의미하는 γεννάω에서 온 것이 아니라 γίνομαι에서 나왔기 때문이다. 어원 상으로 μονογενής는 출생과 관계가 없다."[923] 70인역은 μονογενής에 해당되는 יָחִיד(yāḥîd)[924]를 '홀로'(alone) 또는 '유일한'(only)(예, 시 22:21 [21:21, LXX, ῥῦσαι

---

the needs of His people and reveal God fully to humankind."

[920] L. Morris, *The Gospel according to John* (Grands Rapids: Eerdmans, 1971), 116-117.

[921] 이것을 완전히 배제할 수 없는 이유에 대하여는 Barrett, *The Gospel according to St. John*, 166과 MacLeod, "The Incarnation of the Word: John 1:14," 81-82을 참조하라. Barrett는 μονογενής가 아버지와 관련하여 사용되었을 때는 독생자(only begotten son) 외에 다른 것을 의미할 수 없다고 말한다.

[922] Sukmin Cho, *Jesus as Prophet in the Fourth Gospel*, 260, note 25: "이 단어는 '유일한'(unique), '오직'(only), '혼자의'(single)라는 뜻을 가지고 있다." 이에 대한 비판적 재고를 위해서는 홍창표, "로고스, 요한복음 서론(1:1-18)," 129-132를 보라.

[923] 프랭크 틸만(Frank Thielman), 「신약신학」(CLC, 2008), 241, esp. note 20을 보라. 그에 의하면, μονογενής는 그분의 아들 됨이 '종류에 있어서 유일하다'는 의미이며, 그 이유는 γενής가 γεννάω에서 온 것이 아니라 '종류'를 의미하는 γένος와 밀접하게 관련되어 있기 때문이다. Morris, *The Gospel according to John*, 105, note 93; M. J. Harris, "Prepositions and Theology in the Greek New Testament," in *NIDNTT*, 1171-1215, esp. 1202: "Etimologically μονογενής is associated not with begetting (γεννάω) but with existence (γίνομαι)"; cf. Hahn, 「신약성서신학 I」, 702.

ἀπὸ ῥομφαίας τὴν ψυχήν μου καὶ ἐκ χειρὸς κυνὸς τὴν μονογενῆ μου, '나의 귀중한 생명' 혹은 '나의 하나뿐인 영혼']; 시 25:16 [24:16, LXX, ὅτι μονογενὴς καὶ πτωχός εἰμι ἐγώ, '왜냐하면 나는 외롭고 가난하기 때문이다'])으로 번역하고 있으며, 거기에 '낳다'라는 뜻은 전혀 암시되지 않는다.[925]

둘째로 요한복음 자체가 μονογενής를 출생의 의미로 사용하지 않았다. 요한복음에는 μονογενής가 모두 네 번 나타난다(요 1:14,18; 3:16,18). 먼저, 로고스는 "아버지의 독생자"(μονογενὴς παρὰ πατρός)이다(요 1:14). 그런데 여기에 쓰인 전치사 παρά는 요한복음에서 아버지에 대한 아들의 관계를 나타내는 데 주로 사용되었다.[926] 그 예는 다음과 같다: 예수는 아버지를 본 유일한 분이시며(요 6:46), 하나님에게서 났고(요 7:29, παρ' αὐτοῦ εἰμι), 하나님으로부터 왔다(요 9:33; 16:27). 요한복음 1:14도 μονογενής가 아버지로부터 왔다는 것을 말함으로써 아버지와 아들의 관계 속에서 μονογενής를 묘사하고 있다. 또한 예수는 "아버지의 품속에 있는"(ὁ ὢν εἰς τὸν κόλπον τοῦ πατρός)(요 1:18) 독생자이다. 여기서 아들과 아버지의 친밀함을 나타내는 말인 "아버지의 품속에 있는"에 의하여 독생자의 특성이 규명된다.[927] 즉 요한이 말하는 독생자는 출생을 의미하기 보다는 아버지와 매우 친밀한 관계 속에 있는 아들을 가리킨다.[928] 이 사실은 "예수의 제자 중 하나 곧 그의 사랑하시는 자가 예수의 품에 의지하여 누웠는지라"(요 13:23)는 말씀에 의해 지지를 받는다. 게다가 예수는 그(하나님)가 주신 독생한 아들이다(요 3:16). 하나님은 예수를 세상에 주셨고(요 3:17; 5:36,37; 6:44,57; 10:36; 17:18. cf. 요 11:27; 16:28), 예수는 하나님의

---

[925] Beasley-Murray, *John*, 14: "Μονογενής, … , in the LXX frequently translates יחיד (*yahid*)."

[925] Carson, *Exegetical Fallacies*, 30; Beasley-Murray, *Word Biblical Themes: John*, 32: "The additional term 'begotten,' which some still wish to use, is not contained in the word itself."

[926] Harris, "Prepositions and Theology in the Greek New Testament," in *NIDNTT*, 1202.

[927] D. J. MacLeod, "The Benefits of the Incarnation of the Word: John 1:15-18," *BSac* 161 (2004), 179-193, esp. 190: "The phrase 'in the bosom of the Father' is an idiom that expresses the very closest of relationships. It is used in the Bible of a mother and child (Num. 11:12), of husband and wife (Deu. 13:6), and of friends reclining side by side at a feast (Jn. 13:23). It is a picture of love and close communion."

[928] Beasley-Murray, *John*, 16.

뜻에 따라 세상에 오셨다. 그는 세상에 와서 아버지께서 자기에게 맡기신 아버지의 뜻을 온전히 행한다(요 6:38,39; 12:49; 13:3; 14:31,34). 이것은 아버지와 아들 사이의 특별하고도 긴밀하며 온전히 신뢰하는 관계를 나타낸다. 나아가서 예수는 "하나님의"(τοῦ θεοῦ) 독생한 아들이다(요 3:18). 예수는 아버지 하나님 소유의 아들로서, 하나님께 속해 있다(요 8:47). 그래서 예수는 자신의 뜻을 행하지 않고 아버지의 뜻을 행하며, 자의로 말하지 않고 아버지의 말씀만을 말한다(요 12:49; cf. 요 16:13). 그러므로 요한이 말하는 μονογενής는 '출생'한 외아들을 의미하는 것이 아니라 하나님 아버지와 독특하고도 특별한 관계, 즉 '유일한(unique) 관계'에 있는 '하나밖에 없는' 아들로서의 예수를 의미한다.[929] 다시 말해서 이 μονογενής는 '하나님 아버지와 그러한 관계에 있는 이는 예수 한 분밖에 없다'는 뜻이다.

프롤로그는 예수 그리스도를 μονογενής로 언급한다(요 1:14,18). 이것은 예수가 하나님 아버지와 매우 특별한 관계에 있는 유일한 아들임을 의미하며,[930] 그가 아버지로부터 특별한 사랑과 신뢰의 관계에 있다는 것을 나타낸다.[931] 예수는 "하나님과 함께" 계셨으며(요 1:1b), "아버지의 품속에" 있었다(요 1:18). 이것은 예수와 하나님 사이의 친밀함을 나타낸다. 이 외에도 아버지 하나님과 아들 로고스 사이의 특별한 관계는 요한복음에서 흔히 나타난다(요 3:35; 4:34; 5:19,; 6:38; 10:30; 14:10; 15:1; 17:1; 20:17 등). 이와 같이 아들 예수는 μονογενής로서 아버지 하나님과 유일한 관계 속에 있다. 그 어떤 믿는 자도 이런 관계에 있는 하나님의 아들이 아니므로[932] μονογενής는 오직 예수 그리스도에게만 사용되었다.

---

929 Kruse, *The Gospel according to John*, 70-71; Haenchen, *A Commentary on the Gospel of John 1*, 120: "The term 'only begotten' (μονογενής), which appears first in John 1:14, means the only (and therefore especially beloved) son, who enjoys a privileged position." Cf. Köstenberger, *A Theology of John's Gospel and Letters*, 381; MacLeod, "The Incarnation of the Word: John 1:14," 81, note 48: "Most modern-day scholars agree that μονογενής means 'only,' 'one of a kind,' or 'unique'."

930 Sukmin Cho, *Jesus as Prophet in the Fourth Gospel*, 260: "The use of the adjective μονογενής in John's Gospel underscores Jesus' unique relationship with God, the Father"; idem, 「요한복음의 새 관점」, 64, 66: "이 단어는 하나님 아버지로부터 오신 성육신하신 로고스의 유일성을 강조하고 있다"; idem, "로고스의 개념과 기능(요 1:1-18)," 48; MacLeod, "The Incarnation of the Word: John 1:14," 81: "He is unique in His relation to the Father." Cf. G. Pendrick, "μονογενής," *NTS* 41 (1995), 587-600.

931 Köstenberger and Swain, *Father, Son and Spirit*, 63.

2. 로고스의 활동

사도 요한은 로고스의 존재뿐만 아니라 로고스의 활동에 대하여 말한다. 로고스는 단지 존재하는 것으로 끝나지 않는다. 로고스는 존재하실 뿐만 아니라 활동하신다. 그는 정적이지 않고 동적이다. 그러면 프롤로그가 말하는 로고스의 활동은 무엇인가? 본 논문에서는 그 중에서 핵심 되는 세 가지만 논하겠다.

1) 창조

프롤로그의 로고스의 첫 번째 활동은 만물 창조이다. "만물이 그로 말미암아 지은 바 되었으니 지은 것이 하나도 그가 없이는 된 것이 없느니라"(πάντα δι' αὐτοῦ ἐγένετο, καὶ χωρὶς αὐτοῦ ἐγένετο οὐδὲ ἕν, ὃ γέγονεν, 요 1:3). 이것은 다음과 같은 몇 가지 중요한 신학을 우리에게 알려 준다.

첫째, 로고스의 창조는 로고스의 신성을 증명한다. 요한은 로고스가 하나님이라고 말한 후에 바로 이어서 로고스로 말미암은 만물창조를 언급한다(요 1:1-3). 이것은 로고스가 하나님이라는 진리를 그의 창조 활동을 통하여 증명하는 것이다.[933] 로고스의 신성은 로고스의 창조에서 가장 잘 나타난다. 창조는 신성의 전시이다.

둘째, 로고스는 창조의 중개자(agent)이자(요 1:3. cf. 잠 8:22이하; 고전 8:6; 골 1:16-17; 히 1:2; 계 3:14)[934] 창조의 제1원인이다.[935] 먼저 로고스가 창조의 중개자인 이유는 로고스로 말미암아(δι' αὐτοῦ, 요 1:3) 만물이 존재하게 되었기 때문이다.

---

[932] 이런 까닭에 요한복음은 '하나님의 아들'이라는 용어를 오직 예수에게만 사용한다. 그 외의 모든 믿는 자들은 '하나님의 자녀'로 불린다.

[933] Calvin, *The Gospel according to St. John 1-10*, 9: "Having declared that the Word is God and proclaimed His divine essence, he goes on to prove His divinity from His works."

[934] D. J. MacLeod, "The Creation of the Universe by the Word: John 1:3-5," *BSac* 160(638) (2003), 187-201, esp. 190: "He is the agent of creation (v. 3)"; Barrett, *The Gospel according to St. John*, 156: "John's emphasis upon the role of the Word in creation brings out that he is not an occasional or accidental mediator"; E. Haenchen, *A Commentary on the Gospel of John 1*, trans. R. W. Funk (Philadelphia: Fortress Press, 1984), 112: "… he becomes the intermediary in the creation, … The text emphasizes the all-encompassing role of the Logos as mediator"; Carson, *The Gospel according to John*, 118.

[935] Cf. 조병수, 「신약총론」, 436: "그리스도는 창조의 중개자이다. 그러나 만일에 1:10ff.를 아들에 관한 예언으로 이해하면, 아들은 '창조의 중재자일 뿐 아니라 창조자이다."

사도 요한이 로고스가 만물을 "창조했다"로 표현하지 않고 "생기다"(γίνεσθαι)로 묘사한 것은 γίνεσθαι가 창조 개념에 대한 순수한 표현이기 때문이며,936 또한 만물 창조937가 로고스의 단독 사역이 아니기 때문인 것으로 볼 수 있다. 만물은 로고스이신 그리스도를 "통하여"(δι' αὐτοῦ) 지은 바 되었다. 로고스 없이는 만물 (πάντα)도 없다. 로고스의 존재함이 만물을 존재케 한다. 요한이 로고스의 존재를 의미하는 ἦν(요 1:1)과 존재케 함(만물 창조)을 의미하는 γίνομαι(요 1:3)를 각각 3회 사용한 것은 이러한 관계를 강조하기 위한 의도적인 병행으로 보인다. 왜냐하면 ὃ γέγονεν(요 1:3c)이 없어도 전체 내용에는 아무런 문제가 되지 않기 때문이다. 충만한 로고스가 사람들을 충만케 하는 것처럼(요 1:14,16. cf. 엡 1:22-23) 존재하는 로고스가 만물을 존재케 한다. 3절의 긍정(διὰ αὐτοῦ)과 부정(χωρὶς αὐτοῦ … οὐδὲ ἕν)은 이 사실을 강조한다. 이처럼 로고스는 유일한 창조의 중개자이다.938

이와 함께 로고스는 창조의 제1원인이다. 그 이유는 διά가(요 1:3,10) 수단뿐만 아니라 제1원인의 의미를 가지기 때문이다. Zerwick에 의하면, διά가 소유격과 함께 원인의 의미로 쓰일 경우, 이것 자체는 "하나님이 선지자를 통해(διὰ τοῦ προφήτου) 말씀하신다"처럼 본래 매개적 원인이나 도구적 원인을 표현할 뿐이다. 하지만 그것이 제1원인(principal cause)을 의미하기도 한다. 예를 들면, 로마서 11:36 은 창조주에 대하여 다음과 같이 말한다: "만물이 주에게서 나오고 주로 말미암고

---

936 Bultmann, *The Gospel of John*, 37.

937 Paul LaMarche, "The Prologue of John (1964)," in *The Interpretation of John.* Edited by John Ashton, Issues in Religion and Theology 9 (Philadelphia: Fortress, 1986), 36-52, esp. 40-41. LaMarche는 3절에서 κτίζω나 ποιέω를 쓰지 않고 γίνομαι를 쓴 것에 대하여 지적한다. 그는 3절의 γίνομαι는 우주 창조만을 의미하는 것이 아니라 로고스를 수단으로 하는 넓은 의미의 하나님의 우주적 계획 모두를 포함한다고 주장하며, 그 근거로 프롤로그에 사용된 γίνομαι의 용례들을 제시한다. 그는 결론적으로 "3절은 본질적으로 신적인 계획의 실현에 관계되는 것이다"라고 말한다(p. 41). 실제로 프롤로그에서 γίνομαι는 다양한 의미로 사용되었다(이에 대하여는 본 장[제5장 요한복음 프롤로그의 로고스 신학]의 II.1.3).(1).③를 보라). 그러므로 일차적으로 3절의 γίνομαι의 의미는 광의의 차원에서 LaMarche의 의견에 동의할 수도 있을 것이다. 그러나 정확한 의미를 위해서는 문맥에 따라 이 단어를 해석해야 한다. 3절의 만물은 10절에서 세상을 의미한다. 또한 3절의 만물창조는 창세기와 관련지어 볼 때, '만물'(πάντα)은 피조세계를 의미한다. 따라서 3절의 γίνομαι는 근본적으로 하나님의 우주적 계획을 말하는 것이 아니라 피조세계의 창조를 가리키는 것이다.

938 MacLeod, "The Creation of the Universe by the Word: John 1:3-5," 189; Need, "Re-reading the Prologue: Incarnation and Creation in John 1.1-18," 402; "Logos is essentially God's instrument of creation."

주에게로 돌아감이라"(ἐξ αὐτοῦ καὶ δι᾽ αὐτοῦ καὶ εἰς αὐτὸν τὰ πάντα). 고린도전서 1:9; 12:8; 히브리서 2:10; 13:11; 베드로전서 2:14 등도 이와 마찬가지이다. 따라서 전치사 'διά +소유격' 용법이 단지 중개자의 역할만 표현한다고 너무 지나치게 강조해서는 안 된다. 왜냐하면 그것이 그리스도(로고스)의 창조주로서의 행위(요 1:3, 10; 골 1:16)나 구속주로서의 행위(롬 5:9)를 말할 때도 사용되기 때문이다.[939]

또한 로고스가 창조의 제1원인인 이유는 로고스 안에 생명이 있기 때문이다(요 1:4). "모든 생명은 생명으로부터 나온다."[940] 그의 생명 때문에 모든 피조된 존재들이 생명을 가진다.[941] 이런 의미에서 로고스는 만물 창조의 중개자일 뿐 아니라 모든 피조물의 근거이자 모든 생명의 원천이다.[942] 결론적으로 로고스는 만물 창조의 수단이자 또한 근거이다.[943]

셋째, 로고스의 창조는 구분을 유발한다. 로고스는 창조하였고 만물은 피조되었다. 이 둘 사이에 창조주와 피조물이라는 엄격한 구분이 있다. 요한복음 1:3a은 "단순히 만물이라고 말하지 않고 '지은 바 된' 만물이라고 말한다. 따라서 로고스 자신은 지은 바 되지 않은 것이 분명하며, 만물이 그에 의해 지은 바 되었다. 그리고 만일 그가 지은 바 되지 않았다면 그는 피조물이 아니다. 만일 그가 피조물이 아니라면 그는 아버지와 동일 본질이시다. 왜냐하면 하나님이 아닌 존재는 모두 피조물이며, 피조물이 아닌 존재는 모두 하나님이시기 때문이다."[944] 요한복음 1:3b도 지은 것이 하나도 그가 없이는 된 것이 없다고 말함으로써 이 사실을 더욱 강화한다. 따라서 우주에는 오직 두 가지만 존재한다. 그것은 창조자와 피조물이다. 이것은 '절대구분'이다.

넷째, 로고스의 창조는 무로부터의 창조이다(creatio ex nihilo). 로고스 없이는

---

939 Zerwick S. J., *Biblical Greek*, 38(§ 83.113).

940 MacLeod, "The Creation of the Universe by the Word: John 1:3-5," 195.

941 MacLeod, "The Creation of the Universe by the Word: John 1:3-5," 195.

942 MacLeod, "The Creation of the Universe by the Word: John 1:3-5," 194: "… the λόγος is the basis of all created life in the universe."

943 Michael Jensen, "The Gospel of Creation," *RTR* 59 (2000), 130-140, esp. 131.

944 Augustin, *On the Holy Trinity, Nicene and Post-Nicene Fathers of the Christian Church*, vol. 3 (Grand Rapids: Eerdmans, 1980), 21. = 「삼위일체론」, 김종흡 역 (고양: 크리스찬다이제스트, 1993).

된 것이 없다는 것은(요 1:3b) 로고스가 무엇을 만들기 전에는 존재하는 것이 아무것도 없었다는 뜻이다. 그러므로 로고스의 창조는 무에서부터의 창조이다.[945] 이 사실은 로고스가 전능자이심을 잘 증거한다.

다섯째, 로고스의 창조는 종말론적이다.[946] 창조는 만물의 시작이며(καταβολὴ κόσμου, 요 17:24. cf. 계 13:8; 17:8), 시작이 있다는 것은 곧 종말이 있다는 것을 의미한다. 시작이 있으면 끝이 있다.[947] 이런 까닭에 몸말에서는 '마지막 날'(ἡ ἐσχάτη ἡμέρα)에 대한 언급이 많이 나온다(요 6:39,40,44,54; 11:24; 12:48).

여섯째, 로고스의 창조는 그의 주권과 그에 대한 만물의 의존을 나타낸다. 로고스 없이는 된 것이 하나도 없으므로 그가 유일한 만물 창조의 중개자이다. 만물은 스스로 존재할 수 없으며 오직 로고스로 인해 존재한다. 그러므로 만물은 언제나 로고스 의존적이다.[948] 이에 반해 창조주 로고스는 만물을 전혀 의존하지 않는다(cf. 요 2:24; 5:34). 그는 만물의 창조주이자 생명의 원천이다. 그는 만물을 초월하며 만물의 주권자이다.[949] 그는 만물 위에 계시고(요 3:31) 만물은 다 그의 손에 있다(요 3:35). 이처럼 로고스의 창조는 만물에 대한 로고스의 주권과 로고스에 대한 만물의 의존을 담고 있다.

2) 하나님의 자녀

프롤로그에서 로고스의 또 다른 활동은 믿는 자를 하나님의 자녀로 만드는 것이다

---

945 Bultmann, *The Gospel of John*, 38: "⋯ the creation is not the arrangement of a chaotic stuff, but is the καταβολὴ κόσμου(17.24), creatio ex nihilo." Cf. R. Kysar, "R. Bultmann's Interpretation of the Concept of Creation in John 1:3-4: A Study of Exegetical Method," *CBQ* 32 (1970), 77-85, esp. 81-82; MacLeod, "The Creation of the Universe by the Word: John 1:3-5," 188.

946 Jensen, "The Gospel of Creation," 130: "The Christian doctrine of creation has a distinctively eschatological shape with a christological core."

947 MacLeod, "The Creation of the Universe by the Word: John 1:3-5," 188: "⋯ the world had a beginning and is therefore not eternal."

948 Jensen, "The Gospel of Creation," 130; MacLeod, "The Creation of the Universe by the Word: John 1:3-5," 195: "Verses 3 and 4 teach that the λόγος is the Creator and the life-giving force ⋯. This means that the universe is 'utterly dependent upon God'."

949 MacLeod, "The Creation of the Universe by the Word: John 1:3-5," 188; Jensen, "The Gospel of Creation," 130.

(요 1:12-13). 요한복음은 '하나님의 아들'(ὁ υἱὸς θεοῦ)과 '하나님의 자녀'(τὰ τέκνα θεοῦ)를 엄격하게 구분한다. 요한복음은 하나님과 예수와의 관계, 즉 아버지와 독생자의 관계를 배타적으로 이해한다.

(1) 하나님의 아들(ὁ υἱὸς θεοῦ)

요한은 그리스도에게만 υἱός를 적용시키며,[950] 믿는 자들에게는 아들이라는 말 대신 자녀(τέκνον)[951]라는 말을 쓴다.[952] 예수는 결코 하나님의 자녀(τέκνα θεοῦ)라고 불리지 않으며, 신자는 한 번도 하나님의 아들(ὁ υἱὸς θεοῦ)로 불리지 않는다. 이러한 구별은 아들인 예수만이 가지는 독특성을 나타낸다. 먼저 예수는 그의 선재성에 따라 아버지와 영원한 관계 속에 있다. 아버지와 아들의 관계는 시간 속에서 얻어진 것이 아니며, 이 생명과 더불어 끝나거나 혹은 이 세상 역사와 더불어 끝나버리는 것이 아니다. 인간으로서의 예수의 생애는 시간 속에서 이루어진 영원한 관계의 한 형태(projection)이다.[953] 또한 그의 지상 사역은 그의 아들로서의 독특성을 나타내며(요 3:17; 10:36; 17:18), 나아가서 아버지와 아들 사이의 사랑이 아들로서의 예수의 독특성을 증거한다(요 3:35; 5:20; 10:17; 17:23).

이 모든 것들은 예수에게만 해당되며, 그의 아들됨과 신자의 자녀 됨 사이를 구별한다. 요한은 예수를 '유일한'(μονογενής) 아들(요 1:14,18; 3:16)로 부름으로써 그리고 독립형인 '그 아버지'와 '그 아들'을 지속적으로 사용함으로써 이 유일무이성에 주목하게 한다. 요한복음에서 제자들은 아들로 불리지 않으며, 그들은 하나님을 아버지로 부르지도 않는다. 하나님이 제자들의 아버지라고 기술되는 경우는 단

---

[950] 예수와 관련된 υἱός의 용례를 종류별로 정리하면 다음과 같다.
   1) 하나님의 아들(υἱὸς θεοῦ) : 요 1:34,49; 5:25; 10:36; 11:4,27; 19:7; 20:31.
   2) 인자(ὁ υἱὸς τοῦ ἀνθρώπου) : 요 1:51; 3:13,14; 6:27,53,62; 8:28; 9:35; 12:23,34; 13:31.
   3) 아들(υἱός) : 요 3:17,35,36; 5:19bis.,20,26; 6:40; 8:35,36; 14:13; 17:1.
   4) 독생자(ὁ υἱὸς μονογενής) : 요 3:16.
   5) 요셉의 아들(ὁ υἱὸς Ἰωσήφ) : 요 1:45; 6:42.

[951] 요 1:12; 11:52. Cf. 요 13:33; 8:39.

[952] Carson, *The Gospel according to John*, 126: "In John the believer becomes a 'child' (τέκνον) of God, but only Jesus is the 'son' (υἱός) of God."

[953] C. H. Dodd, *The Interpretation of the Fourth Gospel* (Cambridge: Cambridge University Press, 1980), 262.

한 차례이며(요 20:17), 그것도 "내 아버지"와 "너희 아버지"의 차이가 강조된다.[954]

(2) 하나님의 자녀

그래서 요한은 하나님의 아들과 구별되는 하나님의 자녀를 언급한다(요 1:12-13). 이들은 요한복음에서 항상 복수로 나온다(요 1:12; 11:52). 이것은 이 말이 신앙 공동체, 즉 교회를 나타내는 용어임을 짐작케 한다. 그러면 교회를 이루는 하나님의 자녀는 어떤 사람들인가?

첫째, 하나님의 자녀는 로고스를 영접한 사람들이다. 로고스를 영접한다는 것은 그의 이름을 믿는 것이다(요 1:12c). 고대인들에게 있어서 이름은 전 인격을 표시한다(시 5:11; 20:1).[955] 따라서 로고스의 이름을 믿는 것은 로고스의 인격을 신뢰하는 것이다. 이것은 예수의 계시를 전적으로 받아들이는 것이다.[956] 그러므로 그리스도를 영접하는 것은 그분의 인격과 계시를 온전히 믿고 받아들이는 것이다. 그리할 때 그들에게 하나님의 자녀가 되는 권세가 주어진다.

하지만 '믿음'[957]으로 말미암아 하나님의 자녀가 된다(요 1:12)고 해서 그것이 자력에 의한 것임을 의미하는 것은 아니다. 요한복음 1:12은 요한복음 1:3에서 사용된 γενέσθαι를 동일하게 사용함으로써 창조가 만물 스스로의 능력으로 된 것이 아니듯이, 하나님의 자녀도 자력으로 된 것이 아니라는 것을 분명하다. 또한 요한은 ἐξουσια와 함께 δίδωμι를 씀으로써 그 권세가 하나님으로부터, 즉 위로부터 온다는 것을 강조한다(마 9:8; 21:23 [막 11:28; 눅 20:2]; 28:18; 요 5:27; 17:2; 계 2:26; cf. LXX, 단 7:14).[958] 하나님의 자녀가 되는 것은 온전히 하나님이 주관하시는 사역이다.

---

954 D. R. Bauer, "Son of God," *Dictionary of Jesus and the Gospels*, ed. J. B. Green, S. Mcknight (Leicester, England: Inter-Varsity Press, 1992), 769-775.

955 Morris, *The Gospel according to John*, 99; Carson, *The Gospel according to John*, 125: "The 'name' is more than a label; it is the character of the person, or even the person himself."

956 Beasley-Murray, *John*, 13.

957 Brown, *The Gospel according to John I -XII*, 513: "It involves much more than trust in Jesus or confidence in him; it is an acceptance of Jesus and of what he claims to be and a dedication of one's life to him."

958 Endo, *Creation and Christology*, 222.

둘째, 하나님의 자녀는 하나님으로부터 출생한 자들이다(요 1:13). 요한복음 1:13을 시작하는 οἱ는 이 사실을 다음과 같이 구체적으로 증거한다.

οἱ

οὐκ   ἐξ αἱμάτων

οὐδὲ   ἐκ θελήματος σαρκὸς

οὐδὲ   ἐκ θελήματος ἀνδρὸς

ἀλλ᾽   ἐκ θεοῦ

ἐγεννήθησαν.

이 문장에서 주어(οἱ)와 동사(ἐγεννήθησαν)가 보여 주듯이 하나님의 자녀는 출생을 통해서 존재하게 된다. 그런데 여기서 요한은 주어와 동사 사이에 세 번의 부정과 한 번의 긍정을 사용하여 하나님의 자녀의 출생의 비밀을 밝힌다. 하나님의 자녀로 출생하는 것은 혈통과 육체의 뜻과 사람의 뜻으로는 불가능하다. 이 3중 부정은 공히 인간의 자연적인 출생을 가리키는 것으로써 하나님의 자녀가 되기 위한 인간 노력의 무익함과 무기력함을 강조한다. 그러므로 3중 부정은 곧 3중 불가이다. 반면에 한 번의 긍정인 "하나님께로서"(ἐκ θεοῦ)는 하나님의 자녀는 오직 하나님으로부터 난다는 사실을 강조한다.[959] 세 번의 연속된 부정에 이은 한 번의 긍정은 이것을 더욱 강조하기 위한 점층법이다. 그러므로 하나님의 자녀는 자연적인 획득에 의한 것이 아니라 하나님에 의하여 된다. 이것은 "육으로 난 것은 육이요 성령으로 난 것은 영이니"(요 3:6; cf.3:3,8)라는 예수님의 말씀으로 요약될 수 있을 것이다. 결론적으로 하나님의 자녀는 로고스의 새 창조의 결과이며 따라서 그들은 신적 기원을 가진다.[960]

---

[959] 요한복음 1:12에서 믿는 자들은 하나님의 자녀로 불린다. 그리고 다음 구절에서 그들은 "하나님께로서 난 자"로 언급된다. 여기서 ἐκ는 하나님이 이 영적 출생의 근원이시라는 것을 가리킨다 (Köstenberger and Swain, *Father, Son and Spirit*, 50). Cf. Morris, *New Testament Theology*, 254.

[960] 김동수, "요한복음 프롤로그(1:1-18) : '하나님의 자녀,'" 「바울과 요한」 (서울: 도서출판 기쁜날, 2003), 190-191: "요한복음의 자녀의 신적 기원을 표현하는 데 있어서 요한은 'γεννάω'라는 동사와 'ἐκ'라는 전치사를 함께 사용하여 출처와 기원을 나타내는 용법으로 자주 사용한다. 신약성경에서 이 동사가 주로 사람의 물리적 출생을 표현하는 데 주로 사용되었다면 요한복음과 요한서신에서는 주로 근본적 출처를 나타내는 데 사용되었다(요 3:3-5; 요일 2:29; 3:9; 4:7; 5:1,4,18)"; Endo, *Creation*

3) 하나님을 나타내심

프롤로그에 나타난 로고스의 많은 활동들 중 또 한 가지는 '하나님을 나타내는 것'이다(요 1:18b). 성육신한 로고스의 활동을 설명하는 요한복음 1:18b에는 "나타내셨다"(ἐξηγεῖσθαι)라는 아주 특이한 단어가 사용되었다. 이 단어는 요한복음에서 오직 여기에서만 발견되며, 이 단어는 전형적으로 어떤 주제에 대하여 충분한 설명을 하는 것을 의미한다(눅 24:35; 행 10:8; 15:12,14; 21:19).961 또한 고전 그리스어에서 이 단어는 신적 비밀들을 공표하거나 설명하는 데 사용되었고,962 신약성경과 초기 기독교 문서에서는 '보고하다', '해석하다', 특히 '신적 비밀들을 계시하다'는 의미로 사용되었다.963 나아가서 이 용어는 '사실들을 자세히 말하다'(to rehearse facts), '자세히 이야기하다'(to recount a narrative)는 뜻으로 쓰였으며, 신적 비밀들을 공표하거나 설명하는 데 사용되었다.964 이런 의미 때문에 이 말로부터 전문적인 신학 용어인 석의(Exegesis)라는 말이 나왔다.965 이것은 본문 내에 담겨 있는 고유한 의미를 분명하게 밝히는 것을 말한다. 이렇게 볼 때, 요한은 성육신한 로고스, 즉 예수 그리스도는 하나님의 숨겨진 실상에 대한 해설이라고 말하는 것이다.966 로고스는 태초에 하나님과 함께 계셨고 또 하나님이시기에(요 1:1-2), 그리고 아버지의 품속에서 독생자로 존재하시기 때문에(요 1:18b) 하나님 아버지를 계시할 수 있는 독특한 지위와 권위를 가지고 계신다.967 이런 까닭에 그는 하나님에 대한 진정한 해석자이다.968

---

and *Christology*, 222.

961 Köstenberger, *A Theology of John's Gospel and Letters*, 382, note 161.

962 MacLeod, "The Benefits of the Incarnation of the Word," 189.

963 Brown, *The Gospel according to John I-XII*, 17-18: "The verb ἐξηγεῖσθαι means 'to lead' but is not attested in this meaning in the NT or in early Christian literature (BAG, 275); there it means 'to explain, report,' and especially, 'to reveal [divine secrets]'."

964 Barrett, *The Gospel according to St. John*, 170; Kruse, *The Gospel according to John*, 74; Moloney, *The Gospel of John*, 47.

965 Carson, *The Gospel according to John*, 135.

966 Craig S. Keener, *The Gospel of John: A Commentary*, vol. 1 (Peabody: Hendrickson Publishers, 2003), 424: "… the term suggests that Jesus fully interprets God, … Jesus unveils God's character absolutely. … Jesus is the perfect revealer."

967 Milne, *The Message of John: Here is Your King!* 50.

그런데 요한은 이와 같이 성육신한 그리스도가 하나님을 설명하고 해석하고 계시하신 것을 은혜라고 부른다(요 1:17). 요한복음 1:16-18 사이의 문맥적 연결이 이 사실을 잘 보여준다. 요한복음 1:17은 ὅτι로 시작함으로써 그 앞 절이 "은혜 위에 은혜"라고 말한 이유를 설명한다. 그것은 모세로 말미암아 온 율법이 은혜이며, 예수 그리스도로 말미암아 온 은혜와 진리도 은혜이기에, 은혜 위에 은혜가 된다는 것이다. 그리고 이어 요한복음 1:18은 예수 그리스도로 말미암아 온 은혜가 무엇인지를 구체적으로 밝히는데, 그것은 바로 예수가 하나님을 설명하고 해석한 것이다.

이처럼 그리스도의 충만한 은혜는 그가 하나님을 설명해 주는 것이다. 예수는 볼 수 없는 하나님을, 본 사람이 없는 하나님을(θεὸν οὐδεὶς ἑώρακεν πώποτε, 요 1:18a, cf. 요 5:37; 6:46) 알려 주신다. 이런 까닭에 그는 "나를 본 자는 아버지를 보았거늘"(ὁ ἑωρακὼς ἐμὲ ἑώρακεν τὸν πατέρα, 요 14:9)이라고 말씀하셨고, 또한 "나와 아버지는 하나이니라"(요 10:30; cf. 요 14:10,11)고 말씀하신 것이다. 그리고 아마도 이것이 요한복음에 하나님의 직접적인 음성이 나타나지 않는 이유일 수 있다.[968] 아버지는 불가시적 존재이며, 독생자는 해석자이다. 이 해석자인 독생자가 하나님의 품속에 있는 가장 깊은 비밀까지 아시고 보여주셨다. 하나님의 품이 활짝 열려 공개된 것이다.[970] 본래 하나님을 본 사람이 없다. 그러나 이제 로고스이신 예수 그리스도가 하나님을 나타내셨다. "말씀이신 예수 그리스도를 통하지 않고는 우리가 하나님을 알 수 있는 다른 가능성은 전혀 없었다. ⋯ 심지어 모세까지도 하나님을 보도록 허락받지 못했다. 그러므로 이 점에서 예수님의 계시는, 그분이 하나님을 알게 해주는 분이기 때문에 무한히 더 뛰어난 것이다"(요 1:18).[971]

---

968 O. Cullmann, "The Theological Content of the Prologue to John in Its Present Form," in *The Conversation Continues: Studies in Paul and John in Honor of J. Louis Martyn*, ed. R. T. Fortna, B. R. Gaventa (Nashville: Abingdon, 1990), 295-298; Bruce, *The Gospel of John*, 45: "⋯ the Son is the 'exegete' of the Father"; Carson, *The Gospel according to John*, 135: "⋯ Jesus is the exegesis of God. ⋯ Jesus is the narration of God. ⋯ he is 'the Word', God's Self-expression." Cf. Hahn, 「신약성서신학 Ⅰ」, 666: "예수 안에서 하나님이 자신을 계시하신다."

969 Andreas J. Köstenberger, *Encountering John: The Gospel in Historical, Literary, and Theological Perspective* (Grand Rapids: Baker Books, 1999), 39: "⋯ God himself is not the direct focus of attention in John's Gospel.

970 Calvin. *The Gospel according to St. John 1-10*, 26.

971 Carson, France, Motyer, Wenham, Ed. *New Bible Commentary*, 1027.

성육신한 예수 그리스도가 우리에게 하나님을 해석함으로써 은혜를 주신다(요 1:17).[972] 따라서 로고스의 성육신은 하나님에 대한 사람들의 불 확신의 휘장을 걷어 치웠다.[973] 은혜 위의 은혜, 즉 가장 큰 은혜는 하나님이 설명되고 해석되어 알려지고 공개되는 것이다. "기독교 계시의 절대적인 주장이 이보다 더 명확하게 표현될 수는 없을 것이다."[974] 결론적으로 그리스도는 충만한 은혜를 주시는데(요 1:14,16), 이 은혜는 이전에는 아무도 볼 수 없었던 하나님을 로고스가 사람들에게 구체적으로 설명하신 것이다(요 1:18).

3. 결론

지금까지 우리는 로고스의 존재와 활동에 대하여 몇 가지 내용으로 고찰하였다.

첫째, 로고스가 존재한다. 먼저, 그의 존재는 전제적 존재이다. "로고스가 계신다"(ὁ λόγος ἦν)(요 1:1)는 것은 하나님이 계시로 보여주신 로고스의 존재에 대한 선언이기 때문이다. 이것은 이성을 통한 증명으로 확인되는 것이 아니라 오직 믿음을 통하여 확인되는 것이다. 바로 이 점에서 요한복음의 처음은 그 마지막과 만난다. 왜냐하면 요한복음의 마지막도 예수가 하나님의 아들이심을 선언하며 그에 대한 믿음을 강조하기 때문이다(요 20:31).

또한 로고스는 시간적, 공간적, 신분적(인격적), 삼위일체적 방식으로 존재한다. 그는 시간적으로는 선재하며, 공간적으로는 하나님과 함께 계셔서 하나님과 친밀하고 하나님을 지향한다. 또한 그는 신분적으로는 하나님이시다. 프롤로그와 요한복음 전체가 이 진리에 초점을 맞춘다. 나아가서 그는 삼위일체의 제2위로서 성부와 구별은 되지만 분리는 될 수 없는 신적 신비로 존재하신다.

게다가 이렇게 선재하는 하나님이신 로고스가 육신이 되셨다. 로고스의 성육신은

---

[972] 조석민, 「요한복음의 새 관점」, 63.

[973] MacLeod, "The Incarnation of the Word: John 1:14," 88.

[974] Schnackenburg, *The Gospel according to St John* vol. 1, 278.

창조주가 피조물이 되는 그의 존재 방식의 변화와 비하를 의미하며, 그로 인해 인간이 육신으로는 이룰 수 없는 하나님의 자녀가 되는 길을 열어 주셨고, 그의 충만으로부터 영적 선물들을 충만하게 주셨다. 또한 로고스의 성육신은 그가 육신이 되는 것에서 끝나지 않고 세상에 거하는 것으로 이어진다. 그래서 로고스의 성육신은 그의 '되심'과 '거하심'에 대한 총칭이다. 그는 사람들 가운데 사시며 사람들의 고통을 체휼하시고 죽음의 길을 가는 사람들에게 영생의 은혜를 베푸셨다.

나아가서 로고스는 하나님의 독생자이다. '독생자'는 단순히 출생의 차원에서 이해되기 보다는 관계적 차원에서 이해된다. 다시 말해 독생자는 '출생한 단 한명'을 의미하기 보다는 '유일한 관계'에 있는 아들을 의미한다. 하나님과의 관계에서 로고스는 그 어떤 존재도 가질 수 없는, 그래서 '유일한' 관계에 있는 유일한 아들, 즉 독생자이시다.

둘째, 로고스는 활동한다. 먼저, 로고스는 만물을 창조한다. 이 사실은 로고스가 창조의 중개자이자 창조의 제1원인임을 증거한다. 로고스에 의한 창조는 그의 신성에 대한 증거이며 창조주와 피조물 사이에 구별을 확증하며 종말이 있다는 것을 알려 준다. 또한 로고스의 창조는 그가 주권자이자 전능자시라는 것과 따라서 모든 피조물은 철저히 그를 의존해야 한다는 사실을 가르쳐 준다.

또한 로고스는 사람을 하나님의 자녀로 만드신다. 로고스의 창조와 구속은 그의 시간을 따라 움직이는 하나의 행위이다.[975] 하나님의 자녀는 예수 그리스도의 이름을 믿음으로 하나님으로부터 출생한 자들이다.

나아가서 로고스는 하나님을 해석한다. 그는 아무도 보지 못한 하나님을 설명하고 해석하고 계시한다. 아들은 아버지에 대한 해석자이다. 이로 인해 하나님이 사람들에게 알려졌다. 이것이 바로 로고스의 성육신을 통하여 우리에게 온 은혜 위의 은혜이다.

이와 같이 존재하며 활동하는 프롤로그의 로고스는 그 어떤 철학이나 사상이나

---

[975] Jensen, "The Gospel of Creation," 132: "Creation through Christ runs to the time of Christ." Cf. Augustine, *The City of God*, XI.6, XII.16.

종교의 로고스와는 비견할 수 없는 분이시다. 그는 유일하신 참 하나님이시다(요 5:44; 17:3). 그는 영광과 존귀와 능력을 받으시기에 합당하신 하나님이시다. 이사야가 그분의 영광을 보았다(요 12:41). 우리도 동일하게 믿음 안에서 그분의 영광을 본다(요 1:14; 11:40; 17:24).

제6장 요한복음 프롤로그의
세례자 요한

본 장은 요한복음의 프롤로그에 언급된 세례자 요한에 관한 연구이다. 프롤로그에는 세례자 요한에 관한 내용이 두 단락으로 나타난다: 1) 세례자 요한의 정체(요 1:6-8), 2) 세례자 요한의 증거(요 1:15). 그러나 요한복음의 몸말에는 세례자에 관한 내용이 10장까지 언급되며, 모두 여섯 단락으로 되어 있다: 1) 세례자 요한의 첫 번째 증거(요 1:19-28), 2) 세례자 요한의 두 번째 증거(요 1:29-34), 3) 세례자 요한의 세 번째 증거(요 1:35-42), 4) 세례자 요한과 예수의 세례(요 3:22-4:2), 5) 세례자 요한에 대한 예수의 말씀(요 5:33-36), 6) 세례자 요한에 대한 최종 평가(요 10:40-42).

이처럼 프롤로그의 세례자에 관한 내용은 몸말의 그것에 비해 절대적으로 적다. 다시 말해 몸말이 프롤로그에 비해 세례자에 관한 내용을 훨씬 더 풍성하게 가지고 있다. 따라서 본 장에서는 프롤로그가 말하는 세례자에 관한 내용을 우선적으로 고찰하되, 이와 함께 몸말에 나타난 세례자에 관한 내용을 무시하거나 간과하지 않고 적극적으로 활용하며 함께 연구할 것이다. 만일 이렇게 하지 않는다면 우리는 세례자에 관하여 매우 제한적이고 편협하며 지엽적인 이해밖에 할 수 없을 것이다. 나아가서 프롤로그와 몸말이 별개의 것이 아닌 하나의 통일체라는 점도 이러한 연구의 필요성에 무게를 실어준다.

본 장의 연구 내용은 다음과 같다. 첫째로 프롤로그에 있는 세례자 요한 구절들이 추가/삽입된 것인지 아닌지를 그 구절들의 기록 목적과 관련하여 고찰하고 평가할 것이다. 둘째로 이 목적과의 관계 속에서 세례자 요한의 정체와 역할을 연구하며, 셋째로 세례자 요한의 지위의 특징에 대하여 살펴 볼 것이다. 그리하여 지금까지 제시된 요한복음의 세례자 요한에 대한 제한적 이해를 극복하고 새로운 이해의 장을 열게 될 것이다.

I. 프롤로그에서의 세례자 요한 구절의 위치상(positioning)의 목적

앞에서(제3장: 요한복음 프롤로그의 구조) 우리는 프롤로그의 세례자 요한 구절이 추가/삽입이 아니라는 사실을 요한복음의 문체와 문맥적 특징에 근거하여 구체적으로 논증했다. 그러나 아직 추가/삽입과 관련하여 확인해야 할 것이 하나 더 남아 있다. 그것은 세례자 요한 구절이 삽입이 아니라면 저자가 그것을 현재의 자리에 기록한 목적 또는 이유가 무엇이냐 하는 것이다.

1. 세례자 요한 종파 논박설

1) 세례자 종파 논박설

대략 한 세기 전에 D. W. Baldensperger는 프롤로그를 삽입이 없는 통일체로 보기는 했으나, 세례자 요한과 예수의 대조를 통하여 세례자의 열등성을 나타내는 것이 요한복음의 가장 우선된 기록목적이라고 주장하였다. 그리고 그는 이와 같이 대조하는 것은 무엇보다도 세례자 요한을 숭배하는 종파를 논박하기 위한 것이라고 말하였다.[976] Baldensperger가 이렇게 생각한 까닭은 요한복음이 기독교 공동체를 세례자 추종자들로부터 보호하려 했다고[977] 믿기 때문이다.[978] 또한 요한복음이

---

[976] D. W. Baldensperger, *Der Prolog des vierten Evangeliums, Sein polemisch - apologetischer Zweck.* (Freiburg: J. C. B. Mohr, 1898), 4-9; W. F. Howard, *The Fourth Gospel in Recent Criticism and Interpretation*, revised by C. K. Barrett (London: The Epworth Press, 1955), 25, esp. 57-58: "⋯ the antithetic clauses about John the Baptist and the Logos place the purpose of the Gospel in the forefront. ⋯ That is first and foremost a polemic against the sect which exalted John the Baptist at the expense of Jesus."

[977] C. W. Rishell, "Baldensperger's Theory of the Origin of the Fourth Gospel," *JBL* 20 (1901), 38-49.

세례자 요한을 예수보다 열등한 인물로 평가한 까닭은[979] 초기 기독교와 병행하여 존재하던 요한의 제자들(요한을 메시아로 믿은)을 논박하여 기독교로 개종시키기 위한 것이라고 그는 주장했다.[980] 하지만 이 주장은 역사적 신빙성 때문에 즉시 도전을 받았다.[981] 게다가 그의 주장은 세례자 요한에 관한 언급이 오직 요한복음의 전반부(요 1-10장)에만 나타나고 있다는 데 큰 약점을 가지고 있다.[982] 그러므로 그는 요한복음 11장 이후는 무엇을 목적으로 기록되었는지를 설명해야만 한다.[983] 따라서 그의 이론은 수용할 수 없다.

이런 문제에도 불구하고 Baldensperger의 견해는 그 후의 신학자들에게 많은 영향을 주었으며, 그 대표적인 인물로 R. Bultmann을 들 수 있다. 그는 Baldensperger의 세례자 종파 논박이론을 프롤로그의 세례자 요한 구절에 아래와 같이 적용하였다.

요한복음 1:6-8, 15을 삽입한 동기는 논쟁적인 것임이 분명하다. 이 구절들은 세례자 요한을 예수에 대한 증거자로 세우려는 긍정적인 목적이 있다. 이와 동시에 논쟁적인 목적도 있는데, 그것은 세례자가 계시자의 권위를 가지고 있다는 주장을 논박하기 위한 것이다. 이 권위는 세례자 종파가 그들의 주님인 세례자 요한에게 돌렸던 것이다. 그들은 그 안에서 빛을 보았고 따라서 육신이 되신 선재 로고스도 보았을 것이다. 이것은 프롤로그의 로고스 자료(the source-text)가 세례자 공동체의 찬양시였다는 것을 시사한다. … 만일 저자가 한 때, 즉 하나님으로부터 보냄을 받은 이가 요한이 아니라 예수라는 사실을 알게 되었을 때까지 세례자 공동체에

---

[978] Baldensperger의 주장은 요한복음 저자의 예수 공동체와 세례자 요한 공동체 사이의 갈등 상황을 가정한 것으로서 20세기 초에 꽃을 피운 양식 비평의 토대로 볼 수 있다.

[979] 조병수, 「신약성경총론」(수원: 합동신학대학원출판부, 2006), 164. 요한복음이 말하는 예수에 대한 세례자 요한의 열등성은 다음과 같은 것들이다: 1) 세례자 요한은 참 빛인 예수에 대한 증거자이다(요 1:6-8), 2) 세례자 요한은 성육신한 말씀에 대한 증거자이다(요 1:15), 3) 그는 사죄자와 성령 세례자인 예수에 대한 증거자이다(요 1:29-34), 4) 예수는 참 빛이지만 세례자 요한은 등불이다(요 5:31-36), 5) 군중들은 예수가 많은 표적을 행한 반면에 요한은 아무런 표적을 행하지 않았다고 증거한다(요 10:40-42).

[980] 조병수, 「신약성경총론」, 164.

[981] Howard, *The Fourth Gospel in Recent Criticism and Interpretation*, 58.

[982] 세례자에 대한 마지막 언급은 요한복음 10:40-42이다.

[983] 조병수, 「신약성경총론」, 164.

속해 있었다는 것을 가정한다면 이 추측은 어렵지 않다.[984]

우리는 이 가설을 다음과 같이 이해할 수 있다. 첫째, 세례자 종파는 요한을 증거자와 선구자가 아니라 모든 신적계시의 목적(goal)으로 이해했다.[985] 세례자 종파는 세례자 요한을 메시아로 단언했다. 둘째, 요한복음 저자는 세례자의 초기 제자인데, 그는 자신이 세례자 종파를 떠나 그리스도인이 되는 것의 정당성을 확보하기 위해 세례자 요한이 예수를 증거하는 구절들을 추가했다.[986] 셋째, 결국 저자가 세례자 요한 구절을 로고스 찬양시에 추가한 것은 세례자 요한을 메시아로 고백하는 세례자 종파와의 논쟁을 위해서이다.[987] 따라서 Bultmann의 핵심 주장은 다음과 같다: 저자가 세례자 요한 구절을 프롤로그에 삽입한 까닭은 그가 중심인물이라는 세례자 종파의 주장을 논박하며, 동시에 그가 예수에게 종속된 인물이라는 것을 논증하기 위해서이다.

프롤로그를 논쟁의 시각에서 보려는 이러한 시도는 다른 방향으로 발전되었다. J. Painter는 세례자 요한 구절(요 1:6-8)의 목적이 논쟁을 위한 것이라고 주장하며,[988] 이는 기독교와 회당과의 충돌을 배경으로 하고 있다고 말한다.[989] 그에 따르면

---

[984] R. Bultmann, *The Gospel of John* (Philadelphia: Westminster Press, 1971), 17-18. 여기서 Bultmann은 Baldensperger(*Der Prolog des vierten Evangeliums, Sein polemisch - apologetischer Zweck*)를 언급한다.

[985] O. Cullmann, "The Theological Content of the Prologue to John in Its Present Form," in *The Conversation Continues: Studies in Paul and John in Honor of J. Louis Martyn*, ed. R. T. Fortna, and B. R. Gaventa (Nashville: Abingdon, 1990), 295-298, esp. 298, note 3.

[986] P. Borgen, "Logos was the True Light: Contributions to the Interpretation of the Prologue of John," *NovT* 14 (1972), 115.

[987] P. Borgen, "The Prologue of John as Exposition of the Old Testament," in *Philo, John and Paul: New Perspectives on Judaism and Early Christianity*, Brown Judaic Studies 131 (Atlanta: Scholars, 1987), 75.

[988] J. Painter, "Christology and the Fourth Gospel: A Study of the Prologue," *ABR* 31 (1983), 51: "The purpose of 1:6-8 is polemical."

[989] Painter, "Christology and the Fourth Gospel," 52; ibid., 56, note 1; ibid., 61, note 26. 이 주장은 소위 유대교 논박설에 해당된다. J. F. McGrath는 유대교 출신 기독교인들(Jewish Christians)과 지역 회당(local synagogue) 사이의 격렬한 충돌이 요한복음의 기록 배경이라고 전제하며, 이 충돌의 핵심 논쟁점은 기독론이었다고 말한다("Prologue as Legitimation: Christological Controversy and the Interpretation of John 1:1-18," *IBS* 19 [1997], 98-120). 요한복음의 기록 배경에 대하여 이와 동일한 주장을 하는 학자들을 예로 들면 다음과 같다: R. E. Brown, *The Community of the Beloved Disciple* (New York: Paulist Press, 1979). O. Böcher, "Johanneisches in der Apokalypse des Johannes," *NTS* 27 (1981), 310-321. J. H. Neyrey, *A Critical and Exegetical Commentary of the Gospel according to St. John* vol. 1 (Edinburgh: T. & T. Clark, 1928). H. Weiss, "Foot Washing in the Johannine

로고스 찬양시는 요한복음의 저자에 의해 사용되기 전에 종파적 유대교에 의해 만들어졌으며, 이것이 바울 계통의 헬레니스트 기독교 공동체에 의해 편집, 수정되면서 율법과 은혜를 대조시킨 부분이 추가되었고, 그 후에 요한복음 저자에 의해 세례자 요한 구절이 추가되어 재편집되었다는 것이다.[990] 따라서 Painter는 요한복음 1:14b, 16-18이 요한복음 이전(pre-Johannine)의 원 찬양시(original hymn)를 편집한 것에 기인한다고 생각한다.[991] 또한 그는 요한복음 저자가 '지혜'를 '로고스'로 바꾸었고, σὰρξ ἐγένετο와 세례자 요한에 관한 언급(요 1:6-8, 15)을 삽입했으며, 하나님의 자녀에 관한 주제를 자세히 설명했다(요 1:13)고 말한다.[992]

하여튼 Baldensperger의 노선에 서 있는 비평학자들은 프롤로그에 세례자 요한 구절이 추가(삽입)된 것을 세례자 종파를 논박하려는 저자의 욕망이 그의 세례자 전승 자료 취급에 영향을 끼친 결과로 이해한다. 즉 세례자 요한은 핵심 인물이

Community," *NovT* 41 (1979), 298-325. B. Lindars, *The Gospel of John* (Grand Rapids: Eerdmans, 1995). J. Painter, "The Farewell Discourses and the History of Johannine Christianity," *NTS* 27 (1981), 525-543. Idem, "C. H. Dodd and the Christology of the Fourth Gospel," *Journal of Theology for Southern Africa* 59 (1987), 42-56. J. M. Bassler, "The Galileans: A Neglected Factor in Johannine Community Research," *CBQ* 43 (1981), 243-257. F. F. Segovia, "The Love and Hatred of Jesus and Johannine Sectarianism," *CBQ* 43 (1981), 258-272. K. Matsunaga, "Is John's Gospel Anti-Sacramental? A New Solution in the Light of the Evangelist's Milieu," *NTS* 27 (1981), 516-524. U. von Wahlde, "The Johannine Jews: A Critical Survey," *NTS* 28 (1982), 33-60. Cf. R. Kysar, "The Gospel of John in Current Research," *Religious Studies Review* 9 (1983), 314-323. 이들 사이의 주장에는 조금씩 다른 점이 있기는 하지만, 유대 회당과 요한의 기독교 공동체 사이에 충돌이 있었다는 것과, 그로 인해 기독교 공동체가 회당으로부터 추방을 당했다는 주장에서는 모두 일치한다. 그들은 이런 상황 속에서 기독교 공동체가 자신의 신앙의 정당성을 주장하고 변증하기 위해 기록한 것이 요한복음이며, 그래서 요한복음은 반유대적 논쟁이 강하다고 말한다(Kysar, "The Gospel of John in Current Research," 314-323).

[990] Painter, "Christology and the Fourth Gospel," 45-62; idem, "Christology and the History of the Johannine Community in the Prologue of the Fourth Gospel," *NTS* 30 (1984), 460-474, esp. 460.

[991] Painter, "Christology and the Fourth Gospel," 53.

[992] Painter, "Christology and the Fourth Gospel," 53-54. 하지만 Painter의 이 3단계 편집설은 문제가 많다. 그가 프롤로그가 현재의 모습으로 정착되기 이전에 중간 과정으로 헬레니스트 기독교 공동체에 의한 편집과 수정이 있었다고 보는 것은 요한복음 몸말에 은혜(χάρις)가 사용되지 않는다는 것과, 바울이 율법과 은혜를 대조로 보았듯이 요한복음 1:17에서도 율법과 은혜가 대조되고 있다고 생각하기 때문이다(Painter, "Christology and the Fourth Gospel," 48, 52, 53, 54). 하지만 프롤로그에 사용된 단어가 반드시 본론에도 사용되어야 하는 법은 없다. 또한 요한복음 1:17은 율법과 은혜를 대조로 보지 않는다. 요한복음 1:16의 "은혜 위의 은혜"(χάρις ἀντὶ χάριτος)에 근거할 때, 17절은 모세로 말미암아 주신 율법도 은혜라는 사실을 강조하는 것이다. 게다가 바울도 율법과 은혜를 대조로 보지 않았다(예를 들면 롬 7:12-18). 나아가서 요한복음에 바울의 사상과 일치되는 부분이 있다고 해서 그것을 바울 계열의 헬레니스트들의 작업으로 단정 짓는 것은 논리의 비약이다.

아니며 순전히 로고스에 종속된 인물이라는 것을 명확히 하기 위하여, 기독교가 세례자 종파의 로고스 찬양시를 도용하고 그것에 세례자에 관한 내용을 추가하였다는 것이다.[993]

2) 세례자 종파 논박설 비판

그러나 세례자 종파를 논박하려는 변증적 목적으로 세례자 요한 구절을 프롤로그에 추가했다는 이 주장은 다음과 같은 여러 가지 이유로 공격을 받는다.

(1) 세례자 종파 존재의 불확실성

첫째, 예수에게 대적하는 세례자 종파의 존재에 대한 확실한 증거가 없다. Robinson은 다음과 같은 근거로 예수와 경쟁관계에 있는 세례자 종파의 존재에 대해서 의문을 제기하고 철저한 재검토를 주장한다. 먼저, 세례자 요한과 예수 사이의 관계는 요한복음 전체에서 한결같이 우호적으로 묘사된다. 세례자 요한이 예수를 배교자로 여겼다는 증거는 전혀 없다. 또한 예수가 자신을 잡으려는 사람들을 피하여 유대를 떠나 피난한 곳이 요한과 그가 처음 연합한 요단강 건너편 베다니라는 사실(요 1:28; 3:26)과 요한의 말을 기억하는 사람들 중에 예수를 믿는 이들이 거기에 있었다는 것은 매우 중요하다(요 10:39-40). 이 사실은 이 둘이 적대관계였다고 생각할 수 없도록 만들기 때문이다. 게다가 요한의 제자들이 그들의 선생을 장사하고 가서 예수에게 고한 후에(마 14:12) 우리는 신약성경 어디에서도 더 이상 그들에 대하여 듣지 못한다. 비록 사도행전 19:1-7에서 요한의 세례만 아는 어떤 제자들이 그리스도인이 아니었다할지라도, 그들은 확실히 요한을 메시아로 전하는 경쟁 그룹으로서 가져야 하는 필요한 조건들을 가지고 있지 않다.[994] 사실 그러한 그룹이 있었다는

---

993 C. K. Barrett, "The Prologue of St. John's Gospel," in *New Testament Essay* (London: SPCK, 1972), 39-40.

994 E. Käsemann, "Die Johannesjünger in Ephesus," in *Exegetische Versuche und Besinnung* (Göttingen: Vandenhoeck Ruprecht, 1964), 158-168은 이 단락(행 19:1-7)을 연구하면서 기독교 공동체와 세례자 요한 공동체의 경쟁관계를 전제로 한 후, 이 단락의 목적이 후자를 전자에 영입하려는 것이었다고 주장한다("Der Scopus des Textes ist die Aufnahme kirchlicher Aussenseiter in die

유일한 직접적인 증거는 *Clementine Recognitions*에 있는 두 구절(1:54; 1:60)에 국한된다. 그런데 이 증거는 아무리 잘 보아 주어도 A. D. 2세기 이전의 어떤 것에 대한 증거가 될 수 없다. 나아가서 신약성경에서 세례자 요한이 결코 예수의 대적들 중에 포함되지 않는 것과 같이 교부들 중의 어떤 사람도 자신들의 이단 목록에 세례자 요한의 제자들을 언급하지 않는다.[995]

(2) 논쟁의 불필요성

둘째, 세례자 요한에 대한 논쟁 자체가 필요하지 않다. 요한의 출현은 구속사에서 두드러진 사건이므로 그가 빛이 아니라는 것은 너무나도 분명하다. 따라서 요한복음 1:8에서 세례자 종파 논쟁을 발견하는 것이 가능할지는 모르겠으나 논쟁 자체는 불필요한 일이다.[996] 저자는 세례자 요한을 '하나님이 보내신 자'(요 1:6,33; 3:28)라고 말함으로써 그의 신분의 신적기원을 천명한다. 저자가 세례자 요한에 대하여 이토록 엄청난 주장을 한 것은 그가 세례자 종파를 논박할 목적으로 요한복음을 쓴 것이 아니라는 명백한 증거이다. 저자는 로고스에 관한 이야기를 하는 중에 세례자 요한에 대하여 언급함으로써 오히려 요한의 지위를 대단히 높여 주고 있다.

(3) 비상식성

셋째, 세례자 종파 논박설은 상식에 맞지 않다. 세례자 종파를 논박하기 위해 요한복음과 프롤로그를 썼다는 주장은 일반 상식으로도 맞지 않다. 기껏 몇 명 되지도 않는, 그리고 불과 몇 십 년이 지나면 흔적도 없이 사라져 버릴 세례자 요한의 추종자들에 대한 변론을 위해 프롤로그가 쓰였다는 것은 이해하기 어렵다.[997] 세례자 요한은 복음서에서 중요한 자리를 차지하고 있다. 그러한 그가 프롤로그에서 등장해야 하는 것이 오히려 상식적이다. 따라서 프롤로그에 삽입문이 들어 있으리라

Una Santa Catholica," 162).

[995] J. A. T. Robinson, "Elijah, John and Jesus: An Essays in Detection," *NTS* 4 (1957-1958), 268-281, esp. 279, note 2.

[996] Borgen, "The Prologue of John as Exposition of the Old Testament," 89.

[997] 김병국, 「설교자를 위한 요한복음 강해」 (서울: 도서출판 대서, 2007), 82-84.

고 의심할 필요는 없다.[998]

(4) 본질적 당연성

넷째, 로고스가 세례자 요한보다 뛰어난 것이 본질적으로 너무나도 당연하다. "사도 요한은 로고스의 선재를 표현하기 위해 … 세례자 요한의 '열등'은 세례자 종파에 대한 논박 때문이 아니라 그리스도의 선재(ἦν) 때문이다. 로고스의 선재는 본질적으로 요한보다 앞섬으로 그의 본질에 어울리는 본질적 우월성을 갖는 것은 당연하다."[999] 그러므로 로고스의 우월을 말한 것은 세례자 그룹에 대한 변증이 아니라 그리스도의 당연한 본질적 우월을 말한 것뿐이다.

(5) 신약성경과의 불일치

다섯째, 세례자 종파 논박설은 신약성경과 일치하지 않는다. 이 사실은 공관복음과의 비교를 통해서 분명히 나타난다. 공관복음에도 그리스도가 자신보다 훨씬 위대하다는 요한의 분명한 진술이 포함되어 있다. 그런데도 그 복음서들은 세례자 종파 논박을 위한 기능을 수행하지 않고 있다.[1000] 또한 사도행전 19장의 내용도 세례자 종파 논박의 근거가 될 수 없다. 사도행전 19:1-7에서 세례자 요한의 제자들은 기독교에 대한 아주 적은 적대감도 보이지 않으며, 그것을 받아들이는 데 주저하지 않는다.[1001] 그들은 예수에 관해서(행 19:4) 뿐만 아니라 성령에 관해서도(행 19:2) 교훈이 필요했다. 그들은 주 예수의 이름으로(행 19:5) 세례를 받았다. 그러나 이들이 어떤 부류의 제자들이었는지, 또는 이들이 전적으로 요한의 지지자들이었는지 결코 명확하지 않다. 무엇보다 그들이 기독교 세례를 그렇게 선뜻 받아들였다는 사실은(행 19:5) 그들이 기독교를 대적하는 세례자 종파였을 가능성이 거의 없다는 것을 의미한

---

[998] C. K. Barrett, *The Gospel according to St. John*, second ed. (Philadelphia: Westminster Press, 1978), 159.

[999] 배종수, "요한복음 1:1-18에 나타난 요한의 로고스 이해," 「신학과 선교」 14 (1989), 343-344.

[1000] D. Guthrie, *New Testament Introduction* (London: Inter Varsity Press, 1970), 280. = 「신약서론」 상, 김병욱, 정광욱 역 (서울: 크리스챤다이제스트, 1992).

[1001] R. E. Brown, "Three Quotations from John the Baptist in the Gospel of John," *CBQ* 22 (1960), 292-298, esp. 293.

다. 그리고 이들은 모두 열 두 명쯤이었는데(행 19:7), 그렇다면 짐작컨대 그들 중 일부 인원이 빠졌다 할지라도 그들이 그리 방대한 집단은 아닐 것이다. 그러므로 사도행전 19장의 사건은 세례자 종파 논박의 근거로 사용될 수 없다.[1002]

요약하면, 요한복음 저자가 세례자 요한의 제자들과, 그들이 세례자를 높이는 것에 대항하여 논쟁했을 것이라는 상상은 신약성경에서 세례자에 대한 적대감을 일으킬 것으로 기대된다. 그러나 실제로 복음서들과 사도행전은 세례자 요한을 매우 정중하게 대우하며, 그의 영향에 큰 경의를 표한다. 심지어 그는 최초의 전도에서도 언급된다(행 10:37; 13:24-25).[1003] 그러므로 세례자 요한 구절이 세례자 요한 종파를 논박하기 위한 것이라는 주장은 옳지 않다.

(6) 비논리성

여섯째, 세례자 종파 논박설은 요한복음의 문맥에 맞지 않다. 만일 요한복음 저자가 세례자 요한과 그의 종파를 논박하기 위하여 세례자에 관한 구절을 프롤로그에 삽입했다면, 이것은 저자가 세례자 요한의 말과 그의 증거를 매우 중요하게 취급하는 다른 부분과 논리적으로 충돌을 일으키는 것이기 때문이다. 만일 저자가 세례자 요한의 신분(요 1:6-8)과 그의 증거(요 1:15)로 세례자와 그의 종파를 논박하는 것이라면, 이것은 이어서 나오는 세례자에 관한 내용과 곧장 마찰을 일으킨다. 왜냐하면 요한복음 1:19 이하에서 저자는 세례자 요한의 신분(요 1:20,21)과 그의 증거(요 1:29,30,33,36; 3:29)로 세례자와 그의 종파를 논박하기는커녕 오히려 세례자에 대한 절대적 지지와 신뢰를 보이고 있기 때문이다. 그러므로 저자에게 있어서 세례자는 최선의 증거자이며 위대한 인물이지 공격과 배척의 대상이 아니다. 설령 이런 식으로 서술하는 것이 가능하다 할지라도 앞뒤로 붙어있는 문맥에서 거의 동일한 내용을 가지고 완전히 상반되는 진술을 한다는 것은 논리적 모순이다. 저자가 세례자 요한의 열등함을 주장하기 위해 세례자 요한을 언급한 뒤, 바로 이어서(요

[1002] S. S. Smalley, *John : Evangelist and Interpreter* (Downers Grove: Inter Varsity Press, 1998), 163: "The incident in Acts 19, then, cannot be used as evidence for the existence during the first century AD of a Baptist sect, the claims of which needed to be countered."

[1003] Brown, "Three Quotations from John the Baptist," 293.

1:19 이하) 그 열등한 자를 최고의 신분을 가진 예수에 대한 최선의 증거자로 내세운다는 것은 납득하기 어렵다. 그러므로 세례자와 그의 종파의 주장을 반박하기 위해 세례자 요한 구절이 프롤로그에 삽입되었다는 주장은 합당하지 않다.

(7) 요한복음 저자의 입장과 반대

일곱째, 요한복음 저자의 세례자 요한에 대한 이해가 세례자 종파 논박설을 인정하지 않는다. 요한복음에 반 세례자 논쟁(anti-Baptist polemic)이 있다고 말하는 것은 극단적인 생각이다. 왜냐하면 요한복음은 반복하여 요한을 긍정적으로 묘사하기 때문이다(예를 들어, 요 10:41).[1004] 기본적으로 저자는 세례자에 대해 부정적으로 묘사하지 않는다. 그러므로 세례자 요한을 부정적으로 평가하기에는 본문의 증거가 충분하지 못하다.[1005] 만일 요한복음 이전에 요한을 숭배하는 종파가 실제로 있었다면 요한복음 저자는 결코 요한을 그렇게 긍정적으로 묘사하지 않았을 것이다.[1006] 요한복음은 시작부터(요 1:6-8) 요한과 예수의 관계를 오해의 여지없이 분명하게 기술한다. 요한은 예수의 경쟁자가 아니라 그에 대한 증거자이다. 참으로 요한에게 적합한 위치가 주어진 것이다.[1007]

(8) 예수의 평가(요 5:31-36)

여덟째, 무엇보다도 예수께서 세례자 요한과 그의 증거를 부정적으로 평가하지 않았다. 이것은 다른 어떤 것보다도 중요하다. 예수는 자신에 대한 증거로 제일 먼저 세례자 요한의 증거를 언급한다(요 5:33-35). 그런데 예수는 사람에게서 증거를 취하지 않는다고 말함으로써(요 5:34a) 세례자 요한의 증거를 부정적으로 취급하는 것 같은 인상을 준다. 또한 예수는 자신이 요한의 증거보다 '더 큰 증거'를 가지고 있다고 말함으로써(요 5:36a) 마치 요한의 증거가 '작은' 증거, 즉 '더 큰 증거'에

1004 C. G. Kruse, *The Gospel according to John* (Leicester: Inter-Varsity Press, 2003), 65.
1005 김동수, 「요한신학 렌즈로 본 요한복음」 (서울: 솔로몬, 2006), 33.
1006 W. Wink, *John the Baptist in the Gospel Tradition* (Cambridge: University Press, 1968), 102.
1007 D. M. Smith, *The Theology of Gospel of John* (New York: Cambridge University Press, 1995), 23.

비해 가치와 질이 떨어지는 별로 중요하지 않은 열등한 증거인 것처럼 생각하게 만든다. 나아가서 예수는 세례자 요한을 등(λύχνος)이라고 칭하고 그 빛이 일시적인 것(πρὸς ὥραν, 요 5:35b)이라고 말함으로써 세례자 요한에 대한 그의 부정적 생각을 더욱 강화하는 것처럼 보인다. 그러므로 사람들은 세례자 요한과 그의 증거에 대한 예수의 평가가 부정적이었다고 생각할 수도 있다. 그러나 아래에서 자세히 살펴보겠지만, 요한에 대한 예수의 증거는 매우 긍정적이며, 세례자의 가치를 높이 칭송한다.

① 세례자 요한의 증거를 부정하지 않음

먼저, 예수는 세례자 요한의 증거를 부정하지 않았다. 첫째로 예수가 사람으로부터 증거를 취하지 않는다고 말한 것이 세례자 요한의 증거를 부정하는 것은 아니다. 이는 마치 예수 자신이 자신을 위하여 증거하면 그 증거가 참되지 않다(요 5:31)고 말한 것이 정말로 예수 자신의 증거에 문제가 있어서 그런 것이 아닌 것(요 8:16,28; 12:49)과 같은 이치이다.[1008] 예수가 세례자 요한의 증거를 부정적으로 말한 이유는 그가 아버지의 증거를 가지고 있으므로 요한의 증거가 필요하지 않으며,[1009] 또한 그가 세례자 요한의 증거를 거절하는 자들을 상대하여 말하고 있기 때문이다.[1010]

둘째로 우리는 예수가 "ἐγὼ δὲ *οὐ παρὰ **ἀνθρώπου** τὴν μαρτυρίαν λαμβάνω*"(요 5:34a)라고 말씀한 것에 유의해야 한다. 예수는 요한의 '증거' 자체를 부정한 것이 아니라 '인간'을 부정한 것이다.[1011] 연약한 것은 '인간'(ἄνθρωπος)이지 요한이 행한 '증거'(μαρτυρία)가 아니다. 세례자 요한의 증거는 분명하고 정당하며 진리 자체이다(요 5:33b, μεμαρτύρηκεν τῇ ἀληθείᾳ). 그래서 그것은 구원을 이룬다 (요 5:34b).

[1008] L. Morris, *The Gospel according to John* (Grands Rapids: Eerdmans, 1971), 324. = 「요한복음」, 이상훈 역 (서울: 생명의말씀사, 1990).

[1009] Kruse, *The Gospel according to John*, 156.

[1010] G. R. Beasley-Murray, *John* (Waco, Texas: Word Books, 1987), 78; Carson, *The Gospel according to John* (Grand Rapids: Eerdmans, 1991), 260; Bultmann, *The Gospel of John*, 264-265.

[1011] 성경 그리스에서 부정을 나타내는 οὐ는 일반적으로 부정하는 말 앞에 위치한다. See. J. G. Machen, *New Testament Greek for Beginners* (New York: Macmillan Publishing Company, 1923), 61-62.

셋째로 예수가 세례자 요한의 증거보다 "더 큰" 증거를 가지고 있다(요 5:36a)고 말한 것은 요한의 증거가 가치 없다거나 잘못되었다는 뜻이 아니다. 예수는 분명히 세례자 요한이 "진리에 대하여 증거했다"(μεμαρτύρηκεν τῇ ἀληθείᾳ)고 말씀하기 때문이다(요 5:33b). 심지어 예수는 하나님의 증거[1012]와 세례자 요한의 증거를 '참'(ἀλήθεια, 요 5:32, 33)이라는 말로 아래와 같이 동등하게 병행시키고 있다.

ἀληθής ἐστιν ἡ μαρτυρία ἣν μαρτυρεῖ περὶ ἐμοῦ(요 5:32b)
ὑμεῖς ἀπεστάλκατε πρὸς Ἰωάννην, καὶ μεμαρτύρηκεν *τῇ ἀληθείᾳ*(요 5:33b)

예수에 대한 하나님의 증거가 진리인 것처럼, 예수에 대한 세례자 요한의 증거도 진리이다(cf. 요 10:41). 이것은 예수에 대한 하나님의 증거와 예수에 대한 세례자 요한의 증거는 가치와 질에 있어서 어떤 차이도 없으며 따라서 동등한 권위를 가진다는 것을 의미한다. 하나님이 보내신 이는 하나님의 말씀을 하기 때문이다(요 3:34). 물론 이 말씀은 예수 그리스도에 관한 것이기는 하지만, 세례자 요한도 하나님 으로부터 보냄을 받은 사람(요 1:6,33)이기에 그도 역시 하나님의 말씀을 하는 자이며, 그의 증거는 신적 권위를 갖는다.[1013]

넷째로 "요한의 증거보다 더 큰 증거"라는 말에는 세례자 요한의 증거가 '작은' 증거라는 의미가 없다. 앞에서 이미 확인한 바, 요한의 증거는 진리이며 따라서 가치와 질에 있어서 하나님의 증거와 동등한 권위를 가진다. 그러므로 이 말은 세례자 요한의 증거도 '큰'(μεγάλη) 증거인데, 예수는 그 보다 '더 큰'(μείζω) 증거를 가지고 있다는 뜻으로 보는 것이 옳다. 그러면 왜 예수는 세례자 요한의 증거를 상대화하는 것처럼 말하는가? 요한의 증거는 소리(φωνή)로서의 증거였지만 예수의

1012 Beasley-Murray, *John*, 78.

1013 Herman N. Ridderbos, *The Gospel of John: A Theological Commentary*, translated by John Vriend (Grand Rapids: Eerdmans, 1997), 202: "He mentions John because John was the great witness sent from God to Israel to faith (cf. 1:7,31)"; R. E. Brown, *The Gospel according to John I-XII*, vol. I (2 vols) (New York: Doubleday, 1966), 227: "… John the Baptist, who reflects the Father's witness because he is 'a man sent by God' (i 6)."

증거는 역사(ἔργα)로 이룬 증거이기 때문이다. 이것은 요한복음 5:36a와 36b를 γάρ로 연결하고 있는 데서 분명하다. 따라서 요한의 증거는 결코 작은 증거가 아니며, 부정적 의미로 쓰인 것도 아니다.

다섯째로 우리는 "그가 증거했다"(μεμαρτύρηκεν, 요 5:33b)에 주목할 필요가 있다. 여기에 사용된 완료시제는(cf. 요 1:32-34; 3:26) 요한의 증거의 지속적인 효과를 의미한다.[1014] 요한의 증거는 여전히 증거로 남아 있는 것이다.[1015] 세례자 요한의 말은 허공을 울린 뒤 사라진 것이 아니다. 그는 증거하였으며, 그 증거는 지금도 유효하다. 그의 증언에는 영원성의 특성이 있다.[1016]

여섯째로 예수는 세례자 요한의 증거의 효력을 결코 과소평가 하지 않았다. 그는 자신이 사람으로부터 증거를 받지 않지만, 그럼에도 불구하고 세례자 요한의 증거를 말하는 것은 "너희로 구원을 얻게 하려 함"(ἵνα ὑμεῖς σωθῆτε, 요 5:34b)이었다.[1017] 그러므로 요한의 증거는 요한복음 전체의 기록목적(요 20:31)과 일치하는 것이다. 이것은 세례자 요한의 증거가 성경의 증거와 동등한 가치를 가지고 있다는 뜻이기도 하다(cf. 요 5:39).

② 세례자 요한을 부정하지 않음

또한 예수는 세례자 요한을 부정하지도 않았다. 세례자 요한은 사람이라는 면에서는 다른 사람과 동일하나, 그가 "하나님으로부터 보내심을 받은 사람"이라는 면에서는 다른 사람과 구별된다. 또한 예수는 그를 "등"(λύχνος, 요 5:35a)으로 칭한다. 등은 참 빛(요 1:9)이 아니며(cf. 요 1:8), 임시적이요 제한적(πρὸς ὥραν, 요 5:35b)이라

1014 Brown, *The Gospel according to John I -XII*, 224; Barrett, *The Gospel according to St. John*, 264: "The effect of the perfect tenses is to present his testimony as an established datum"; Morris, *The Gospel according to John*, 326: "Similarly when it is said of John 'he hath borne witness' the thought is of a continuing message (Weymouth: 'and he both was and still is a witness to the truth')."

1015 Beasley-Murray, *John*, 78.

1016 Morris, *The Gospel according to John*, 326; F. J. Moloney, *The Gospel of John*, SPS vol. 4 (Collegeville, Minnesota: The Liturgical Press, 1998), 190: "The perfect tense of the verb indicates that the witnessing took place in the past, but its significance endures."

1017 Cf. C. S. Keener, *The Gospel of John*, vol. one (Peabody: Hendrickson Publisher, 2003), 657; Moloney, *The Gospel of John*, 186; Ridderbos, *The Gospel of John: A Theological Commentary*, 202: Kruse, *The Gospel according to John*, 155-156.

는 면에서 부정적으로 생각될 수도 있다. 그러나 이것은 예수의 진의가 아니다. 그 이유는 다음과 같다.

첫째, 성경은 등(λύχνος)에 대하여 긍정적이다. 예수가 세례자 요한을 "등"이라고 말한 것은 시편 132:17을 반영한 것으로 보인다. 이것은 "즐거이 있기를"(ἀγλλιαθῆναι, 요 5:35b)과 "그 성도들은 즐거움으로 외치리라"(ἀγαλλιάσει ἀγαλλιάσονται, LXX. 시 132:16)의 일치 때문에 분명해 진다. 거기서 "등"(נ)은 메시아에 대한 증거자가 된다.[1018] 또한 사무엘하 21:17에서 다윗은 이스라엘의 등불로 불린다. 나아가서 신약성경에서도 등은 긍정적으로 사용되었으며,[1019] 무엇보다도 요한문서에서 등불은 더욱 특별한 의미를 갖는다. 요한계시록 18:23은 바벨론의 멸망을 등불이 결코 다시 그 가운데 비취지 않고 신랑과 신부의 음성이 결코 다시 그 가운데 들리지 않는 것으로 묘사한다. 심판과 멸망은 등불과 신랑과 신부가 없는 상태이다. 또한 요한계시록 21:23은 어린양을 등으로 묘사한다(cf. 계 22:5). 이 모두는 등에 대한 긍정적인 이미지를 잘 보여주는 예이다.

둘째, 하나님이 등(λύχνος)의 기원이시다. 요한은 "켜서" 비추는 등이다. 여기서 "켜서"(καιόμενος, 요 5:35a)가 수동태로 되어 있는 것은 세례자 요한의 사역이 그 자신으로부터 유래하지 않았다는 것을 의미한다(요 1:6).[1020] 그의 등불은 자생적이지 않다. 그의 불은 위에 계신 이가 붙여 주어야 한다.[1021] 그러므로 이 단어는 세례자 요한의 빛이 보다 높은 근원으로부터 나왔다는 것을 의미한다.[1022] 이에 대하여 칼빈은 "그들의 눈앞에서 '하나님의 등'이 비취었다"[1023]고 말하였다. 세례자 요한은

[1018] Barrett, *The Gospel according to St. John,* 265; Moloney, *The Gospel of John,* 186-187; Cornelis Bennema, "The Character of John in the Fourth Gospel," *JETS* 52 (2009), 271-284, esp. 282: "In sum, *as a lamp,* John testifies to the truth."

[1019] 마 5:15; 6:22; 막 4:21; 눅 8:16; 11:33f,36; 12:35; 15:8; 요 5:35; 벧후 1:19.

[1020] Keener, *The Gospel of John,* vol. one, 657; Moloney, *The Gospel of John,* 190-191, note 35: "The passive participle 'kindled' indicates that the light the Baptist bears is the result of the initiative of God."

[1021] Morris, *The Gospel according to John,* 327.

[1022] Barrett, *The Gospel according to St. John,* 265; Carson, *The Gospel according to John,* 261: "John's light, his witness, was derivative of a higher source (cf. 1:33)."

[1023] J. Calvin, *The Gospel according to St. John 1-10* (Calvin's New Testament Commentaries) translator T. H. L. Parker (Grand Rapids: Eerdmans Publishing Company, 1961), 136.

비록 일시적인 빛이기는 했지만 하늘로부터 말미암은 빛이었다.[1024] 세례자 요한 자신과 그의 사역의 기원은 하나님이시다.[1025] 그러므로 그는 비록 등이었지만 그의 가치는 절대적인 것이다.

셋째, 세례자 요한은 켜서 '비추는'(φαίνων) 등이다. 비록 그가 참 빛이 아니며 일시적인 빛이었지만 그래도 그는 비추는 자이었다. 그래서 예수는 자신을 지칭하는 빛(φῶς, 요 1:4b, 9)이라는 용어를 그에게도 망설임 없이 사용하였다(요 5:35b). 이것은 예수가 세례자 요한을 엄청난 지위에 올려놓는 것이다. 그가 빛이었기에 사람들은 기꺼이 그의 빛 안에서 즐거워하기를 원했다. 이처럼 세례자 요한은 타올라 사람들을 비춤으로써 기쁨을 주는 빛으로서의 등이었다.

이와 같이 세례자 요한과 그의 증거에 대한 예수의 평가는 결코 부정적이지 않다. 세례자의 증거는 진리에 대한 증거로서 신적 권위를 가지며 사람을 구원하기에 충분하고 영원한 효력을 가진다. 또한 세례자 자신도 가치 없는 자가 아니다. 그는 하나님으로부터 온 자로서 메시아에 대한 증거이며, 일시적으로, 즉 참빛이 오기 전까지 켜서 비추는 빛으로서의 등이었다. 그는 "주님의 빛으로 안내하는 등"이었다.[1026] 그는 빛을 나르는 자(light-bearer)였다.[1027] 이처럼 예수는 세례자를 높이 칭송했으며 그의 증거를 절대적인 것으로, 심지어는 하나님의 증거와 동등한 것으로 평가했다. 그러므로 예수는 세례자 요한과 그의 증거를 비하하거나 공격하지 않았다. 오히려 예수는 그를 높이고 그의 증거가 진리라고 증거했다. 결론적으로 우리는 위의 여러 가지 이유들로 인해 세례자 요한 구절이 세례자 종파 논박을 목적으로 프롤로그에 삽입되었다는 주장을 수용할 수 없다.

[1024] Calvin, *The Gospel according to St. John 1-10*, 136.

[1025] 세례자 요한은 하나님으로부터 보냄을 받은 자이므로(ὁ πέμψας με, 요 1:33b) 그의 물세례도 궁극적으로는 하나님이 베푸시는 것이다. 그는 하나님을 "나를 보내어 물로 세례를 주라 하신 그이"(요 1:33)라고 말함으로써, 예수에게 세례를 베푸는 자신의 사역의 기원이 하나님이라는 사실을 분명히 밝힌다. Cf. Bennema, "The Character of John in the Fourth Gospel," 272: "The Prologue introduces John as 'a man sent from God' (1:6), indicating that God is the authority behind his mission."

[1026] Calvin, *The Gospel according to St. John 1-10*, 136.

[1027] Carson, *The Gospel according to John*, 261.

2. 세례자 요한 구절의 위치적 정당성

이상에서 고찰한 바, 프롤로그에 세례자 요한 구절이 삽입되었다는 주장은 문학적인 측면(문체, 문맥)[1028]에서 뿐 아니라 목적의 측면(세례자 종파 반박)에서도 수용될 수 없다. 그러므로 세례자 요한 구절은 처음부터 그 자리에 있었던 것이 분명하다. 이 사실은 세례자 요한 구절과 그것의 전후 구절들과의 관련성에서 더욱 확실히 증거된다. 세례자 요한 구절들이 프롤로그 전체의 자연스런 흐름을 가로막는다는 주장이 여전히 만만치 않지만,[1029] 이 구절들과 그것의 전후 구절들 사이의 다음과 같은 긴밀한 관계는 세례자 요한 구절의 위치적 정당성을 확보한다.

1) 구조

그 첫 번째 관련성은 구조의 통일성이다. 프롤로그를 포함하여 요한복음 전체는 로고스의 존재, 활동, 증거, 반응, 결과의 다섯 가지 주제로 된 논리적 구조이다.[1030] 세례자 요한 구절들은 크게 보면 이 중에서 증거(증거자)에 해당되지만, 그 구절들 자체만 보면 그 안에 요한복음과 동일한 주제들로 이루어져 있다는 것을 알 수 있다: 세례자의 존재(신분, 6,8a,7a), 활동(7a), 증거(7a,8b,15b), 반응(7b). 이는 프롤로그의 세례자 요한 구절이 구조에 있어서도 프롤로그를 포함하여 요한복음 전체와 통일성을 이루고 있다는 것을 의미한다.

2) 용어

두 번째 관련성은 사용된 용어에 있다. 세례자 요한 구절에 사용된 단어 중, 그 구절의 앞뒤 구절들에서도 공히 사용된 단어들을 정리하면 다음과 같다:

[1028] 이에 대하여는 본 논문 제3장(요한복음 프롤로그의 구조)에서 관련 부분을 참조하라.

[1029] Robinson, "The Relation of the Prologue," 125; M. D. Hooker, "John the Baptist and the Johannine Prologue," *NTS* 16 (1969-1970), 354-358, esp. 354.

[1030] 이에 대하여는 본 논문의 제3장.II-III을 보라.

γίνεσθαι(6,15 = 3tres.,10,12,14,15,17)

ἄνθρωπος(6 = 4,9)

παρά(6 = 14)

θεός(6 = 1bis.,2,12,13,18bis.)

ὄνομα(6 = 12)

αὐτός(6,7,15 = 3bis.,4,5,10bis.,11,12tres.,14,16)

οὗτος(7,15=2)

ἔρχομαι(7,15 = 9,11)

εἰς(7 =·9,11,12,18)

φῶς(7,8bis. = 4,5,9)

πάντες(7 = 3,9,16)

πιστεύειν(7 = 12)

διά(7 = 3,10,17bis.)

οὐ(8 = 5,10,11,13, cf. οὐδέ, 3,13bis.)

ἦν(8,15bis. = 1tres.,2,4bis.,9,10,18)

ἀλλά(8 = 13)

ὄν(15 = 3,9,13)

ὅτι(15 = 16,17)

καί(15 = 1bis.,3,4,5bis.,10bis,11,14×4,16,17).

따라서 세례자 요한 구절에 있는 총 33종의 단어 중 19종의 단어가 세례자 요한 구절의 앞뒤에 각각, 또는 동시에 반복되고 있다(관사 제외). 이는 세례자 요한 구절의 단어 중에서 무려 57.6%가 나머지 구절들의 단어와 겹치는 것이다. 이 결과는 세례자 요한 구절이 프롤로그의 나머지 부분과 별개의 것이 아니라는 것을 분명히 한다. 동일 저자가 동일한 사고와 목적으로 쓰지 않았다면 18절밖에 되지 않는 적은 양의 본문에서 이토록 높은 어휘의 일치를 이루기가 쉽지 않기 때문이다.

3) 문학적 표현법

세 번째 관련성은 문학적 표현법에서 나타난다. 첫째로 부정과 긍정, 또는 긍정과 부정의 표현이 세례자 요한 구절과 나머지 부분에서 나란히 사용되고 있다: … ἐγένετο, … χωρὶς … οὐδέ(3), οὐκ … , ἀλλ' …(8), οὐκ … οὐδὲ … οὐδὲ … ἀλλ' …(13).

둘째로 반복법이 이 둘 사이에 공통적으로 사용된다: 세례자 요한 구절에서의 반복은 μαρτυρεῖν(7,8,15), περὶ τοῦ φωτός(7,15),[1031] ἵνα μαρτυρήσῃ περὶ τοῦ φωτός(7,8), λέγειν과 μου(15)이며, 세례자 요한 구절 이외에서의 반복은 λόγος(1-2,14), θεός(1-2,18), ἐγένετο(3,14,15,17), ζωή와 φῶς(4-5), κόσμος(9-10), θελήματος(13), δόξαν(14), χάρις καὶ ἀλήθεια(14,16), πλήρης(14,16), λαμβάνειν(12,16), πάντα(3,16), χάριν αντὶ χάριτος(16), ὅτι(16,17)이다. 그리고 세례자 요한 구절과 그 외의 구절에서 공통적으로 반복되는 것은 δι' αὐτοῦ(3,7,10, cf. 17bis.)이다.

셋째로 세례자 요한 구절과 로고스 구절에 공히 3중 반복법이 사용되었다. 먼저 ἦν(1), ἐγένετο(3), οὐ(κ, δε) ἐκ(ξ)(13)가 세 번 반복하여 나타나는데 1절은 로고스의 존재에 관한 것이며 3절과 13절은 로고스의 활동에 관한 것이다. 이와 마찬가지로 6-8절에서는 μαρτυρεῖν이, 15절에서는 μου가 세 번씩 반복되는데 이는 각각 증거자인 세례자 요한의 존재와 활동에 관련된다. 이처럼 로고스의 존재와 활동에 사용된 독특한 표현법이 세례자 요한의 존재와 활동에도 동일하게 사용되고 있다. 따라서 프롤로그의 세례자 요한 구절과 로고스 구절은 문학적 표현법에 있어서 서로 낯설거나 어색하지 않고 오히려 동일하여 친밀함을 나타낸다.

넷째로 리드미컬한 표현도 둘 사이에 공통적이다: 요한복음 1:1-5; 9-10; 15(Ὁ ὀπίσω μου … ἔμπροσθέν μου … πρῶτός μου).

[1031] 요 1:15은 τοῦ φωτός를 αὐτοῦ로 받아 반복하였다.

4) 주제의 연속

네 번째 관련성은 주제의 연속성이다. 세례자 요한 구절인 요한복음 1:6-8은 빛(φῶς)이라는 주제에 의해 한편으로는 앞 문장(요 1:4b,5a)에, 다른 한편으로는 뒤 문장(요 1:9a)에 연결된다. 또한 세례자 요한 구절(요 1:6-8)은 사람(ἄνθρωπος)이라는 주제에 의해서도 앞뒤로 이어지고 있다: 사람들의 빛(요 1:4), 사람(요 1:6), 모든 사람(πάντες, 요 1:7b),[1032] 모든 사람(πάντα ἄνθρωπον, 요 1:9b). 그러므로 세례자 요한 구절은 '빛'과 '사람'이라는 주제에 의해 그 구절의 앞뒤와 연결되어 통일체를 이룬다. 프롤로그는 때로는 끝말 이어가기 식으로(요 1:1-2, 4-5, 9-10), 때로는 주제의 연속을 통해서 마치 겹쳐서 이어 짠 천과 같은 독특한 문학적 특성을 보이는데, 세례자 요한 구절(요 1:6-8)도 이 특성에 조화롭게 어우러지고 있다. 이 현상을 그림으로 표현하면 다음과 같다.

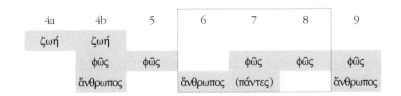

이와 같이 프롤로그에서 세례자 요한 구절은 구조, 어휘, 표현법, 주제의 연속에서 그것의 전후 구절들과 마찰을 일으키지 않고 매우 잘 조화된다. 세례자 구절은 프롤로그에 갑자기 끼어든 낯선 이방인이나 침입자가 아니다. 또한 그것은 불협화음을 일으키는 불편한 존재도 아니며, 통행을 가로막는 가라앉은 도로도 아니다. 프롤로그에는 꿔다놓은 보리자루 같은 어색함이나 부조화는 없다. 프롤로그에서 세례자 요한 구절과 그 외의 구절들은 단단히 묶여 있는 통일체(unity)이다. 이것은 요한복음 저자 자신의 탁월한 문학성과 신학의 결과물이며 처음부터 현재의 모습으

[1032] 여기에 사용된 πάντες(요 1:7b)는 '사람'을 말하는 단어는 아니지만, 문맥상 사람을 의미하는 것이 분명하다. 요 1:16에서도 "우리 모두"(ἡμεῖς πάντες)라고 표현함으로써 이 용어가 사람을 지칭하는 데 사용되었다.

로 의도된 것이다.1033 이 구절들은 추가/삽입이 아니라 영감된 본문의 본질적인 부분이며1034 따라서 프롤로그는 현재 형태에서 완벽한 의미를 갖는 것이 분명하다.1035 그런데도 세례자 구절을 삽입/추가로 생각하는 사람이 있다면 그것은 단지 그가 그렇게 느끼기 때문이며, 그 자신 안에 삽입이라는 선입관과 전제와 선지식이 작용하기 때문일 것이다. 중요한 것은 느낌이나 선입관이 아니라 명확한 객관적 사실이며, 그것은 바로 성경 본문 자체이다.

3. 세례자 요한 구절의 위치상의 목적

이와 관련하여 이제 우리가 밝혀야 할 것은 저자가 이 구절들을 이곳(요 1:6-8, 15)에 기록한 목적(이유)이다. 그는 왜 여기에 이 구절들을 기록했을까? "세례자 요한 구절의 자리를 잡는 것(positioning)은 그것들이 그 자리에서 특별한 기능을 한다는 것을 시사한다."1036 그러면 이 구절들의 필연적 위치가 갖는 특별한 기능은 무엇인가? 이것에 대한 대답은 세례자 요한 구절의 위치상의 목적이 무엇인지를 밝히는 것이다. 즉 저자가 이 구절들을 그 자리에 배치한 신학적인 이유를 밝히는 것이며, 이 구절들이 이곳에 마땅히 있어야 하는 신학적 정당성을 확인하는 것이다.

이에 대하여 M. D. Hooker는 요한복음 1:6-8과 15절을 기준으로 그 앞의 내용이 그 뒤에서 발전하므로 이 구절들은 발전과 전환점이 된다고 주장한다.1037 하지만 창조에 관해서는 요한복음 1:10보다 오히려 3절에서 더 자세히 설명되는 역현상을 보인다. 그리고 요한복음 1:1-2에 있는 로고스는 요한복음 1:9-13에서

1033 Barrett, *The Gospel according to St. John*, 159; idem, "The Prologue of St. John's Gospel," 27-48; M. D. Hooker, "The Johannine Prologue and the Messianic Secret," *NTS* 21 (1974), 40-58; idem, "John the Baptist and the Johannine Prologue," 354-358.

1034 M. C. Tenney, "The Footnotes of John's Gospel," *BSac* 117 (1960), 350-364, esp. 362.

1035 J. G. Van der Watt, "The Composition of the Prologue of John's Gospel: The Historical Jesus Introducing Divine Grace," *WTJ* 57 (1995), 311-332, esp. 331.

1036 Hooker, "John the Baptist and the Johannine Prologue," 357.

1037 Hooker, "John the Baptist and the Johannine Prologue," 357.

아에 언급도 되지 않다가 14절에 가서야 다시 나타난다. 그러므로 발전과 전환을 목적으로 세례자 요한 구절이 기록되었다고 주장하는 것은 잘못이다. 또한 그녀는 요한복음 1:6-8, 15이 그 구절들 뒤에 있는 역사적 진술들을 그 구절들 앞에 있는 형이상학적 진리들(요 1:1-5)과 연결하는 기능을 한다고 말한다.[1038] 그러나 요한복음 1:1-5에는 모두 형이상학적 진리만 있는 것이 아니다. 여기에는 창조와 같은 역사적 진술이 있다. 반대로 요한복음 1:9-13에도 형이상학적 진리가 있다. 9절에서 말하는 빛은 5, 6절에서 말한 형이상학적 진리이다. 게다가 요한복음 1:14에 모두 형이상학적 진리들만 있는 것이 아니다. 성육신과 임재는 역사적 진술이다. 반대로 요한복음 1:16-18에 모두 역사적 진술들만 있는 것도 아니다. 충만, 은혜, 진리는 모두 형이상학적인 것들이다. 그러므로 저자가 세례자 요한 구절들을 요한복음 1:6-8,15에 배치한 이유가 형이상학적 진리들을 역사적 진실로 연결하기 위함이라는 Hooker의 주장은 억측에 불과하다.

또한 W. J. Dumbrell이 세례자 요한에 관한 내용(요 1:6-8, 15)은 문맥을 어지럽히지 않는다고 말한 것은 옳지만, 요한복음 1:6-8이 성육신을 위한 사전적 준비라고 말한 것과 Hooker처럼 사상을 발전시킨다고 말한 것은 받을 수 없다.[1039] 왜냐하면 그가 말한 대로 이미 요한복음 1:4-5이 나사렛 예수의 출현이라는 견지에서 이해되고 있는데 이것은 성육신을 의미하는 것으로 볼 수 있기 때문이다. 그러므로 "이 구절은 비성육신과 성육신을 이어주는 다리(bridge)가 된다"[1040]는 Van der Watt의 생각도 따를 수 없다. 세례자 요한 구절의 위치상의 목적은 다음과 같이 몇 가지로 설명될 수 있다.

[1038] Hooker, "John the Baptist and the Johannine Prologue," 358.

[1039] W. J. Dumbrell, "Grace and Truth: The Progress of the Argument of the Prologue of John's Gospel," in *Doing Theology for the People of God,* Studies in Honor of J. I. Packer (Downers Grove: Inter Varsity Press, 1996), 105-121.

[1040] Van Der Watt, "The Composition of the Prologue," 319-321.

1) 로고스의 중심성 부각

첫째로 세례자 요한 구절은 현 위치에서 로고스의 중심성을 부각시킨다. M. Endo에 의하면, 요한복음 1:6은 요한복음 1:9과 대조를 통하여 빛이 온 사건에 초점을 맞추는 역할을 한다. 세례자 요한이 도래한 역사적 사건(6)은 빛이 오신 사건(9)과 대조된다. 먼저, 6절과 9절 모두 접속사 없는 자동사로 시작한다. 전자는 부정과거이고(ἐγένετο) 후자는 미완료과거(ἦν)이다. 전자는 단회적이고 후자는 지속적이다. 또한 세례자 요한과 빛은 모두 '온다'고 언급된다(ἦλθεν εἰς μαρτυρίαν 7; ἐρχόμενον εἰς τὸν κόσμον 9). 그러나 전자는 빛이 아니라 빛에 대하여 증거하는 자이다. 반면에 후자는 빛과 그 빛에 대한 증거자 사이의 구별을 강조한다. 나아가서 세례자 요한은 모든 사람으로 믿도록 하기 위하여 세상에 왔다(7b). 반면에 참 빛은 모든 사람을 비춘다(9b). 그러므로 세례자 요한이 온 역사적 사건(6-8)은 참 빛이 오신 사건(9)과 명백히 대조된다. 이 대조는 세례자 요한 구절(6-8)이 독자들로 하여금 참 빛의 오심에 초점을 맞추도록 하는 기능을 한다는 것을 보여 준다.[1041] 이처럼 세례자 요한 구절은 대조를 통하여 로고스의 중심성을 부각시킨다. 요한복음 1:19 이하에 따르면, 사람들은 세례자 요한을 메시아, 엘리야, 그 선지자(ὁ προφήτης)로 생각하고 있었다. 이런 배경에서 저자는 세례자 요한이 중심인물이 아니라 로고스가 중심인물임을 강조한다. 이것은 요한복음 전체의 구도와 일치한다. 그렇다고 해서 요한복음이 세례자 요한의 위대성을 포기하는 것은 아니다.

[1041] M. Endo, *Creation and Christology : A Study on the Johannine Prologue in the Light of Early Jewish Creation Accounts* (WUNT 2, 149) (Tübingen: Mohr Siebeck, 2002), 203. Endo는 세례자 요한 구절(6-8)의 기능에 대하여 이 외에도 세 가지를 더 주장한다. 첫째, 이 구절은 강조나 막 시작하는 드라마틱한 사건에서 원시의 이야기가 역사로 전환하는 것을 가리킨다. 둘째, 이 구절은 λόγος ἄσαρκος와 λόγος ἔνσαρκος 사이의 '다리'(bridge)로서의 기능을 한다. 셋째, 6-8절은 φῶς(4-5)의 의미를 상술하는 기능을 한다. 그러나 이 주장은 각각 다음과 같은 문제점이 있다. 첫째, 이 주장은 4-5절을 역사로 볼 수도 있다는 것이 문제이다. 그렇다면 역사로의 전환은 6절 이전에 이미 있었다. 둘째, 4-5절을 성육신으로 보는 학자들도 만만치 않게 많다. 그러므로 Endo는 자신의 주장이 옳다는 것을 증명하기 위해서는 4-5절이 λόγος ἄσαρκος에 관한 것임을 논증해야 한다. 셋째, 6-8절은 φῶς에 대한 상술이 아니라 세례자 요한에 대한 상술이다. 세례자 요한이 각 절의 주어(ἄνθρωπος 7, οὗ 7, ἐκεῖνος 8)라는 사실이 이에 대한 가장 강력한 증거이다.

2) 세례자 요한의 구속사적 독특성

둘째로 세례자 요한 구절이 현재의 자리에 배치된 것은 세례자 요한을 예수에 대한 시간적(역사적) 선행자(Predecessor, Vorgänger)로 나타내기 위해서이다. 요한복음에서 세례자 요한의 중요성은 일차적으로 그가 증거자라는 것이다. 그러나 이것은 외면적 중요성이다. 요한복음에서 증거라는 말이 세례자 요한에게만 관련되는 것이 아니기 때문이다. 예수의 역사(요 5:36; 10:25)와 하나님(요 5:37; 8:18)과 예수 자신(요 5:31; 8:14; cf. 3:32)과 성경(요 5:39)과 성령(요 15:26)과 사람들(요 4:39; 12:17; 15:27; 19:35; 21:24)도 예수를 증거한다.[1042] 그러므로 증거가 세례자 요한의 우선적인 특징이 아니다. 오히려 세례자 요한의 두드러진 특징은 그가 예수 그리스도의 시간적 (역사적) 선행자가 된다는 점이다. 왜냐하면 만일 세례자 요한이 와서 예수 그리스도에 대하여 증거하지 않는다면(요 1:6) 아직 메시아가 올 때가 되지 않은 것이기 때문이다. 바꿔 말하면 세례자 요한이 와서 예수에 대하여 증거하면 그 시점에 드디어 메시아가 오는 것이다. 결국 메시아가 오기 위해서는, 예수 그리스도가 오기 위해서는 세례자 요한의 선행(precedence)적 도래가 반드시 필요하다는 말이다. 이것은 세례자 요한의 옴이 신적 계획의 일부라는 것을 잘 보여준다.[1043]

요한복음 1:7도 세례자 요한을 증거자로만 보는 것은 아니다. 왜냐하면 7절은 "그가 왔다"(οὗτος ἦλθεν, 요 1:7a)고 말함으로써 그가 증거자라는 사실보다 그가 왔다는 사실에 우선적인 관심을 가지고 있기 때문이다. 이것은 예수만 '오는 자'가 아니라 세례자 요한도 '오는 자'임을 나타낸다(cf. 말 4:5; 마 11:14). 요한복음 1:6에서 가장 먼저 강조하는 것은 "났으니"(ἐγένετο)이고, 7절에서는 "왔으니"(ἦλθον)이다. 그러므로 증거(μαρτυρία)보다 "왔다"는 사실이 더 중요하다. 만일 그가 오지 않았다면 증거할 수 없었기 때문이다. 세례자 요한은 증거를 하기 위해 왔으나 예수 그리스도보다 먼저 왔다. 그래서 예수는 "내 뒤에 오시는 이"(ὁ ὀπίσω μου ἐρχόμενος, 요 1:15)로 표현된다. 여기서 요한이 먼저 '오는 자'가 되고 예수는 나중 '오는 자'가

[1042] D. J. MacLeod, "The Witness of John the Baptist to the Word: John 1:6-9," *BSac* 160 (2003), 305-320, esp. 311-312.

[1043] Moloney, *The Gospel of John*, 37.

된다. 이것은 한 특별한 관계를 설명하는 것으로서, 나중 오는 자는 반드시 먼저 오는 자로부터 나온다는 것이다. 즉 세례자 요한이 온 사실이 있어야 그가 증거하는 그리스도가 온다는 말이다. 세례자 요한은 반드시 와야 할 자이며, 그로부터 메시아가 나온다. 요한복음은 이것을 철저히 보여준다. 그러므로 세례자 요한은 예수를 위한 단순한 첨병이나 선발대나 선구자가 아니라 예수가 오시기 위해서 반드시 먼저 와야만 하는 사람이다. 이런 의미에서 세례자 요한은 예수 그리스도의 배경이며, 역사적 시간적 선행자가 된다.[1044]

이런 까닭에 프롤로그는 세례자 요한에 관하여 언급하지 않을 수 없었다. 다시 말해 예수의 시간적 선행자를 말하지 않은 채 예수에 대하여 쓸 수 없다. 따라서 저자는 예수의 오심을 전후하여[1045] 예수의 시간적 선행자인 세례자 요한을 말하고 있는 것이다. 세례자 요한은 예수의 시간적 또는 역사적 선행자이다. 세례자 요한이 있어야 예수도 있다. 세례자 요한은 그리스도의 도래를 선행적으로 성취하는 자이다. 이것이 요한이 가지고 있는 무게이며, 그가 하나님으로부터 보냄을 받았다고 하는 말의 진정한 의미이다. 바로 이것이 세례자 요한 구절이 현 위치에 쓰인 목적이며, 프롤로그가 두 인물, 즉 말씀인 예수(요 1:1-5, 9-14, 16-18)와 그의 시간적 선행자인 세례자 요한(요 1:6-8, 15)을 나란히 두는 이유이다. 예수의 시간적 역사적 선행이 요한에게 있다. 이런 구속사적 관계 때문에 세례자 요한 구절들이 이 자리에 기록되어야만 했던 것이다.[1046] 그래야 예수 그리스도의 오심에 대한 정당성이 확보된다.

1044 예수의 공생애는 요한을 제외하고는 생각할 수 없다. 이런 까닭에 초대교회가 가룟 유다를 대신할 자를 뽑을 때에 후보의 기준을 "요한의 세례로부터 우리 가운데 올리워 가신 날까지" 항상 함께 다니던 사람으로 한 것으로 보인다(행 1:21-22). Cf. MacLeod, "The Witness of John the Baptist to the Word," 306-320.

1045 요 1:4-5을 ἄσαρκος로 본다면 요 1:6-8은 예수가 오시기 전과 오신 후에 대한 설명 사이에 자리하는 것이며, 반대로 ἔνσαρκος로 본다면 요 1:6-8은 예수가 오신 후에 대한 설명들 사이에 있는 것이 된다. 그리고 요 1:15은 예수의 오심 뒤에 자리하고 있다. 그러나 이 둘 중 어느 것이든 간에 결국 세례자 요한에 대한 설명은 예수의 오심을 말하는 곳에 자리하고 있다. Cf. Borgen, "The Prologue of John as Exposition of the Old Testament," 80: "요 1:6-8, 15에 있는 세례자 요한 구절은 자연스럽다. 왜냐하면 그는 예수가 오신 사건에 밀접하게 묶여 있기 때문이다. 또한 그는 15절에서 '태초'와 예수 오신 사건 사이의 관련을 지시할 수도 있다(15)."

1046 Moloney, *The Gospel of John*, 37: "… these verses are essential to its present structure and message"; L. Newbigin, *The Light Has Come: An Exposition of the Fourth Gospel* (Grand Rapids: Eerdmans, 1982), 28.

3) 세례자 요한의 사역적 독특성

셋째로, 세례자 요한 구절이 현재의 자리에 놓이게 된 것은 그를 '믿음의 중개자'로 드러내기 위해서이다. 이 사실은 아래의 본문 분석에서 잘 나타난다.

τὸ φῶς ἐν τῇ σκοτίᾳ <u>φαίνει</u> ··· ἡ σκοτία αὐτὸ <u>οὐ κατέλαβεν</u>(4-5)

    Ἰωάννης ··· <u>ἦλθεν</u> εἰς μαρτυρίαν

                ἵνα μαρτυρήσῃ περὶ τοῦ φωτός,

                ἵνα πάντες πιστεύσωσιν δι᾽ αὐτοῦ(6-8)

ὃ <u>φωτίζει</u> πάντα ἄνθρωπον ··· ὁ κόσμος <u>οὐκ ἔγνω</u>(9-10)

εἰς τὰ ἴδια <u>ἦλθεν</u>, καὶ οἱ ἴδιοι αὐτὸν <u>οὐ παρέλαβον</u>(11)

⇩

<u>ἐθεασάμεθα</u> τὴν δόξαν(14)

    Ἰωάννης <u>μαρτυρεῖ</u> περὶ αὐτοῦ(15) ◄

ἡμεῖς πάντες <u>ἐλάβομεν</u>(16)

이 구조는 세례자 요한 구절의 위치상의 특징을 잘 보여준다. 요한복음 1:6-8은 빛이 어둠을 비추지만 어둠이 빛을 이해하지 못한다(요 1:4-5)는 내용과 빛이 세상에 왔으나 세상이 그를 알지 못하고(요 1:9-10) 자기 백성이 그를 영접하지 않았다(요 1:11)는 내용 사이에 자리하고 있다. 그리고 요한복음 1:6-8은 빛에 대하여 증거하고, 그로 말미암아 모든 사람이 믿도록 하기 위해 요한이 '왔다'(ἦλθεν)고 말한다. 요한의 옴과 그의 증거와 그로 말미암은 믿음에 대한 언급이 중심에 있고, 세상이 로고스를 이해하지 못하고 알지 못한다는 내용이 그 앞뒤에 자리하고 있다. 이러한 형식은 어두움 가운데 있어서 빛을 깨닫지 못하고(οὐ κατέλαβεν, 4-5) 알지도 못하며(οὐκ ἔγνω, 9,10) 로고스를 영접하지도 못하는(οὐ παρέλαβον, 11) 사람들(4)의 형편을 부각시키고, 이 3중 부정이라는 인간 최악의 상황 한 가운데에 빛에 대하여 증거하러 온 세례자 요한을 언급함으로써 그를 통하여(δι' αὐτοῦ, 7b) 모든 사람(πάντες, 7b, cf. 자기 백성, οἱ ἴδιοι, 11)이 로고스를 믿게 될 것을 예견하게 한다.

한편, 요한복음 1:15은 "우리가 독생자의 영광을 보았다"(요 1:14)와 "우리 모두가 독생자의 충만으로부터 받았다"(요 1:16)는 설명 사이에 자리 잡고 있다. 즉 요한이 독생자에 대하여 증거한다(μαρτυρεῖ)는 언급이 중심에 있고, '우리가 보았다'와 '우리가 받았다'는 내용이 그 앞뒤에 위치하고 있다. 이러한 형식은 어두움에 놓여 있어서 빛을 이해하지 못하며 알지도 못했던 몰이해와 무지의 우리가 빛이신 로고스의 영광을 보았고(ἐθεασάμεθα, 14), 또한 로고스를 영접하지 못했던(οὐ παρέλαβον, 11) 불신앙의 우리가 그의 충만으로부터 은혜를 영접하는(ἐλάβομεν, 16) 믿음을 가지게 된 것[1047]은 전적으로 세례자 요한이 로고스에 대하여 증거함으로써, 즉 그를 통하여(δι' αὐτοῦ, 7b) 이루어졌다는 것을 강조하고 있다.

그러므로 위의 구조가 보여 주는 중심 의미는 어두움(요 1:4-5)과 세상(요 1:9-11)으로 대표되는 사람들의 로고스에 대한 몰이해와 무지와 불신앙을 해결하고 믿음을 갖도록 하기 위하여 세례자 요한이 증거자로 왔으며(요 1:6), 그 결과로 그가 빛에 대하여 증거함으로써(요 1:15) 사람들이 독생자의 영광을 보고 은혜 위에 은혜를 받게 되었다는 것이다. 다시 말해 로고스를 이해하지도 못했고, 알지도 못했으며, 믿지도 못했던 우리가 독생자의 영광을 보고 그를 영접할 수 있었던(요 1:16. cf. 12) 것은 빛에 대하여(περὶ τοῦ φωτός, 요 1:7), 그에 대하여(περὶ αὐτοῦ, 요 1:15) 증거한 세례자 요한으로 말미암았다는 것이다.

이 사실은 "모두"(πάντες, 요 1:16)에 의해서 다시 한 번 확인된다. 왜냐하면 요한복음 1:16에 사용된 "다"(πάντες)는 요한복음 1:7의 "모든 사람"(πάντες)과 직결되기 때문이다. 세례자 요한의 증거는 "모든 사람"(πάντες)을 위한 믿음의 중개(요

[1047] 요 1:12에 의하면 로고스를 영접하는 것(λαμβάνειν)은 로고스를 믿는 것이다.

1:7)이므로, 그의 그 증거를 통하여 우리가 독생자를 보았고(요 1:14) 우리가 "다"(ἡμεῖς πάντες) 은혜를 받을(요 1:16) 수 있었다. 결국 저자는 세례자 요한 구절을 현 위치에 둠으로써 어둠과 무지와 불신앙에 있던 사람들이 세례자 요한으로 말미암아 로고스를 보고 충만한 은혜를 받을 수 있게 되었다는 것을 시각적으로 그리고 신학적으로 묘사하고 있는 것이다. 이러한 세례자 요한의 사역의 고유성과 독특성 때문에 그에 대한 언급이 현 위치(요 1:6-8, 15)에 기록되어야만 했으며, 이것은 매우 합당하고 정당한 것이다.[1048]

이상에서 우리는 저자가 세례자 요한 구절을 현재의 자리에 배치한 목적(이유)을 세 가지로 논증하였다. 여기서 중요한 것은 우리가 이 세 가지를 각각 구분하여 이해할 뿐만 아니라 통합적으로 이해해야 한다는 사실이다. 그리할 때 세례자 요한에 관한 내용이 이곳에 기록된 목적과 이유와 의미가 보다 더 분명하게 나타나게 될 것이다.

4. 요약 정리

지금까지 우리는 프롤로그의 세례자 요한 구절의 위치상의 목적에 대하여 논증하였다. 비평주의 신학자들은 세례자 종파를 논박할 목적으로 저자가 세례자 요한 구절을 프롤로그에 삽입했다고 주장하지만 이것은 여러 가지 이유로 받을 수 없다. 무엇보다도 예수께서 요한을 부정하거나 열등하게 취급하거나 그에 대하여 적대적인 태도를 보이지 않으셨다. 따라서 프롤로그의 세례자 요한 구절은 문체와 문맥에서뿐만 아니라 기록 목적에서도 추가(삽입)가 아니라 처음부터 현재의 형태로 기록된 완전한 통일체이다. 또한 이것은 세례자 요한 구절이 그 구절의 전후 구절들과 구조, 용어, 표현법, 주제의 연속성에 있어서 일체를 이루고 있다는 사실에 의해 더욱 확고하다. 그러므로 세례자 요한 구절의 위치적 정당성은 확실하다.

[1048] 김동수는 요 1:6-8을 각주로 보았다(「요한신학 렌즈로 본 요한복음」, 45). 그러나 Tenney는 요 1:6-8, 15을 각주로 보지 않는다("The Footnotes of John's Gospel," 351-364).

그러면 프롤로그의 세례자 요한 단락이 처음부터 이 자리에 기록된 위치상의 목적은 무엇인가? 이 구절들의 필연적 위치가 갖는 특별한 기능은 무엇인가? 그것은 먼저 로고스의 중심성을 부각시키기 위해서이다. 요한이 중심인물이 아니라 로고스가 중심인물이다. 또한 세례자 요한 구절들을 현 위치에 기록한 목적은 세례자 요한이 점유하는 구속사적 지위를 나타내기 위해서이다. 그는 그의 뒤에 오시는 예수에 대한 시간적(역사적) 선행자이다. 나아가서 세례자 구절들이 현재의 자리에 있는 것은 세례자 요한의 사역적 고유성과 독특성을 나타내기 위해서이다. 그는 믿음의 중개자로서 모든 사람이 그로 말미암아 로고스를 보게 되며 로고스로부터 충만한 은혜를 받게 된다. 이와 같은 세 가지 목적은 각각 이해될 뿐만 아니라 통합적으로 이해되어야 한다.

II. 프롤로그에서의 세례자 요한의 정체와 역할

프롤로그의 세례자 요한 단락에서 요한의 정체는 세 가지로 나타난다. 첫째, 세례자 요한은 빛에 대한 증거자이다. 그가 하나님의 보내심을 받아 세상에 온 것은 증거를 위해서이다. 프롤로그는 무려 네 번이나 그를 증거와 관련지음으로써 이 사실을 강조하고 있다: εἰς μαρτυρίαν(요 1:7a), ἵνα μαρτυρήσῃ περὶ τοῦ φωτός(요 1:7a), ἵνα μαρτυρήσῃ περὶ τοῦ φωτός(요 1:8b), Ἰωάννης μαρτυρεῖ (요 1:15a). 둘째, 세례자 요한은 세례 주는 자이다. 물론 이것은 프롤로그에 직접적으로 언급되지는 않는다. 그러나 명백하게 암시되어 있다. 왜냐하면 요한이 로고스에 대한 증거자의 역할을 수행하기 위해서는 반드시 그가 예수의 정체를 확인해야만 했으며, 이 확인은 그가 물로 세례를 줌으로써 이루어졌기 때문이다(요 1:33-34). 이러한 요한의 물세례는 이후에 또 다른 기능을 하게 된다. 셋째, 프롤로그의 세례자 요한은 믿음의 중개자이다. 그가 하나님의 보내심을 받아 이 땅에 와서 빛에 대하여 증거하는 궁극적인 목적은 '믿음'이다. 이 사실은 ἵνα πάντες πιστεύσωσιν δι' αὐτοῦ(요 1:7b)에서 분명하게 나타난다. 그로 말미암아 모든 사람이 믿게 된다. 그러므로 그는 믿음의 중개자이다.

1. 세례자 요한의 독특한 정체

이와 같은 세례자 요한의 정체는 매우 독특한 것이며, 공관복음에서는 찾아볼 수 없는 것들이다. 요한의 이 독특한 정체는 요한복음의 몸말에서도 확인되는데, 유대인들에 의해 예루살렘에서 온 제사장들과 레위인들이 세례자 요한에게 행한 질문과[1049] 그것에 대한 세례자 요한의 대답(요 1:19-21)에서 잘 나타난다. 이 질문에 εἶ가 네 번 사용되었으며(요 1:19,21bis.,22) 대답에는 ἐγώ(요 1:20,23)와 εἰμί(요 1:21)가 각각 사용되었다. 이것은 모두 세례자 요한의 정체에 관한 것이다. 여기서 세례자 요한의 대답은 세 번의 부정(요 1:20,21bis.)과 한 번의 긍정(요 1:23)으로 이루어져 있다.

부정

    Σὺ τίς εἶ;(19c)   →   Ἐγὼ οὐκ εἰμὶ ὁ Χριστός(20b)

    Σὺ Ἠλίας εἶ;(21c)   →   Οὐκ εἰμί(21d)

    Ὁ προφήτης εἶ σύ;(21f)   → Οὔ(21g)

긍정

    Τίς εἶ;(22b)   →   Ἐγὼ φωνὴ βοῶντος ἐν τῇ ἐρήμῳ(23b)

먼저, 세례자 요한은 자신을 부정적인 표현으로 설명한다. "네가 누구냐"(요 1:19c)

[1049] 김문경, "예수님은 누구이신가: 요 1:19-34," 「성경연구」 97권 1호 (2002), 46: "이 질문의 뒤 배경에는 요한복음에서 되풀이하여 논쟁적으로 설명되는, 이미 예수님이 메시아이시고 계시된 하나님의 아들이라는 저자의 의도가 있다. 예배의식을 주관하는 대표자들인 제사장들과 레위인들의 언급은 예수님의 메시아 됨의 주장이 유대교의 예전 전통과 관련하여 합법적이며 유효한가 하는 질문과 연결되고 있다."

라는 첫 번째 질문에 그는 "나는 그리스도가 아니라"(ἐγὼ οὐκ εἰμὶ ὁ Χριστός)[1050]고 대답한다(요 1:20b). 그는 자신의 정체에 관한 질문에 대해 그리스도와 관련시켜 대답을 하고 있다. 이것은 세례자 요한이 자신의 정체성을 예수와의 관계 속에서 이해하고 있음을 보여주는 것이다. 그는 자신을 예수와의 관계 속에서 이해함으로써 자기의 정체성에 관한 분명한 이해를 하고 있다.[1051] 그는 그리스도와의 관계 속에서 자신을 보되, 아닌 것은 아니라고 말하였다. 이러한 그의 태도는 계속되는 질문에서 도 분명하게 나타난다. 그는 "네가 엘리야냐"라는 두 번째 질문에 대해서도 "나는 아니라"(Οὐκ εἰμί)고 대답한다(요 1:21d). 이어서 "네가 그 선지자냐"라는 세 번째 질문에 대해서는 "아니라"(Οὔ)고 대답한다(요 1:21g). 이처럼 그의 대답은 연속된 세 번의 부정으로 되어 있다. 또한 그의 대답은 다음과 같은 형태로 점점 짧아지며 간명해 지고 있다:

'Εγὼ οὐκ εἰμὶ ὁ Χριστός   (요 1:20b)
    Οὐκ εἰμί   (요 1:21d)
    Οὔ   (요 1:21g)

이것은 세례자 요한이 자신이 종말론적 인물이 아니라는 것을 단호하게 보여 주는 것이다.[1052]

세례자 요한이 이 증거에서 자신이 그리스도가 아니라고 말한 것은 너무나도 당연하다. 또한 그가 "그 선지자"가 아니라고 말한 것도 마땅하다. 요한복음에서

[1050] Sukmin Cho, *Jesus as Prophet in the Fourth Gospel*, NTM 15 (Sheffield: Sheffield Phoenix Press, 2006), 206: "John the Baptist uses the expression, ἐγὼ οὐκ εἰμι that seems to be emphatic because of a negative echo of Jesus' later use of the ἐγὼ εἰμι language in the Gospel"; 김문경, "예수님이 누구이신가," 46: "이 대답은 요한복음에서 '나는 … 이다'('Εγὼ εἰμί)로 되풀이되는 예수님이 자신을 계시하시는 말씀을 준비한다."

[1051] 세례자 요한에 대한 최초의 소개는 "ἐγένετο **ἄνθρωπος**"이다(요 1:6). 이것은 "ἐν αὐτῷ ζωὴ ἦν, ἡ ζωὴ ἦν τὸ φῶς τῶν **ἄνθρωπον**"(요 1:4b)에 대한 반향이다. 세례자 요한도 '사람'이기 때문에, 그도 사람들의 빛이신 예수 그리스도와 관련될 때만 자신의 정체성에 대한 분명한 이해가 가능하다.

[1052] Wink, *John the Baptist in the Gospel Tradition*, 87-106, esp. 89: "For confessing and denying Christ are strong themes throughout the Gospel (9:22; 12:42; 13:38; 18:25,27). This is underlined by the Baptist's denial, ἐγὼ οὐκ εἰμι ὁ Χριστός, for only Jesus can say ἐγὼ εἰμι."

예수는 메시아일 뿐만 아니라 "그 선지자"이기도 하기 때문이다(요 6:14; 7:40). "그 선지자"는 하나님께서 종말에 일으키기로 약속하신 모세와 같은 선지자이다(신 18:15-22).

하지만 그가 엘리야가 아니라고 대답한 것에는 의문이 있다. 왜냐하면 예수는 그를 가리켜 "오리라 한 엘리야가 곧 이 사람이니라"(마 11:14; cf. 마 17:12; 막 9:13)고 말씀하였으며, 가브리엘 천사는 세례자 요한에 관하여 "저가 또 엘리야의 심령과 능력으로 주 앞에 앞서 가서 아비의 마음을 자식에게, 거스르는 자를 의인의 슬기에 돌아오게 하고 주를 위하여 세운 백성을 예비하리라"(눅 1:17)고 말함으로써 요한이 말라기 4:5-6에 예언된 바로 그 엘리야임을 분명히 밝히고 있기 때문이다.

그렇다면 자신이 엘리야가 아니라는 세례자 요한의 대답은 어떤 의미를 갖는가? 이것은 일차적으로 자신이 문자적인 엘리야가 아니라는 의미일 수 있다.

> 요한이 엘리야의 정신과 능력으로(눅 1:17) 나아갔으므로 그리스도 자신에 의하여 엘리야라 일컬어지긴 했으나(마 17:12) 그가 문자 그대로의 엘리야는 아니었다. 말라기 4:5에 대한 그들의 잘못된 해석의 결과로 유대인들이 기대했던 것은 문자 그대로의 선구자 엘리야였다. 이런 까닭에 요한은 "나는 … 아니라"고 대답했다.[1053]

그러나 세례자 요한의 부정적 대답의 본질은 요한복음의 강조점과 관련이 있다. 이 강조점은 요한복음과 공관복음의 세례자에 관한 내용을 비교할 때 선명하게 드러난다. 공관복음의 세례자 요한은 엘리야와 관련하여 두 가지 특징을 가지고 있다. 그것은 그의 사역과 외모이다. 엘리야의 중요 사역은 사람들이 회개하도록 하는 일이다.[1054] 공관복음에서 이 사역은 모두 세례자 요한의 것으로 설명되므로(마 3:2,5,6,8,11; 막 1:4; 눅 3:3,8), 그는 구약에 예언된 엘리야이다. 공관복음이 말하는

[1053] W. Hendriksen, 「요한복음 상」, 문창수 역 (서울: 아가페출판사, 1985), 133.

[1054] R. L. Webb, *John the Baptizer and Prophet: A Socio-Historical Study* (JSNTSup 62) (Sheffield: SAP, 1991), 184.

세례자 요한의 외적 특징도 엘리야와 관련된다. 그의 나실인으로서의 삶(눅 1:15)과 금식을 통한 금욕적인 생활이 이것을 보여준다(마 11:10; cf. 마 3:4; 막 1:6). 그는 철저한 구약의 선지자 엘리야의 재현(re-embodiment)이었다.[1055] 이런 의미에서 세례자 요한을 엘리야라 말하는 것은 정당하다. 그러나 요한복음은 세례자 요한의 회개하라는 외침과 그의 외모에 대하여 침묵한다. 요한복음은 세례자 요한이 세례를 준 것을 분명히 언급하면서도(요 1:25,26,28; 10:40) 그의 세례를 "회개를 위한 세례"라고 말하지 않는다.

또한 조석민은 예수 당시의 팔레스타인에는 다시 살아난 엘리야(Elijah *redivivus*)에 대한 기대가 널리 퍼져 있었다고 말한다. 말라기 3:1에는 주의 길을 예비하는 사자에 대한 언급이 있는데, 말라기 3:23(개역. 말 4:5)에서 그 사자는 엘리야와 동일시된다. 특히 마태복음 11:10-14은 그 사자와 엘리야를 명백히 동일한 인물로 말한다. 공관복음은 세례자 요한을 예수의 선구자(forerunner)로 만들기 위하여 그를 엘리야와 동일시한다. 그러나 요한복음은 그렇게 말하지 않는다. 공관복음에서 세례자 요한은 엘리야와 같은 인물로 이해된다. 그러나 요한복음에서는 그렇지 않다.[1056]

이처럼 요한복음은 세례자 요한을 엘리야로 묘사하지 않는다.[1057] 이것은 공관복음과 다른 입장을 취하는 것으로서 세례자 요한의 정체와 역할에 대한 요한복음의 강조점이 다른 데 있다는 것을 의미한다. 요한복음은 무엇보다도 프롤로그에서 세례자의 정체를 공관복음과 다르게 빛에 대한 증거자, 세례 주는 자, 그리고 믿음의 중개자로 묘사한다. 이것이 프롤로그에 나타난 세례자 요한의 독특한 정체이다. 이제 이 각각에 대하여 구체적으로 살펴보자.

[1055] G. Vos, "The Ministry of John the Baptist," in *Redemptive History and Biblical Interpretation* (Phillipsburg: Presbyterian and Reformed Publishing Company, 1980), 299-303, esp. 299. = "세례 요한의 사역,"「구속사와 성경해석」, 이길호 원광연 역 (서울: 크리스챤다이제스트, 1998).

[1056] Sukmin Cho, *Jesus as Prophet in John's Gospel,* 207-208. 조석민은 이것에 대한 이유로 요한복음에는 공관복음에 언급되는 종말론적 심판에 상당하는 부분이 없기 때문이라고 말한다. 즉 요한복음에서 세례자 요한은 크고 두려운 주의 날을 예비하기 위한 것이 아니라는 것이다(말 3:23, 개역, 말 4:5).

[1057] Barrett, *The Gospel according to St. John,* 177: "John denies the identification of the Baptist with Elijah."

2. 증거자(요 1:7a,8b,15)

프롤로그가 밝히는 세례자 요한의 첫 번째 정체는 증거자이다(요 1:7a,8b,15).[1058] 증거자로서의 요한의 정체를 잘 설명하는 곳은 요한복음 1:6-8이다. 이 세 절의 주어가 모두 요한을 가리키며(ἄνθρωπος, οὗτος, ἐκεῖνος), 그의 사람으로서의 존재와 그의 신적기원과 이름뿐만 아니라 그의 증거의 사명과 목적을 밝히고 있기 때문이다.

또한 요한복음 1:15은 세례자 요한이 증거한 내용을 구체적으로 묘사한다. 여기에서 세례자 요한이 "이 사람"(οὗτος)을 증거하기 위하여 직접화법으로 사용한 세 가지 동사는 프롤로그 전반부에서 저자가 로고스/빛을 묘사하기 위해 사용한 세 가지 중요한 동사(ἔρχομαι 2회, γίνομαι 5회, εἰμί 7회)와 똑같은 것이다. 이것은 세례자 요한이 저자가 로고스에 관하여 말한 세 가지를 확증하는 것으로서 그가 신실한 증거자라는 것을 보여주는 좋은 반증이다.[1059] 왜냐하면 그가 저자에 의해 사용된 단어들을 동일하게 반복하는 것은 그가 저자의 발언이 유효하다는 것을 확증하는 것이기 때문이다.[1060] 따라서 프롤로그에 있는 세례자 요한 구절들은 모두 세례자 요한을 증거와 관련시키고 있으며, 회개를 촉구하는 공관복음의 세례자의 역할이 증거자의 역할로 바뀌고 있다.

나아가서 세례자 요한의 증거는 요한복음 1:29-34에서 계속된다. 여기에 λέγει(29), ἐμαρτύρησεν(32), μεμαρτύρηκα(34)가 사용되었는데, 이는 세례자의

[1058] 요한문서에서의 μαρτυρία, μαρτυρέω 빈도 비교.

	요한복음	요한서신	요한계시록	합계
μαρτυρία	14	7	9	30
μαρτυρέω	33	10	4	47
합계	47	17	13	77

요한문서가 이 두 용어를 사용한 회수는 나머지 신약성경 전체가 사용한 회수(μαρτυρία-7회, μαρτυρέω-29회, 합계-36회) 보다 훨씬 더 많다.

[1059] J. Staley, "The Structure of John's Prologue: Its Implications for the Gospel's Narrative Structure," *CBQ* 48 (1986), 241-264, esp. 247.

[1060] Staley, "The Structure of John's Prologue," 249.

증거하는 사명을 잘 보여준다.

1) 성취적 증거자

이와 같이 프롤로그의 세례자 요한의 정체는 빛에 대한 증거자이다. 공관복음에서 요한은 회개를 선포하고 죄 사함을 얻는 회개의 세례를 주는 자로 나타난다. 그러나 요한복음에는 그의 회개에 대한 선포가 없으며 그가 실제로 군중뿐만 아니라 예수에게 세례를 주었다는 직접적인 언급도 없다.[1061] 이것은 증거자로서의 요한의 역할을 강조하려는 것이다. 요한복음에서 세례자 요한의 역할은 죄와 관련하여 세례를 베푸는 세례자가 아니라 예수 그리스도를 증언하는 증거자이다.[1062] 사도 요한이 공관복음 저자들이 공통적으로 사용하는(마 3:1; 막 1:4; 눅 7:20) 세례자(the Baptist, the Baptizer)라는 칭호를 사용하지 않는 것도 이와 관련된 것으로 보인다.

그러나 세례자 요한은 이전 선지자들과는 구별되는 증거자이다. 세례자 요한이 "그가 너희들 가운데 섰다"(μέσος ὑμῶν ἕστηκεν, 요 1:26c)고 말한 것은 오직 요한복음에만 나오며, 이것은 메시아가 이미 그들 가운데 도래했다는 사실을 확증하는 것이다. 세례자 요한은 메시아의 오심을 증거하는 자이다. 그러나 단순 예고가 아닌 '이미 오셨음'을 증거하는 증거자이다. 이것은 세례자 요한이 그의 앞에 온 다른 선지자들과 구별되는 두드러진 특징이다. 요한복음의 세례자 요한은 메시아를 증거한다. 그러나 단순히 메시아의 미래적 도래가 아니라 이미 도래했음을 알리는 '성취적' 증거자이다.

2) 요한의 증거의 특징

이러한 성취적 증거자로서의 세례자 요한의 증거에는 다음과 같은 특징들이

[1061] 공관복음과 달리 요한복음에는 요한이 실제로 세례를 주는 기사가 없다. 그럼에도 불구하고 그의 세례 사역은 많은 곳에서 추정되고 암시된다(요 1:25,26,28,31,33; 3:23; 4:1; 10:40).

[1062] 조석민, "로고스의 개념과 기능(요 1:1-18)," 「Pro Ecclesia」 vol. 4. No. 1 (2005), 34-57, esp. 44; Wink, *John the Baptist in the Gospel Tradition*, 90: "만약 예수가 세상 죄를 지고 가는 하나님의 어린양이라면(요 1:29,36), 세례자 요한의 세례는 더 이상 죄의 용서를 위한 것이 될 수 없다."

나타난다.

첫째, 세례자 요한의 증거의 내용은 오직 로고스이다. 세례자 요한은 빛이신 로고스를 증거한다(요 1:7,8,15). 그는 예수를 하나님의 어린양(요 1:29b, cf. 요 1:36b)과 성령으로 세례를 주는 이(요 1:33d), 그리고 하나님의 아들(요 1:34)로 증거한다. 그의 증거는 철저히 예수 그리스도, 로고스에 맞추어져 있다.

둘째, 세례자 요한의 증거의 대상은 어두움에 있는 사람들이다. 그가 그리스도를 증거하는 대상인 사람들은 모두 어두움에 빠져 있어서(요 1:1:5a; cf. 요 9:39) 그리스도를 깨닫지도 못하며(요 1:5b. οὐ κατέλαβεν) 알지도 못하고(요 1:10c. οὐκ ἔγνω) 영접하지도 않는다(요 1:11b. οὐ παλέλαβεν). 모든 인간은 캄캄한 어둠 속에 있으며 그로 인해 하나님 앞에서 참으로 멸망당할 자들이다. 이러한 인간의 무지는 "너희 가운데 너희가 알지 못하는 한 사람"(요 1:31)이라는 말로 반복된다. 세례자 요한도 예외는 아니다. 그는 분명 하나님으로부터(παρὰ θεοῦ) 보냄을 받은 특별한 사람이지만 그도 역시 '사람'(ἄνθρωπος, 요 1:6)이었다! 그래서 그도 하나님의 아들을 알지 못하였다(요 1:31a, 33a).[1063] 세례자 요한을 포함하여 모든 인간은 스스로 그리스도를 알 수 없다. 오직 하나님께서 친히 계시해 주셔야만 알 수 있다. 하나님은 요한의 물세례를 통하여 하나님의 아들을 요한에게 계시로 나타냈으며, 그의 증거는 어두움에 있는 사람들에게 예수를 나타내었다(31b, ἵνα φανερωθῇ). 그리고 예수는 독생하신 하나님(μονογενῆς θεός)으로서 친히 하나님을 나타내셨다(요 1:18).

셋째, 세례자 요한의 증거의 성격은 진리이며, 신적권위를 갖는다. 그 이유는 무엇보다도 먼저 그의 증거가 하나님의 계시의 성취이기 때문이다. 세례자 요한은 예수를 세상 죄를 지고 가는 하나님의 어린양(요 1:29, 36), 성령으로 세례를 주는 이(요 1:33), 하나님의 아들(요 1:34)로 증거하였다. 이것은 그가 임의로 행한 것이 아니라 하나님이 친히 알려 주셔서 행한 것이다. 이 사실을 강조하기 위해 세례자 요한은 κἀγὼ οὐκ ᾔδειν αὐτόν이라는 표현을 반복한다(요 1:31a,33a). 특히 여기서

[1063] ᾔδειν(요 1:31a, 33a), plupf. act. ind. 1p. s.: ᾔδειν은 과거완료시제이나 의미는 미완료과거이다. 그러므로 세례자 요한은 그의 물세례를 통해서 성령이 비둘기같이 하늘로서 내려와서 예수 위에 머무는 것을 보기까지 계속해서 그가 누구인지를 몰랐던 것이다.

"나 역시"(κἀγώ)가 강조되는데, 이것은 이스라엘 사람들만 예수의 정체를 인식하지 못했던 것이 아니고 요한 자신도 알지 못했다는 것을 강조한다. 그런 그가 예수를 하나님의 아들로 인식할 수 있었던 것은 하나님의 계시가 그에게 있었기 때문이다. "그이가 나에게 말씀하시되"(ἐκεῖνός μοι εἶπεν, 요 1:33)라는 말이 이 사실을 확증한다. 하나님이 요한에게 그리스도를 인식할 수 있는 방법을 말씀해 주셨다. 그것은 성령강림과 성령체류였다. 요한은 이 말씀이 예수에게서 성취되는 것을 보았고(요 1:32, 34) 그를 하나님의 아들로 증거했다(요 1:34). 그러므로 세례자 요한의 증거는 하나님의 계시의 말씀과 그것의 성취에서 근거한 것이므로 이는 진리이며 신적 권위를 갖는다.

세례자 요한의 증거가 진리인 또 다른 이유는 그가 '보았다'는 사실에 있다. 예수의 정체를 알지 못했던 세례자 요한이 예수를 하나님의 아들로 증거할 수 있었던 유일한 근거는 하나님의 계시가 이루어지는 것을 그가 직접 보았다는 것이다. 그는 요한복음 1:32-34에서 계속하여 '보았다'는 어휘를 사용함으로써 이 사실을 매우 강조한다.

> *τεθέαμαι* τὸ πνεῦμα καταβαῖνον ⋯ καὶ ἔμεινεν(요 1:32b)
> 'Εφ' ὃν ἂν *ἴδῃς* τὸ πνεῦμα καταβαῖνον καὶ μένον ἐπ' αὐτόν(요 1:33c)
> κἀγὼ *ἑώρακα*(요 1:34a)

이것은 하나님이 말씀하신 대로 이루어지는 것을 그가 친히 보았다는 사실을 강조한다. 특히 그는 "내가"를 반복 강조하여(κἀγώ, 요 1:31a,34a) 말함으로써 그의 증거가 자신의 직접목격에 근거한 것임을 부각시키고 있다.[1064] 사실 요한복음에서 '보는 것'은 증거의 절대적인 근거가 된다.[1065] 하나님이 세례자 요한에게 가르쳐

[1064] Moloney, *The Gospel of John*, 53: "On the basis of what he has seen the Baptist bears witness (v. 34)."

[1065] Bennema, "The Character of John in the Fourth Gospel," 272: "The Fourth Gospel gives special attention to eyewitnesses." Cf. Dorothy Lee, "The Gospel of John and the Five Sense," *JBL* 129 (2010), 115-127, esp. 117-120.

준 메시아 인식의 기준은 '보는 것'이며(요 1:33), 세례자 요한은 하나님의 계시가 예수에게 이루어지는 것을 '보고' 그를 메시아로 증거했다(요 1:32,34. cf. 요 1:29,36).[1066]

게다가 세례자 요한의 증거가 진리인 이유는 그가 하늘의 음성을 대언하는 것처럼 생각되기 때문이다. 요한은 예수를 하나님의 아들로 증거했다(요 1:34b). 그런데 공관복음에서 이 증거는 하늘에서 나는 소리였다. 그러므로 요한복음에서는 요한이 하늘의 음성을 대언하는 듯하다. 이것은 요한복음이 공관복음보다 요한의 증거자의 역할을 강조하고 있다는 것을 보여 주는 것이면서 동시에 그의 증거의 진실성과 절대성을 강조하고 있는 것이다.

나아가서 요한복음은 요한의 증거가 진리와 신적 권위로 되었다는 것에 확실성을 더 하기 위해 두 가지 인을 친다. 하나는 많은 사람들이 그의 증거를 참된 것으로 평가한 것이고(요 10:41), 다른 하나는 예수께서 친히 "요한이 진리에 대하여 증거하였느니라"(요 5:33)고 말씀하신 것이다. 세례자 요한의 증거는 진리로 결론난다. 그는 진리의 증거자였다.

넷째, 세례자 요한의 증거의 목적은 믿음이다(요 1:7b). 요한의 증거는 단순히 예수의 정체를 이스라엘에 알리고 나타내는 것 자체가 목적이 아니다. 그의 증거의 종국적인 목적은 모든 사람이 빛이신 그리스도를 믿게 하는 것이다. 그의 증거는 언제나 사람들의 믿음을 목적으로 한다. 그는 자기를 인하여(δι' αὐτοῦ) 모든 사람들이 믿음에 이르도록 하기 위해(ἵνα πάντες πιστεύσωσιν) 그리스도를 증거했다(요 1:7b). 그는 오직 진리만 증거했고(요 5:33), 그의 말은 다 참이었으며 그로 인해 많은 사람들이 예수를 믿었다(요 10:41). 요한의 증거는 믿음을 위한 증거였으며, 그는 진리의 증거자이자 믿음을 위한 증거자였다.[1067]

1066 요한의 제자 두 사람이 예수를 따라가서 그가 계신 데를 보고 그를 메시아를 증거했고(요 1:39-41), 예수는 본 것을 증거한다고 말씀했으며(요 3:11), 하늘로서 오는 이는 보고 들은 것을 증거한다(요 3:32). 사람들이 오병이어의 표적을 본 후에 예수를 참으로 세상에 오실 그 선지자로 증거했으며(요 6:14), 예수는 아버지에게서 본 것을 말한다(요 8:38). 특히 요한복음은 예수의 옆구리에서 피와 물이 나오는 것을 본 자가 증거하였는데 그 증거가 참이라(요 19:35)고 말함으로써 보는 것이 참된 증거의 절대적 근거가 된다는 것을 강조하고 있다. 요한복음은 "보지 못하고 믿는 자들은 복되다"(요 20:29)고 말씀함으로써 보는 것과 믿는 것의 관계를 부정적으로 평가하는(cf. 요 2:23-25; 11:45-46) 반면에 증거에 관한 한 보는 것을 진리와 연결 지음으로써 보는 것을 증거를 위한 절대적 근거로 평가하고 있다. 이런 이유로 요한복음에는 저자의 목격자적 진술들이 많이 나타난다.

3) 증거자의 다른 정체 : 소리(φωνή)

이와 함께 몸말은 세례자 요한에 대한 또 다른 정체를 제시한다. 그것은 '소리'(φωνή)이다(요 1:23). 이것은 세례자의 증거가 소리를 통하여 이루어 진 것임을 짐작케 한다. 앞에서 본 대로 세례자 요한은 부정의 대답(요 1:19-21)에 이어 "나는 소리이다"(ἐγὼ φωνή, 요 1:23; cf. 마 3:3; 막 1:3; 눅 3:4)라는 긍정의 대답을 한다. 공관복음의 세례자 요한은 구약에 예언된 엘리야와 일치하는 인물로서의 소리이지만, 요한복음의 세례자 요한은 이미 알려져 있는 어떤 인물과도 일치하지 않는 인물로서의 소리이다. 세례자 요한의 이러한 자기 정체에 대한 정의에는 다음과 같은 특징들이 있다.

첫째, 세례자 요한은 그리스도를 증거하는 소리이다. 세례자 요한은 단순히 소리가 아니라 "외치는 자의"(βοῶντος) 소리이다(요 1:23a). 이 소리는 주를 증거하는 소리임에 틀림없다. 그 이유는 그가 이어서 "주(κύριος)의 길을 곧게 하라"고 외치기 때문이다(요 1:23b). 또한 여기에 사용된 '외치다'(βοᾶν)[1068]는 그가 로고스를 증거할 때 사용한 κράζειν(요 1:15)과 동의어이다. 요한복음에는 이곳 외에 κράζειν이 세 번 더 사용되었으며, 모두 예수께서 중요한 증거를 시작할 때 사용하였다.[1069] 예수는 자신과 자신을 보내신 하나님과의 유일무이한 관계를 증거할 때(요 7:28), 믿는 자에게 임할 성령을 증거할 때(요 7:37), 그리고 예수를 믿고 보는 것을 통하여 자신과 하나님의 고유한 관계를 증거할 때(요 12:44) 이 단어를 사용하셨다.[1070] 그런데 요한복음은 세례자 요한의 증거에도 이 단어와 동의의인 βοᾶν을 사용하였다. 이것은 그가 예수께서 행하신 것과 같은 중요한 공적 증거를 하고 있다는 것을 강조하는 것이다.[1071] 이러한 두 가지 이유로 인해 세례자 요한이 자신을 소리로

1067 Bennema, "The Character of John in the Fourth Gospel," 273.

1068 이 단어는 요한복음에서 오직 이곳에만 사용되었다.

1069 *TDNT*, 901: "The verb κράζειν occurs four times in Jn. and denotes a message which is declared in spite of contradiction and opposition. It is best rendered as crying in the sense of proclamation(요 1:15; 7:28,37f.; 12:44ff.)."; J. H. Bernard, *A Critical and Exegetical Commentary on the Gospel according to St. John* vol. 1 (Edinburgh: T. & T. Clark, 1928), 274: "… it is used by him three times to describe public and solemn announcements of doctrine by Jesus (cf. also 1:15, where it is used of the Baptist's proclamation)."

1070 BDAG, 563-564: κράζειν은 구약 선지자들의 공적 선언을 암시한다. Cf. 조석민, 「요한복음의 새 관점」 (서울: 도서출판솔로몬, 2008), 64.

정의한 것은 그가 그리스도와 같은 신적 권위[1072]를 가지고 그리스도를 증거하는 자임을 확증하는 것이다. 그러므로 요한은 소리이되, 외치는 자의 소리이며, 그리스도를 증거하는 증거자의 소리임이 분명하다. 여기에서 공관복음과의 차이점이 부각된다. 공관복음의 세례자 요한은 회개(마 3:2-3) 또는 죄 사함을 얻게 하는 회개의 세례(막 1:4; 눅 3:3)에 관한 소리이지만 요한복음에서는 그리스도에 대한 증거의 소리이다.[1073]

둘째, 세례자 요한은 진리를 증거하는 소리이다. 세례자 요한이 자신을 '소리'로 정의한 것은 그가 진리를 전파하는 자이기 때문이다. 예수는 요한이 진리에 대하여 증거하였다고 말씀하였고(요 5:33), 많은 사람들은 요한이 예수를 가리켜 한 '말'이 다 진리라고 증거했다(요 10:41). 세례자 요한은 진리를 말하는 사람이었다. 진리를 품은 자가 진리의 말을 하며, 진리로 충만한 자만이 진리의 소리를 외칠 수 있다. 그러므로 진정으로 진리를 아는 자만이 외치는 자의 소리가 된다.

셋째, 세례자 요한은 소리이되, 외치는 소리이다(방식). 그가 "빛에 대하여"(περὶ τοῦ φωτός, 요 1:7), "그에 대하여"(περὶ αὐτοῦ, 요 1:15) 증거한 방법은 침묵이 아니라 외침이었다. 그는 로고스에 대하여 증거하되, '외침'이라는 구체적인 방식을 사용하였다. 요한복음 1:15이 이 사실을 잘 보여준다. 이 구절에 있는 καί를 설명적 보어(epexegesistically)[1074]로 보면, καί 뒤에 있는 κέκραγεν λέγων

[1071] Kruse, *The Gospel according to John*, 71; Calvin, *The Gospel according to St. John 1-10*, 22.

[1072] 이것은 예수와 세례자 요한 모두 하나님으로부터 보냄을 받았다는 사실에서도 분명하다.

[1073] Kruse, *The Gospel according to John*, 64.

[1074] 설명적 보어로서의 καί는 καί 뒤에 오는 단어(들)가 καί 앞에 오는 단어(들)의 의미를 분명하고 명료하게 나타내거나 확장, 상술, 부연하는 역할을 한다. 이 때 καί는 '즉', '곧', '다시 말하자면'(namely, that is)의 뜻이 된다. 이것이 καί가 원래부터 지니고 있는 사전적 의미이기도 하다. 다음은 요한복음에 사용된 이와 같은 용례들 중 몇 가지이다.

요 1:16 ὅτι ἐκ τοῦ πληρώματος αὐτοῦ ἡμεῖς ἐλάβομεν **καὶ** χάριν ἀντὶ χάριτος.

요 4:10 Εἰ ᾔδεις τὴν δωρεὰν τοῦ θεοῦ **καὶ** τίς ἐστιν ὁ λέγων σοι,

요 4:23 ἀλλὰ ἔρχεται ὥρα **καὶ** νῦν ἐστιν,

요 9:37 Καὶ ἑώρακας αὐτὸν **καὶ** λαλῶν μετὰ σοῦ ἐκεῖνός ἐστιν.

요 20:17 Ἀναβαίνω πρὸς τὸν πατέρα μου **καὶ** πατέρα ὑμῶν **καὶ** θεόν μου **καὶ** θεὸν ὑμῶν.

어쩌면 요 4:23, 24의 ἐν πνεύματι καὶ ἀληθείᾳ도 여기에 들어갈 수 있다. L. Jones, *The Symbol of Water in the Gospel of John* (Sheffield: Sheffield Academic Press, 1997), 71; Maximilian Zerwick

은 καί 앞에 있는 μαρτυρεῖ를 상술하는 것이 된다. 세례자 요한은 로고스에 대하여 증거하되, 묵언이나 작은 소리가 아닌 외침을 통하여 증거하였다. 이런 까닭에 그는 '외치는 자의'(βοῶντος) 소리이다(요 1:23).

넷째, 세례자 요한은 소리이되, '말'로 표현된 소리이다(수단). 그는 외치되, "말하여"(λέγων, 요 1:15) 외치는 자이다. W. Wink는 요한의 말과 관련하여 "중요한 것은 요한의 '말'이 아니라 그가 예수의 메시아 되심에 대한 '증거자'라는 사실이다. 요한의 긍정적인 의미에 대한 저자의 이해가 전적으로 이 용어 안에서 이해된다"[1075]고 주장하였다. 그러나 요한복음 1:15a은 "κέκραγεν λέγων"이라고 말함으로써 요한의 증거가 빛에 관하여 '말하는 것'과 깊은 관련이 있다는 것을 분명히 한다.[1076] 요한복음 1:15a은 λέγων이 없어도 의미가 충분히 전달된다. 그런데도 굳이 λέγων을 말한 것은 세례자 요한의 증거가 말을 통하여 이루어진다는 사실을 강조하는 것이다.[1077] 세례자 요한은 말로서의 소리를 사용하여 그리스도를 증거한다(cf. 요 1:32). 이런 까닭에 요한복음 1:30에서 세례자 요한은 로고스에 대하여 이전(요 1:15)과 동일한 내용을 증거할 때, "내가 전에 말하기를"(ἐγὼ εἶπον)이라고 표현함으로써 앞에서 행한 증거와 외침과 말함(요 1:15)을 '말' 하나로 대표하여 표현하고 있다. 세례자 요한도 자신을 소리라고 소개할 때(요 1:23) 그 소리는 "너희는 주의 길을 곧게 하라"[1078]는 말로 표현되었다. 지금까지의 내용을 도식으로 정리하면

S. J, *Biblical Greek* (Rome: Editrice Pontificio Instituto Biblico. 2001), 154.

[1075] Wink, *John the Baptist in the Gospel Tradition*, 88-89.

[1076] Cf. E. Harris, *Prologue and Gospel: The Theology of the Fourth Evangelist* (JSNTSup 107) (Sheffield Academic Press, 1994), 40.

[1077] 요한복음에서 말은 증거를 위한 중요한 매체로 등장한다. 세례자 요한은 자신의 신분을 밝히기 위해 이사야의 말을 증거로 제시한다(요 1:23). 세례자 요한은 로고스에 대한 자신의 증거를 확증하기 위해 전에 행한 자신의 말을 증거로 제시한다(요 1:30). 그의 세례는 성령으로 세례를 주는 이가 누구인지를 알기 위한 수단이지만 그의 말은 그가 본 것을 증거하는 수단이다(요 1:33-34). 세례자 요한이 그리스도를 증거하는 수단은 세례가 아니라 말이다. 그는 말로 예수를 하나님의 어린양으로 증거했으며(요 1:29,36), 안드레는 시몬에게 말로 메시아를 증거했다(요 1:41). 요한이 그리스도에 대하여 한 말은 곧 그에 대한 증거였다(요 10:41). 예수의 옆구리에서 피와 물이 나오는 것을 본 자는 참된 말을 통하여 참된 증거를 하였다(요 19:35). 이 외에도 많은 곳에서 증거가 말을 통하여 이루어지고 있다(요 1:21,32; 3:28; 8:25; 9:21; 10:7; 12:41 등).

[1078] Bennema는 요 1:23이 여호와가 광야에서 이스라엘을 길을 따라 인도한 것(출 13:21)에 대한 반영(echoing)이며, 그것은 구원의 도래를 묘사하는 것이라고 주장한다. 그러므로 그는 '주의 길'(the way of the Lord)은 여호와가 그의 백성을 인도하는 '구원의 길'(the way of salvation)이라고 말한다 ("The Character of John in the Fourth Gospel," 277-278). 그러나 세례자 요한이 외친 소리의

다음과 같다.

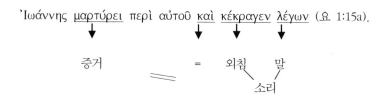

이처럼 세례자 요한의 신분이 소리인 이유는 그가 증거하는 자이며, 그의 증거가 외침을 통하여 이루어지며, 그 외침은 말의 형식으로 되어 있기 때문이다.

다섯째, 세례자 요한은 '믿음을 발동시키는 수단으로서의 말'인 소리이다. 요한복음이 세례자 요한을 소리라고 정의한 것은 그가 소리로 상징되는 외침과 말을 통하여 진리이신 그리스도를 증거하기 때문이다. 하지만 그의 말은 증거에 그치지 않고 믿음을 발동시키는 수단이 된다.[1079] 저자는 세례자 요한의 제자 두 명이 예수를 하나님의 어린양으로 증거하는 요한의 "말을 듣고"(요 1:37, cf. 요 1:40) 예수를 좇아갔다. 그리고 이 중의 한 명인 안드레가 다음날 "우리가 메시아를 만났다"(요 1:41)고 말한다. 이 사실은 앞에서 설명한 대로 요한의 증거가 진리라는 것과 그의 진리의 말이 예수에 대한 제자의 믿음을 발동시키는 데 드려졌다는 것을 잘 보여준다.[1080] 이것은 요한복음 10:40-42에서 더욱 선명하게 나타난다. 이 본문에 의하면 많은 사람들이 예수에 대한 요한의 말이 진리라고 평가하였고(요 10:41), 거기에서 많은 사람들이 예수를 믿었다(요 10:42). 예수에 대한 요한의 말이 예수에 대한 사람들의 믿음을 발동시킨 것이다. 이처럼 세례자 요한의 말(소리)은 증거를 일으키

내용을 보면 이 주장이 크게 잘못되었다는 것을 금방 알 수 있다. 왜냐하면 주의 길을 예비하는 자는 '여호와'가 아니고 '너희'(Εὐθυνατε)이기 때문이다. 구원의 길을 준비하시는 분은 여호와이나 주의 길을 곧게 하는 것은 '너희'이다. 따라서 이 본문에서 출애굽과 구원의 모티브를 주장하는 것은 잘못이다.

[1079] 요한복음은 여러 곳에서 말이 믿음을 발동시키는 수단이 된다고 묘사한다. 1) 예수 그리스도의 말과 관련하여: 요 2:22; 4:21,41,42,50,53; 8:30,31,45; 13:19; 17:8. 2) 사마리아 여자의 말과 관련하여: 요 4:39,42. 3) 제자들의 말과 관련하여: 요 17:20. 4) 예수의 몸에서 피와 물이 나오는 것을 본 자의 말과 관련하여: 요 19:35.

[1080] Wink, *John the Baptist in the Gospel Tradition*, 92-92. Wink은 이 일이 논쟁적이고 변증적인 중요성(polemical-apological interests)을 갖는다고 말한다. 그는 이 일이 '예수에 대한 요한의 증거를 확증하기 위한 증거자로 교회의 몇몇 지도자들을 소환한 사건'이라고 생각하기 때문이다.

며, 이 말(소리)로 된 증거는 믿음을 낳는다(말→증거→믿음).[1081] 이것은 세례자 요한의 증거의 목적, 즉 모든 사람이 그를 "인하여"(διά) 믿게 하려는 것(요 1:7b)과 정확하게 일치한다. 세례자 요한의 소리, 즉 그의 말을 '통하여' 그리스도가 증거되며, 그의 말로 '말미암아' 사람들의 믿음이 발동된다. 그러므로 요한복음의 세례자 요한은 '믿음을 발동시키는 수단인 말로서의 소리'이다. 이것 또한 공관복음과 구별되는 요한복음만이 갖는 세례자 요한의 특징이다. 공관복음의 세례자 요한은 회개(마 3:2-3) 또는 죄 사함을 얻게 하는 회개의 세례(막 1:4; 눅 3:3)를 위한 소리인 반면에 요한복음에서의 세례자 요한은 믿음을 위한 소리이다. 요한복음만이 소리로서의 세례자 요한을 믿음과 관련시키고 있다. 이것은 요한복음의 기록목적(요 20:31)과 무관하지 않은 것으로 보인다.

이상에서 본 바, 세례자 요한은 자신의 정체를 '소리'로 규정하였다. 이것은 그가 신적 권위를 가지고 그리스도를 증거하되, 침묵이 아닌 외침으로 증거하며, 의미 없는 외침이 아닌 분명하게 의미가 전달되는 '말'로 증거하며, 이 말로 인하여 사람들의 믿음을 발동시키는 증거자라는 사실을 함축적으로 표현하고 있다. 그러므로 '소리'는 세례자 요한의 증거의 역할과 증거자인 그의 정체를 특징적으로 묘사하는 데 가장 적절한 용어이다.

4) 증거의 대상을 인식하기 위한 수단 : 요한의 세례

이와 함께 몸말은 증거자 요한이 증거의 대상인 예수를 어떻게 인식할 수 있었는지에 대해서도 자세하게 설명한다(요 1:29-34). 그것은 그의 물세례를 통하여 이루어졌다. 다시 말해서 요한의 물세례는 요한이 예수를 이스라엘에 직접적으로 증거하는 수단이 아니라 그 자신이 예수의 정체를 인식하는 수단이었다. 요한은 자신의 물세례를 통하여 그의 증거의 대상인 예수의 정체를 인지했다.

[1081] 이러한 구도는 요한복음이 보여주는 중요한 특징이다. "여자의 말이 그가 나의 행한 모든 것을 내게 말하였다 증거하므로 그 동네 중에 많은 사마리아인이 예수를 믿는지라"(요 4:39). 여기에서 말이 증거로, 증거가 믿음으로 나아가는 것을 볼 수 있다. 또한 "이를 본 자가 증거하였으니 그 증거가 참이라 저가 자기의 말하는 것이 참인 줄 알고 너희로 믿게 하려 함이니라"(요 19:35)는 말씀에서도 증거가 말로 이루어진다는 것과 말이 믿음을 목적으로 한다는 사실을 잘 보여준다.

(1) '요한의 세례'에 대한 오해

우리는 이것에 대하여 고찰하기에 앞서 세례자 요한의 물세례가 마치 예수를 증거하는 직접적인 수단인 것으로 오해할 수도 있는 본문(요 1:25-27)을 먼저 살펴봄으로써 요한의 세례가 그의 증거의 대상을 인지하기 위한 수단이었다는 앞의 주장을 더욱 확고히 하고자 한다. 요한은 "네가 어찌하여 세례를 주느냐?"(요 1:25b)는 질문에 대해 "내 뒤에 오시는 이"(요 1:27)라는 말로 대답한다. 따라서 사람들은 요한의 물세례를 예수를 증거하기 위한 것이라고 생각할 수도 있을 것이다. 그러나 이것은 잘못이다. 그 이유는 첫째, 문맥상(요 1:19-28) 이 내용은 예수에 대한 증거가 아니라 요한에 대한 증거이기 때문이다. Wink는 요한복음 저자가 요한을 철저히 그리스도에 대한 증거자로 해석했으며, 이 목적을 위해 αὕτη ἐστὶν ἡ μαρτυρία τοῦ Ἰωάννου(요 1:19a)를 이 단락(요 1:19-51)의 제목으로 붙였다고 말한다.[1082] 그러나 이는 큰 착각이다. 왜냐하면 요한의 이 증거(요 1:19a)는 요한의 정체(Σὺ τίς εἶ;, 요 1:19c)를 묻는 질문에 대한 대답이기 때문이다. 즉 요한의 증거는 예수에 대한 것이 아니라 요한 자신에 관한 것(요 1:19c)이다. 이 사실은 요한복음 1:19-28이 요한의 정체에 관한 질문과 대답으로 이루어져 있다는 점에서도 분명하다. 이것을 도식으로 나타내면 다음과 같다.

Σὺ τίς εἶ;(19c) →'Εγὼ ⋯ εἰμὶ ⋯(20b)

Σὺ ⋯ εἶ;(21b) → εἰμὶ(21c)

εἶ σύ;(21d)

Τίς εἶ;(22b)

τί λέγεις περὶ σεαυτοῦ;(22c) →'Εγὼ φωνὴ ⋯ (23)

σὺ εἶ ⋯(25b) →'Εγὼ βαπτίζω ἐν ὕδατι·(26b) ⋯ εἰμὶ [ἐγὼ] ⋯(27b)

이처럼 이 문단 전체가 σύ의 정체에 관한 질문과 대답으로 이루어져 있다. 이와 함께 τί οὖν;(요 1:21b)[1083]은 τί οὖν βαπτίζεις(요 1:25b)와 내용상 병행하며,

---

[1082] Wink, *John the Baptist in the Gospel Tradition*, 89.

둘 다 세례를 주는 요한의 자격(정체)에 관하여 묻고 있다. "그리스도도, 엘리야도, 그 선지자도 아니면 왜(τί) 세례를 주느냐?"는 질문은 그와 같은 신분도 아닌데 왜 세례를 주느냐, 다시 말해 무슨 자격으로 세례를 주느냐는 뜻이다. 따라서 이 문단은 세례자 요한의 신분(identity)에 관한 질문이며, 좀 더 엄밀하게 말하면 세례자로서의 요한의 자격에 관한 질문이다.

요한복음 1:25-27이 예수에 대한 요한의 증거가 아닌 두 번째 이유는 직접적인 질문과 대답이 세례자 요한의 신분과 자격에 관한 것이기 때문이다. 이 사실은 Τί οὖν βαπτίζεις가 σὺ … εἶ;(25b)에 바로 연결되는 것에서 명확하게 나타난다. 그리고 이 질문에서 그리스도, 엘리야, 그 선지자가 함께 언급된다.

따라서 사람들이 요한의 세례와 관련하여 행한 질문은 그의 신분에 관한 질문이며, 이것은 세례자 요한의 자격에 대한 질문이다. 그러므로 "바리새인들은 요한의 세례의 배후에 있는 근거와 권위에 관계하고 있다."[1084] 근거와 권위는 신분과 자격에서 나온다. 사람들이 요한에게 그리스도, 엘리야, 그 선지자가 아니면 왜 세례를 주느냐고 물은 것은 그들이 요한의 신분을 이들 중 하나로 추정했기 때문이다. 이런 상황에서 요한은 "내 뒤에 오시는 그이"(요 1:27)를 말함으로써 자신이 예수 앞에 오는 자로서의 독특한 신분을 가진 자이며 따라서 세례를 줄 자격이 있다는 것을 우회적으로 밝힌 것이다.[1085] 또한 이런 특수성으로 인해 그는 자신이 세 인물 중의 하나가 아니며, 그의 뒤에 오는 자와 비교할 때 너무도 가치가 없는 신분이라고 말한 것이다(cf. 눅 3:25f.). 결국 이 문단에서 언급된 세례자 요한의

[1083] 한글 개역성경을 포함하여 모든 영어 번역본들은 요 1:21의 τί를 what 또는 who의 의미로 번역하고 있다. 그러나 세례자 요한의 세례가 요 1:19이하의 내용의 배경이 된다는 것과 요 1:21과 요 1:25 사이의 병행에 근거할 때, 요 1:21의 τί는 why의 의미로 번역하는 것이 더 합당하다.

[1084] Carson, *The Gospel according to John*, 146.

[1085] 조병수, "선지자보다 큰 이," 「목회와 신학」(1997. 4), 166-169: "유대인들은 세례를 줄 수 있는 자격은 그리스도, 엘리야, 그 선지자 이 셋에게만 있다고 생각하였다(요 1:25). 즉 세례에 의해 이들의 신분이 표시되는 것으로 알고 있었다. 그러나 세례자 요한은 이 셋 중에 포함되지 않았다(요 1:20-21). 그는 그리스도에게 종속되고 그리스도를 증거한다. 그런데도 그는 세례를 주었다. 여기에 마찰이 있다. 세례자 요한은 성육신하신 로고스에 대한 첫째 증인이기에 이스라엘의 선지자들과는 완전히 다른 인물이다. 복음서들은 세례자 요한을 '선지자보다 큰 이'(Mehr als Ein Prophet)라고 부름으로써 세례자 요한이 구약의 선지자 대열에 속하지 않은 것은 물론이고 당시의 선지자 대열에도 배속되지 않는다는 것을 분명하게 표명한다. 복음서에 의하면 세례자 요한은 어떤 종류의 선지자들과도 비교할 수 없는 특별한 위치를 점유하고 있었다. 이러한 이유로 그는 세례를 줄 수 있었던 것이다."

세례는 그 자신의 정체(신분, 자격)에 관련된 것일 뿐, 그리스도를 이스라엘에 나타내고 증거하기 위한 것은 아니다.

(2) 증거의 대상 인식

이제 세례자 요한이 그의 증거의 대상인 예수의 정체를 어떻게 알 수 있었는지에 대하여 살펴보자. 세례자 요한은 요한복음 1:29-34에서 예수를 하나님의 어린양으로 증거한 뒤, 그 증거가 어떻게 가능했는지에 대하여 설명한다. 세례자 요한이 하나님에 의해 보냄을 받아 물세례를 준 것은 예수를 이스라엘에 나타내기 위함이었다(요 1:31b). 그러나 그의 물세례 자체는 예수를 이스라엘에 직접 나타내는 역할을 하지 못했다. 왜냐하면 하나님의 계시와 요한의 물세례를 통해 예수의 정체를 인식한 것은 오직 세례자 요한 한 사람뿐이었기 때문이다. 원래 세례자 요한도 예수의 정체를 알지 못하였다(요 1:31a,33a). 그는 하나님으로부터 받은 계시대로 물로 세례를 주는 중에 성령이 예수 위에 내려서 머무는 현상, 즉 계시의 성취를 보았고, 그때에야 비로소 그도 예수가 성령으로 세례를 주는 이인 것을 알게 되었다.[1086] 예수의 정체를 알기 위해 하나님의 계시를 받고, 그것의 성취를 목격한 이는 오직 세례자 요한뿐이었다!

요한은 이 사실을 "그가 '나에게'(μοι) 말씀하셨다"(요 1:33b), "'네가' 보거든"(ἴδῃς, 요 1:33c), "'내가' 보았다"(τεθέαμαι, 요 1:32; κἀγὼ ἑώρακα, 요 1:34)라는 표현을 통하여 매우 강조하고 있다. 물세례를 통하여 예수의 정체를 인식하는 것은 오직 세례자 요한에게만 일어난 일이다. 이 일이 있고 난 후에야 비로소 그는 예수를 하나님의 아들로 증거할 수 있었다. 이러한 관계를 잘 설명한 것이 "내가 보고 … 증거하였노라"(κἀγὼ ἑώρακα καὶ μεμαρτύρηκα, 요 1:34)이다. 본 것이 먼저이고, 증거는 나중이다.[1087] 따라서 요한의 물세례가 있고서야 예수에 대한 요한의 증거도

[1086] 요한복음 1:33-34에 의하면, 하나님이 요한을 보내서 물로 세례를 주게 하신 것은 그것을 통하여 성령강하와 체류를 이루심으로써 성령으로 세례를 주시는 이가 누구인지를 세례자에게 나타내기 위한 것이다. 그러므로 요한복음에는 세례자 요한이 예수에게 물로 세례를 주었다는 직접적인 언급은 없으나 앞의 내용에 의하면 그가 계시에 따라 물로 세례를 행하였고, 그 때에 예수 위에 계시가 성취되는 것을 본 것이 분명하다.

[1087] J. D. Charles, "'Will the Court Please Call in the Prime Witness?' John 1:29-34 and the

있다.

물론 세례자 요한은 자신의 물세례가 예수를 이스라엘에 나타내기 위한 것이라고 분명히 말한다(요 1:31). 그러나 이것은 결과론적인 것일 뿐, 그의 물세례가 직접적으로 예수를 이스라엘에 나타내었다는 의미는 아니다. 그의 물세례는 계시를 성취하기 위한 것으로서 요한 자신이 예수를 인식하는 수단이었기 때문이다. 즉 요한의 세례는 누가 성령으로 세례를 주는 이인지, 누가 하나님의 아들인지를 요한 자신이 알기 위한 것이었다. "공관복음에서 비둘기 같은 성령의 강하는 예수 자신이 목격한 어떤 것이며(마 3:16; 마 1:10; 눅 3:22) 상징이었다. 그러나 요한복음에서의 비둘기는 다른 역할을 맡는다. 그것은 세례자 요한에게 오실 자를 밝히는 것이다."[1088] 그의 물세례는 예수를 이스라엘에 공개적으로 나타내기 위한 세례가 아니라 단지 그 자신이 예수의 정체를 인식하기 위한 세례였다. 그래서 요한복음에는 공관복음처럼 예수의 정체에 대한 공개적인 확인이 없다.[1089] 어떤 사람은 세례자 요한이 자신의 세례를 통해 예수의 정체를 알게 되었고 그 결과 예수를 증거할 수 있었다는 점에서 그의 세례가 예수를 이스라엘에 나타내었다고 말할 수 있을지 모른다.[1090] 그러나 ἵνα φανερωθῇ τῷ ᾽Ισραὴλ διὰ τοῦτο(요 1:31b)는 세례자 요한의 물세례의

'Witness'-Motif," *Trinity Journal* 10 (1989), 71-83, esp. 80: "It is also significant that the Fourth Gospel, in contrast to the Synoptics, records the Baptist as the one who 'sees'(θεάομαι in v.32, ὁράω in v.33) the Spirit descending. The role of the Baptist in the Fourth Gospel is one of μάρτυς. He 'sees,' and thus, testifies."

1088 Carson, *The Gospel according to John*, 151.

1089 예수의 세례 받음이 언급되지 않는 요한복음에서 성령이 비둘기 같이 하늘로서 내려와서 예수 위에 머물렀다는 기사는 공관복음과 비교할 때 다음과 같은 다른 점이 있다. 첫째, 요한복음에는 하늘이 열리는 것에 대한 표현이 없다. 둘째, 요한복음에는 하늘의 음성이 없다. 마태복음의 "이 사람은 … 이다"의 표현은 요한복음에서 세례자 요한의 고백으로 나타난다(요 1:34). 공관복음과 달리 요한복음은 계시 사건을 보고(요 1:32,34) 듣는(요 1:33) 체험이 세례자 요한을 위해 일어난다(cf. 막 1:10-11. par.). 셋째, 요한복음에서의 성령강하는 예수에게 집중되지 않고(cf. 막 1:10) 세례자 요한에게 메시아를 알려주는 인식의 표시로 작용한다(요 1:33).

1090 Vos, "세례 요한의 사역," 392: "공관복음에서 세례자 요한의 세례는 예수 그리스도가 공식적으로 그의 공생애 사역을 개시하는 수단이나 요한복음에서는 예수가 성령으로 세례를 주시는 이이며 하나님의 아들이심을 증거하는 수단이다"; J. Meier, "John the Baptist in Matthew's Gospel," *JBL* 99 (1980), 383-405, esp. 385: "Even when John's baptism is mentioned, it is no longer a tool either of remission of sins or of repentance. Instead, John's baptism has become a tool of revelation, of christological manifestation(1:31: [φανερωθῇ])"; L. Jones, *The Symbol of Water in the Gospel of John* (Sheffield: Sheffield Academic Press, 1997), 78: "John declared the revelation of Jesus to Israel the exclusive purpose of his baptism (1.31), the reader may wonder why John continues to baptize"; cf. ibid., 84.

최종목적에 대한 언급일 뿐, 요한의 세례 자체는 그의 예수 정체 인식으로 제한된다. 요한의 세례는 그 자신이 예수의 정체를 깨닫기 위한 것이지 직접적으로 예수를 이스라엘에 나타내기 위한 것은 아니었다. 예수를 이스라엘에 증거한 것은 요한의 세례가 아니라 요한 자신의 증거였다. κἀγὼ ἑώρακα καὶ μεμαρτύρηκα(요 1:34)에서 ἑώρακα는 계시성취를 통한 세례자 요한의 예수 정체 인식을 가리키고, μεμαρτύρηκα는 세례자의 말을 통해 예수가 이스라엘에 나타내진 것을 의미한다. 요한이 예수를 이스라엘에 나타낸 것은 그의 세례가 아니라 그의 '말'("그가 하나님의 아들이시다" 요 1:34)이다. 이것은 요한복음 1:15('Ιωάννης μαρτυρεῖ περὶ αὐτοῦ καὶ κέκραγεν λέγων … εἶπον …)에서도 잘 나타난다.

이 사실은 또한 요한복음 1:31a와 33a이 동일하게 κἀγὼ οὐκ ᾔδειν αὐτόν으로 시작하는 것에서도 분명히 나타난다. 요한복음 1:31a과 33a이 병행이므로, 논리적으로 볼 때 그 각각의 종속절인 요한복음 1:31b와 33b-34도 서로 병행이 되는 것이 마땅하다. 따라서 요한복음 1:33b-34은 1:31b에 대한 상세설명이다.[1091] 다시 말해 요한의 물세례가 예수를 이스라엘에 나타내기 위한 것(요 1:31b)이라는 말의 뜻이 요한복음 1:33b-34에서 자세하게 설명되는 것이다. 이상의 설명을 도식으로 나타내면 다음과 같다.

31a   κἀγὼ οὐκ ᾔδειν αὐτόν
33a   κἀγὼ οὐκ ᾔδειν αὐτόν

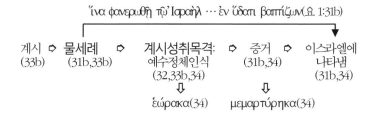

[1091] 요한복음은 이와 같은 논리적 구조를 이루고 있는 또 다른 예들을 제시한다. 1) 요 3:15=요 3:16b이므로 요 3:14=요 3:16a이다. 따라서 요 3:14은 16a에 대한 상세설명이다. 2) 요 13:1a=요 13:3이므로 요 13:1b=요 13:4-5이다. 따라서 예수께서 제자들의 발을 씻기신 것(요 13:4-5)은 세상에 있는 자기 사람들을 끝까지 사랑하심이 무엇인지를 상세하게 보여 주는 것(요 13:1b)이다.

그러므로 엄밀한 의미에서 요한의 물세례는 예수를 이스라엘에 직접적으로 나타내는 것이 아니라 요한 자신에게 나타내는 것이었다.[1092] 반면에 예수가 이스라엘에 나타내진 것(요 1:31)은 요한이 물세례를 통하여 예수의 정체를 인식한 후, 그를 이스라엘에 증거한 결과이다(요 1:34).[1093] 인식이 있은 후에 증거가 있었다. 결론적으로 요한의 물세례는 예수를 이스라엘에 나타내기 위한 '증거의 세례'가 아니라 하나님의 계시에 근거하여 요한 자신이 예수의 정체를 인식하기 위한 '인식의 세례'였다. 이런 의미에서 세례자 요한은 '증거자'이기 이전에 '세례자'이다.

3. 세례 주는 자

그러므로 우리는 세례자 요한의 정체를 '증거자'로만 보아서는 안 된다. 그가 증거자인 것은 분명하지만, 그가 증거자의 사명을 감당하는 과정에서 그의 또 다른 정체가 명백하게 나타났기 때문이다. 그것은 앞에서 확인한 대로 '세례를 주는 자'로서의 그의 정체이다.

많은 학자들이 요한복음의 세례자 요한의 정체와 역할을 다음과 같이 이해하였다: "그는 광야에서 외치는 자의 소리로서 계시자, 즉 오실 주를 위해 다만 증거하는 역할만을 수행한다."[1094] "요한복음의 저자는 세례자 요한을 예수님에 대한 증거자로 묘사할 뿐이다."[1095] "이 두 개의 짧은 구절들에서 요한의 기능은 그가 요한복음의 나머지 부분에서 가지는 기능과 동일하다. 그의 유일한 목적은 예수에 대한 증거자로 일하는 것이다."[1096] "세례자 요한이 비록 '하나님께로

1092 S. S. Smalley, "Salvation Proclaimed, 8: John 1:29-34," *ExpT* 93 (1982), 324-329, esp. 327: "John the Baptist did not recognize the real identity of Jesus before this occasion."

1093 M. D. Hooker, "John's Baptism: A Prophetic Sign," in *Holy Spirit and Christian Origins: Essays in Honor of James D. G. Dunn* (Grand Rapids: Eerdmans, 2004), 22-40, esp. 36. 이런 의미에서 Hooker는 요한의 세례의 목적이 그의 증거를 위한 배경(back-drop)을 준비하는 것이라고 말한다.

1094 김문경, "예수님이 누구이신가," 48. 김문경의 이 주장은 요한을 '소리'로 제한했을 경우에는 맞을 수 있으나 요한복음의 세례자 요한 이해는 그것을 넘어서고 있다.

1095 Newbigin, *The Light Has Come: An Exposition of the Fourth Gospel*, 22.

1096 Hooker, "John the Baptist and the Johannine Prologue," 358.

서 보내심을 받은 사람'(요 1:6)이긴 하지만, 단지 한 사람의 전령(herald)에 지나지 않는다."[1097] "요한의 생애에서 다른 모든 사건은 그리스도를 증거하는 그의 활동에 종속된다."[1098] "세례자는 종말론적인 인물이기보다는 순전히 예수에 대한 증거자이다."[1099] "요한복음에서 세례자 요한은 처음부터 끝까지 이상적인 증거자로 묘사된다."[1100] "요한복음 저자는 전적으로 요한을 그리스도의 증거자로 이해했다. … 다른 모든 기능은 잘라져 나간다. … 그는 단지 '소리', 즉 예수에 대한 증거자 일뿐이다."[1101] "저자는 증거자로서의 요한의 역할을 강조하기 원했다."[1102] "그는 공관복음에 묘사된 '선구자'가 아니라 단지 증거자이다. … 세례자의 임무는 단지 증거하는 것이다."[1103] 따라서 이들은 모두 세례자 요한이 예수를 위한 증거자이며, 그 이상도 그 이하도 아니라고 주장한다.[1104]

요한복음도 이러한 주장, 즉 요한이 세례자가 아니라 단지 증거자일 뿐이라는 주장에 힘을 실어 주는 것처럼 보인다. 왜냐하면 요한복음이 '세례자'($\beta\alpha\pi\tau\iota\sigma\tau\acute{\eta}\varsigma$)라는 용어를 단 한 번도 사용하지 않기 때문이다. 이 명칭은 마태가 요한을 부를 때 자주 사용하는 단어이다(마 3:1; 11:11,12; 14:2,8; 16:14; 17:13). 이것은 요한이 어떤 역할을 하는 사람인지를 잘 설명한다. 이 한 단어에 요한이 세례를 주는 사람이

1097 Smalley, *John : Evangelist and Interpreter*, 24.

1098 D. M. Stanley, "John the Witness," *Worship* 32 (1958), 409-416, esp. 410.

1099 Smith, *The Theology of Gospel of John*, 103; cf. C. H. Dodd, *The Interpretation of the Fourth Gospel* (Cambridge: Cambridge university press, 1980), 292.

1100 F. F. Bruce, *The Gospel of John: Introduction, Exposition, and Notes* (Grand Rapids: Eerdmans, 1983), 237.

1101 Wink, *John the Baptist in the Gospel Tradition*, 89-90.

1102 Kruse, *The Gospel according to John*, 64; ibid., 245: "In the Synoptic Gospels John is presented as a preacher of repentance in the light of the imminent coming of the kingdom of God, but in the Fourth Gospel he is presented primarily as a witness to Jesus (1:6-8,15,19,32-34; 3:26,28; 5:33)."

1103 D. G. van der Merwe, "The Historical and Theological Significance of John the Baptist as He Is Portrayed in John 1," *Neot* 33 (1999), 267-292, esp. 271; ibid., 272: "In *conclusion* the function of the Baptist in these two texts (vv 6-8 and 15) in the Prologue is only to refer to his mission: to serve as a witness to Jesus. This interpretation of his mission is reflected in 1:31, where the Baptist states that the purpose of his baptism is to reveal Jesus to Israel."

1104 요한복음에서 세례자 요한의 유일한 역할은 예수에 대한 증거라고 주장하는 또 다른 사람들에 대하는 Cornelis Bennema, "The Character of John in the Fourth Gospel," 271, note 1을 참조하라.

라는 사실이 선명하게 드러난다. 마가복음(막 6:25; 8:28)과 누가복음(눅 7:20,33; 9:19)도 이 단어를 사용한다. 하지만 요한복음은 단 한 번도 이 단어를 사용하지 않는다. 실제로 그가 세례를 주었음(요 1:25,26,28,31,33; 3:23bis.; 10:40)에도 불구하고 요한복음은 구체적으로 그가 예수에게나 그 외의 누구에게도 세례를 베푸는 장면을 묘사하지 않는다. 이런 까닭에 어떤 이는 "요한복음에서 세례요한의 역할은 세례를 베푸는 자로서의 역할이 아니라 예수 그리스도를 증언하는 자로서의 역할을 강조한다"[1105]고 말하는가 하면, 또 다른 사람은 "요한복음에서 세례를 베푸는 선지자의 주된 임무는 수많은 군중들의 삶을 변화시키는 회개의 선포가 아니다. 오히려 한 사람의 증거자로서 예수를 증거하는(요 1:7,8,15,19,20, 29-34) 것이다"[1106]라고 말하기도 한다.

그러나 요한복음의 세례자 요한을 이렇게 증거자로만 이해하기에는 무리가 있다.[1107] 이에 대한 가장 강력한 근거는 예수께서 요한을 자신에 대한 '증거자'로 받지 않으셨다는 데 있다(요 5:33-34).[1108] 또한 요한이 단지 예수에 대한 증거자라면 그의 세례도 예수를 증거하는 것이어야만 한다. 그러나 이미 확인한 대로 요한의 세례는 예수를 직접적으로 증거하는 것이 아니다. 공관복음과 비교하여 볼 때, 그의 세례는 회개의 선포도 아니며 예수를 직접적으로 증거하는 증거의 세례도 아니다. 요한의 세례는 그 자신이 예수의 정체를 인지하기 위한 수단이었다(요 1:33-34).

1105 조석민, "로고스의 개념과 기능(요 1:1-18)," 44; Brown, *The Gospel according to John* I -XII, 9: "The Fourth Gospel stresses more the role of John the Baptist as a witness than as a baptizer."

1106 G. S. Sloyan, *John: Interpretation - A Bible Commentary for Teaching and Preaching* (Atlanta: Westminster John Knox Press, 2009), 12. = 「요한복음」, 김기영 역 (서울: 한국장로교출판사, 2000).

1107 Bennema, "The Character of John in the Fourth Gospel," 271: "I will argue that this characterization is an oversimplification. Though John's main representation in the Fourth Gospel is that of a witness, it is not straightforward."

1108 예수가 요한을 증거자로 받지 않으셨다는 것(요 5:34)은 세례자의 증거의 '내용'에 문제가 있다는 뜻이 아니라 단지 세례자의 '인간으로서의 연약함을 의미한 것이다. 이에 대하여는 본 장(제6장) 의 I.1.2).(8)을 참조하라. Cf. M. Stowasser, *Johannes der Täufer im Vierten Evangelium: Eine Untersuchung zu seiner Bedeutung für die johanneische Gemeinde* (Österreichische Biblische Studien 12) (Klosterneuburg: Katholisches Bibelwerk, 1992). 이 책에 대한 M. C. de Boer의 review (*CBQ* 56 [1994], 389-390)도 참조하라.

1) 그리스도의 사역의 선행(precedence)으로서의 세례

그러므로 세례자 요한의 세례는 '증거'가 아닌 아주 특별한 기능을 한다. 첫째로 세례자 요한의 물세례는 그리스도의 성령세례의 선행이 된다. 하나님은 세례자 요한을 보내서서 물로 세례를 주라고 말씀하셨다. 이것은 요한이 성령으로 세례를 주는 이를 인식하고 그를 하나님의 아들로 이스라엘에 나타내도록 하기 위해서였다 (요 1:33-34). 여기서 우리가 특별히 주목해야 할 것은 예수가 하나님의 아들로 증거되는 과정이다. 예수가 하나님의 아들로 이스라엘에 나타나기(φανερωθῇ, 요 1:31) 위해서는 세례자 요한이 하나님으로부터 보냄을 받아 오는 것과 그의 물세례가 반드시 먼저 있어야 한다. 이 두 가지가 없으면 예수가 이스라엘에 나타날 수 없고 그의 성령세례도 없다.

요약하면, 하나님의 보내심을 받아 세례자 요한이 와야만 예수 그리스도도 온다. 이런 까닭에 세례자 요한은 예수를 가리켜 "내 뒤에 오는 이"라고 말한 것이다. 이런 의미에서 앞에서 언급한 대로 세례자 요한은 예수 그리스도의 시간적, 역사적 선행자가 된다. 그러나 이것뿐만이 아니다. 요한이 물세례를 주어야만 성령세례를 주는 예수가 인지되고, 이스라엘에 증거될 수 있다. 여기서 물세례와 성령세례가 비교되고 있다. 요한의 물세례 없이는 예수가 세례자에게 인지될 수도 없고 이스라엘에 증거될 수 없으며 예수의 성령세례도 없다. 요한의 물세례가 있어야만 예수의 성령세례도 있다. 이런 이유로 세례자 요한과 그의 물세례는 절대적 가치를 가진다.[1109] 요한의 물세례는 예수의 성령세례의 선행이며, 요한의 사역(물세례)은 그리스도의 사역(성령세례)의 선행이다.

2) 구속사의 전환을 이루는 세례(요 3:22-4:3)

둘째로 세례자 요한의 세례는 구속사의 전환을 이루는 세례이다. 이 사실을 논증하기 위해서 우리는 먼저 본문(요 3:22-4:3)의 특이한 구조에 관심을 집중해야 한다.

[1109] 이 절대적 가치는 세례자 요한이 하나님으로부터 보냄을 받았으며(ὁ πέμψας με, 요 1:33b) 그의 물세례의 기원이 하나님이다(ὁ πέμψας με βαπτίζειν ἐν ὕδατι, 요 1:33b)라는 사실에서도 확증된다.

(1) 예수의 흥함과 세례자의 쇠함

본문은 예수와 세례자 요한에 대한 대조로 시작한다.[1110] 예수가 세례를 주고 있고(요 3:22), 세례자 요한도 세례를 주고 있다(요 3:23). 그런데 이 둘은 δὲ καί로 연결됨으로써 대등적 대조를 이루고 있다. 이 대조는 매우 의도적이다. 왜냐하면 예수가 세례를 주었다는 기록은 신약성경 중 오직 여기에만 나타날 뿐만 아니라, 또한 예수가 친히 세례를 준 것이 아니라 제자들이 준 것이기 때문이다(요 4:2). 이 의도적인 대조에서 세례자 요한의 흥함이 더 강조되는 듯하다. 그 이유는 첫째, 세례자 요한이 세례를 주기 위해 물들이 많은(ὕδατα πολλά, 요 3:23b) 곳을 택한 반면에 예수에 관해서는 아무런 언급도 없기 때문이다.[1111] 둘째, παρεγίνοντο와 ἐβαπτίζοντο(요 3:23)는 미완료시제(impf.)로서 그 의미가 지속적이므로 사람들이 줄기차게 세례자 요한에게 찾아와 세례를 받은 것으로 생각할 수 있다.[1112] 이것은 요한의 사역이 매우 효과적이며 성공적이었다는 것을 강조한다.[1113] 또한 이 동사들은 비인칭으로 쓰여 대중적인 세례 운동이 계속되었음을 보여준다.[1114]

그러나 이러한 세례자 요한의 흥함도 그가 감옥에 갈 것을 예고함(요 3:24)으로써 그의 쇠(衰)함을 예견하게 한다.[1115] 이 사실은 세례자 요한의 제자들의 보고에서 더욱 심화된다. 그의 제자들은 예수가 요단강 저편에 세례자 요한과 함께 있었다고 말함으로써, 그리고 "당신이 증거하던 자"에 인칭대명사 σύ를 사용함으로써(요 3:26) 세례자 요한과 예수를 병존 관계로 보았다.[1116] 그러나 이제 예수가 세례를 주매 사람이 '다'(πάντες) 그에게로 간다고 말함으로써 이 병존이 깨어지고 있음을 전한다. 세례자 요한에게 나아오던 사람들이(요 3:23) 다 예수에게로 간다(요 3:26).[1117] 이제

1110 이복우, 「요한복음에 나타난 물(ὕδωρ)의 신학적 기능과 의미」 (미간행 신학석사 학위청구논문, 합동신학대학원대학교, 2002), 44-47.

1111 Jones, *The Symbol of Water in the Gospel of John*, 80: "The narrator … may use the fact that John needed an abundant supply of water to draw a further contrast between them."

1112 Morris, *The Gospel according to John*, 237.

1113 Kruse, *The Gospel according to John*, 119.

1114 Barrett, *The Gospel according to St. John*, 220.

1115 Barrett, *The Gospel according to St. John*, 220-221: "John's aim is not to furnish an interesting piece of historical information but to provide a background for v. 30."

1116 Jones, *The Symbol of Water in the Gospel of John*, 82.

1117 E. Haenchen, *A Commentary on the Gospel of John 1*, trans. R. W. Funk (Philadelphia: Fortress

세례자 요한은 할 일이 없어졌다. 그의 세례 사역이 종말을 고하고 있다.

이와 같은 상황의 역전은 세례자 요한의 대답에서 더욱 분명해진다. 그는 예수를 신랑으로 표현하는 반면에 자신은 그 신랑의 음성을 듣고 크게 기뻐하는 신랑의 친구일 뿐이라고 말한다(요 3:29). 그러나 세례자 요한은 이러한 변화를 이상한 것으로 생각하지 않는다. 오히려 요한은 "그는 흥하여야 하고(δεῖ) 나는 쇠하여야 한다"(요 3:30)고 말함으로써 그렇게 되는 것이 마땅하다고 말한다. 이 때 "그"(ἐκεῖνον)와 "나"(ἐμὲ)는 δέ로 연결됨으로써 요한복음 3:22에 이어 다시 한 번 대조를 이룬다. 그러므로 이 단락은 대조로 시작해서 대조로 끝난다. 그러나 그 결과는 정반대이다. 이와 같은 구조, 즉 예수와 세례자 요한의 동등적 대조로 시작해서 예수는 흥하고 세례자 요한은 쇠하는 우열적 대조로 끝나는 구조는 독자들의 시선이 세례자 요한에게서 예수에게로 향하게 만든다.[1118]

(2) 구속사의 전환

이제 본 단락이 제시하는 예수 그리스도와 세례자 요한 사이의 대조에 대하여 좀 더 자세히 살펴보자. 본 단락은 앞에서 언급했듯이 이야기의 시작과 끝에 이 둘 사이의 대조가 있는 inclusio 구조이다.

Press, 1984), 210: "What is more important to the Evangelist is that the unconditional superiority of Jesus becomes all the more conspicuous precisely in a comparable situation, viz., baptism."

[1118] Jones, *The Symbol of Water in the Gospel of John*, 78: "The sequence of events begins with all eyes on Jesus." T. F. Glasson, "John the Baptist in the Fourth Gospel," *ExpT* 67 (1956), 245-246: Glasson은 요 1:19-51에서 이와 동일한 현상이 일어난다고 말한다. 첫째 날(19-28)에는 세례자 요한이 무대를 차지한다. 그는 그 자신에 대하여 대답한다. 예수는 나타나지 않는다. 마지막에 예수의 출현이 암시되지만 그는 "너희가 알지 못하는 자"(26)로서 이름도 없고 알려지지도 않는다. 둘째 날(29-34)에 요한은 자기에게 나아오는 예수를 본다. 그는 무대 뒤에 있지만 그러나 가까이 오고 있다. 이 때 요한은 자신에 대하여 말하지 않고 예수에 대하여 말한다. "보라 하나님의 어린 양이로다"(29). 우리는 예수를 볼 수 없다. 그러나 요한은 본다. 셋째 날(35-42)에 요한과 예수는 나란히 무대에 있다. 우리는 지금 그들 둘 다를 볼 수 있고, 요한의 제자들이 요한을 버리고 예수를 따르는 것을 본다. 넷째 날(43-51)에 요한은 어느 곳에서도 보이지 않는다. 예수가 무대를 차지하며 요한은 더 이상 언급되지 않는다. 이 네 날들은 요 3:30에 있는 요한의 말에 대한 완벽한 실례(illustration)를 준비한다. 또한 그는 세례자 요한에 관한 구절들의 양의 변화에도 주목한다. 요한복음 전체에서 프롤로그를 제외하고 세례자 요한에 관한 단락은 다음과 같다: 요 1:19-42; 3:22-4:1; 5:33-36; 10:40-41. 여기서 나타난 특징은 요한에 관한 내용이 매번 짧아지고 결국 줄어서 없어진다는 것이다. 이것은 앞의 원리에 대한 더 좋은(further) 실례이다. 이것을 단지 우연이라고 말할 수는 없다.

ὁ Ἰησοῦς ⋯ *δὲ καὶ* ὁ Ἰωάννης (요 3:22-23)

ἐκεῖνον δεῖ αὐξάνειν, ἐμὲ *δὲ* ἐλαττοῦσθαι (요 3:30)

저자가 이러한 구조를 택한 의도는 예수와 세례자 요한 사이의 대조를 크게 부각시키려는 것이다. 이야기의 시작은 두 인물 사이의 대등한 대조를 강조한다. 그러면서도 세례자 요한과 "많은 물"을 연결시킴으로써 그의 흥함에 무게를 더 두는 듯하다(요 3:23). 그러나 이러한 기대는 그가 감옥에 갈 것을 예고함으로써 곧 무너진다(요 3:24). 이야기가 진행되면서 무게 중심은 요한에게서 예수에게로 완전히 옮겨진다. 이와 같은 상황의 반전은 세례자 요한이 자신의 쇠하여야 함과 예수의 흥하여야 함을 증거하는 데에서 절정에 이른다. 이 증거는 이어지는 요한복음 4:1에서 성취되기 시작하며 이미 요한복음 1:35-37에서 그 전조를 보였다. 그리고 이 증거를 끝으로 세례자 요한의 활동은 역사의 무대에서 사라진다.

이러한 상황에 대하여, 즉 예수께서 요한이 세례 주는 바로 그 시간에 세례를 주며, 요한보다 더 성공적으로(요 4:1) 세례 사역을 감당하신 것에 대하여 어떤 이들은 후대에 있었던 교회와 요한의 추종자들 간의 경쟁적 사역의 반영물이라고 여겼다.[1119] 특히 Bultmann은 요한복음 저자가 "예수와 요한을 각각 세례자로 나란히 제시함으로써 두 세례자들 간의 경쟁 관계를 나타내고자 했었다"[1120]고 말하며, 이런 관점에 따라 "(예수가) 세례를 주매 사람이 다 그에게로 가더이다"(요 3:26)라는 말에서 "우리는 세례자 요한 종파가 예수의 종파를 질투했던 흔적을 보게 되는 것이다"[1121]라고 주장한다. 그러나 이런 주장은 전후 문맥을 바로 이해하지 못한 것이며, 특히 불과 몇 절 뒤에 있는 세례자 요한의 자신의 쇠함에 대한 선포를 제대로 이해하지 못한 결과이다.

본 단락의 세례자 요한의 쇠함은 특별한 의미가 있다. 사도 요한은 세례자 요한이 애논에서 세례를 준 이유를 그곳에 물이 많았기 때문이라고 밝힌다. "요한도 살렘

1119 Beasley-Murray, *John*, 52.

1120 Bultmann, *The Gospel of John*, 168.

1121 Bultmann, *The Gospel of John*, 171.

가까운 애논에서 세례를 주니 거기 물들이 많음이라"(요 3:23). 저자가 굳이 이 사실을 밝힌 이유는 무엇인가? 요한복음의 특징 중 하나는 장소와 시간, 인물 등에 관하여 정확하게 기록하고 있는 것이다. 이것은 저자가 목격자였다는 흔적을 보여주는 것이다. 따라서 세례자 요한이 세례를 준 애논에 물들이 많았다는 언급도 단순히 이러한 목격자의 흔적 중의 하나로 보아 별 의미를 부여하지 않을 수도 있다. 그러나 본문의 구조, 즉 예수와 세례자 요한의 대조로 시작해서 예수의 흥함과 요한의 쇠함으로 끝나는 구조를 염두에 둔다면 이 언급에서 어떤 특별한 의미를 찾을 수 있다. 이것은 세례자 요한이 쇠퇴한 이유를 생각해 봄으로써 드러난다. 세례자 요한이 세례를 주던 애논에는 물이 많았다. 그는 세례를 주는 데 있어서 꼭 필요한 재료인 물을 풍부하게 가지고 있었다. 그런데도 불구하고 사람들은 그를 떠나 다(πάντες) 예수에게로 갔다.[1122] 그러므로 요한이 쇠하게 된 원인은 물의 부족에 있지 않았다. 그의 쇠함이 원인은 물질적이거나 물리적인 것이 원인이 아니었다. 또한 이러한 상황이 세례자 요한의 의지에 반하여 인위적이고 경쟁적으로 이루어진 것도 아니다. 왜냐하면 그는 하나님의 백성들이 예수에게로 몰려가고 있다는 소식(요 3:26)을 접하고서도 신랑의 친구로서 사심 없이 기뻐했기 때문이다(요 3:29).

그러면 그의 쇠함은 무엇 때문인가? 세례자 요한은 그리스도가 아니요(cf. 요 1:8,20,24) 단지 예수 앞에 보내심을 받아(요 3:28) 세례를 주는 자였다. 그의 세례는 예수가 성령으로 세례를 주시는 분이라는 것을 그 자신이 인식하는 세례였다. 그는 이것을 인식한 후에 이스라엘에 예수를 하나님의 아들로 증거하였다. 따라서 사람들이 다 예수에게 감으로써 요한이 쇠하여졌다는 것은 세례를 통한 요한의 예수 정체 인식과 그에 대한 요한의 증거가 성공적이었다는 것을 의미한다. 즉 요한의 세례를 통하여 예수의 정체가 하나님의 계시대로 요한에게 바로 인식되었고, 그의 증거로 예수가 그리스도라는 사실이 이스라엘에 나타내졌다는 것을 뜻한다. 요한은 자신의 사명을 다 수행하였고, 예수가 전면에 등장함에 따라 그는 역사에서 퇴장한다. 이러한 연결은 인위적이거나 물리적이 아니라 하나님의 뜻에 의한 것이다.

[1122] 사람들이 풍부한 물을 가지고 있는 세례자 요한을 떠나 예수에게로 간 것은(요한은 예수와 관련해서는 물의 유무를 말하지 않는다) 예수는 물로 세례를 주는 분이 아니라 성령으로 세례를 주는 분임을 암시한다고 볼 수 있다(요 1:33). Cf. Jones, *The Symbol of Water in the Gospel of John*, 84.

왜냐하면 요한이 이렇게 된 것을 "하늘에서 주신바"(δεδομένον ···ἐκ τοῦ οὐρανοῦ, 요 3:27)라고 밝히고 있고, 또한 세례자 요한이 당위를 나타내는 동사 δεῖ(요 3:30)를 사용함으로써 이 사실을 더욱 명확하게 보여주기 때문이다. δεῖ는 참으로 확정된 하나님의 뜻을 의미한다.1123 좀 더 정확하게 말하면 이것은 하나님이 예정하시고 주관하시는 구속 또는 구속사의 성취를 나타내는 용어이다.1124 그러므로 그가 δεῖ를 사용한 것은 그의 쇠함이 하나님의 구속역사에서 반드시 있어야 하는 일임을 나타내는 것이다. 인자가 들려야 하고(δεῖ, 요 3:14b) 부활해야 하는 것(δεῖ, 요 20:9)이 구속사적 성취를 위한 하나님의 뜻이 듯이, 세례자 요한이 쇠하여야 하는(δεῖ) 것도 구속을 이루기 위한 하나님의 뜻의 성취이다.1125 이런 까닭에 세례자 요한이 이스라엘에 예수를 전한 후에는 아주 많은 양의 물도 그의 쇠함을 막을 수 없었던 것이다. 세례자 요한은 예수의 출현 이후에 사람들에게 제공할 그 어떤 것도 가지고 있지 않았다. 그는 예수를 세상에 나타내는 구속사적 사역을 이룸으로써 그의 역할을 다 한 것이다. 그러므로 세례자 요한의 세례는 구속사의 전환을 이루는 세례이다.

이러한 구속사의 전환은 세례자 요한과 예수 그리스도의 공동체가 갖는 독특한 관계에서도 잘 나타난다. 요한복음은 예수와 세례자 요한의 사역이 중복된 기간을 언급한다(요 3:22, 26; 4:1). 공관복음은 요한이 잡힌 후에 예수의 공적 사역이 시작되었다고 말하지만(마 4:12; 막 1:14), 그러나 요한복음은 요한의 사역과 겹쳐지는 예수의 초기 사역이 있었다는 것을 알려준다.1126 즉 공관복음과 달리 요한복음에서만 세례자와 예수의 활동기간이 겹치고 있다. 이것은 세례자 요한공동체에 대한 가장 분명한 상속이 기독교 공동체에 의해 이루어졌다는 것을 보여준다. 공관복음이 요한과 예수 공동체의 단절을 이야기함으로써 예수 공동체의 순수함을 보여주었다

1123 Carson, *The Gospel according to John*, 212: "The 'must'(δεῖ) is nothing less than the determined will of God."

1124 이 단어가 구속(사)의 성취를 의미하는 용례는 다음과 같다: 요 3:7,14,30; 4:4,24; 10:16; 12:34; 20:9; 계 1:1; 4:1; 20:3; 22:6 등. 이것은 또한 요한복음과 요한계시록의 긴밀한 관련성을 잘 보여주는 것이다.

1125 비인칭 동사 ἔδει는 요한복음 3장에 세 번 나온다. 첫째는 하나님 나라로 들어감에 대한 거듭남의 필요성을 이야기하기 할 때(요 3:7), 둘째는 믿는 자들이 영생을 얻도록 하기 위해 인자가 들려야 할 필요성을 이야기 할 때이다(요 3:14).

1126 Bennema, "The Character of John in the Fourth Gospel," 275-276.

면, 요한복음은 예수와 요한의 사역의 공유기간을 보여줌으로써 예수 공동체가 세례자 요한의 유일한 합법적 상속자임을 보여 주고 있다.[1127] 이와 같은 세례자 요한과 예수 사이의 상속 개념은 이 두 인물 사이에 구속사의 전환이 일어나고 있음을 보여 주는 좋은 증거이다.

이상에서 보는 바와 같이, 요한복음의 세례자 요한은 증거자일 뿐만 아니라 '세례를 주는 자'이다. 그는 소리로 행하는 증거자의 역할 외에도 세례로 행하는 세례자의 역할을 한다. 이 역할을 통하여 그는 그리스도의 정체를 인식하며, 그가 그리스도의 사역의 선행자가 됨을 보이며, 구속사의 성취를 위한 중요한 전환을 이룬다.

4. 믿음의 중개자(요 1:7)

프롤로그에는 세례자 요한의 또 다른 정체가 나타난다. 많은 요한복음 학자들은 '증거자'가 요한복음의 세례자 요한에 대한 핵심 묘사라고 생각한다. 그러나 그가 증거자임이 틀림없음에도 불구하고 그를 증거자로만 보는 것은 편향된 생각이다. 앞에서 논증한 대로 그는 증거자일 뿐만 아니라 세례를 주는 자이기 때문이며, 또한 요한복음은 이 두 가지를 넘어 그의 또 다른 정체에 대하여 언급하고 있기 때문이다. 그것은 바로 '믿음의 중개자'이다(요 1:7b, cf. 요 10:41-42).

1) 요한복음 1:6-8

M. D. Hooker는 요한복음 1:6-8에 있는 세례자 요한의 기능은 몸말에 있는 그의 기능과 동일한 것으로서 그의 유일한 목적은 예수에 대한 증거자로 일하는 것이라고 말했다.[1128] 그러나 이 주장은 본문을 잘못 이해한 것이다. 요한복음 1:7은

1127 Byoung-Soo Cho, "Johannes der Täufer im Johannesevagelium," in "*Mehr als ein Prophet*": *Studien zum Bild Johannes des Täufers im Neuen Testament auf dem Hintergrund der Prophetenvorstellungen im zeitgenössischen Judentum*, Inaugural-Dissertation zur Er langung der Würde eines Doktors der Theologie der Evangelisch-Theologischen Fakultät der Westfälischen Wilhelms-Universität Münster, (Seoul / Münster, 1994), 186-198, esp. 195: "die christliche Gemeinde 'die einzige legitime Erbin' der Johannestaufe ist."

다음과 같이 구분된다.

οὗτος ἦλθεν εἰς μαρτυρίαν - 세례자 요한의 사명 : 증거의 특징
ἵνα μαρτυρήσῃ περὶ τοῦ φωτός - 증거의 내용 : 빛(로고스)
ἵνα πάντες πιστεύσωσιν δι᾽ αὐτοῦ - 증거의 목적 : 믿음

이 구분은 다음과 같은 흐름을 보여 준다: 증거자 → 빛에 대한 증거 → 믿음.
요한은 증거를 위해 왔고, 그의 증거는 빛에 대한 증거이며, 그의 증거의 목적은
그를 통하여 모든 사람이 믿도록 하는 것이다. 이것은 일종의 점층법적 표현으로서
증거를 통한 요한의 궁극적인 역할이 무엇인지를 잘 보여준다. 그것은 "그를 통하여"
모든 사람이 믿도록 하는 것이다(cf. 요 10:41-42; 19:35; 20:31; 21:24). 요한은 빛에
대하여 증거함으로써 빛에 대한 모든 사람들의 믿음을 발동시킨다. 그러므로 그는
'믿음의 중개자'(δι᾽ αὐτοῦ)이다. 다음의 병행구조가 이 사실을 잘 증거한다. 이 사실은
프롤로그의 διά 용례에서도 분명하다. 프롤로그에는 아래와 같이 수단, 방법을
나타내는 'διά + 소유격(gen.)'으로 이루어진 특별한 용례들이 병행적으로 언급되고
있다.

요 1:3a. πάντα *δι᾽ αὐτοῦ* ἐγένετο

요 1:7b. *πάντες* πιστεύσωσιν *δι᾽ αὐτοῦ*

요 1:10b. ὁ κόσμος *δι᾽ αὐτοῦ* ἐγένετο

요 1:17a. ὁ νόμος *διὰ Μωϋσέως* ἐδόθη

요 1:17b. ἡ χάρις καὶ ἡ ἀλήθεια *διὰ ᾽Ιησοῦ Χριστοῦ* ἐγένετο

여기서 요한복음 1:3a의 πάντα δι᾽ αὐτοῦ는 로고스가 만물 창조의 유일한

1128 Hooker, "John the Baptist and the Johannine Prologue," 358; idem, "John's Baptism:
A Prophetic Sign," 35.

중개자임을 분명하게 나타낸다.[1129] χωρὶς αὐτοῦ ἐγένετο οὐδὲ ἕν(3b)이 이 사실을 확증하고 강조한다. 요한복음 1:10b은 세상이 로고스로 말미암아 존재하게 되었다는 3절의 사실을 반복하고 있다. 그런데 요한복음 1:7b도 πάντες … δι᾽ αὐτοῦ로 되어 있다. 이는 오직 로고스를 통하여 만물이 존재하게 된 것이 명백한 것처럼 오직 세례자 요한을 통하여 모든 사람(만인)이 믿음에 이르게 되는 것이 분명하다는 것을 강조한다. 로고스는 만물 창조의 중개자(πάντα *δι᾽ αὐτοῦ* ἐγένετο, 요 1:2)[1130]이나 세례자 요한은 만인이 로고스를 믿도록 하는 믿음의 중개자이다(ἵνα πάντες πιστεύσωσιν *δι᾽ αὐτοῦ*).[1131] 그러므로 예수는 창조의 중개자이며, 세례자 요한은 재창조의 중개자이다.[1132] 또한 요한복음 1:17a는 하나님이 모세를 율법의 중개자로 사용하신 것을 나타내며 요한복음 1:17b는 예수 그리스도가 하나님의 은혜와 진리의 중개자가 된 것을 말씀한다. 예수를 통하여 만물이 창조되고(요 1:3), 모세를 통하여 율법이 주어지고(요 1:17a), 예수를 통하여 은혜와 진리가 온 것처럼(요 1:17b), 세례자 요한을 통하여 로고스를 믿게 된다(요 1:7). 오직 예수로 말미암아 만물이 창조되고, 오직 모세로 말미암아 율법이 주어지고, 오직 예수로 말미암아 은혜와 진리가 온 것처럼, 오직 요한으로 말미암아 모든 사람이 예수를 신앙하게 된다.

이와 같이 세례자 요한은 그를 통하여(δι᾽ αὐτοῦ) 모든 사람(πάντες)이 로고스를 믿도록 하는(ἵνα πιστεύσωσιν, 요 1:7b) 믿음의 중개자이다. 모든 사람(πάντες)이라

[1129] Ridderbos, *The Gospel of John: A Theological Commentary*, 36.

[1130] Andreas J. Köstenberger and Scott R. Swain, *Father, Son and Spirit: The Trinity and John's Gospel* (Downers Grove, Illinois: Inter Varsity Press, 2008), 50: "The Word is presented as God's agent in creation."

[1131] 로고스는 창조를 직접 행한 원인(root cause)으로서의 '창조의 중개자'이다. 하지만 세례자 요한은 사람에게 직접 믿음을 부여하는 원인으로서의 '믿음의 중개자'는 아니다. 그는 순전히 믿음을 위한 방편(instrument cause)으로 기능할 뿐이다. 로고스는 하나님의 창조의 대행자(agent), 즉 창조주이지만 요한은 하나님을 믿는 믿음의 수단(means)으로서의 중개자이다. 따라서 로고스와 세례자 사이에 'πάντα δι᾽ αὐτοῦ'라는 동일한 표현이 사용되었지만, 이 둘에게는 넘을 수 없는 절대적 차이가 있다. Cf. Zerwick S. J, *Biblical Greek*, 38(§ 83.113).

[1132] 믿고 하나님의 자녀가 '되는 것'(γένεσθαι, 요 1:12)을 재창조라고 칭하는 이유는 그것이 하나님으로부터 태어나는 것(γεννᾶσθαι, 요 1:13. cf. 요 3:3,7)이기 때문이며, 또한 'γένεσθαι'가 창조를 의미하는 용어이기 때문이다(요 1:3,10).

는 말이 의미하는 것은 요한의 믿음의 중개가 절대적이요, 유일한 것이라는 뜻이다. 일부의 사람이 아닌 모든 사람이 그를 통하여 로고스를 믿게 된다. 그만이 유일한 로고스에 대한 믿음의 중개자이다. 그는 단순히 증거자가 아니다. 로고스가 창조의 중개자였듯이 그는 믿음으로 인도하는 믿음의 중개자이며 하나님의 자녀가 되게 하는 중개자, 즉 재창조의 중개자이다(cf. 요 3:5). 모든 사람이 그를 통로로 해서만 로고스의 이름(요 1:12)을 믿게 된다. 요한이 없으면 로고스의 이름을 믿는 것도 없다.

물론 세례자 요한이 모든 사람을 위한 믿음의 중개자라는 말이 모든 사람이 오직 그의 증거를 통해서만 예수를 믿게 된다는 의미는 아니다(cf. 요 4:42; 10:42 등). 그가 모든 사람의 믿음의 중개자라는 말은 그가 예수를 하나님의 어린양으로, 성령으로 세례를 주시는 자로, 하나님의 아들로 이스라엘에 나타낸 유일한 사람이라는 뜻이다. 사실 요한 자신도 하나님의 계시를 듣고, 그의 물세례를 통한 하나님의 계시의 성취를 보고서야 예수의 정체를 알게 되었다. 오직 그에게만 이런 역사가 있었다. 하나님은 오직 그에게만 말씀하셨고(요 1:33b) 오직 그만이 하나님의 말씀의 성취를 목격했다(요 1:32, 34). 바로 이런 의미에서, 즉 그가 하나님으로부터 보냄을 받았고, 계시 성취를 봄으로써 예수의 정체를 인식하고, 그를 증거한 유일한 증거자라는 뜻에서 그는 모든 사람을 위한 믿음의 중개자가 된다. 그에게서 예수에 대한 증거가 시작되었으며, 그가 최초의 증거자이다. 그의 계시수납과 계시성취목격에 따르는 증거가 없이는 다른 증거자들도 나올 수 없으며, 증거가 없이는 믿는 자도 없다. 이런 의미에서 모든 사람이 그를 통하여 믿으며, 그만이 모든 사람에게 믿음의 중개자가 된다.

2) 요한복음 10:41-42

그런데 이러한 믿음의 중개자로서의 세례자 요한의 신분은 프롤로그뿐만 아니라 몸말에서도 동일하게 묘사된다. 요한복음 10:41-42은 요한복음에서 세례자 요한이 마지막으로 언급되는 곳이다. 예수는 요단강 건너편 세례자 요한이 처음으로 세례

주던 곳으로 가서 머물렀다. 그때 많은 사람들이 그에게 나아와 세례자 요한에 대하여 말하였다. 이때에도 그는 믿음과 관련되어 설명되고 있다.

(1) 표적으로서의 말

여기에서 우리는 세례자 요한과 표적(σημεῖον)의 관계에 대한 중요한 단서를 발견한다. '표적'은 요한복음에서 모두 17회 언급되며,[1133] 그 중에 세례자 요한과 관련해서는 요한복음 10:41에 단 한번 사용되었다. 이 구절에서 표적은 믿음과 관련되어 있다. 많은 사람들이 "요한이 표적을 행하지는 않았지만 그의 증거는 참되다"고 말한 것에는 표적을 행하는 사람은 참된 자라는 당시 사람들의 믿음이 반영되어 있다.[1134] 이에 상응하여 요한복음은 표적의 목적이 표적을 행한 자에 대한 사람들의 믿음을 일으키기 위한 것이라고 말한다. 예수의 첫 번째 표적은 제자들에게 믿음이 생기게 하였다(요 2:11). 예수는 "너희는 표적과 기사를 보지 못하면 도무지 믿지 아니하리라"(요 4:48)고 말씀하셨다. 대제사장들과 바리새인들은 공회를 모으고 "이 사람이 많은 표적을 행하니 우리가 어떻게 하겠느냐 만일 저를 이대로 두면 모든 사람이 저를 믿을 것이요"(요 11:47,48)라고 말했다. 사도 요한은 예수가 많은 표적을 행하였으나 그를 믿지 않는 사람들의 불신앙을 지적한다(요 12:37). 또한 그는 요한복음에 표적을 기록한 목적이 예수가 그리스도이며 하나님의 아들이심을 믿도록 하기 위함이라고 말한다(요 20:30,31). 그러므로 요한복음에서 표적은 그리스도에 대한 믿음을 갖는 것을 목적으로 한다. 표적은 믿음으로 이끄는 도전이요 부르심이다.[1135]

그런데 저자가 세례자 요한에 관한 마지막 기사를 쓰면서 굳이 표적을 말한 까닭은 무엇인가? 그는 왜 표적을 세례자 요한과 관련시키는가? E. Bammel은 당시 유대교에서 표적은 선지자로 인정받기 위해 중요한 기준으로 간주되었다는 점을 지적했다. 실제로 유대 자료들은 이적을 행하지 않은 위대한 사람들을 찬양하는

[1133] 요 2:11,18,23; 3:2; 4:48,54; 6:2,14,26,30; 7:31; 9:16; 10:41; 11:47; 12:18,37; 20:30.

[1134] Cf. E. Bammel, "John Did No Miracles: John 10:41," in C. F. D. Moule (ed.), *Miracles: Cambridge Studies in their Philosophy and History* (Mowbrays, 1965), 197-202.

[1135] Morris, *The Gospel according to John*, 688.

데 힘을 쏟지 않았다.[1136] 그렇다면 저자는 세례자 요한이 표적을 행하지 못했으므로 당시의 사람들에 의해 경시되었다는 것을 말하기 위해서 이 구절을 기록했는가? 그렇지 않다. 세례자 요한은 어떤 표적도 행하지 않았으며 그는 단지 예수에 대하여 말하였다(요 10:41). 그런데도(καί) 많은 사람들이 예수를 믿게 되는 결과를 낳았다(요 10:42). 이 결과는 표적의 목적인 믿음발동과 일치한다. 따라서 세례자 요한은 표적을 행하지 않았으나 표적이 목적한 바를 자신의 말(요 10:41, εἶπεν)을 통해 이루었다.[1137] 그렇다면 그는 그의 말인 증거를 통하여 표적을 행한 것이나 다름없다. 요한복음이 세례자 요한을 마지막으로 언급하는 곳에서 그를 표적과 연결 짓는 목적이 이것이다. 그는 표적을 행하지는 않았으나 그의 말로 표적의 결과를 성취했다. 그는 말로써 사람들을 믿음으로 이끌었다. 그는 믿음의 중개자였다.

(2) 세례자 요한에 대한 최종 평가

특히 우리는 아래의 구절(요 10:41-42)이 세례자 요한에 대한 요한복음의 마지막 언급이라는 것에 주목해야 한다.

> 요 10:41 καὶ πολλοὶ ἦλθον πρὸς αὐτὸν καὶ ἔλεγον ὅτι Ἰωάννης μὲν σημεῖον ἐποίησεν οὐδέν, πάντα δὲ ὅσα εἶπεν Ἰωάννης περὶ τούτου ἀληθῆ ἦν.
> 요 10:42 καὶ πολλοὶ ἐπίστευσαν εἰς αὐτὸν ἐκεῖ.

따라서 이 구절은 세례자 요한에 대한 요한복음의 최종평가이자 결론으로서 저자가 요한을 어떤 인물로 확정하려는 지를 잘 보여준다. 저자는 먼저 많은 사람을 요한에 대한 증거자로 세움으로써 예수에 대하여 말한 그의 증거가 진실이라는

[1136] Bammel, "John Did No Miracles: John 10:41," 197-202.
[1137] 그리고 예수의 말씀과 표적들은 세례자 요한의 표적 없는 말이 옳았다는 것을 증명했다 (Beasley-Murray, *John*, 178).

것을 강조하고 있다(cf. 요 8:17). 또한 저자는 많은 사람들이 "요한이 이 사람을 가리켜 말한 것은 다 참이라"(요 10:41b)고 말한 것을 기록함으로써 요한의 증거에 대한 최종적인 배서(ultimate endorsement)를 하고 있다.[1138] 게다가 저자는 "'거기 서'(ἐκεῖ) 많은 사람이 그를 믿었다'라고 말한다. 이것은 요한의 말에 대한 사람들의 평가가 있었고 바로 '거기서' 많은 사람들이 예수를 믿었다는 것으로서, 세례자의 말(증거)이 사람들을 믿음으로 이끄는 사역을 신실하게 감당했다는 것을 의미한 다.[1139] 이는 많은 사람들이 예수에 대한 요한의 말을 진리로 믿었다고 말함으로써 그의 말의 위력 또는 증거의 위력이 얼마나 대단했는가를 잘 보여준다.[1140] 나아가서 저자는 많은 사람이 "믿으니라"(ἐπιστευσαν)고 말함으로써 믿음의 중개자로서의 요한의 사역이 성공적이었다는 것을 분명히 밝힌다. "요한의 증거는 그것이 의도한 열매를 맺었다."[1141]

이와 함께 유의해서 보아야 하는 것은 요한복음 1:7(ἵνα πάντες πιστεύσωσιν δι' αὐτοῦ)과 10:42(πολλοὶ ἐπίστευσαν εἰς αὐτόν) 사이의 병행이다.[1142] 이 두 구절은 요한복음 전체에서 세례자 요한에 대한 기사의 시작과 끝을 이루는데, 특이한 점은 이 둘이 믿음에 의해 inclusio를 이루고 있다는 점이다. 즉 요한복음의 세례자 요한은 믿음으로 시작하고(요 1:7) 믿음으로 끝난다(요 10:41-42). 세례자 요한의 활동의 목적을 한 마디로 요약하는 말은 '믿음'이다. 그러므로 세례자 요한에 대한 최종적인 신분(정체) 정의는 '믿음의 중개자'가 되어야 옳다. 따라서 그의 또 다른 정체인 소리, 증거자, 세례를 주는 자는 모두 믿음의 중개로서의 그의 정체에 포함되 는 것으로 보아야 한다. 왜냐하면 앞에서 살펴본 대로 이 모든 것들도 믿음이라는

1138 Kruse, *The Gospel according to John*, 245.

1139 Carson, *The Gospel according to John*, 401: "Their faith was an unwitting attestation of the fruitfulness of the Baptist's witness (1:7)."

1140 Keener, *The Gospel of John*, vol. one, 831: "This passage attests the effectiveness of John's 'witness' so heavily emphasized in the Gospel (1:6-8,15)."

1141 Kruse의 이 말은 요 1:7b의 "ἵνα πάντες πιστεύσωσιν δι' αὐτοῦ"를 가리켜 말한 것이다(*The Gospel according to John*, 245).

1142 Beasley-Murray, *John*, 178: "'Many believed on him there.' We recall what is said of John in the prologue (1:7)."

최종 목적을 지향하고 있기 때문이다.[1143] 결국 세례자 요한의 정체를 대표하는 것은 믿음의 중개자이다.[1144]

5. 요약 정리

그러므로 요한복음에서 세례자 요한은 단순히 증거자가 아니다. 지금까지의 논증에 근거하여 우리는 요한복음의 세례자의 정체와 역할에 대하여 새로운 이해를 해야 한다. 프롤로그에서 세례자 요한의 정체는 크게 세 가지로 나타난다. 그는 참 빛에 대한 증거자일 뿐만 아니라 세례 주는 자이며, 모든 사람으로 하여금 자기를 인하여 믿게 하려는 믿음의 중개자이다. 요한은 성취적 증거자로서 신적 권위를 가지고 이미 오신 로고스를 증거하되, 로고스를 믿게 하려는 목적으로 어둠에 있는 사람들에게 증거한다. 이러한 그의 증거는 소리(말)를 통하여 이루어지므로 '소리'라고 불린다. 또한 요한은 세례 주는 자이다. 그의 세례는 로고스를 이스라엘에 나타내기 위한 증거의 세례가 아니라 그 자신이 예수의 정체를 알기 위한 인식의 세례였다. 그러므로 그의 물세례는 예수의 성령세례에 선행(precedence)하며, 그는 시간적, 역사적, 사역적인 면에서 예수의 선행자(predecessor)가 된다. 이와 함께 그의 물세례는 구속의 전환을 이루는 세례이다. 이 사실은 요한복음에서 요한과 예수의 활동기간이 겹치는 것에서도 분명히 알 수 있다. 나아가서 프롤로그의 세례자 요한은 증거의 역할을 통하여 모든 사람으로 로고스를 믿게 하는 믿음의 중개자이다. 요한복음은 요한에 대한 기사를 믿음과 함께 시작하고(요 1:6-8) 믿음으로 마친다(요 10:41-42). 전자는 요한이 증거를 통한 믿음의 중개자임을 밝히며, 후자는 그에 대한 최종적인 평가로서, 그의 말로 행해진 증거가 사람들의 믿음을 촉발시킴으로써 믿음의 중개자로서의 그의 사역이 성공적이었음을 확정하는 것이다. 이것은 그의 궁극적인 정체가 믿음의 중개자라는 것을 잘 보여준다. 결국 믿음의 중개자가 세례자 요한의 통합적

[1143] Bennema, "The Character of John in the Fourth Gospel," 283: "Testimony is instrumental in leading people to belief."

[1144] Cf. 고병찬, "요한복음 '프롤로그'(1:1-18)의 중심축으로서의 '믿음': 복합 역교차 구조분석," 신약연구 9 (2010), 43-65. 고병찬은 프롤로그의 중심 개념이 '믿음'이라고 주장한다.

정체이다. 그의 다른 역할과 정체는 궁극적으로 믿음을 중개하는 것을 목적으로 하기 때문이다. 믿음의 중개자가 세례자 요한의 정체를 통합하고 대표한다.

III. 프롤로그에서의 세례자 요한의 지위적 특징

세례자 요한의 신분과 역할 등 그의 정체에 관한 편협한 주장들이 계속 되어 온 것만큼이나 그의 지위에 관해서도 편향된 이해가 계속되고 있다. 이것은 사람들이 그리스도에 대한 세례자 요한의 종속성만 보았지 요한만이 가지는 고유성을 간과하고 있기 때문이다. 프롤로그는 세례자 요한의 종속성과 함께 그의 고유성에 대하여 매우 분명하게 말하고 있다. 이 특징은 몸말에서도 세례자 요한에 관한 모든 단락에서 공통적으로 나타난다. 그것은 바로 '부정과 긍정'의 표현으로서 'οὐκ(οὐ) … ἀλλά'가 대표적이며 일부는 약간 변형된 형태로 사용되었다. 이 내용들을 요한복음의 순서를 따라 정리하면 다음과 같다.

1. 프롤로그(요 1:1-18)

    1:8. *οὐκ* ἦν ἐκεῖνος τὸ φῶς, *ἀλλ*' ἵνα μαρτυρήσῃ περὶ τοῦ φωτός.

2. 세례자 요한의 첫 번째 증거(요 1:19-28)

    1:20 καὶ ὡμολόγησεν καὶ *οὐκ* ἠρνήσατο, καὶ ὡμολόγησεν ὅτι Ἐγὼ *οὐκ* εἰμὶ ὁ Χριστός.

    1:23 ἔφη, *Ἐγὼ φωνὴ* βοῶντος ἐν τῇ ἐρήμῳ, Εὐθύνατε τὴν ὁδὸν κυρίου, καθὼς εἶπεν Ἡσαΐας ὁ προφήτης.

3. 세례자 요한의 두 번째, 세 번째 증거(요 1:29-42)[1145]

1:31 κἀγὼ *οὐκ* ᾔδειν αὐτόν, *ἀλλ'* ἵνα φανερωθῇ τῷ Ἰσραὴλ διὰ τοῦτο ἦλθον ἐγὼ ἐν ὕδατι βαπτίζων.

1:33 κἀγὼ *οὐκ* ᾔδειν αὐτόν, *ἀλλ'* ὁ πέμψας με βαπτίζειν ἐν ὕδατι ἐκεῖνός μοι εἶπεν, Ἐφ' ὃν ἂν ἴδῃς τὸ πνεῦμα καταβαῖνον καὶ μένον ἐπ' αὐτόν, οὗτός ἐστιν ὁ βαπτίζων ἐν πνεύματι ἁγίῳ.

4. 세례자 요한과 예수의 세례(요 3:22-4:3)

3:28 αὐτοὶ ὑμεῖς μοι μαρτυρεῖτε ὅτι εἶπον [ὅτι] *Οὐκ* εἰμὶ ἐγὼ ὁ Χριστός, *ἀλλ'* ὅτι Ἀπεσταλμένος εἰμὶ ἔμπροσθεν ἐκείνου.

5. 세례자 요한에 대한 예수의 말씀(요 5:31-36)

5:33 ὑμεῖς ἀπεστάλκατε πρὸς Ἰωάννην, καὶ μεμαρτύρηκεν τῇ ἀληθείᾳ·

5:34 ἐγὼ δὲ *οὐ* παρὰ ἀνθρώπου τὴν μαρτυρίαν λαμβάνω, *ἀλλὰ* ταῦτα λέγω ἵνα ὑμεῖς σωθῆτε.

6. 세례자 요한에 대한 사람들의 판결(요 10:40-42).

10:41 καὶ πολλοὶ ἦλθον πρὸς αὐτὸν καὶ ἔλεγον ὅτι Ἰωάννης μὲν σημεῖον ἐποίησεν *οὐδέν*, πάντα *δὲ* ὅσα εἶπεν Ἰωάννης περὶ τούτου ἀληθῆ ἦν.

이와 같이 세례자 요한에 관한 내용은 모두 부정과 긍정의 표현들이 동일하게 반복되고 있다. 그러면 저자가 이와 같은 독특한 표현기법을 사용하여 나타내려고 한 것은 무엇인가?

1145 세 번째 증거(요 1:35-42)에 있는 요한의 증거의 내용(*Ἴδε ὁ ἀμνὸς τοῦ θεοῦ*, 요 1:36b)은 두 번째 증거(요 1:29-34)에 있는 증거의 내용에 포함되는(*Ἴδε ὁ ἀμνὸς τοῦ θεοῦ ὁ αἴρων τὴν ἁμαρτίαν τοῦ κόσμου*, 요 1:29b) 것이므로 하나로 묶었다.

먼저, 이러한 현상은 프롤로그가 몸말과 별개의 것이 아니라는 것을 명확히 증거한다. 프롤로그에 나타난 세례자에 대한 표현이 몸말에 언급되는 그에 대한 표현과 동일하다는 사실은 프롤로그와 몸말이 동일저자의 작품이며 이 둘이 통일체(unity)라는 것에 대한 훌륭한 증거이다.

프롤로그의 세례자 요한 구절은 구조, 어휘, 표현법, 주제에서 프롤로그의 나머지 부분과 통일체를 이룬다.[1146] 이와 함께 프롤로그의 세례자 요한 구절은 몸말의 세례자 요한 구절과 동일한 표현기법을 보임으로써 이 둘이 통일체임을 확증한다. 이러한 현상은 결국 프롤로그가 몸말과 하나라는 사실을 더욱 강화시켜 준다. 프롤로그와 그 안에 있는 세례자 요한 구절이 통일체이고, 또한 이 세례자 요한 구절과 몸말이 하나이면 프롤로그와 몸말이 통일체이자 하나라는 결론에 이르기 때문이다.

또한 세례자 요한에 관련된 공통적인 표현은 모두 직접적이든 간접적이든 세례자 요한이 예수 그리스도와 관련되어 있다는 것을 나타내고 있다. 이것은 요한이 예수와의 관계 속에서만 존재하고 이해될 수 있는 사람이라는 것을 의미한다. 다르게 말하면 요한은 예수 없이는 이해될 수 없는 사람이며, 예수를 말하지 않고는 설명될 수 없는 사람이다.

나아가서 이 현상이 보여주는 가장 중요한 의미는 세례자 요한의 지위적 특징이다. 이 특징은 예수에 대한 요한의 종속성과 요한만이 갖는 그의 절대적 고유성으로 요약된다. 위에 제시된 각 구절들은 다음과 같이 요한의 종속성을 부정의 표현으로, 그리고 그의 고유성을 긍정의 표현으로 나타내고 있다:

첫째(요 1:6-8), 그가 빛이 아니라는 것은 빛에 대한 그의 종속성을 의미하지만, 동시에 빛에 대한 그의 증거는 그가 하나님으로부터 보냄을 받은 자로서의 증거이며, 최초의 증거자로서의 증거이기에 다른 어떤 증거자와 비교할 수 없는 고유성을 갖는다.

둘째(요 1:19-28), 그는 그리스도가 아니라 그리스도 앞에 오는 자이며, 예수의

[1146] 이에 대하여는 본 장(제6장)의 I.2(세례자 요한 구절의 위치적 정당성)를 보라.

신발 끈을 풀 가치조차 없기에 종속적이지만, 그러나 광야에서 외치는 자의 소리로서의 고유성을 갖는다(요 1:20-23).

셋째(요 1:29-42), 요한이 예수의 정체를 몰랐다는 면에서 그는 다른 모든 인간과 동일하게 제한성 속에 있다. 이 제한성은 그리스도와의 관계에서 곧 종속성이 된다. 그러나 그가 하나님으로부터 보냄을 받았고, 계시를 받았으며, 그 계시의 성취를 위하여 물세례를 주는 유일한 인물이라는 점에서 그는 고유한 자리에 있다. 또한 세례자 요한의 물세례가 있어야 예수의 성령세례가 있으므로, 요한은 사역적인 면에서 예수의 선행자가 되며 이 또한 그 만이 갖는 독특한 지위이다.

넷째(요 3:22-4:3), 요한은 그리스도가 아니라 그리스도 앞에 오는 자이다. 이것은 그의 종속성이다. 그러나 동시에 이것은 그의 유일성이 된다. 그가 와야만 그리스도가 온다. 이것은 그가 시간적, 역사적으로 그리스도의 선행자가 된다는 것을 의미한다. 이것은 오직 그에게만 주어진 절대적인 지위이다. 그가 하나님으로부터 보냄을 받은 자(요 3:28b)라는 사실도 이 고유성을 강화한다.

다섯째(요 5:31-36), 요한은 연약함에 있는 인간이기에 그리스도의 증거자가 될 수 없다는 면에서 제한적이며 종속적이다. 그러나 그의 말, 즉 그의 증거는 진리이며(요 5:33) 구원을 얻게 하는 말씀이기에(요 5:34b) 고유성을 갖는다. 물론 다른 신실한 증거자들도 진리의 말을 하며 구원 얻을 말을 한다. 그러나 앞에서 언급한 대로 요한은 다른 증거자들과는 비견할 수 없는 독특한 지위에 있는 증거자이다. 이 사실은 이어지는 내용에서도 확증된다. 그는 유일한 "켜서 비추는 등"(요 5:35)이었다. 그는 이 고유한 지위를 가지고 진리의 말을 하는 자이다.

여섯째(요 10:40-42), 표적을 하나도 행하지 못한 요한은 표적을 많이 행한(요 12:37; 20:30) 예수에게 종속적이다. 예수는 표적을 행함으로써 자신이 하나님의 아들 그리스도이심을 증거하였으나 요한은 한 인간으로서 예수에게 부속될 뿐이다. 하지만 그는 요한('Ιωάννης, 요 10:41b)이라는 증거자로서의 고유성을 가지며, 또한 그가 예수에 대하여 말한 모든(πάντα) 것이 진리이기에(요 10:41b) 그는 고유성을 갖는다.[1147] 진리는 언제나 배타적이고 고유하다. 이제 세례자가 갖는 이 두 가지 특성, 즉 그의 종속성과 고유성에 대하여 좀 더 자세히 논증하기로 한다.

1. 종속성

1) '인간' 요한(요 1:6a)

세례자 요한의 종속성은 그가 사람(ἄνθρωπος)이라는 점에서 가장 먼저 나타난다 (요 1:6). 요한복음 1:6은 ἐγένετο ἄνθρωπος로 시작한다. 인간으로서의 세례자 요한은 로고스와 아주 분명하고도 절대적인 차이가 있다. 로고스는 초역사적인 존재(ἐν ἀρχῇ, 요 1:1a)이며 창조주(요 1:3)인 반면에 요한은 역사 속의 인물이며,[1147] 피조물이다(ἐγένετο, 요 1:6a).[1149] 로고스는 영원부터 계셨지만(ἦν ἐν ἀρχῇ, 요 1:2) 요한은 시간 속에서 났다(ἐγένετο, 요 1:6a). 로고스는 태초부터 계셨지만(ἦν), 요한은 지은바 되었다. 로고스는 하나님이지만(요 1:1c) 요한은 단지 보내심을 받은 사람(요 1:6a)일 뿐이다. 그러므로 요한은 예수에게 온전히 종속된다. 또한 로고스는 사람들의 빛이지만(요 1:4-5), 요한은 그 빛을 필요로 하는 한 '사람'이다. 그러므로 인간 요한은 빛이신 로고스에게 종속된다.

2) 증거자

또한 세례자 요한의 종속성은 그가 증거자라는 사실에서도 나타난다. 그는 빛에 대하여 증거하는 자이다(요 1:7,8; 3:26). 예수는 빛이지만(요 1:4b) 요한은 빛이 아니며 (요 1:8) 그 빛을 증거하는 자이다. 로고스는 모든 사람을 비추며(요 1:9) 모든 사람의 믿음의 대상이지만 요한은 로고스를 믿게 하는 증거자로서 믿음의 수단이 된다.

[1147] Morris, *The Gospel according to John*, 530.

[1148] Borgen, "The Prologue of John as Exposition of the Old Testament," 86: "'Εγένετο ἄνθρωπος, ἀπεσταλμένος παρὰ θεοῦ, ὄνομα αὐτῷ 'Ιωάννης는 구약성경에서 역사를 서술 (historical narrative)할 때 사용하는 문체의 특징을 가지고 있다. 예를 들면 사사기 13:2; 17:1; 사무엘상 1:1이다"; Endo, *Creation and Christology*, 198; Brown, *The Gospel according to John I-XII*, 27.

[1149] Brown, *The Gospel according to John I-XII*, 6: "The verb 'came into being' is ἐγένετο, used consistently to describe creation in the LXX of Gen i"; ibid., 8: "This is not the ἦν, 'was,' used of the Word in vss. 1-2, but the ἐγένετο used of creation in vss. 3-4. John the Baptist is a creature."

로고스는 증거의 대상이며 요한은 증거의 수단이다. 그러므로 증거를 하는 요한은 증거를 받는 로고스와 종속적인 관계이다. 또한 요한은 구약 선지자들과 달리 예수 그리스도에 대한 첫 번째 증거자로서 '선지자보다 큰 이'이다.[1150] 하지만 예수는 '그 선지자'(요 6:14)이다. "따라서 '더 큰 선지자'인 세례자 요한은 '그 선지자'인 예수 그리스도에게 하위한다. … 요한복음에서 세례자 요한은 예수 그리스도를 위한 증거자로 종속된 자리를 매긴다."[1151]

요한의 증거자로서의 종속성은 그가 계시 수납자라는 사실에서 더욱 강화된다. 그는 예수를 이스라엘에 나타내기 전에 먼저 예수의 정체를 인식하는 것이 필요했다. 이것은 하나님이 그에게 말씀하신 계시를 통해서 이루어졌다. 그는 오직 하나님의 계시를 통해서 예수가 성령으로 세례를 주시는 하나님의 아들이심을 알게 되었다. 예수에 대한 요한의 인식은 요한 자신의 자각에 의한 것이 아니라 하나님의 계시에 의한 것이며, 요한 자신의 체득이 아니라 하나님의 말씀 때문이었다(요 1:33). 이것은 하나님의 계시의 중요성과 더불어 증거자로서의 세례자 요한의 제한성, 즉 그의 종속성을 나타낸다.

3) 열등한 위치

게다가 요한은 직접적으로 예수에 대한 자신의 열등함을 말함으로써 자신의 종속성을 나타내었다. 그는 예수를 자신과 비교하여 "내 뒤에 오시는 이가 나보다 앞선 것은 나보다 먼저 계심이니라"(요 1:15,30)고 말하였다. 요한은 예수에 비해 시간적으로 앞서 있다. 그러나 시간적으로 뒤에 있는 예수가 요한을 앞서 있다(ἔμπροσθέν μου γέγονεν). 이렇게 된 중요한 이유는 예수가 선재하시기 때문이다(ὅτι πρῶτός μου ἦν).

"그가 나보다 앞섰다"(ἔμπροσθέν μου γέγονεν)는 말은 예수가 세례자를 뛰어 넘는다, 능가한다, 초월한다는 의미이다.[1152] 이것은 뒤에 오는 이가 더 강하므로

1150 조병수, "선지자의 연속성과 불연속성," 「신약신학 열 두 논문」 (수원: 합동신학대학원출판부, 1999), 245-256, esp. 248-249.

1151 조병수, "선지자의 연속성과 불연속성," 249.

1152 Carson, *The Gospel according to John*, 130-131.

요한이 그에게 종속된다는 사실을 나타낸다. 또한 πρῶτος는 존재양식에 대한 절대적인 앞섬을 뜻하는 말이다. 이는 흔히 그의 선재라고 불리는 주님의 영원한 존재와 관계되는 것이다(요 1:1,18).[1153] 이는 연대기적으로 뒤따르는 로고스가 그의 본래적 선재성과 위대성 때문에 세례자를 앞섰다는 의미이다.[1154] 그러므로 "그가 나보다 먼저 계시다"(πρῶτός μου ἦν)는 말은 시간적인 우선성(temporal priority)뿐만 아니라 절대적 우월(absolute primacy)을 포함한다.[1155]

예수는 확실히 세례자 요한 뒤에 온다. 그러나 그는 모든 것에 요한보다 앞서 계신다. 왜냐하면 그는 선재하신 로고스이기 때문이다. 예수는 로고스이고 하나님이며 독생자이고 빛이시다. 요한복음 저자는 예수가 단순히 세례자 요한보다 능력이 많은 자(막 1:7 par.)로 진술하는 데 만족하지 않는다. 대신 그는 세례자 요한과 예수를 질적으로 구분한다(요 1:15). 세례자 요한은 "나는 그의 신들메 풀기도 감당치 못하겠노라"(οὐκ εἰμὶ [ἐγὼ] ἄξιος, 요 1:27b)고 말함으로써 이러한 구분을 더욱 강화한다. 이것은 하인이 주인을 섬기는 모습을 묘사한 것이다. 요한은 메시아와의 관계에서 자신을 주인의 신들메 풀기도 감당치 못할 정도의 무가치한 종으로 묘사함으로써 예수에 대한 자신의 열등함을 고백한다. 그는 시간적으로 예수보다 앞에 있지만, 그럼에도 불구하고 예수가 더 강한 자이며 우월하다는 것을 강조하기 위해 자신은 예수의 신발 끈을 풀 자격도 없다고 말했다. 요한의 이러한 열등적, 종속적 지위는 그가 비교의 소유격 관계대명사인 οὗ(요 1:27b)를 사용한 것에서도 잘 나타난다.

4) 표적을 행하지 않음(요 10:40-42)

나아가서 예수에 대한 요한의 종속성은 표적과 관련해서도 분명히 드러난다. 요한은 표적을 하나도 행하지 않았다. 그러나 예수는 많은 표적을 행하였다. 요한복

1153 G. Vos, *Biblical Theology: Old and New Testaments* (Grand Rapids: Eerdmans Publishing Company, 1980[11th printing]), 323. = 「성경신학」, 이승구 역 (서울: 기독교문서선교회, 1993), 357-358.

1154 M. C. Tenney, *John: The Gospel of Belief. An Analytic Study of the Text* (Grand Rapids: Eerdmans Publishing Company, 1948), 74. = 「요한복음서 해석」, 김근수 역 (서울: 기독교문서선교회, 2003), 64.

1155 Carson, *The Gospel according to John*, 131; Vos, "The Ministry of John the Baptist," 302. = "세례 요한의 사역," 393.

음에서 표적은 예수만이 행하는 것이다. 그리고 표적의 목적은 예수의 정체를 계시하여 그를 믿게 하고 하나님의 영광을 나타내는 것이다. 그런데 이러한 표적이 요한에게 없다는 사실은 그가 예수와 비교할 수 없는 예수에게 종속되는 인물이라는 것을 분명히 한다.[1156]

2. 고유성

이와 같이 세례자 요한은 분명히 예수에 대하여 종속적인 지위에 있다. 하지만 요한복음은 세례자 요한의 종속적 지위를 말할 뿐만 아니라 그의 고유한 지위도 강조하고 있다.

1) 하나님으로부터 보냄을 받은 사람

첫째, 세례자 요한에게는 다른 사람이 갖지 못하는 독특한 신분과 고유의 권위가 있다. 그것은 그가 하나님으로부터 보냄을 받은(ἀπεσταλμένος) 사람이라는 것이다.[1157] 요한복음은 세례자 요한과 관련하여 ἀποστέλλειν을 두 번 사용한다(요 1:6; 3:28). 그러나 예수와 관련해서 17회 사용하였다.[1158] 그러므로 ἀποστέλλειν은

[1156] Calvin, *The Gospel according to St. John 1-10*, 278: "They infer that Christ is more excellent than John because His miracles were so remarkable, whereas John did not perform any miracles."

[1157] van der Merwe, "The Historical and Theological Significance of John the Baptist as He Is Portrayed in John 1," 270, note 7: "Hirsch(quoted by Schnackenburg 1965:226; cf. also Cullmann 1957:23; Carson 1991:120) states that his divine mission(1:6) corresponds with that of the prophets in the Old Testament(Exod 3:10ff.; 4:13,28; 5:22; 7:16; 1Sam 12:8; 15:1; 16:1; 2Sam 12:1; 2Kings 2:2,4,6; Is 6:8; Jer 1:4ff.; 14:14; 19:14; 23:21; Ezek 2:4; 13:6; Zech 2:13,15; 6:15; Mal 4:5). These texts indicate the authority with which the Baptist came to witness. God Himself appointed him(Jn 1:6)."

[1158] 요 3:17,34; 5:36,38; 6:29,57; 7:29, 8:42; 10:36; 11:42; 17:3,8,18,21,23,25; 20:21. 물론 이와 동일한 의미를 가지고 있는 πέμπειν까지 합치면 그 수는 훨씬 더 많아진다. 이 단어는 요한복음에 총 33회 사용되었다. 그 중 세례자 요한과 관련하여 한번(요 1:33) 사용되었고, 예수와 관련해서는 25회 사용되었다(요 4:34; 5:23f.,30,37; 6:38f.,44; 7:16,18,28,33; 8:16,18,26,29; 9:4; 12:44f.,49; 13:20; 14:24; 15:21; 16:5; 20:21). G. W. Bromiley, *Theological Dictionary of the New Testament* (*TDNT*), Abridged in one volume (Grand Rapids: Eerdmans, 1985), 404: "Here ἀποστέλλειν seems to be used quite *promiscue* with πέμπειν"; C. G. Kruse, "Apostle," *Dictionary of Jesus and the Gospels*, ed. by J. B. Green, S. McKnight and I. H. Marshall (Downers Grove, Inter Varsity Press, 1992), 27:

주로 예수 자신이 하나님으로부터 보냄을 받은 것에 대한 완전한 권위를 나타낼 때 쓰는 용어이다.[1159] 그런데 요한복음은 예수에게 사용된 "하나님으로부터 보냄을 받은"이라는 이 문구를 세례자 요한에게도 똑같이 사용하고 있다(요 1:6; 3:28; cf. 요 1:33). 이것은 예수가 하나님으로부터 보냄을 받은 것과 같은 무게를 세례자 요한에게도 두는 것이다.[1160] 이것은 요한복음이 세례자 요한을 매우 크게 긍정하는 것이다. 이에 대하여 van der Merwe는 다음과 같이 평가한다.

세례자 요한이 하나님에 의해 임명되었다(보냄을 받았다)는 사실은 그를 모세 (출 3:10-15)와 선지자들과 똑같은 범주 안에 임명하는 것이다. 이 점에서 세례자 는 예수 자신과 같으며, 또한 아버지에 의해 보냄을 받은 보혜사(요 14:16; 17:8,18)와 같다. 이 주제는 요한복음 전체에 나타난다. 세례자의 사역은 오직 그가 하나님으로부터 보냄을 받았다는 것 때문에 의의가 있다. 그가 하나님에 의해 임명받았다는 사실이 그의 증거를 권위 있게 만든다.[1161]

하나님으로부터 보냄을 받은 자인 "세례자 요한에 대하여 '하나님으로부터 보내진 사람'이란 표현은 그를 선지자로 묘사하려는 의도가 있음을 알 수 있다."[1162] 그러나

"πέμπω는 요한복음에서 ἀπολτέλλω와 동의어로 사용되었다. … 요한복음에서는 이 두 동사가 상호 교환되어 사용되었다."

[1159] Bromiley, *TDNT*, 404; MacLeod, "The Witness of John the Baptist to the Word: John 1:6-9," 309: "The word ἀποστέλλω was used in classical Greek of an authorized emissary. In the Septuagint it is a technical term for the sending of a messenger with a special task. It is used in John's Gospel in this technical sense of authorized messengers(cf. vv. 19,22). In the case of John and later Jesus the word is used of messengers with a divine task and divine authorization(v. 6; 5:36-37)."

[1160] 예수와 세례자 요한 모두 하나님으로부터 보냄을 받았다는 점에서는 동등한 권위를 가지나 이 둘 사이에 분명한 차이도 있다. 예수는 하나님의 '이름'으로 왔지만 요한은 그렇지 않다. 예수가 하나님의 '이름'으로 왔다는 사실은 그가 하나님과 동등하시다는 것을 나타낸다(요 5:43; 12:13). 그러나 요한은 단순히 "하나님으로부터" 왔다. 이 점에서 세례자는 예수에게 종속된다.

[1161] van der Merwe, "The Historical and Theological Significance of John the Baptist as He Is Portrayed in John 1," 270.

[1162] 조석민, "요한복음의 본문해석과 설교," 「목회자를 위한 성경해석과 설교」, 제8회 목회대학원 특별강좌, 2007. 5. 합동신학대학원대학교 목회대학원, 34.

요한복음은 그 정도에서 머물지 않는다. 요한복음은 공관복음과 마찬가지로 세례자 요한을 예수를 위하여 잠깐 길을 닦아주고 없어져도 되는 선구자 정도로 보지 않는다. 세례자 요한에 대한 첫 설명은 '사람'이다. 그러나 그는 잠깐 나타났다가 없어지는 그런 사람이 아니다. 그는 그것보다 훨씬 더 큰 자이다. 왜냐하면 예수님이 하나님 아버지로부터 보냄을 받은 것처럼 그도 하나님 아버지로부터 보냄을 받았다는 것에서 시작하기 때문이다. 이것은 그만이 갖는 독특한 지위이다.

이와 같은 하나님으로부터 보냄을 받은 자로서의 요한의 고유한 지위는 그에게 '이름'(ὄνομα)이라는 단어가 사용된 것(요 1:6c)에서 더욱 강화된다. 요한복음에서 사람의 이름을 거론하면서 ὄνομα라는 용어를 함께 사용한 경우는 모두 세 번이다. 두 번은 세례자 요한(요 1:6)과 니고데모(요 3:1)에게 사용되었는데, 이는 사람을 소개하는 전형적인 방식이다. 나머지 한 번은 말고(Μάλχος, 요 18:10)에게 사용되었으며 저자가 역사적 목격자임을 강조하는 방식이다. 이름이라는 용어로 니고데모는 그의 종파(바리새인)와 사회적인 신분(유대인의 관원)을, 말고는 종이라는 그의 사회적 신분을 밝히고 있지만, 세례자 요한은 사회적 신분이 아니라 하나님으로부터 부여받은 신분("하나님으로부터 보냄을 받은 사람")을 밝히고 있다. 그러므로 세례자 요한은 이름을 가진 한 인간이라는 차원에서는 니고데모나 말고와 다를 바가 없으나, 그가 하나님으로부터 부여받은 신분의 차원에서는 이들과 비교할 수 없는, 이 세상에 이름을 가진 그 어떤 사람과도 비교할 수 없는 유일한 지위를 가지고 있다.

요약하면, 예수 그리스도와 성령이 아버지로부터 온 것처럼(παρὰ πατρός, 요 1:14; 14:16; 17:8,18) 세례자 요한도 하나님 아버지로부터(παρὰ θεοῦ, 요 1:6) 왔다. 이것은 그의 기원이 신적인 것이며 따라서 절대적인 것이요 그만이 갖는 유일하고 고유한 것임을 강조한다. 또한 그는 다른 사람들과 동일하게 이름을 가지고 있으나 하나님으로부터 보냄을 받았다는 사실에서는 일반적인 사람들과는 완전히 다른 사람이다. 이것은 요한에게만 해당되는 특별한 지위이다.

2) 빛에 대한 증거자

둘째, 세례자 요한이 빛에 대한 증거자가 된다는 사실이 그만이 가지는 고유한 지위를 나타낸다. 앞에서 우리는 증거자로서의 요한이 증거의 대상인 그리스도에게 종속된다고 논증했다. 증거하는 자는 증거를 받는 자에게 종속된다. 하지만 이것만이 아니다. 그는 증거자로서의 종속성과 함께 다른 어떤 증거자들과 비교할 수 없는 고유한 특성을 가지고 있다. 그는 증거에 앞서서 하나님으로부터 계시를 받은 유일한 인물이며, 계시에 따라 물세례를 줌으로써 예수 위에 성령이 내려와 머무는 것을 본 유일한 인물이다. 그는 이 두 가지에 근거하여 예수를 성령으로 세례를 주시는 분으로 인식할 수 있었고, 이스라엘에게 그를 하나님의 아들로 증거할 수 있었다. 그러므로 그는 유일한 계시수납자이며 계시성취 목격자이자 예수 그리스도에 대한 첫 번째 증거자이다. 이것은 다른 어떤 누구와도 견줄 수 없는 요한에게만 주어진 사명이고 지위이다.

3) 믿음의 중개자

셋째, 세례자 요한의 유일한 지위는 그가 믿음의 중개자라는 것에서 더욱 돋보인다. 그는 단순히 증거자에 머물지 않는다. 그가 증거자로 사역하는 중요한 목적은 "그로 말미암아"(δι' αὐτοῦ), 즉 그의 증거를 통하여 "모든 사람"(πάντα)이 믿음에 이르게 하는 것이다(요 1:7c). 여기서 πιστεύειν은 μαρτυρεῖν과 부합한다. 만물이 로고스로 '말미암아'(요 1:3a, διά) 존재하듯이 만인이 세례자로 '말미암아'(요 1:7c, διά) 믿음에 이른다. 로고스가 유일한 창조의 중개자이듯이 요한은 유일한 믿음의 중개자이다. 요한복음은 결코 '예수를 통하여 믿는다'(πειστεύειν διὰ 'Ιησοῦ)고 말하지 않는다. 예수는 믿음을 위한 중개자가 아니라 믿음의 대상이다. 오직 세례자만이 유일한 믿음의 중개자이다. 이 점에서 그는 그 누구도 점유할 수 없는 그만의 지위를 가지고 있다(요 1:7-8).[1163]

1163 Harris, *Prologue and Gospel*, 40; van der Merwe, "The Historical and Theological Significance of John the Baptist as He Is Portrayed in John 1," 272, note 16.

4) 구속사적 위치[1164]

넷째, 세례자 요한이 가지는 또 다른 절대성은 그의 구속사적 자리이다. 그의 물세례는 하나님의 계시에 따라 예수의 정체를 인식하는 기능을 할 뿐만 아니라 그에게서 구속사적 전환이 일어나는 것을 보여주는 독특한 기능을 수행한다. 그의 흥왕하였던 세례 사역은 예수의 세례 사역으로 인해 점점 쇠해진다. 그는 쇠하고 예수는 흥한다. 그가 세례를 주던 곳에 있던 많은 물도 그의 쇠함을 막을 수 없었다. 요한은 사명을 다 수행하였고, 예수가 전면에 등장한다. 이것은 요한을 통하여 구속사적인 전환이 이루어지고 있다는 것을 의미한다. 이것은 예수의 교회가 유일하게 합법적인 요한의 상속자라는 것에서도 분명하다. 이러한 구속사적 특성은 세례자 요한만이 지니는 그의 고유성이다.

5) 선행자(predecessor)

다섯째, 세례자 요한의 고유성은 그가 예수의 선행자가 된다는 것에서도 나타난다. 그 이유는 먼저, 요한은 시간적, 역사적으로 예수의 선행자가 된다. 이것을 잘 보여주는 것이 "내 뒤에 오시는 이"("ὁ ὀπίσω μου ἐρχόμενος")이다. 이 문구는 프롤로그(요 1:15)와 세례자 요한 신분 단락(요 1:27. cf. 요 3:28)과 세례자 요한의 예수에 대한 증거단락(요 1:30)과 사도행전 13장과 19장에서 마치 하나의 관용구처럼 사용되고 있다. 이러한 현상은 이 관용구가 나타내는 세례자 요한과 예수의 순서에 변동이 있을 수 없다는 것을 강조한다. 세례자 요한은 예수 앞에 오는 자이다. 반드시 그가 와야만 예수도 온다. 그의 ἦλθεν(요 1:7a)이 있어야만 예수의 ἐρχόμενον(요 1:9)도 있다. 광야의 외치는 '소리'가 와서 증거하지 않으면 메시아도 오지 않는다. 좀 더 분명하게 말하면 그 '소리'가 와서 증거함으로써 메시아도 오는 것이다. 이런 의미에서 세례자 요한이 없으면 예수 그리스도도 없다. 사도 바울은 비시디아 안디옥의 회당에서 설교할 때에도(행 13:24-25) 그리고 에베소에서 온 어떤

1164 이에 대하여는 본 장(제6장)의 II.3.2)을 참조하라.

제자들에게 예수를 설명할 때에도(행 19:4) 세례자가 전한 내용인 "내 뒤에 오시는 이"를 언급한다. 이것은 이 '앞뒤'의 관계가 예수와 세례자와의 관계에서 절대적으로 중요하며 핵심이 되는 것임을 시사한다. 요한이 오지 않으면 예수도 올 수 없다. 이것은 하나님이 정하신 구속사의 법칙이다.

또한 요한은 사역적인 면에서도 예수의 선행자가 된다. 왜냐하면 예수가 성령세례를 주는 이라는 사실이 세례자의 물세례를 통하여 인식되었기 때문이다. 하나님이 요한을 보내어 물로 세례를 주라 한 것이 바로 이 일을 위해서였다. 그러므로 요한의 물세례가 있어야만 예수의 성령세례도 있다. 이것 또한 하나님이 계시로 보여주신 신적 순서이다. 물세례가 없으면 성령세례도 없다. 따라서 세례자 요한의 사역(물세례)은 그리스도의 사역(성령세례)의 선행으로 볼 수 있다.

나아가서 요한은 기능적인 면에서도 예수의 선행자가 된다. 요한은 일시적으로 켜서 비취는 등이요(요 5:35) 예수는 그 뒤에 오는 참 빛이다. 등(λύχνος)인 요한은 참 빛인 예수를 드러낸다. 요한은 예수 앞에 오는 등이며 예수는 요한 뒤에 오는 참 빛이다. 따라서 요한이 예수의 시간적, 역사적 선행자가 된다면 그 기능에 있어서도 선행자가 될 수 있다. 일시적으로 켜서 비추는 등이 와야만 영원토록 비추는 참 빛이 온다.

이와 같이 세례자 요한은 시간적, 사역적, 기능적인 면에서 예수의 선행자가 될 수 있다. 이것은 요한만이 갖는 고유한 지위이다.

3. 요약 정리

지금까지 우리는 세례자 요한에 관한 독특한 묘사인 부정과 긍정의 표현이 의미하는 바를 연구하였다. 이 표현이 나타내고자 한 것은 요한의 지위에 관한 것이다. 그는 예수에게 종속적이면서도 또한 그 누구와도 견줄 수 없는 독특하고도 유일한 고유한 지위를 가지고 있다. 그는 종속적이면서도 독립적이고 고유하다. 따라서 세례자 요한을 예수 그리스도에게 종속시키지 않는 것도 문제이지만, 그를 예수에게 종속시키는 것에만 관심을 두어 마치 그를 아무것도 아닌 것처럼 말하는 것도 잘못이다. 세례자에 관한 모든 설명에 나타나는 한결같은 요소는 증거자의 개념이 아니라 유일하게 고귀한 지위를 세례자에게 부여하는 것이다.[1165] 세례자 요한 연구는 그의 진정한 위대성을 밝히 드러내어야 한다.[1166] 그때에야 고유한 가치와 지위를 가진 세례자 요한의 증거를 받는 예수의 가치와 중요성과 절대성이 더욱 확고히 빛나게 된다. 그러므로 우리는 세례자 요한의 위대성과 고유한 가치를 충분히 고려하는 가운데 그의 종속성을 함께 말해야 한다. 이 둘 사이의 균형을 잃지 않는 것이 대단히 중요하다. 요한에 관한 모든 단락에서 부정과 긍정의 표현이 공히 사용된 것도 이 때문일 것이다.

IV. 결론

이상의 내용에 근거하여 우리는 다음과 같은 결론을 얻는다.

첫째, 프롤로그에 있는 세례자 요한 구절들은 그 문학적인 특징에서 뿐 아니라 목적에 있어서도 삽입/추가가 아니다. 그러므로 이 구절들이 세례자 종파를 논박하기 위해 삽입되었다는 주장은 수용할 수 없다. 이 구절들은 원래부터 현재의 자리에 기록되었으며, 그렇게 기록된 목적은 세례자 요한과 비교하여 로고스가 중심인물이 된다는 것을 강조하기 위해서이다. 또한 세례자 요한 구절들이 예수의 오심에 대한 언급을 전후하여 배치된 것은 세례자 요한이 예수에 대한 시간적(역사적) 기원자가 된다는 것을 나타내기 위해서이다. 나아가서 세례자 요한 구절들이 현재의 자리에 놓이게 된 것은 그를 믿음의 중개자로 드러내기 위해서이다. 그로 말미암아 모든 사람이 믿게 된다.

[1165] Stowasser, *Johannes der Täufer im Vierten Evangelium: Eine Untersuchung zu seiner Bedeutung für die johanneische Gemeinde*에 대한 M. C. de Boer의 review, *CBQ* 56 (1994), 389-390.

[1166] Morris, *The Gospel according to John*, 89: "While the Evangelist is concerned that John should not be accorded the place that belongs to Jesus he is also concerned that John's true greatness should be seen."

둘째, 프롤로그는 세례자의 정체를 밝힌다. 그는 증거자, 세례 주는 자, 그리고 믿음의 중개자이다. 로고스에 대한 증거자인 요한이 '소리'로 명명된 것은 그의 증거가 외침과 말로 구성되어 있기 때문이다. 그는 소리로서 신적 권위를 가지고 진리를 증거한다. 또한 그는 물로 세례를 줌으로써 그 자신이 예수의 정체를 인식하며, 그리스도의 사역의 선행자가 되며, 구속사의 중요한 전환을 이룬다. 나아가서 그는 빛을 증거함으로써 모든 사람으로 하여금 빛을 믿게 하려는 믿음의 중개자이다. 요한복음은 세례자 요한에 대한 언급의 시작과 끝을 모두 '믿음'과 관련시킨다. 이것은 믿음의 중개자로서의 그의 정체가 그의 다른 모든 정체들을 아우르고 대표하는 것을 의미한다.

셋째, 세례자 요한은 매우 독특한 지위를 가지고 있다. 이것은 그에 대한 부정과 긍정의 표현에서 잘 드러난다. 이러한 현상은 프롤로그뿐만 아니라 몸말에서도 일관되게 나타나며, 이것은 그리스도에 대한 그의 종속성과 그만이 가지는 고유한 지위를 강조하는 것이다.

제7장 결론

　지금까지 우리는 요한복음의 프롤로그에 관한 여러 가지 문제들을 고찰함으로써 프롤로그에 대한 종합적인 연구를 하였다. 본 장에서는 그 결과들을 통합하여 약술하면서 본 연구의 최종 결론을 제시할 것이다. 이어서 프롤로그의 범위, 기능, 몸말과의 관계 등에 관하여 짧게 논함으로써 프롤로그의 존재에 대한 최종 결론을 내리고, 이로써 프롤로그 연구의 발전을 위한 새로운 제안을 하고자 한다.

　1. 과거 약 한 세기 동안에 행해진 학자들의 요한복음 프롤로그 연구는 여러 부분에서 만족스럽지 못하며, 따라서 해결되어야 할 많은 문제들이 남아 있다. 먼저 여러 학자들이 행한 프롤로그의 구조는 나름대로의 장점을 가지고 있지만 대부분 문제들도 지니고 있다. 또한 세례자 요한 구절에 관한 학자들의 주장도 흡족하지 못하다. 그들 중 많은 사람들이 세례자 요한 구절이 프롤로그에 삽입/추가되었다고 주장하며, 그 목적에 대하여도 납득할 수 없는 주장들을 한다. 이처럼 현대 학자들의 프롤로그 연구는 대체적으로 부실하고 만족스럽지 못하다. 따라서 프롤로그에 대한 새로운 연구가 절실히 요청된다. 게다가 대부분의 학자들은 프롤로그의 기원이 고대 그리스 자연철학이나 영지주의 그리고 유대 지혜사색이라고 말한다. 더욱 심각한 것은 혹자는 이 세 가지 모두를 로고스의 기원이라고 주장함으로써 프롤로그의 로고스가 마치 혼합주의의 상징인 것처럼 여기기도 한다는 것이다. 이로 인해 프롤로그 로고스는 그 신성과 인격이 부인되고, 어떤 원리나 힘이나 사상으로 말해지며, 로고스의 활동도 신화로 간주된다. 나아가서

로고스 신학은 바른 로고스 기원과 몸말에 근거하여 요한이 예수 그리스도를 로고스로 명명한 이유와 로고스의 존재와 활동을 심도 있게 연구해야 할 것이다.

　2. 프롤로그의 구조는 로고스의 존재를 중심으로 한 다섯 가지 주제가 통일체를 이루는 논리적 구조이다. R. Bultmann 이후 약 한 세기 동안에 있었던 요한복음 프롤로그의 구조는 크게 단일 구조, 두 단락 구조, 3중적 구조, 상호보완 구조, 삽입 또는 추가 구조로 분류될 수 있다. 첫째는 단일 구조 중 핵심 구절 구조 분석은 학자들 사이에 핵심 구절 또는 정점에 대한 일치된 견해를 보여 주지 못하며, 교차 구조는 병행에 지나치게 집착함으로써 인위적으로 병행을 조작하는 경향이 매우 강하다. 이것은 프롤로그를 교차구조라는 틀에 강제로 밀어 넣은 결과이다. 또한 직선적이거나 연대기적인 구조 분석은 프롤로그에 반복해서 나타나는 부분들을 해결하지 못하며, 프롤로그의 내용을 연대기적으로 맞추기 위해 본문을 임의로 삭제하는 문제를 보여 주고 있다. 둘째로 두 단락 구조에서 대구법은 병행의 순서에 지나친 관심을 가짐으로써 본문의 구문론적인 결속성을 약화시켰고 분할의 임의성을 나타내었으며, 구조적 평행상태의 두 단락 구조는 본질적으로 교차구조를 닮았으므로 이들 역시 인위적이다. 셋째로 3중적 구조에서 3중 분할구조는 그것이 주장하는 inclusio에 타당성이 결여 되어 있으며, 나선형 발전 구조는 그 비교에 있어서 부분적이고 일관성이 없으며 인위적이다. 3개의 동심원구조는 동심원의 핵심으로 주장되는 주제의 반복성이 의심을 받는다. 3중 너울구조는 병행으로 보는 부분이 너무나 억지이다. 넷째로 상호보완 구조는 교차구조 방식과 유사하게 상응으로 볼 수 없는 것을 상응으로 보도록 강요하며 상응이 아닌 부분들을 중요하게 다루지 않는 문제를 가지고 있다. 마지막으로 삽입/추가 구조는 먼저 프롤로그의 문체를 근거로 한다. 그러나 프롤로그는 시가 아니라 산문일 가능성이 크고, 학자들은 원 찬양시에 대한 일치를 발견하지 못하며, 문체를 평가하는 기준이 주관적이고, 요한복음의 몸말 자체가 구약의 시편을 매우 많이 인용하므로 시라는 문체를 근거로 프롤로그의 삽입유무를 판단하는 것은 옳지 않다. 또한 삽입/추가 구조

분석은 프롤로그의 문맥적 특징인 '단절'을 근거로 삽입을 주장하지만 요한복음의 몸말에는 여러 형태의 문맥적 단절이 매우 많이 나타나므로 이것 역시 삽입/추가 구조의 근거가 되지 못한다. 따라서 삽입/추가 구조는 설득력이 없다.

이제 프롤로그의 내용을 충실히 따르는 객관성을 갖춘 새로운 프롤로그 구조 분석이 필요하다. 프롤로그의 내용은 다섯 가지 주제(로고스의 존재, 로고스의 활동, 로고스에 대한 증거, 증거에 대한 반응, 반응의 결과)가 하나의 논리적 통일체를 이루고 있다. 이러한 형태는 요한복음의 몸말과 기록 목적 구절에서도 공히 나타난다. 이것은 프롤로그와 몸말의 일체성뿐만 아니라 프롤로그의 구조를 다섯 가지 주제가 논리적으로 연결되어 통일체를 이루는 구조로 이해하는 것에 타당성을 제공한다. 로고스가 존재하며 활동한다. 그리고 로고스의 활동을 통한 로고스의 자증과 로고스의 존재와 활동에 대한 요한과 '우리'의 타증이 있다. 또한 이 증거에 대한 사람들의 부정과 긍정의 반응이 있으며, 이 반응은 각각 부정과 긍정의 결과를 낳는다.

이 구조가 보여주는 신학은 요한복음의 프롤로그가 요한복음의 기록목적에 따라 기록되었고, 프롤로그와 몸말이 온전히 한 저자에 의해 기록된 통일체(unity)라는 것이다. 또한 이 구조는 프롤로그 자체도 통일체이며, 단일 저자의 저작이라는 것을 확증한다. 나아가서 이 구조는 요한복음 전체가 로고스의 존재 중심의 기독론을 강조하고 있다는 것을 잘 보여준다. 요한복음은 다섯 가지 주제가 서로 연합하여 구성되어 있지만 그 중에서도 가장 핵심이 되는 것은 로고스의 존재이다. 이런 까닭에 요한복음은 로고스가 하나님이시라는 위대한 선언으로 시작하고 마무리한다.

3. 프롤로그의 로고스의 기원(배경)은 헬레니즘 철학, 영주주의, 유대주의 등이 아니라 오직 구약성경이다.

첫째, 헬레니즘 철학은 프롤로그의 로고스의 기원이 될 수 없다. 헬레니즘 철학의 로고스는 범신론적이며 비인격적인 반면에 프롤로그의 로고스는 인격인 유일신(요 1:1c)이다. 요한의 로고스는 원리, 정신, 사상, 개념이 아니라 하나님 자신이며 창조주 이시며, 성육신하신 분이다. 헬레니즘 철학의 로고스는 역사와 인류에 개입하지 않으므로 요한의 로고스와 아무런 관련이 없다. 헤라클레이토스와 스토아 철학자들은 범신론자들이지만 요한의 로고스는 이를 허용하지 않는다. 성경은 오히려 헬레니즘 철학을 공격한다.

둘째, 영지주의도 프롤로그의 로고스의 기원이 아니다. 요한의 로고스가 영지주의에서 오지 않았다는 것은 문서들의 기록연대에서 분명하게 나타난다. 영지주의는 빨라야 1세기 말에 전조가 있었으며, 기독교의 출현 이후에, 특히 2세기에 만연된 종교이다. 이것이 바로 기독교 이전의 영지주의 문서가 단 하나도 존재하지 않는 이유이다. 또한 영지주의 문서의 내용과 신학도 요한의 로고스와 일치하지 않는다. 영지주의는 사상과 종교들의 혼합물이지만 요한복음에는 이런 혼합적인 성격이 전혀 없다. 영지주의자들은 철저한 이원론자들이어서 모든 물질적인 것을 경멸했으나 요한은 로고스가 이 모든 것을 만드셨다고 말씀한다. 나아가서 쿰란문서는 요한복음이 후기 헬레니즘의 환경에 매여 있었다는 종교사적 견해를 반박하는 자료가 될 수 있다. 따라서 기독교 시작 이전, 또는 기독교가 시작하는 동시대에 영지주의적인 분위기나 전조가 있었다고 추측할 수 있을지라도, 이미 영지주의가 체계화되고 확립되어 있어서 기독교가 그것에 깊이 물들었다고 주장하는 것은 억측일 뿐이다.

셋째, 유대주의 역시 프롤로그의 로고스의 기원이 아니다. 유대주의의 지혜 사색과 랍비 문서의 토라와 탈굼의 메므라와 Philo의 로고스를 요한복음의 로고스와 비교하면 존재의 차이가 가장 부각된다. 요한의 로고스가 선재하신 창조주이며 참된 하나님인 데 반하여 유대 문서의 로고스는 선재하지 않은 피조 된 존재이며, 신적일 뿐 참된 신적 실체는 아니다. 또한 유대 문서의 로고스는 단지 인격화 되고 의인화 되었을 뿐 참된 인격체가 아니다. 하지만 요한의 로고스는 참된 인격체이며 이것은 성육신을 통해 확증되었다. 참 하나님이신 로고스가 성육신하심으로 참 인간이 되신 것은 요한복음 고유의 로고스 신학이자 요한복음만의 독특한 기독론이다.

넷째, 구약성경이 요한의 로고스의 진정한 기원이다. 요한복음은 구약성경을 매우 많이 인용함으로써 구약을 의존할 뿐만 아니라 이 둘 사이의 상호작용을 잘 보여 준다. 예수도 자신의 존재와 활동 근거를 구약성경에서 찾았으며(요 5:39),

요한복음에 사용된 예수의 칭호들은 모두 구약에서 왔다. 또한 프롤로그에는 많은 구약 모티브들과 구약 암시들과 구약적 표현들이 있으며, 요한복음의 로고스의 영원한 인격은 구약성경에 나타난 여호와 하나님의 인격에 근거한다(cf. 요 12:41-42). 이 모두는 구약성경이 요한의 로고스의 기원이라는 사실을 잘 보여준다. 게다가 요한복음의 로고스의 삼위일체적 특성은 오직 신, 구약성경에만 나타난다. 나아가서 프롤로그의 로고스는 구약성경의 '다바르'(דבר)(시 33:6; 107:20)의 그리스적인 의역(LXX. 시 32:6)이다. 마지막으로 프롤로그의 로고스는 구약성경의 지혜와 관련된다. 지혜는 태초에 하나님과 함께 있었고(잠 8:22-27) 창조에 관련된다(잠 8:28-30). 요한의 로고스도 태초에 있었고(요 1:1a) 하나님과 함께 있었으며(요 1:1b) 창조의 중개자이다(요 1:3). 잠언은 지혜를 얻는 자가 생명을 얻을 것이라고 말씀하는데(잠 8:35), 요한의 로고스도 생명의 근원이다(요 1:4). 잠언의 지혜가 신적 속성이 아니라 인격인 것처럼 요한의 로고스도 인격이신 하나님이시다. 따라서 구약성경 이외의 것은 요한의 로고스의 기원이 될 수 없다. 프롤로그의 로고스의 진정한 기원은 오직 구약성경이다.

4. 프롤로그의 로고스 신학의 기초는 예수이므로 이 로고스는 요한복음의 예수 이해에 근거하여 설명되어야 한다. 이 원리에 따라 저자 요한이 예수를 로고스로 명명한 이유를 살펴보면 다음과 같다. 첫째, 예수 그리스도는 선재하시는 하나님이다. 요한복음의 몸말은 예수 그리스도를 선재하는(요 8:58; 17:5,24) 삼위일체(요 10:30) 하나님(요 14:9; 20:28)으로 증거한다. 이와 병행하여, 구약성경도 말씀(דבר)을 선재하신 삼위일체 하나님으로 증거한다(잠 8:22-31; 시 45:6. cf. 히 1:8; 시 93:2). 둘째, 예수 그리스도는 하나님의 계시이자 계시자이다. 요한복음에서 예수는 자신의 존재를 통하여 하나님의 존재를 계시하며 활동을 통하여 하나님의 활동을 계시한다. 구약성경에서도 말씀은 하나님의 계시이면서 동시에 계시자이다. 셋째, 예수 그리스도는 생명이며, 그의 말씀 또한 생명이다. 예수 그리스도는 생명이라는 특성에서 그의 말씀과 동일시되고 있다. 이에 대한 구약성경의 증거는 만나에 관한 모세의 설명에서 잘 나타난다(신 8:3). 하나님의 말씀이 생명이라는 진리는 프롤로그에서도

동일하다(요 1:4). 넷째, 예수는 하나님의 말씀을 전하는 분이다(요 3:31-32; 8:28). 예수의 말씀은 하나님의 말씀이며(요 14:24; 17:8) 예수는 하나님의 말씀만을 말한다. 그의 말씀은 곧 아버지의 말씀이며 그것은 로고스로 불린다. 따라서 예수는 하나님의 말씀만을 말하는 하나님의 로고스이다(요 1:1). 다섯째, 예수는 창조주와 구속주이다. 요한의 로고스와 구약의 말씀은 창조 주제에서 병행한다. 또한 요한의 예수가 구원자인 것처럼(요 1:12) 구약에서도 하나님의 말씀이 구원하신다(시107:20). 여섯째, 예수는 심판하신다. 아버지는 아들 예수에게 심판의 권세를 주셨고, 예수의 말이 심판자가 된다(요 12:48). 구약성경에서도 말씀이 심판과 관련하여 언급된다(렘 1:9-10; 5:14. cf. 계 11:5). 따라서 하나님의 심판에서 예수와 말씀이 하나이다. 이러한 이유들로 인해 예수는 로고스로 명명된다.

5. 프롤로그에서 로고스의 존재와 활동이 여러 가지로 설명된다. 먼저 로고스의 존재는 다음과 같이 묘사된다. 첫째, 로고스의 존재는 전제적 존재이다. 로고스의 존재는 그가 계시다(ἦν)는 계시적 전제에 의존하여 알려진다. 둘째, 로고스는 독특한 존재방식으로 존재한다. 그는 시간적으로는 선재하며 공간적으로는 하나님과 함께 있으며 신분적(인격적)으로는 하나님이시다. 이와 함께 그는 삼위일체적 존재 방식을 취한다. 이것은 로고스와 테오스(θεός) 사이의 동일성과 구별성을 통하여 확증된다. 로고스는 테오스와 구별은 되나 분리는 되지 않는 삼위일체 하나님이시다. 셋째, 로고스는 성육신 하셨다. 그의 성육신은 그의 '육신이 되심'(incarnation)과 '거하심'(inhabitation)으로 구성된다. 로고스가 육신이 되신 것(γίνεσθαι)은 그의 존재 방식의 변화를 의미하며, 이는 로고스의 신성과 인성을 한 인격 안에 그 본질대로 보존하는 가운데 이루어졌다. 또한 로고스가 '육신'(σάρξ)이 된 것은 인간이 육신으로는 하나님의 자녀가 될 수 없으며 하나님 나라에 들어갈 수 없기에 로고스가 친히 육신이 되신 것이다. 하나님이신 로고스가 육신이 되신 것은 인간 육신으로 하여금 하나님처럼 되도록 하기 위함이다(요 10:34,35; cf. 요일 3:2; 벧후 1:4). 게다가 로고스는 육신이 '되심'(γίνεσθαι)으로서 피조물처럼 되는 비하를 겪으셨고, 인간이

하나님의 자녀가 되게 하셨으며, 모든 영적 선물을 주셨다. 나아가서 로고스의 '거하심'(inhabitation)은 사람들을 체휼하시고 그들에게 구원의 소망을 주셨다. 이것은 헬레니즘적 로고스와 본질적으로 다르다. 로고스의 성육신은 하나님이 인간의 구원을 피상적으로 이루지 않는다는 것을 잘 보여 준다. 넷째, 로고스는 독생자 (μονογενής)이시다. 이 독생자는 하나님 아버지와 독특하고도 특별한 관계에 있는 유일한(unique) 아들로서의 예수를 의미한다. 그는 아버지로부터 특별한 사랑과 신뢰의 관계에 있다. 그 어떤 누구도 이런 관계에 있는 하나님의 아들이 아니므로 '독생자'는 오직 예수 그리스도에게만 사용되었다.

또한 프롤로그는 로고스의 활동에 대하여 묘사한다. 그는 만물 창조에 관여한다. 이것은 그의 신성을 증명하며, 그가 창조의 중개자(agent)이자 제1원인임을 나타낸다. 그리고 로고스의 창조는 무로부터의 창조이며, 이는 창조주와 피조물 사이의 구분을 명확히 하며 로고스의 전능하심을 나타낸다. 또한 로고스에 의한 창조는 종말론적이며, 그의 주권과 그에 대한 만물의 의존을 나타낸다. 이와 함께 로고스는 사람들에게 하나님의 자녀가 되는 권세를 주신다(요 1:12-13). 창조와 구속은 로고스의 개별적인 행위가 아니라 하나의 연속된 행위이다. 나아가서 로고스는 하나님을 나타낸다(ἐξηγεῖθσαι, 요 1:18). 성육신한 예수 그리스도는 하나님의 숨겨진 실상에 대한 해설이다. 로고스는 하나님에 대한 참된 해석자이다. 예수는 어두움에 있어서 하나님을 볼 수 없는 사람들에게 하나님을 설명하고 해석해 주었다. 이것이 예수 그리스도 말미암아 온 은혜이다(요 1:17). 은혜 위의 은혜, 가장 큰 은혜는 하나님이 설명되고 해석되어 알려지고 공개되는 것이다.

6. 본 논문은 세례자 요한의 정체와 지위에 관한 기존의 주장을 넘어 새로운 이해를 제시한다.

첫째, 프롤로그에서 세례자 요한 구절이 현 위치에 기록된 목적은 세례자 종파 논박을 위한 것이 아니라 그의 사역적 독특성을 강조하기 위한 것이다. 이 구절들은 현 위치에 있음으로써 세례자 요한과 비교하여 로고스가 중심인물이 된다는 것을 강조하며, 요한이 예수에 대한 시간적, 역사적 선행자(predecessor)인 것을 나타내며, 세례자 요한을 믿음의 중개자로 드러낸다. 세례자로 인해 어두움에 있던 사람들이 로고스를 믿게 되고 그의 영광을 보며 그로부터 은혜를 받게 된다.

둘째, 세례자 요한은 증거자, 세례 주는 자, 믿음의 중개자이다. 먼저 그는 오신 로고스를 증거하는 '성취적' 증거자이다. 그의 증거는 진리로서 신적권위를 가지며 로고스를 믿게 하는 것을 최종 목적으로 한다. 그는 '소리'(φωνή)로서 소리를 통하여 그리스도를 증거한다. 이 소리는 외침과 말로 표현되며 믿음을 발동시킨다. 그러므로 '소리'는 세례자 요한의 증거의 역할과 증거자로서의 정체를 특징적으로 묘사하는 데 가장 적절한 용어이다. 그러나 그는 증거자로일 뿐만 아니라 '세례 주는 자'이기도 하다. 예수께서는 자신에 대한 '요한의' 증거를 제외하심으로써(요 5:33-34) 그를 증거자로만 생각하는 사람들의 판단에 제동을 거셨다. 또한 요한의 물세례는 '증거의 세례'가 아니라 '인식의 세례'였으므로 그는 '증거자'이기 이전에 '세례자'이다. 게다가 그의 물세례는 그리스도의 성령 세례의 선행(precedence)이 되며, 이로 인해 요한은 로고스의 사역의 선행이 된다. 그리고 요한의 세례는 구속사의 전환을 이루는 세례이다. 이것은 요한복음이 요한과 예수의 활동기간을 겹치는 것으로 말함으로써 예수의 기독교가 요한의 유일한 합법적 상속자임을 나타내는 것에서도 분명히 한다. 이처럼 요한의 세례는 그가 그리스도의 정체를 인식하며, 그리스도의 사역의 선행이 되며, 구속사의 성취를 위한 중요한 전환을 이룬다는 점에서 그의 정체는 분명히 '세례 주는 자'이다. 나아가서 세례자 요한은 모든 사람으로 로고스를 믿게 하는 '믿음의 중개자'이다. 요한의 증거는 믿음을 목적으로 한다. 그는 표적을 행하지는 않았으나 그의 말은 표적의 목적인 믿음을 발동시켰다. 요한복음은 요한에 대한 기사의 시작과 끝을 '믿음'으로 inclusio를 함으로써 그의 가장 큰 특징이 믿음이라는 것을 강조한다. 세례자 요한의 정체와 역할은 "모든 사람이 그로 말미암아 믿게 하려"(요 1:7c)는 최종 목적을 지향하고 있다. 그러므로 요한복음은 그가 '믿음의 중개자'라는 것에서 그의 정체의 정점을 찍는다. 믿음의 중개자는 요한의 다른 정체들인 소리, 증거자, 세례를 주는 자를 통합하고 대표한다. 왜냐하면 이 모든 것들도 믿음을 목적하고 있기 때문이다.

셋째, 세례자 요한의 지위는 종속적이면서도 고유하다. 요한복음은 세례자 요한을 언급하는 곳에서 공통적으로 독특한 표현법을 사용한다. 그것은 부정과 긍정의 표현이다. 이것을 통하여 저자는 세례자 요한의 그리스도에의 종속성과 그의 고유한 지위를 묘사한다. 그는 인간이기에 창조주인 로고스에게 종속되며, 로고스를 증거하는 자로서 증거를 받는 로고스에 종속된다. 로고스가 요한보다 앞서 있으며 먼저 계신다(요 1:15). 예수는 표적을 행하였으나 요한은 표적을 행하지 않았다. '더 큰 선지자'인 요한은 '그 선지자'인 로고스에 종속된다. 그러나 그에게는 고유한 지위가 부여되어 있다. 그는 하나님으로부터 보냄을 받은 사람이며 빛에 대한 증거자이며, 유일한 계시수납자이며, 계시성취 목격자이자 예수 그리스도에 대한 첫 번째 증거자이다. 또한 그는 믿음의 중개자이다. 만물이 로고스로 말미암아 존재하듯이 만인이 세례자로 말미암아 믿음에 이른다. 게다가 그의 구속사적 위치가 그의 고유성을 강화한다. 구속사적 전환이 그의 세례 사역을 통하여 일어난다. 마지막으로 그는 예수의 선행자가 된다는 점에서 그의 고유한 지위는 절정에 이른다. 요한은 시간적(역사적), 사역적(세례), 기능적인(빛) 면에서 모두 예수의 선행자가 된다. 그러므로 세례자 요한의 종속성은 그의 위대성과 고유한 지위가 충분히 고려되는 가운데 언급되어야 한다.

7. 마지막으로 우리는 프롤로그의 존재 유무에 대하여 재고해야 한다. 현대 학자들은 대부분 요한복음 1:1-18을 프롤로그(prologue)라고 부른다. 그들은 의식하든 못하든 관습적으로 이전의 관례를 따르고 있다. 하지만 우리는 이 용어가 이 단락에서 어떤 의미로 쓰였으며, 과연 그것이 합당한지에 대하여 다시 숙고해 보아야 한다.[1167] 비평학자들이 이 단락을 분리하여 '프롤로그'로 부르는 것은 이 단락의

[1167] Elizabeth Harris, *Prologue and Gospel: The Theology of the Fourth Evangelist* (JSNTSup 107) (Sheffield Academic Press, 1994), 12; P. J. Williams, "Not the Prologue of John," *JSNT* 33(4) (2011), 375-386, esp. 375, note 1: "Many major modern commentators do not even discuss the possibility that Jn 1.1-18 might not be a natural textual unit. They simply assume that Jn 1.1-18

몸말과의 일체성(unity) 등을 부인하려는 전제와 저의가 강하게 작용한 것으로 생각된다. 왜냐하면 저들은 프롤로그가 몸말과 다른 자료이며,[1168] 동일한 저자의 것이 아니라 최소한 몇 단계의 수정, 편집, 개작의 결과이거나 후에 추가된 것이라고 주장하기 때문이다.[1169] 하지만 본 논문이 행한 지금까지의 연구에 의하면 그와 같은 프롤로그는 요한복음에 존재하지 않는다. 이 사실은 프롤로그의 범위, 기능, 몸말과의 관계 등에서 분명하게 나타난다.

첫째, 프롤로그의 범위에 대하여는 여러 주장들이 있다(요 1:1-18; 1:1-51, 1:1-2:11).[1170] 먼저 Bultmann은 요한복음 1:1-18에 대하여 "여기에는 다음에 계속되는 글의 내용과 구조가 들어 있지 않다. … 이 문단은 완전체를 이루며 그것 자체로 온전하다. 그것은 뒤따라야 할 어떤 것도 필요로 하지 않는다"[1171]고 말한다. 하지만 요한복음 1:6-8과 15절에서 소개된 세례자 요한에 대한 기사가 곧 바로 19절에서 계속 되고 있으므로 요한복음 1:1-18을 독립 단락으로 보기 어렵다.[1172] 또한 Smalley는 1:1-51을 프롤로그 보아야 한다고 주장한다.[1173] 그러나 이 주장의 약점은 요한복음 2:1이 καί로 시작됨으로써 요한복음 1장과 연결되고 있을 뿐만 아니라, 특히 요한복음 1:29부터 시작된 '날'(ἡμέρα)에 대한 언급이 요한복음 2장에서도 계속된다는 것이다(요 2:1). 나아가서 Mlakuzhyil은 요한복음 1:1-2:11이 문학적 단일체로 고려되어야 한다고

---

is the prologue of the Fourth Gospel as it now stands and begin their commentary on the text or discussion of the prologue's putative prehistory, internal structure or relationship with the rest of the Gospel on that basis."

1168 이것에 대해서는 본 논문 제4장(요한복음 프롤로그의 로고스의 기원)을 참조하라.

1169 이에 대하여는 본 논문 제2장(요한복음의 프롤로그에 대한 연구 동향)과 제4장(요한복음 프롤로그의 로고스의 기원)의 I-III과 제6장(요한복음 프롤로그의 세례자 요한)의 I.1를 참조하라.

1170 G. Mlakuzhyil, *The Christocentric Literary Structure of the Fourth Gospel* (AnBib) (Rome: Pontificio Istitito Biblico, 1987), 91f., 143-147.

1171 R. Bultmann, *The Gospel of John* (Philadelphia: Westminster Press, 1971), 13.

1172 Cf. Williams, "Not the Prologue of John," 375-386.

1173 S. S. Smalley, *John : Evangelist and Interpreter* (Downers Grove: Inter Varsity Press, 1998), 136-137. Cf. G. R. Beasley-Murray, *John* (Waco, Texas: Word Books, 1987), 18-19. Cf. 조석민, "로고스의 개념과 기능(요한복음 1:1-18)," 「Pro Ecclesia」 vol. 4. No. 1 (2005), 34-57; idem. 「요한복음의 새 관점」 (서울: 도서출판 솔로몬, 2008), 67-71; idem, "요한복음 1:19-28의 문학적 구조와 기능," 「한국교회의 신학인식과 실천」 : 유강 김영재 박사 은퇴 기념 논총 (수원: 합동신학대학원출판부, 2006), 248-265.

주장하며,[1174] Wink도 이와 유사한 주장을 하지만,[1175] 이렇게 구분하면 갈릴리에서의 처음 표적(요 2:1-11)과 두 번째 표적(요 4:43-54)이 각각 프롤로그와 몸말로 나누어지는 이상한 모양이 되고 만다. 그러므로 요한복음 1:1-18이 요한복음의 '앞부분에 있는 말'이므로 편의상 문자적으로 'pro-logue'라고 부를 수는 있겠으나 몸말과 구별되는 별개의 것으로 이해하여 프롤로그로 보려는 시도는 재고되어야 한다.[1176]

둘째, 프롤로그의 기능에 대한 학자들의 주장도 다양하다: 요한복음의 도입(introduction),[1177] 요약(summary),[1178] 머리말(preface),[1179] 전주곡(prelude),[1180] 오페라의 서곡(overture to an opera),[1181] 현관(porch),[1182] 로비(lobby),[1183] 입구

1174 Mlakuzhyil, *The Christocentric Literary Structure of the Fourth Gospel*, 143-145.

1175 Walter Wink, *John the Baptist in the Gospel Tradition* (New York: Cambridge University Press, 1968), 92: "The real end of chapter 1 is thus 2:12."

1176 Williams는 요 1:1-18을 단일 문단으로 볼 수 없는 또 다른 이유에 대하여 다음과 같이 논증하였다 ("Not the Prologue of John," 382-384): 1) 그리스어 사본에는 요 1:1-18 뒤에 분할(division)이 없다. 즉 18절과 19절 사이에 분할이 없다. 오히려 5절과 6절 사이에 분할이 있다. 2) 요 1:1과 요 1:14은 λόγος에 의해 괄호로 묶이며(inclusio), 요 1:14-2:11은 δόξα에 의해서 괄호로 묶인다. 그리고 요 2:11은 요 4:54의 σημεῖον과 단일 영역이다. 3) 동양의 성구집(Lectionary) 전승에서 요 1:17은 앞에서 이름이 알려지지 않은 자, 즉 λόγος의 이름(예수 그리스도)을 알림으로써 절정을 명시한다. 사람들은 로고스가 소유자이며(요 1:11), 이름을 가지고 있다(요 1:12)고 말함에도 불구하고, 또한 덜 중요한 인물인 요한의 이름은 그가 등장하자마자 밝혀진 반면에 그가 주의를 집중하는 로고스의 이름을 밝히는 것은 지연되고 있는 것에 충격을 받았을 것이다. 4) 이 통찰들은 공존할 수 있으며, 연결이 분할보다 더 중요하다는 것을 인식해야 한다.

1177 Hooker, "The Johannine Prologue and the Messianic Secret," 40; D. A. Carson, *The Gospel according to John* (Grand Rapids: Eerdmans, 1991), 111; C. K. Barrett, *The according to St John*, second ed. (Philadelphia: Westminster Press, 1978), 150; J. Painter, "Christology and the Fourth Gospel: A Study of the Prologue," *ABR* 31 (1983), 46; S. S. Smalley, *John : Evangelist and Interpreter* (Downers Grove: Inter Varsity Press, 1998), 137.

1178 R. Martin, *New Testament Foundations: A Guide for Christian Students*, vol. 1 (Grand Rapids: Eerdmans Publishing Company, 1975), 273; Carson, *The Gospel according to John*, 111; Brown, *The Gospel according to John I-XII*, 19; R. A. Culpepper, "The Pivot of John's Prologue," *NTS* 27 (1980), 1-31; 홍창표, "로고스, 요한복음 서론(1:1-18)," 「신학정론」 제 11권 1호 (1993), 113-134. Cf. D. Guthrie, *New Testament Theology* (Leicester; Downers Grove, Illinois: Inter-Varsity Press, 1981), 328, note 326; C. K. Barrett, "The Prologue of St. John's Gospel," in *New Testament Essay* (London: SPCK, 1972), 27-48.

1179 J. A. T. Robinson, "The Relation of the Prologue," *NTS* 9 (1962-63), 125; C. H. Dodd, *The Interpretation of the Fourth Gospel* (Cambridge: Cambridge University Press, 1980), 289, 292.

1180 E. D. Freed, "Theological Prelude to the Prologue of John's Gospel," *SJT* 32 no. 3 (1979), 257-269.

1181 Robinson, "The Relation of the Prologue," 122; Smalley, *John : Evangelist and Interpreter*, 137; G. R. Beasley-Murray, *Word Biblical Themes: John* (Dallas: Word Publishing, 1989), 21-22.

1182 Robinson, "The Relation of the Prologue," 120-129, esp. 121.

1183 Carson, *The Gospel according to John*, 111; Andreas J. Köstenberger, *Encountering John: The* (entrée),[1184] 소개와 총괄(to introduce … to sum it up),[1185] 뼈대(framework),[1186] 전제(presupposition),[1187] 열쇠(key),[1188] 철학적 원리(philosophical rationale)[1189] 등. 그러나 이 모든 주장은 단순히 문학적 구도에 근거한 것일 뿐, 로고스의 선재부터 그의 부활과 승천까지 펼쳐지는 요한복음의 신학적 구도의 큰 흐름은 놓치고 있다.[1190] 이에 대하여 F. Hahn은 다음과 같이 언급하였다.

요한복음 1:1-18은 독자적인 서언(Prolog)도 아니고, 드라마가 시작되기 전에 나오는 머리말(Vorspann)이나 또는 전체 주제에 맞춘 일종의 단순한 '전주곡'도 아니다. 요한복음 1:1-18은 서술적이고도 신학적으로 복음 안에 편입되어 있다. 그것은 계시자로서의 로고스의 역사를 만물창조 중재에 대한 그의 선재에서부터 성육신까지 말하며, 이는 예수의 삶과 죽음 그리고 아버지께로 돌아감에 대한 내용으로 계속 이어진다.[1191]

Gospel in Historical, Literary, and Theological Perspective (Grand Rapids: Baker Books, 1999), 48-50.

[1184] F. F. Segovia, "John 1:1-18 as Entrée into Johannine Reality: Representation and Ramifications," in J. Painter, R. A. Culpepper and F. F. Segovia (eds.), *Word, Theology and Community in John* (St. Louis: Chalice Press, 2002), 33-64.

[1185] Barrett, *The according to St. John*, 151.

[1186] B .T. D. Smith는 프롤로그의 그리스도에 대한 묘사는 요한복음의 나머지 부분을 위한 뼈대 (framework)라고 제안한다. Robinson, "The Relation of the Prologue," 122-123에서 재인용.

[1187] Keener, *The Gospel of John: A Commentary*, 333. E.g., G. S. Sloyan, *John: Interpretation - A Bible Commentary for Teaching and Preaching* (Atlanta: Westminster John Knox Press, 1988), 20-22.

[1188] Hooker, "The Johannine Prologue and the Messianic Secret," 49-51; Beasley-Murray, *Word Biblical Themes: John*, 35.

[1189] J. H. Bernard, *A Critical and Exegetical Commentary of the Gospel according to St. John*, vol. 1 (Edinburgh: T. & T. Clark, 1928), cxlv; 김동수, "프롤로그: 로고스 찬양서시(요 1:1-18)," 「요한신학 렌즈로 본 요한복음」 (서울: 도서출판 솔로몬, 2006), 41-54.

[1190] Cf. O. Cullmann, "The Theological Content of the Prologue to John in Its Present Form," in *The Conversation Continues: Studies in Paul and John in Honor of J. Louis Martyn*, R. T. Fortna, B. R. Gaventa ed. (Nashville: Abingdon, 1990), 298: "프롤로그는 단지 나중에 요한복음에 추가된 것이라고 종종 추측되지만, 그것은 요한복음의 신학적 구성에서 통합하는 요소로써 사실상 없어서는 안 되는 것이다."

[1191] Ferdinand Hahn, 「신약성서신학 I」(*Theologie des Neuen Testaments* I), 강면광 외 역 (서울: 대한기독 교서회, 2007), 679.

그 누구도 예수의 선재와 만물창조와 성육신을 예수 그리스도의 이 땅에서의 삶, 즉 구속을 성취하신 그의 삶에 대한 개요, 머리말, 서곡, 현관, 로비, 휴게실, 출입구라고 말할 수 없다. 예수 그리스도의 영원에서의 선재와 그의 창조 활동과 성육신은 구속을 위한 그의 이 땅에서의 수난과 십자가 죽음과 부활과 승천에 대한 도입이나 요약이 결코 아니다.

이와 함께 고려해야 할 것은 프롤로그를 요약이나 도입, 서곡으로 주장하는 사람들은 대부분 프롤로그에 사용된 용어들이 몸말에 나타나지 않거나 또는 몸말에서 반복되는 것에 근거하여 그렇게 주장한다는 것이다. 그러나 용어가 사용된 방식이 판단의 우선 근거가 되어서는 안 된다. 저자는 그리스도의 선재에서부터 승천까지 설명하기 위하여 다양한 용어와 표현 방식들을 사용했을 뿐이다. 따라서 중요한 것은 용어의 사용 형태가 아니라 저자가 묘사하고 있는 그리스도의 존재와 활동이다. 이것은 프롤로그에 요약되어 있지 않다. 우리는 용어에 치우치지 말고 복음서 전체가 어떤 구도로 이루어져 있는지에 우선적인 관심을 가져야 한다.

셋째, 프롤로그와 몸말의 관계는 완전한 하나의 통일체(unity)이다. 본 논문에서 이미 여러 차례 언급한 대로, 프롤로그와 몸말 사이의 일체성은 문학 형식과 내용으로 구분하여 생각해 볼 수 있다. 문학 형식에 있어서 이 둘은 문체와 문맥의 형식이 동일하며,[1192] 프롤로그의 세례자 요한 구절이 부정과 긍정으로 구성되어 있는 것도 몸말과 정확하게 일치한다.[1193] 프롤로그와 몸말은 그 내용에 있어서도 일치한다. 예수에 대한 칭호가 이 두 곳에서 다양하게 나타나며,[1194] 비록 프롤로그 이후에 예수가 다시는 로고스로 불리지 않지만, 프롤로그에 나타난 로고스 예수의 특징들은 몸말 전체를 통하여 계속 남아 있다.[1195] 또한 이 둘 다 구약성경의 내용을 크게

1192 본 논문 제3장(요한복음 프롤로그의 구조)의 I.5를 참조하라.
1193 본 논문 제6장(요한복음 프롤로그의 세례자 요한)의 III을 참조하라.
1194 본 논문 제4장(요한복음 프롤로그의 로고스의 기원)의 IV.2를 참조하라.
1195 Andreas J. Köstenberger and Scott R. Swain, *Father, Son and Spirit: The Trinity and John's Gospel* (Downers Grove, Illinois: Inter Varsity Press, 2008), 113-114; M. Endo, *Creation and Christology : A Study on the Johannine Prologue in the Light of Early Jewish Creation Accounts* (WUNT 2, 149) (Tübingen: Mohr Siebeck, 2002), 230-248.

의존하고 있고,[1196] 로고스의 존재, 활동, 증거, 반응, 결과 등의 내용이 공통적으로 나타나고 있다.[1197] 게다가 프롤로그와 몸말 모두 세례자 요한을 증거자와 믿음의 중개자와 그리스도의 선행자(predecessor)로 그리고 그의 신분의 종속성과 고유성에 대하여 공히 말하고 있다.[1198] 나아가서 프롤로그의 로고스 신학의 기초는 몸말의 예수에 근거하며 프롤로그에서 예수를 로고스 명명한 이유들이 모두 몸말에 나타난다.[1199] 이러한 이유들로 인해 프롤로그와 몸말은 별개의 것이 아니며, 이 둘은 완전히 하나이다.[1200] 설령 외부에서 자료가 왔다 하더라도 그것은 모두 요한의 것이 되었다.[1201]

요약하면, 우리는 요한복음 프롤로그의 범위는 쉽게 결정할 수 없고, 그 기능에 대한 학자들의 정의는 옳지 않으며, 프롤로그와 몸말은 여러 가지 면에서 통일체인 것을 잘 보여 주고 있다. Barrett는 프롤로그 전체 구절의 명료한 내적 통일성과 몸말과의 관계에서 주제와 그에 따르는 문제들의 특별한 통일성을 제시한다.[1202] "프롤로그는 본론과 완벽하게 조화된다."[1203] 따라서 요한복음의 프롤로그는 그것의 몸말과 별개의 자료가 아니며, 요한이 아닌 타인에 의해 덧붙여진 것도 아니다. 따라서 우리는 최종적으로 '요한복음에는 프롤로그가 없다'고 결론을 내릴 수 있을 것이다. 이런 까닭에 Haenchen도 우리가 실제로는 서언이라는 것에 대해 말할 수 없으며, 저자가 이 구절들로부터 복음서 자체가 직접 시작되도록 쓰고 있다고

[1196] 본 논문 제4장(요한복음 프롤로그의 로고스의 기원)의 IV를 참조하라.

[1197] 본 논문 제3장(요한복음 프롤로그의 구조)의 II를 참조하라.

[1198] 본 논문 제6장(요한복음 프롤로그의 세례자 요한)의 II-III을 참조하라.

[1199] 본 논문 제5장(요한복음 프롤로그의 로고스 신학)의 I을 참조하라.

[1200] Martin Hengel은 *The Johannine Question*, translated by John Bowden (Philadelphia: Trinity Press International, 1989), 89에서 요한복음의 일체성을 Ruckstuhl의 연구 결과를 따라 다음과 같이 주장한다: "The Fourth Gospel is 'a unitary work throughout', 'it has a clear ground plan of its own' and forms 'an unusually strong stylistic unity' which includes ch. 21"; ibid., 202: "As the style of the Fourth Gospel is undoubtedly unique in the New Testament, criticism was made of the conclusion drawn from this by Ruckstuhl (and Schweizer) that there was one normative author behind the Gospel."

[1201] Hengel, *The Johannine Question*, 91.

[1202] Barrett, *The according to St. John*, 150.

[1203] Painter, "Christology and the Fourth Gospel," 46.

주장했다.[1204] 또한 프롤로그에 있는 주요 명칭과 사상들이 요한복음 전체에 나타난다는 것은 오히려 저자가 1:1-18 또는 1:1-51을 서론으로 묶으려는 생각이 없었다는 것을 보여 주는 반증이다.

이제 요한복음의 프롤로그를 대하는 생각이 달라져야 한다. 우리는 먼저 고대의 문헌들이 정말로 오늘날처럼 서언을 가지고 있었는지에 대한 진지한 질문을 해야 할 것이다. 또한 요한복음 1:1-18을 한 문단으로 나눌 수 있다 할지라도 그것을 몸말과 다른 별개의 자료로 단정 짓지는 말아야 할 것이다. 나아가서 우리는 요한복음의 1:1-18이 단순히 요한복음의 시작 부분이기 때문에 'pro-logue'로 부를 수는 있으나, 그것의 기원과 범위와 기능과 몸말과의 관계와 저작권 등에서 본 논문이 비판한 그러한 의미의 'prologue'로는 칭하지 말아야 할 것이다.[1205]

이제 마지막으로 요한복음 프롤로그 연구의 발전을 위하여 몇 가지 제안을 하고자 한다. 첫째, 프롤로그와 몸말과의 관계에 대한 주석학적 연구가 더하여져서 이 주제에 대한 이해가 견고해 지기를 바란다. 둘째, 세례자 요한에 대한 본 논문의 연구 결과는 프롤로그의 세례자 요한과 공관복음의 세례자 요한에 대한 심층적인 비교 연구를 요청하고 있다. 셋째, 프롤로그의 율법과 은혜의 관계를 프롤로그와 구약과의 관계 속에서, 특히 요한복음의 몸말과의 관계 속에서 다시 진지하게 고찰할 필요가 있다.

[1204] E. Haenchen, "Probleme des johanneischen 'Prologs'," in *Gott und Mensch, Gesammelte Aufsätze* (Tübingen, 1965), 117: H. N. Ridderbos, "The Structure and Scope of the Prologue to the Gospel of John," *NovT* 8 (1966), 184에서 재인용. Cf. R. E. Brown, *The Gospel according to John I-XII*, vol. I (2 vols) (New York: Doubleday, 1966), 18.

[1205] Williams, "Not the Prologue of John," 375-386.

1. 본문(Text)

Aland, K. Aland, B. Karavidopoulos, K. Martini C. M. and Metzger, B. M. (eds.),
    Novum Testamentum Graece, Stuttgart: Deutsche Bibelgesellschaft, 27th
    edition, 1993, 2001.

Aland, K. Aland, B. Karavidopoulos, K. Martini C. M. and Metzger, B. M. (eds.),
    The Greek New Testament (GNT), Stuttgart: Deutsche Bibelgesellschaft,
    4th edition, 1993, 1994.

Elliger, K. and Rudolph, W. (eds.), *Biblia Hebraica Stuttgartensia*, Stuttgart: Deutsche
    Bibelgesellschaft, 1977.

Luther Übersetzung, *Die Bibel*, Stuttgart: Deutsche Bibelgesellschaft, 1999.

Rahlfs, A. (ed.), *Septuaginta* (LXX), 2 vols., Stuttgart: Deutsche Bibelgesellschaft, 1935,
    1979.

2. 사전, 문법책, 참고문헌집(Bibliography), 컴퓨터 프로그램, 사이트

Alexander, T. Desmond and Rosner, Brian S. (eds,), *New Dictionary of Biblical Theology*
    (*NDBT*), Leicester: Inter-Varsity Press, 2000. = 「IVP성경신학사전」,
    권연경 외 옮김, 서울: 한국기독학생회출판부, 2004.

Bauer, Walter. *A Greek-English Lexicon of the New Testament and Other Early Christian
    Literature* 3th ed. (BDAG), revised and edited by Frederick William
    Danker, Chicago: University of Chicago Press, 2000.

Belle. G. Van. *Johannine Bibliography 1966-1985: A Cumulative Bibliography on the Fourth
    Gospel* (BETL. 82; Leuven: Leuven University Press & Uitgeverij

Peeters), Brussel, 1988.

Douglas, J. D. General Ed., *The New International Dictionary of the Christian Church* (NIDCC), Grand Rapids: Eerdmans, 1974.

_____ . Organizing Editor, *New Bible Dictionary* (NBD), Grand Rapids: Eerdmans, 1962. = 「새성경사전」, 나용화, 김의원 역, 서울: 기독교문서선교회, 1996.

Everett F. Harrison, (ed.) *Baker's Dictionary of Theology* (BDT), Grand Rapids: Baker Book House, 1983.

Freedman, D . N. (ed.), *The Anchor Bible Dictionary* (ABD) New York: Doubleday, 1992.

Friberg, Timothy. Friberg, Barbara. Miller, Neva F. *Analytical Lexicon of the Greek New Testament*, Grand Rapids: Baker Books, 2000.

Green, J. B, Mcknight, S. (eds.), *Dictionary of Jesus and the Gospels* (DJG) Leicester, England: Inter-Varsity Press, 1992. =「예수 복음서 사전」, 요단출판사 번역위원회 역, 서울: 요단출판사, 2003.

Harrison, Everett F. (ed.), *Baker's Dictionary of Theology*, Grand Rapids: Baker Book House, 1983.

Kittle, G and Friedrich, G (eds.), *Theological Dictionary of the New Testament*, trans. G. W. Bromiley; 10 vols (TDNT), Grand Rapids: Eerdmans, 1964-1976.

Liddell, H. G. and Scott, R. and Jones, H. S. *A Greek-English Lexicon*, 9th ed., Oxford: Clarendon Press, 1983.

Louw, J. and Nida, E. A. *Greek-English Lexicon of the New Testament Based on Semantic Domains*, 2 vols., New York: United Bible Societies, 2nd ed., 1988.

Lust, J. Eynikel, E. Hauspie, K. (eds.), *A Greek-English Lexicon of the Septuagint* (LEH), Stuttgart: Deutsche Bibelgesellschaft, 2004.

Malatesta, E. *St. John's Gospel 1920-1965: A Cumulative and Classified Bibliography of Books and Periodical Literature on the Four Gospel*, Analecta biblica 32, Rome: Pontifical Biblical Institute, 1967.

Moulton, J. H. and Milligan, G. *The Vocabulary of the Greek New Testament*, (VGNT) Peabody: Hendrickson Publishers, 1997.

Robertson, A. T. *A Grammar of the Greek New Testament in the Light of Historical Research*, Nashville: Broadman Press, 1934.

_____ . *A Short Grammar of the Greek New Testament: For Students Familiar with the Elements of Greek*, New York: A. C. Armstrong and Son, 1909.

Schmoller, Alfred. *Handkonkordanz zum griechischen Neuen Testament (Pocket Concordance to the Greek New Testament)*, Münster: Deutsche Bibelgesellschaft, 1994.

Scholtissek, Klaus. "Johannine Studies: A Survey of Recent Research with Special Regard to German Contributions II," *Currents in Research: Biblical Studies* 9, Sheffield: Sheffield Academic Press, 1988.

_____ . "Johannine Studies: A Survey of Recent Research with Special Regard to German Contributions," *Currents in Research: Biblical Studies* 6, Sheffield: Sheffield Academic Press, 1988.

Thayer, Joseph H. *A Greek-English Lexicon of the New Testament*, Grand Rapids: Baker Book House, 1977.

Wagner, Günter (ed.), *An Exegetical Bibliography of the New Testament: John and 1,2,3 John*, Macon, Georgia: Mercer University Press, 1987.

Wallace, Daniel B. *Greek Grammar beyond the Basics : An Exegetical Syntax of the New Testament with Scripture*, Grand Rapids: Zondervan Publishing House, 1996.

Wigram, George V. *The Englishman's Greek Concordance*, Grand Rapids: Baker Books House, 1979.

Zerwick S. J, Maximilian. *Biblical Greek*, Rome: Editrice Pontificio Instituto Biblico. 2001.

Bible Works 7.0,O. Box 6158, Norfolk, VA 23508, service@bibleworks.com

http://www.earlychristianwritings.com(2009.12.28).

http://heraclitus01.tripod.com/diels-kranz.htm(2010.02.10).

http://en.wikipedia.org/wiki/Heraclitus#Logos(2010.02.11).

http://www.encyber.com/search_w/ctdetail.php?gs(2009.12.23).

http://en.wikipedia.org/wiki/Hermes_Trismegistus(2010.02.05)

http://timeline.britannica.co.kr/bol/topic.asp?article_id=b07m1289a(2010.02.05).

http://www.earlychristianwritings.com/text/irenaeus-book2.html(2009.12.28).

http://www.earlychristianwritings.com/text/irenaeus-book1.html(2009.12.28).

3. 논문과 단권

1) 영서

Abba, R. "God Comes to Man [Jn 1:11]," ExpT 91 (1979), 51-52.

Agourides, S. "Structure and Theology in the Gospel of John," *GOTR* 47 (2002), 111-137.

Aland, Barbar. "Gnosis und Christentum," in *Rediscovery of Gnosticism*, vol. 1, Leiden: E. J. Brill, 1980, 319-342.

Albright, W. F. "Recent Discoveries in Palestine and the Gospel of St John," in Davies, W. D. and Daube, D. (eds.), *The Background of the New Testament and Its Eschatology* (FS. C. H. Dodd), Cambridge: Cambridge University Press, 1964, 153-171.

Alexander T. D. and Rosner, B. S. (eds.), *New Dictionary of Biblical Theology*, Downers Grove: Inter Varsity Press, 2000.

Alldrit, N. S. F. "The Logos Outside St. John," *StudEvan* 7, Livingstone, Elizabeth A. (Editor), Berlin: Akademie, 1982, 1-4.

Anderson, Paul N. *The Christology of the Fourth Gospel: Its Unity and Disunity in the Light of John 6*, Pennsylvania: Trinity Press International, 1966.

Argyle, A. W. "The Logos of Philo: Personal or Impersonal?" *ExpT* 66 (1954-1955), 13-14.

Ashton, J. "The Transformation of Wisdom: A Study of the Prologue of John's Gospel," *NTS* 32 (1986), 161-186.

_____ . *Understanding the Fourth Gospel*, Oxford; New York: Oxford University Press, 2007.

Augustin, *On the Holy Trinity, Nicene and Post-Nicene Fathers of the Christian Church*, vol. 3, Grand Rapids: Eerdmans, 1980. = 「삼위일체론」, 김종흡 역, 고양: 크리스챤다이제스트, 1993.

Badke, William B. "Was Jesus a Disciple of John?" *EvQ* 62 (1990), 195-204.

Baldensperger, D. W. *Der Prolog des vierten Evangeliums, Sein polemisch - apologetischer Zweck*, Freiburg: J. C. B. Mohr, 1898.

Bammel, E. "John Did No Miracles: John 10:41," in C. F. D. Moule (ed.), *Miracles: Cambridge Studies in their Philosophy and History*, Mowbrays, 1965, 197-202.

_____ . "The Baptist in Early Christian Tradition," *NTS* 18 (1971-1972), 95-128.

Barclay, W. "Great Themes of the New Testament, II: John 1:1-14," *ExpT* 70 (1958-1959), 78-82.

Barclay, W. "John 1:1-14: Fully Man and Fully God," in *Great Themes of the New Testament*, Louisville: Westminster John Knox Press, 2001, 23-44.

_____ . *New Testament Words*, Philadelphia: The Westminster Press, 1974.

Barosse, T. "The Seven Days of the New Creation in St. John's Gospel," *CBQ* 21 (1959), 507-516.

Barr, James. *The Semantics of Biblical Language*, London: Oxford University Press, 1961.

Barrett, C. K. "Christocentric or Theocentric? Observations on the Theological Method of the Fourth Gospel," *Essays on John*, London: SPCK, 1982, 1-18.

_____ . "Κατέλαβεν in John 1:5," *ExpT* 53 (1941-1942), 297.

_____ . "The Prologue of St. John's Gospel," in *New Testament Essays*, London: SPCK, 1972, 27-48.

_____ . *The Gospel according to St. John*, Philadelphia: Westminster Press, 1978. = 「요한복음」 1, 박경미 역, 서울: 한국신학연구소, 1994.

_____ . *The Prologue of St. John's Gospel*, London: The Athlone Press, University of London, 1971.

Barus, A. "The Structure of the Fourth Gospel," *AJT* 21 (2007), 96-113.

Bassler, J. M. "The Galileans: A Neglected Factor in Johannine Community Research," *CBQ* 43 (1981), 243-257.

Bauckham, R and Mosser, Carl. (eds.), *Gospel of John and Christian Theology*, Grand Rapids: Eerdmans, 2008.

Bauckham, R. "Historiographical Characteristics of the Gospel of John," *NTS* 53 (2007), 17-36.

Bauer, D. R. "Son of God," *Dictionary of Jesus and the Gospels*, (eds.), Joel B. Green, Scot Mcknight, Leicester, England: Inter-Varsity Press, 1992, 769-775.

Bavinck, H. *Our Reasonable Faith*, Tr. Henry Zylstra, Grand Rapids: Baker Book House, 1980. = 「개혁교의학 개요」, 원광연 역, 서울: 크리스챤다이제스트, 2004.

_____ . *Reformed Dogmatics Vol. 2: God and Creation*, Tr. John Vriend, Grand Rapids: Baker Academic, 2004.

_____ . *The Doctrine of God*, translated, Edited Outlined by William Hendriksen,

Edinburgh: The Banner of Truth Trust, 1979. = 「개혁주의 신론」, 이승구 역, 서울: 기독교문서선교회, 1988.

Beale, G. K and Carson, D. A. (eds.), *Commentary on the New Testament Use of the Old Testament*, Grand Rapids: Baker Academic, 2007.

Beasley-Murray, G. R. *John* (WBC), Waco, Texas: Word Books, 1987.

_____ . *Word Biblical Themes: John*, Dallas: Word Publishing, 1989.

Becker, J. *Das Evangelium nach Johannes Kapitel 1-10*, Gütersloh: Gütersloher Berlag, 1991.

_____ . "Ich bin die Auferstehung und das Leben. Eine Skizze der johanneischen Christologie," *TZ* 39 (1983), 136-151.

Bennema, Cornelis. "The Character of John in the Fourth Gospel," *JETS* 52 (2009), 271-284.

Bernard, J. H. *A Critical and Exegetical Commentary on the Gospel according to St. John* vol. 1, Edinburgh: T. & T. Clark, 1928.

Bettenson, Henry. 「초기 기독교 교부」(*The Early Christian Fathers*), 박경수 역, 서울: 크리스챤다이제스트, 1997.

Beutler, J. "The Use of 'Scripture' in the Gospel of John," in *Exploring the Gospel of John: In Honor of D. Moody Smith*, (eds.), R. Alan Culpepper and C. Clifton Black, Louisville: Westminster John Knox, 1996, 147-162.

Blomberg, Craig L. *The Historical Reliability of John's Gospel : Issues & Commentary*, Downers Grove: Inter Varsity Press, 2002.

_____ . *The Historical Reliability of the Gospels*, Leiceste: Inter Varsity Press, 1987.

Böcher, O. "Johanneisches in der Apokalypse des Johannes," *NTS* 27 (1981), 310-321.

Böhlig, Alexander. "Synkretismus, Gnosis, Manichäismus," in *Koptische Kunst: Christentum am Nil*, Essen: Villa Hügel, 1963, 42-47.

Boice, J. M. *The Gospel of John: An Expositional Commentary*, Grand Rapids: Zondervan, 1975. = 「주석적 요한복음 강해」 I, 서문 강 역, 서울: 크리스챤다이제스트, 1998.

Boismard, M. E. *St. John's Prologue*, translated by Carisbrooke Dominicans, Maryland: Newman Press, 1957.

Borgen, P. "Creation, Logos and the Son: Observations on John 1:1-18 and 5:17-18," *Ex Auditu* 3 (1987), 88-97.

_____ . "God's Agent in the Fourth Gospel," in *The Interpretation of John*, (ed.), John

Ashton, Issues in Religion and Theology 9, Philadelphia and London: Fortress and SPCK, 1986, 67-78.

_____ . "Logos was the True Light: Contributions to the Interpretation of the Prologue of John," *NovT* 14 (1972), 115-130.

_____ . "The Gospel of John and Hellenism: Some Observations," in *Exploring the Gospel of John: In Honor of D. Moody Smith.* Edited by R. Alan Culpepper and 'C. Clifton Black. Louisville: Westminster John Knox, 1996, 98-123.

_____ . "The Prologue of John as Exposition of the Old Testament," in *Philo, John and Paul: New Perspectives on Judaism and Early Christianity*, Brown Judaic Studies 131, Atlanta: Scholars, 1987, 75-101.

Bortolini, J. 「요한복음 읽기」, 김수복 역, 서울: 성바오로, 1997.

Brodie, T. L. *The Quest for the Origin of John's Gospel: A Source-Oriented Approach*, New York, Oxford: Oxford University Press, 1993.

Brown, R. B. "The Prologue of the Gospel of John: John 1:1-18," *RExp* 62 (1965), 429-439.

Brown, R. E. "Appendix II: The 'Word'," *Gospel according to John,* vol. I . New York: Doubleday, 1966, 519-524.

_____ . "Features in the Christology of the Gospel according to John," in *An Introduction to New Testament Christology*, New York: Paulist Press, 1994, 196-213.

_____ . "John the Baptist in the Gospel of John," in *New Testament Essays*, New York: Image Books, 1968, 174-184.

_____ . "The Composition and Order of the Fourth Gospel: Bultmann's Literary Theory, By D.M. Smith, New Haven: Yale University Press, 1965"에 대한 Review, *TS* 26 (1965), 438-440.

_____ . "The Theology of the Incarnation in John," in *New Testament Essays*, New York: Image Books, 1968, 132-137.

_____ . "Three Quotations from John the Baptist in the Gospel of John," *CBQ* 22 (1960), 292-298.

_____ . 「요한복음과 요한서간 주해서」(*The Gospel and Epistles of John: A Concise Commentary*), 정승현 역, 서울: 가톨릭출판사, 2002.

_____ . *An Introduction to New Testament Christology*, New York: Paulist Press, 1994.

         = 「신약성서 그리스도론 입문」, 김광식 역, 경북 칠곡: 분도출판사, 2003.

_____ . *An Introduction to the Gospel of John*, New York: New York: Doubleday, 2003.

_____ . *An Introduction to the New Testament*, New York: New York: Doubleday, 1997. = 「신약개론」, 김근수 이은순 역, 서울: 기독교문서선교회, 2003.

_____ . *The Community of the Beloved Disciple*, New York: Paulist Press, 1979.

_____ . *The Gospel according to John I-XII*, vol. I (2 vols), New York: Doubleday, 1966.

_____ . *The Gospel according to John XIII-XXI*, vol. II (2 vols), New York: Doubleday, 1970.

Brown, R. E. Fitzmyer, J. A. Murphy, R. E. (eds.), *The New Jerome Biblical Commentary*, London: Geoffrey Chapman, 1990.

Bruce, F. F. *The Gospel of John: Introduction, Exposition, and Notes*, Grand Rapids: Eerdmans, 1983.

Bruns, J. E. *The Genius of John: A Composition-Critical Commentary on the Fourth Gospel*, Collegeville: Liturgical, 1984.

Bultmann, R. "Der religionsgeschichtliche Hintergrund des Prologs zum Johannesevangelium," in H. Schmidt (ed.), *EYXAPIΣTHPION: Studien zur Religion und Literatur des Alten und Neuen Testaments*, Göttingen: Vandenhoeck Ruprecht, 1923, 3-26.

_____ . "Interpretation of the Fourth Gospel", *NTS* 1 (1954), 77-91.

_____ . "Θεὸν οὐδεὶς ἑώρακεν πώποτε", *ZNW* 29 (1930), 169-192.

_____ . "The History of Religions Background of the Prologue to the Gospel of John," in *The Interpretation of John. Issues in Religion and Theology 9.* (ed.), John Ashton, Philadelphia: Fortress Press, London: SPCK, 1986, 18-35.

_____ . *Das Evangelium des Johannes*, Göttingen: Vandenhoeck Ruprecht, 1941.

_____ . *The Gospel of John*, Trans. G. R. Beasley-Murray and (eds.), R. W. N. Hoare and J. K. Riches, Philadelphia: Westminster, 1971. = 「요한복음」, 허혁 역, 서울: 성광문화사, 1990.

_____ . *Theology of the New Testament* I, London: SCM Press, 1978.

_____ . 「기독교 초대교회 형성사 : 서양 고대종교 형성사」, 허혁 옮김, 서울: 이화여자대학교출판부, 1994.

Burge, G. M. "History of Interpretation," in *Interpreting the Gospel of John*, Grand Rapids: Baker Book House, 1992.

_____ . *Interpreting the Gospel of John*, Grand Rapids: Baker Book House, 1992.

Burney, C. F. *The Aramaic Origin of the Fourth Gospel*, Oxford: Clarendon Press, 1922.

Burridge, R. A. 「네 편의 복음서, 한 분의 예수?」(*Four Gospel, One Jesus?*), 김경진 역, 서울: 기독교연합신문사, 2008.

Burrows, E. W. "Did John the Baptist Call Jesus 'The Lamb of God'?" *ExpT* 85 (1973/74), 245-249.

Cahill, J. "The Johannine Logos as Center," *CBQ* 38 (1976), 54-72.

Calvin, J. *Institutes of the Christian Religion*, translated by Henry Beveridge, Grand Rapids: Eerdmans, 1997.

Calvin, J. *The Gospel according to St. John 1-10* (Calvin's New Testament Commentaries) translator T. H. L. Parker, Grands Rapids: Eerdmans Publishing Company, 1961.

Campbell, C. L. "John 1:1-14," *Int* 49 (1995), 394-398.

Carson, D. A. "Historical Tradition in the Fourth Gospel: After Dodd, What?" in *Gospel Perspectives II*, (eds.), R. T. France and David Wenham (Sheffield: JSOT Press, 1981), 83-145.

_____ . "Current Source Criticism of the Fourth Gospel: Some Methodological Questions," *JBL* 97 (1978), 411-429.

_____ . "John and the Johannine Epistles," in *It is Written: Scripture Citing Scripture; Essays in Honour of Barnabas Lindars*, (eds.), D. A. Carson and H. G. M. Williamson, Cambridge: Cambridge University Press, 1988, 245-264.

_____ . *Exegetical Fallacies*, Grand Rapids: Baker Academic, 1996. = 「성경 해석의 오류」, 박대영 역, 서울: 성서유니온선교회, 2005.

_____ . *The Gospel according to John*, Grand Rapids: Eerdmans, 1991.

Carson, D. A. France, R. T, Motyer J. A, Wenham, G. J. (eds.), *New Bible Commentary: 21st Century Edition*, Leicester: Inter Varsity Press, 1994. = 「IVP 성경주석: 신약」, 김재영, 황영철 역, 서울: 한국기독학생회출판부(한국IVP), 2005.

Carson, D. A. Moo, D. J. Morris, L. *An Introduction to the New Testament*, Grand Rapids: Zondervan, 1992. = 「신약개론」, 노진준 역, 서울: 도서출판 은성,

1993.

Carter, W. "The Prologue and John's Gospel: Function, Symbol and Definitive Word," *JSNT* 39 (1990), 35-38.

Charles, J. D. "'Will the Court Please Call in the Prime Witness?' John 1:29-34 and the 'Witness'-Motif," *TrinJ* 10 (1989), 71-83.

Charlesworth, J. H. "The Odes of Solomon - Not Gnostic," *CBQ* 31 (1969), 357-369.

Cho, Byoung-Soo. "Johannes der Täufer im Johannesevagelium," in *"Mehr als ein Prophet': Studien zum Bild Johannes des Täufers im Neuen Testament auf dem Hintergrund der Prophetenvorstellungen im zeitgenössischen Judentum,* Inaugural-Dissertation zur Er langung der Würde eines Doktors der Theologie der Evangelisch-Thelogischen Fakultät der Westfälischen Wilhelms-Universität Münster, Scoul / Münster, 1994.

Cho, Sukmin. *Jesus as Prophet in the Fourth Gospel,* NTM, 15, Sheffield: Sheffield Phoenix Press, 2006.

Clark, Gordon H. *The Johannine Logos,* Nutley: Presbyterian and Reformed Publishing Company, 1972.

Coloe, M. "The Structure of the Johannine Prologue and Genesis 1," *ABR* 45 (1997), 40-55.

Colwell, E. C. "A Definite Rule for the Use of the Article in the Greek New Testament," *JBL* 52 (1933), 12-21.

Conzelmann, H. 「신약성서신학」, 박두환 역, 서울: 한국신학연구소, 2001.

Countess, Robert H. "The Translation of θεός in the New World Translation," *BETS* 10 (1967), 153-160.

Crump, D. "Re-examining the Johannine Trinity: Perichoresis or Deification?" *SJT* 59 (2006), 395-412.

Cullmann, O. "Ὁ ὀπίσω μου ἐρχόμενος," in *The Early Church: Studies in Early Christian History and Theology,* (ed.), A. J. B. Higgins, Philadelphia: Westminster, 1956, 177-182.

_____ . "The Theological Content of the Prologue to John in Its Present Form," in *The Conversation Continues: Studies in Paul and John in Honor of J. Louis Martyn,* (eds.), R. T. Fortna, B. R. Gaventa, Nashville: Abingdon, 1990, 295-298.

_____ . *Die Christologie des Neune Testaments*, Tübingen: Mohr Siebeck, 1957.

_____ . *The Christology of the New Testament*, trans. Shirley C. Guthrie and Charles A. M. Hall, Philadelphia: The Westminster Press, 1963. = 「신약의기독론」, 김근수 역, 서울: 나단출판사, 2008.

Culpepper, R. A. "The Pivot of John's Prologue," *NTS* 27 (1980), 1-31.

_____ . "The Prologue," in *The Gospel and Letters of John*, Nashville: Abingdon Press, 1998, 109-120.

_____ . *Anatomy of the Fourth Gospel: A Study in Literary Design*, Philadelphia: Fortress, 1992.

Dahms, J. V. "The Johannine Use of Monogenēs Reconsidered," *NTS* 29 (1983), 222-232.

Davies, W. D. "Reflections on the Jewish Background of the Gospel of John," in Culpepper, R. A. and Black, C. C. (eds.), *Exploring the Gospel of John: In Honor of Moody Smith*, Louisville, Kentucky: Westminster John Knox Press, 1996, 43-64.

de la Potterie, I. "Structure du Prologue du Saint Jean," *NTS* 30 (1984), 354-381.

_____ . "The Truth in Saint John (1963)," in *The Interpretation of John*. Edited by John Ashton. Issues in Religion and Theology 9. Philadelphia: Fortress, 1986, 53-66.

_____ . 「요한복음에 의한 예수수난」, 김수복 역, 서울: 성바오로출판사, 1992.

Deeks, D. "The Structure of the Fourth Gospel," in Stibbe, M. W. G. (ed.), *The Gospel of John as Literature*, Leiden, The Netherlands: E. J. Brill, 1993, 77-101.

_____ . "The Structure of the Fourth Gospel," *NTS* 15 (1968), 107-129.

Dennison, J. T, Jr. "He Must Increase, But I Must Decrease," *Kenox* 14 (1999), 11-17.

Diels, Hermann and Kranz, Walther. *Die Fragmente der Vorsokratiker*, Griechisch und Deutsch von Hermann Diels, Herausgegeben von Walter Kranz. Germany: Weidmann, 1974.

Dodd, C. H. "Logos," in *Interpretation of the Fourth Gospel*, Cambridge: Cambridge University Press, 1953, 1980, 263-285.

_____ . "The Prologue to the Forth Gospel and Christian Worship," in *Studies in the Fourth Gospel*, (ed.), F. L. Cross. London: Mowbray, 1957, 9-22.

_____ . *The Bible and Greeks*, London: Hodder & Stoughton, 1935.

_____ . *The Interpretation of the Fourth Gospel*, Cambridge: Cambridge University Press,

1953, 1980.

Du Rand, J. A. "The Creation Motif in the Fourth Gospel: Perspectives on Its Narratological Function within a Judaistic Background," in *Theology and Christology in the Fourth Gospel: Essays by the Members of the SNTS Johannine Writings Seminar*, Ed. by G. Van Belle, J.G. Van der Watt, and Maritz, Leuven: Leuven University Press, 2005, 21-46.

Dumbrell, W. J. "Grace and Truth: The Progress of the Argument of the Prologue of John's Gospel," in *Doing Theology for the People of God: Studies in Honor of J. I. Packer*. (eds.), Donald M. Lewis, and Alister McGrath, Downers Grove: Inter Varsity Press, 1996, 105-121.

_____ . "Law and Grace: The Nature of the Contrast in John 1:17," *EvQ* 58/1 (1986), 25-37.

Dunn, J. D. G. "Incarnation," in David N. F. (ed.), *ABD, V3, H-J*, New York: Doubleday, 1992, 397-404.

_____ . *Christology in the Making: A New Testament Inquiry into the Origins of the Doctrine of the Incarnation*, Philadelphia: The Westminster Press, 1980.

Earl, Douglass. "'(Bethany) beyond the Jordan': The Significance of a Johannine Motif," *NTS* 55 (2009), 279-294.

Edwards, R. B. "Reading the Book. 4. The Gospel according to John," *ExpT* 108 (1997), 101-105.

Ellingworth, "Exegetical Presuppositions in Translation," *BT* 33 (1982), 317-323.

Elliott, J. K. "John 1:14 and the New Testament's Use of πλήρης," *BT* 28 (1977), 151-153.

Ellis, F. "Inclusion, Chiasm, and the Division of the Fourth Gospel," *SVTQ* 43 (1999), 269-338.

_____ . "Understanding the Concentric Structure of the Fourth Gospel," *SVTQ* 47 (2003), 131-154.

Eltester, W. "Der Logos und sein Prophet. Fragen zur heutigen Erklärung des johanneischen Prologs," (BZNW 30) in Eltester and Kettler, *Apophoreta*, Berlin: A Topelmann, 1964, 109-134.

Endo, M. *Creation and Christology : A Study on the Johannine Prologue in the Light of Early Jewish Creation Accounts* (WUNT 2, 149), Tübingen: Mohr Siebeck, 2002.

Epp, Eldon J. "Wisdom, Torah, Word: The Johannine Prologue and the Purpose of the Fourth Gospel," in *Current Issues in Biblical and Patristic Interpretation: Studies in Honor of Merrill C. Tenney Presented by His Former Students,* Edited by Gerald F. Hawthorne, Grand Rapids: Eerdmans, 1975, 128-146.

Evans, C. A. "Old Testament in the Gospels," in J. B. Green and S. McKnight (eds.), *Dictionary of Jesus and the Gospels,* Downers Grove, Illinois: Inter Varsity Press, 1992, 579-590.

_____ . *Word and Glory: On the Exegetical and Theological Background of John's Prologue,* Sheffield: Sheffield Academic Press, 1993.

Evans, G. E. (ed.), 「초대교회의 신학자들」 박영실 역, 서울: 그리심, 2008.

Ferguson, Everett. *Backgrounds of Early Christianity,* Grand Rapids: Eerdmans, 2003.

Fergusson, D. A. *Bultmann,* London: Geoffrey Chapman, 1992. = 「불트만」, 전성용 옮김, 서울: 대한기독교서회, 2000.

Flowers, H. J. "Interpolations in the Fourth Gospel," *JBL* 40 (1921), 146-158.

Fortna, R. T. "Christology in the Fourth Gospel: Redaction-Critical Perspectives," *NTS* 21 (1975), 489-504.

_____ . *The Fourth Gospel and Its Predecessor,* Philadelphia: Fortress Press, 1988.

Freed, E. D. "*Ego eimi* in John 1:20 and 4:25," *CBQ* 41 (1979), 288-291.

_____ . "Theological Prelude to the Prologue of John's Gospel," *SJT* 32 no. 3 (1979), 257-269.

_____ . *Old Testament Quotations in the Gospel of John,* Leiden, The Netherlands: E. J. Brill, 1965.

Giblin, C. H. "The Tripartite Narrative Structure of John's Gospel," *Bib* 71(4) (1990), 449-468.

_____ . "Two Contemporary Literary Structures in John 1:1-18," *JBL* 104 (1985), 87-103.

Gibson, Arthur. *Biblical Semantic Logic: A Preliminary Analysis,* New York: St. Martin, 1981.

Glasson, T. F. "John the Baptist in the Fourth Gospel," *ExpT* 67 (1956), 245-246.

_____ . *Moses in the Fourth Gospel,* SBT 40, London: SCM Press, 1963.

Gonzalez, Justo L. 「기독교 사상사」 (I) 고대편, 이형기, 차종순 역, 서울: 대한예수교장로회총회출판국, 1988.

Goppelt, Leonhard. *Theologie des Neuen Testaments*, Zweiter Teil, Göttingen: Vandenhoeck Ruprecht, 1976. = 「신약신학」, 박문재 역, 서울: 크리스챤다이제스트, 2000.

_____ . *Theology of the New Testament*, vol. 2, Tr. John E. Alsup, Grand Rapids: Eerdmans, 1982.

Guthrie, D. "Logos," *New Testament Theology*, Leicester: Intervarsity, 1981, 321-330.

_____ . 「그리스도: 그리스도의 사역」, 이중수 역, 서울: 성서유니온, 1988.

_____ . *New Testament Introduction*, Illinois: Inter Varsity Press, 1970. = 「신약 서론」 상, 김병욱, 정광욱 역, 서울: 크리스챤다이제스트, 1992.

_____ . *New Testament Theology*, Leicester, England; Downers Grove, Illinois: Inter-Varsity Press, 1981.

Haenchen, E. "Probleme des johanneischen 'Prologs'," in *Gott und Mensch, Gesammelte Aufsätze*. Tübingen: J. C. B. Mohr, 1965, 114-143.

_____ . "Probleme des johannischen 'Prologs'," *ZTK* 60 (1963), 305-334.

_____ . *A Commentary on the Gospel of John 1*, trans. R. W. Funk, Philadelphia: Fortress Press, 1984.

Hahn, Ferdinand. 「신약성서신학 I」(*Theologie des Neuen Testaments* I), 강면광 외 역, 서울: 대한기독교서회, 2007

Hamerton-Kelly, R. G. "Pre-existence in the Gospel of John," in *Pre-existence, Wisdom, and the Son of Man*, New York: Cambridge University Press, 1973.

Hanson, A. T. *The Prophetic Gospel*, Edinburgh: T&T Clark, 1991.

Harris, E. *Prologue and Gospel: The Theology of the Fourth Evangelist* (JSNTSup 107), Sheffield Academic Press, 1994.

Harris, M. J. "Prepositions and Theology in the Greek New Testament," in *NIDNTT*, 1171-1215.

Harrison, E. F. "A Study of John 1:14," in *Unity and Diversity in NT Theology: Essays in Honor of G. E. Ladd*. Edited by Robert A. Guelich. Grand Rapids: Eerdmans, 1978, 23-36.

_____ . "Jesus and John the Baptist," *BSac* 102 (1945), 74-83.

Hayward, C. T. R. "The Holy Name of the God of Moses and the Prologue of St. John's Gospel," *NTS* 25 (1978-1979), 16-32.

Hendriksen, William. *The Gospel according to John*, vol. 1, Grand Rapids: Baker Book House, 1953. = 「요한복음 상」, 문창수 역, 서울: 아가페출판사, 1985.

Hengel, M. "The prologue of the Gospel of John as the Gateway to Christological Truth," in (eds.), Bauckham, Richard and Mosser, Carl. *Gospel of John and Christian Theology*, Grand Rapids: Eerdmans, 2008, 265-294.

_____ . *The Johannine Question*, translated by John Bowden, Philadelphia: Trinity Press International, 1989. = 「요한문서탐구」, 전경연, 김수남 역, 서울: 대한기독교서회, 1998.

_____ . *The Son of God*, Philadelphia: Fortress Press, 1976.

Hindley, J. C. "Witness in the Fourth Gospel," *SJT* 18 (1965), 319-337.

Hooker, M. D. "John's Baptism: A Prophetic Sign," in *Holy Spirit and Christian Origins: Essays in Honor of James D. G. Dunn*, Grand Rapids: Eerdmans, 2004, 22-40.

_____ . "John the Baptist and the Johannine Prologue," *NTS* 16 (1969-1970), pp.354-358.

_____ . "The Johannine Prologue and the Messianic Secret," *NTS* 21 (1974), 40-58.

Hoskins, Paul M. "Deliverance from Death by the True Passover Lamb: A Significance Aspect of the Fulfillment of the Passover in the Gospel of John," *JETS* 52 (2009), 285-299.

Hoskyns, E. C. *The Fourth Gospel*, London: Faber & Faber, 1947.

Howard, W. F. *The Fourth Gospel in Recent Criticism and Interpretation*, revised by C. K. Barrett, London: The Epworth Press, 1955.

Hughes, J. H. "John the Baptist: The Forerunner of God Himself," *NovT* 14 (1972), 191-218.

Hui, Archie W. D. "John the Baptist and Spirit-Baptism," *EvQ* 71 (1999), 99-115.

Hunter, A. M. *According to John*, London: SCM Press, 1968.

Hurst, L. D. and Wright, N. T. (eds.), *The Glory of Christ in the New Testament*, Oxford: Clarendon Press, 1987.

Irenaeus. *Against Heresies*, http://www.earlychristianwritings.com.

Jensen, Michael "The Gospel of Creation," *RTR* 59 (2000), 130-140.

Johnson, D. H. "Logos," in J. B. Green and S. McKnight, (eds.), *Dictionary of Jesus and the Gospels*, Downers Grove, Illinois: Inter Varsity, 1992, 481-483.

Johnson, L. T. *The Writings of the New Testament: An Interpretation*, Philadelphia: Fortress Press, 1986. = 「최신신약개론」, 채천석 역, 서울: 크리스챤다이제스트, 2002.

Jones, L. P. *The Symbol of Water in the Gospel of John*, Sheffield: Sheffield Academic Press, 1997.

Jonge, M. de. "John the Baptist and Elijah in the Fourth Gospel," in *The Conversation Continues: Studies in Paul and John in Honor of J. Louis Martyn*, (eds.), R. T Fortna and V. R. Gaventa, Nashville: Abingdon, 1990, 299-308.

Käsemann, E. "The Structure and Purpose of the Prologue to John's Gospel," in *New Testament Question of Today*, London: SCM Press, 1969, 138-167.

_____ . "Die Johannesjünger in Ephesus," in *Exegetische Versuche und Besinnung*, Göttingen: Vandenhoeck Ruprecht, 1964, 158-168.

_____ . 「신의와 성례전」, 전경연 편집, 서울: 한신대학출판부, 1987.

Keener, C. S. *The Gospel of John: A Commentary*, vol. 1, Peabody: Hendrickson Publishers, 2003.

_____ . *The Gospel of John: A Commentary*, vol. 2, Peabody: Hendrickson Publishers, 2003.

Kelber, W. H. "The Birth of a Beginning: John 1:1-18," in M. W. G. Stibbe, (ed.), *The Gospel of John as Literature*, Leiden, the Netherlands: E. J. Brill, 1993, 209-230.

Kelly, Balmer H. "Word of Promise: The Incarnation in the Old Testament," *Int* 10 (1956), 3-15.

Kim, S. S. "The Relationship of John 1:19-51 to the Book of Signs in John 2-12," *BSac* 165 (2008), 323-337

King, J. S. "The Prologue to the Forth Gospel: Some Unsolved Problems," *ExpT* 86 (1974), pp.372-375.

Kirk, H. E. "The Word Became Flesh," *TheolToday* 2 (1945), 158-159.

Klappert, B. "λόγος," *NIDNTT*, vol. 3, general (ed.), Colin Brown, Grand Rapids: Zondervan Publishing House, 1986, 1081-1117.

Kleinknecht, H. "λέγω, λόγος, ῥῆμα, λαλέω," *TDNT*, 69-91.

Koester, C. R. *Symbolism in the Fourth Gospel: Meaning, Mystery, Community*, Philadelphia: Fortress Press, 1995.

_____. *The Word of Life: A Theology of John's Gospel,* Grand Rapids / Cambridge: Eerdmans Publishing Company, 2008.

Köstenberger, A. J. "John," in (eds.), by G. K Beale, and D. A. Carson, *Commentary on the New Testament Use of the Old Testament,* Grand Rapids: Baker Academic, 2007, 415-512.

_____. *A Theology of John's Gospel and Letters,* Grand Rapids: Eerdmans, 2009.

_____. *Encountering John: the Gospel in Historical, Literary, and Theological Perspective,* Grand Rapids: Baker Books, 1999. = 「요한복음 총론」, 김광모 역, 서울: 크리스챤출판사, 2005.

_____. *John* (ECNT), Grand Rapids: Baker Academic, 2008.

Köstenberger, A. J. and Swain, S. R. *Father, Son and Spirit: The Trinity and John's Gospel,* Downers Grove, Illinois: Inter Varsity Press, 2008.

Kruse, C. G. *The Gospel according to John* (TNTC), England: Inter-Varsity Press, 2003.

Kümmel, Werner Georg. *The Theology of the New Testament according to Its Major Witnesses: Jesus-Paul-John. Translated by John E. Steely,* Nashville: Abingdon Press, 1973. = 「주요 증인들에 따른 신약성서신학-예수, 바울, 요한」, 박창건 역, 서울: 성광문화사, 1985.

Kuyper, L. J. "Grace and Truth: An OT Description of God and Its Use in the Johannine Gospel," *Int* 18 (1964), 3-19.

Kysar, R. "R. Bultmann's Interpretation of the Concept of Creation in John 1:3-4: A Study of Exegetical Method," *CBQ* 32 (1970), 77-85.

_____. "The Background of the Prologue of the Fourth Gospel: A Critical of Historical Methods," *CJT* 16 (1970), 250-255.

_____. "The Gospel of John in Current Research," *RSR* 9 (1983), 314-323.

_____. 「요한의 예수 이야기」, 최흥진 역, 서울: 한국장로교출판사, 1995.

_____. *John, the Maverick Gospel,* Atlanta: John Knox Press, 2007. = 「요한복음서 연구」, 나채운 역, 서울: 성지출판사, 1996.

_____. *The Fourth Evangelist and His Gospel: An Examination of Contemporary Scholarship,* Minneapolis: Augsburg Pub. House, 1975.

Ladd, G. E. *A Theology of the New Testament,* Grand Rapids: Eerdmans, 1974. = 「신약신학」, 이창우 역, 서울: 성광문화사, 1995.

LaMarche, Paul. "The Prologue of John (1964)," in *The Interpretation of John.* Edited by John Ashton, Issues in Religion and Theology 9, Philadelphia: Fortress, 1986, 36-52.

Lee, Dorothy. "The Gospel of John and the Five Sense," *JBL* 129 (2010), 115-127.

Lenski, R. C. H. *The Interpretation of St. John's Gospel*, Minneapolis: Augsburg publishing House, 1943.

Lewis, D. M. McGrath, Alister. (eds.), *Doing Theology for the People of God: Studies in Honor of J. I. Packer*, Downers Grove: Inter Varsity Press, 1996.

Lieu, J. M. "Narrative Analysis and Scripture in John," in S. Moyise, (ed.), *The Old Testament in the New Testament: Essay in Honor of J. L. North*, Sheffield: Sheffield Academic Press, 2000, 144-163.

Lightfoot, J. B. *Biblical Essays*, London: MacMillan and Company Ltd, 1893, 1904; Hendrickson Publishers, 1994.

_____ . *The Gospel message of St Mark*, Oxford: Oxford Univ. Press, 1950.

Lindars, Barnabas. *John* (NTG), Sheffield: Sheffield Academic Press, 1990. = 「요한복음」, 조원경 역, 서울: 반석문화사, 1994.

_____ . *The Gospel of John*, (NCBC) Grand Rapids: Eerdmans, 1995.

Lohse, E. 「신약성서배경사」, 박창건 역, 서울: 대한기독교출판사, 1984.

Louw, J. "Die Johannese logos-himne (Joh 1:1-18)," *HTS* 1 (1989), 35-43.

Machen, *New Testament Greek for Beginners*, New York: Macmillan Publishing Company, 1923.

Macleod, D. 「그리스도의 위격」, 김재영 역, 서울: 한국기독학생회출판부, 2001.

MacLeod, D. J. "The Benefits of the Incarnation of the Word: John 1:15-18," *BSac* 161(642) (2004), 179-193.

_____ . "The Creation of the Universe by the Word: John 1:3-5," *BSac* 160(638) (2003), 187-201.

_____ . "The Eternity and Deity of the Word: John 1:1-2," *BSac* 160(637) (2003), 48-64.

_____ . "The Incarnation of the Word: John 1:14," *BSac* 161 (2004), 72-88.

_____ . "The Reaction of the World to the Word: John 1:10-13," *BSac* 160(640) (2003), 398-413.

_____ . "The Witness of John the Baptist to the Word: John 1:6-9," *BSac* 160 (2003), 305-320.

Malatesta, E. "We Have Seen His Glory," in *The Way* 14 (1974), 3-12.

Manson, T. W. *Studies in the Gospel and Epistles*, Philadelphia: The Westminster Press, 1962.

Martin, R. *New Testament Foundations: A Guide for Christian Students*, vol. 1, Grand Rapids: Eerdmans Publishing Company, 1975. = 「신약의 초석」 1, 정충하 역, 서울: 크리스챤다이제스트, 1994.

Mastin, B. A. "A Neglected Feature in the Christology of the Fourth Gospel," *NTS* 22 (1975), pp.32-51.

Matsunaga, K. "Is John's Gospel Anti-Sacramental? A New Solution in the Light of the Evangelist's Milieu," *NTS* 27 (1981), 516-524.

May, Eric. "The Logos in the Old Testament," *CBQ* 8 (1946), 438-447.

McGrath, J. F. "Prologue as Legitimation: Christological Controversy and the Interpretation of John 1:1-18," *IBS* 19 (1997), 98-120.

_____ . *John's Apologetic Christology: Legitimation and Development in Johannine Christology*, SNTSMS, 111, Cambridge: Cambridge University Press, 2001.

Meier, J. "John the Baptist in Matthew's Gospel," *JBL* 99 (1980), 383-405.

Menken, M. J. J. "Observations on the Significance of the Old Testament in the Fourth Gospel," *Neot* 33 (1999), 125-143.

_____ . *Old Testament Quotations in the Fourth Gospel: Studies in Textual Form*, Netherlands: Kok Pharos, 1996.

Mercer, C. "ΑΠΟΣΤΕΛΛΕΙΝ and ΠΕΜΠΕΙΝ in John," *NTS* 36 (1990), 619-624.

Miller, Ed. L. *Salvation-History in the Prologue of John: The Significance of John 1:3-4*, Leiden: E. J. Brill, 1989

_____ . "Codex Bezae on John 1:3-4. One Dot of Two?" *TZ* 32 (1976), 269-271.

_____ . "The Johannine Origins of the Johannine Logos," *JBL* 112 (1993), 445-457.

_____ . "The Logic of the Logos Hymn: A New View," *NTS* 29 (1983), 552-561.

_____ . "The Logos of Heraclitus: Updating the Report," *HTR* 74 (1981), 161-176.

_____ . "The Logos Was God," *EvQ* 53 (1981), 65-77.

Minear, S. "The Promise of Life in the Gospel of John," *TheolToday* 49 (1992-3), 485-99.

Mlakuzhyil, G. *The Christocentric Literary Structure of the Fourth Gospel*, AnBib 117, Rome: Biblical Institute Press, 1987.

Moloney, F. J. *Belief in the Word: Reading the Fourth Gospel, John 1-4*, Minneapolis: Fortress

Press, 1993.

_____ . *The Gospel of John* (SPS vol. 4), Minnesota: A Michael Glazier Book, 1998.

_____ . *The Word Became Flesh* (TTS 14), Dublin: Mercier, 1977.

Morgan, Richard. "Fulfillment in the Fourth Gospel: the Old Testament Foundations: an Exposition of John 17," *Int* 11 (1957), 155-165.

Morris, L. "The Logos (the Word)," in *The Gospel according to John*, Grands Rapids: Eerdmans, 1971, 115-126.

_____ . *Jesus is the Christ: Studies in the Theology of John*, Grand Rapids: Eerdmans; Leicester: Inter-Varsity Press, 1989. = 「요한신학」, 홍찬혁 역, 서울: 기독교문서선교회, 1995.

_____ . *New Testament Theology*, Grand Rapids: Zondervan Publishing House, 1986. = 「신약신학」, 박용성 역, 서울: 기독교문서선교회, 1990.

_____ . *Reflections on the Gospel of John*, Grand Rapids: Baker, 1986.

_____ . *The Gospel according to John*, Grand Rapids: Eerdmans Publishing Company, 1977.

Munck, J. "The New Testament and Gnosticism," in W. Klassen and G. Snyder (eds.) *Current Issues in New Testament Interpretation*, New York: Happer & Row Publishers, 1962, 224-238.

Murphy-O' Connor, J. "John the Baptist and Jesus: History and Hypotheses," *NTS* 36 (1990), 359-374.

Need, S. W. "Re-reading the Prologue: Incarnation and Creation in John 1.1-18," *Theology* 106 (2003), 397-404.

Newbigin, Lesslie. *The Light Has Come: An Exposition of the Fourth Gospel*, Grand Rapids: Eerdmans, 1982. = 「요한복음 강해」, 홍병룡 역, 서울: IVP, 2001.

Neyrey, J. H. *A Critical and Exegetical Commentary of the Gospel according to St. John* vol. 1, Edinburgh: T. & T. Clark, 1928.

Nida, E. A. "Rhetoric and the Translator : With Special Reference to John 1," *BT* 33 (1982), 324-328.

Öhler, M. "The Expectation of Elijah and the Presence of the Kingdom of God," *JBL* 118 (1999), pp.461-476.

Olson, Roger E. and Hall Christopher A. 「삼위일체」, 이세형 역, 서울: 대한기독교서회, 2009.

Packer, J. I. 「하나님을 아는 지식」, 정옥배 역, 서울: 한국기독학생회출판부(IVP), 1996.

Painter, J. "C. H Dodd and the Christology of the Fourth Gospel," *JTSA* 59 (1987), 42-56.

_____ . "Christology and the Fourth Gospel: A Study of the Prologue," *ABR* 31 (1983), 45-62.

_____ . "Christology and the History of the Johannine Community in the Prologue of the Fourth Gospel," *NTS* 30 (1984), 460-474.

_____ . "The Farewell Discourses and the History of Johannine Christianity," *NTS* 27 (1981), 525-543.

Pancaro, Severino. *The Law in the Fourth Gospel : The Torah and the Gospel, Moses and Jesus, Judaism and Christianity according to John*, Leiden: Brill, 1975.

Parker, "Two Editions of John," *JBL* 75 (1956), 303-314.

Paroschi, Wilson. *Incarnation and Covenant in the Prologue to the Fourth Gospel(John 1:1-18)*, Frankfurt: Peter Lang, 2006.

Pendrick, G. "μονογενής," *NTS* 41 (1995), 587-600.

Perkins, *Gnosticism and the New Testament*, Minneapolis: Fortress Press, 1993.

Peterson, David. (ed.), *The Word Became Flesh: Evangelicals and the Incarnation*, Paternoster Press, 2003.

Phillips, Peter M. *The Prologue of the Fourth Gospel: a Sequential Reading*, T&T Clark International, 2006.

Philo, *Philonis Alexandrini: Opera Quae Supersunt*, vol. 1, (ed.), Leopoldvs Cohn, Berolini: Typis et Impensis Georgii Reimeri, 1962.

_____ . *Philonis Alexandrini: Opera Quae Supersunt*, vol. 2, (ed.), Paulus Wendland, Berolini: Typis et Impensis Georgii Reimeri, 1962.

_____ . *Philonis Alexandrini: Opera Quae Supersunt*, vol. 5, (ed.), Leopoldvs Cohn, Berolini: Typis et Impensis Georgii Reimeri, 1962.

_____ . *The Works of Philo: Complete and Unabridged*, Tr. by C. D. Yonge, Peabody: Hendrickson Publishers, 2008.

_____ . 「창조의 철학」, 노태성 옮김, 서울: 다산글방, 2005.

Pink, A. W. *Exposition of the Gospel of John*, Grand Rapids: Zondervan, 1975.

Poythress, V. "Testing for Johannine Authorship by Examining the Use of Conjunctions," *WTJ* 46 (1984), pp.350-369.

_____. "The Use of the Intersentence Conjunctions De, Oun, Kai, and Asyndeton in the Gospel of John," *NovT* 26 (1984), 312-340.

Pryor, J. W. "Jesus and Israel in the Fourth Gospel - John 1:11," *NovT* 32 (1990), 201-218.

_____. *John: Evangelist of the Covenant People, The Narrative and Themes of the Fourth Gospel*, Downers Grove, IL: InterVarsity, 1992.

Reicke, Bo. *Neutestamentliche Zeitgeschichte*, Berlin, New York: de Gruyter, 1982.

Reim, G. "Jesus as God in the Fourth Gospel: The Old Testament Background," *NTS* 30 (1984), 158-160.

Ridderbos, H. N. "The Structure and Scope of the Prologue to the Gospel of John," *NovT* 8 (1966), 180-201.

_____. *The Gospel of John: A Theological Commentary*, translated by John Vriend, Grand Rapids: Eerdmans, 1997.

Rishell, C. W. "Baldensperger's Theory of the Origin of the Fourth Gospel," *JBL* 20 (1901), 38-49.

Rissi, M. "John 1:1-18 (the Eternal Word)," *Int* 31 (1977), 394-401.

Robertson, A. T. *Word Pictures in the New Testament* 5, Grand Rapids: Baker Book House, 1960.

Robinson, J. A. T. "Elijah, John and Jesus: An Essays in Detection," *NTS* 4 (1957-1958), 268-281.

_____. "The Relation of the Prologue to the Gospel of St. John," *NTS* 9 (1962-63) 120-129.

Robinson, J. Armitage. *The Historical Character of St. John's Gospel*, 2d ed., New York: Longmans, Green, 1929.

Robinson, J. M. "A Formal Analysis of Colossians 1:15-20," *JBL* 76 (1957), 270-287.

Ruckstuhl, E. "Johannine language and style : the question of their unity," in *L'Évangile de Jean: Sources, rédaction, théologie*, De Jonge, M. (ed.), Gembloux: J. Duculot; Leuven: University Press, 1977, 125-147.

Sanders, E. 「예수와 유대교」, 황종구 역, 서울: 크리스챤다이제스트, 1994.

Sandmel, S. "Parallelomania," *JBL* 81 (1962), 1-13.

_____. *Philo of Alexandria*, New York: Oxford University Press, 1979. = 「알렉산드리아의 필로」, 박영희 옮김, 서울: 도서출판 엠마오, 1989.

Sandy, D. B. "John the Baptist's 'Lamb of God' Affirmation in Its Canonical and Apocalyptic Milieu," *JETS* 34 (1991), 447-459.

Schelkle, K. H. 「신약성서입문」 김영선 외 역, 경북 칠곡: 분도출판사, 1976.

Schlatter, A. 「요한복음 강해」, 김희보 역, 서울: 종로서적, 1994. = *Das Evangelium nach Johannes*, Stuttgart: Calwer Verlag, 1979.

Schnackenburg, R. "요한복음서의 로고스 : 개념의 출처와 특성에 대해서," 「신학전망」 100 (1993), 133-150.

_____ . "Die Herkunft und Eigenart des joh. Logos-Begriffs," in *Das Johannesevangelium*, vol. 1, Freiburg, Basel, Wien: Herder, 1965, 257-269.

_____ . "The Idea of Life in the Fourth Gospel," in *The Gospel according to St. John*. vol. II, 1980, 352-361; 520-521 (Excursus 12).

_____ . "The Johannine Concept of Truth," in *The Gospel according to St. John*. vol. II, 1980, 225-237; 494-496 (Excursus 10).

_____ . "The Origin and Nature of the Johannine Concept of the Logos," in *The Gospel according to St. John*, vol. 1, New York: Herder & Herder, 1968, 481-493. = "요한복음서의 로고스 : 개념의 출처와 특성에 대해서," 「신학전망」 100 (1993), 133-150.

_____ . *Jesus in the Gospel: A Biblical Christology*, Louisville: John Knox Press, 1995. = 「복음서의 예수 그리스도」, 김병학 역, 서울: 분도출판사, 2009.

_____ . *The Gospel according to St. John,* vol. 1, London: Bruns & Oates, 1980.

Schneider, J. *Das Evangelium nach Johannes*, Berlin: Evangelische Verlagstalt, 1988.

Schnelle, Udo. "Recent Views of John's Gospel," *Word and World* 21, 2001, pp.352-359.

_____ . *The Human Condition: Anthropology in the Teachings of Jesus, Paul, and John*, Minneapolis: Fortress Press, 1996.

Schuchard, B. G. *Scripture within Scripture: The Interrelationship of Form and Function in the Explicit Old Testament Citations in the Gospel of John*, Atlanta: Scholars Press, 1992.

Schulz, S. *Die Stunde der Botschaft Einfuehrung in die Theologie der vier Evangelien*, Bielefeld: Luther Verlag, 1982.

Scott, Martin. *Sophia and the Johannine Jesus*, JSNTSup 71, Sheffield: Sheffield Academin Press, 1991.

Segovia, F. F. "John 1:1-18 as Entrée into Johannine Reality: Representation and

Ramifications," in J. Painter, R. A. Culpepper and F. F. Segovia (eds.), *Word, Theology and Community in John*, St. Louis: Chalice Press, 2002, 33-64.

_____ . "The Love and Hatred of Jesus and Johannine Sectarianism," *CBQ* 43 (1981), 258-272.

Schmithals, W. "Der Prolog des Johannesevangeliums," *ZNW* 70 (1979), 16-43.

Sloyan, G. S. *John: Interpretation - A Bible Commentary for Teaching and Preaching*, Atlanta: Westminster John Knox Press, 1988. = 「요한복음」, 김기영 역, 서울: 한국장로교출판사, 2000.

_____ . *What Are They Saying about John?* New York: Paulist Press, 1991. = 「요한복음 신학」, 서성훈 역, 서울: 기독교문서선교회, 2000.

Smalley, S. S. "Salvation Proclaimed, 8: John 1:29-34," *ExpT* 93 (1982), 324-329.

_____ . *John : Evangelist and Interpreter*, Downers Grove: Inter Varsity Press, 1998. = 「요한신학」, 김경신 역, 서울: 반석문화사, 1992.

Smith, D. E. "Narrative Beginnings in Ancient Literature and Theory," *Semeia* 52 (1990), 1-9.

Smith, D. E. 외. 「요한복음」(*John*), 안효선 역, 서울: 기독교대한감리회홍보출판국, 2002.

Smith, D. M. *John among the Gospels*, Minneapolis: Fortress Press, 1992.

_____ . *The Composition and Order of the Fourth Gospel: Bultmann's Literary Theory*, New Haven & London: Yale University Press, 1965.

_____ . *John* (ANTC), Nashville: Abingdon, 1999.

_____ . *The Theology of Gospel of John*, New York: Cambridge University Press, 1995. = 「요한복음 신학」, 최흥진 역, 서울: 한들출판사, 2001.

Staley, J. "The Structure of John's Prologue: Its Implications for the Gospel's Narrative Structure," *CBQ* 48 (1986), 241-264.

Stanley, D. M. "John the Witness," *Worship* 32 (1958), 409-416.

Stanton, Graham N. 「복음서와 예수」, 김동건 역, 서울: 대한기독교서회, 2000.

Stibbe, M. W. G. (ed.), *The Gospel of John as Literature*, Leiden, New York: E. J. Brill, 1993.

Stowasser, M. *Johannes der Täufer im Vierten Evangelium: Eine Untersuchung zu seiner Bedeutung für die johanneische Gemeinde* (ÖBS 12), Klosterneuburg: Katholisches Bibelwerk, 1992.

Strecker, G. *Theologie des Neuen Testaments*, Berlin: Walter de Gryuter, 1996.

Stylianopoulos, T. G. "Creation, Incarnation and Sanctification," *EcumRev* 35 (1983), 364-370.

Taylor, Vincent. *The Names of Jesus*, London: Macmillan, 1953.

Temple, W. *Nature, Man and God*, London: Macmillan, 1940.

Tenney, M. C. "Literary Key to the Fourth Gospel, III: The Old Testament and the Fourth Gospel," *BSac* 120 (1963), 300-308.

_____ . "Literary keys to the Fourth Gospel, I: The Symphonic Structure of John," *BSac* 120 (1963), 117-125.

_____ . "The Footnotes of John's Gospel," *BSac* 117 (1960), 350-364.

_____ . "Topic from the Gospel of John. Part III: The Meaning of 'Witness' in John," *BSac* 132 (1975), pp.229-241.

_____ . *John: The Gospel of Belief. An Analytic Study of the Text*, Grand Rapids: Eerdmans, 1948. = 「요한복음서 해석」, 김근수 역, 서울: 기독교문서선교회, 2003.

Thatcher, T. "John's memory theater: the fourth gospel and ancient mnemo-rhetoric," *CBQ* 69 (2007), 487-505.

Theobald, Michael. *Im Anfang war das Wort. Textlinguistische Studie zum Johannesprolog*, Stuttgart: Katholisches Bibelwerk, 1983.

Tobin, T. H. "The Prologue of John and Hellenistic Jewish Speculation," *CBQ* 52 (1990), 252-269.

Tolmie, D. François. "The Characterization of God in the Fourth Gospel," *JSNT* 69 (1998), 57-75.

Tovey, D. "Narrative Strategies in the Prologue and the Metaphor of O Logos in John's Gospel," *Pacifica* 15 (2002), 138-153.

Trudinger, "Nicodemus's Encounter with Jesus and the Structure of St. John's Prologue," *DRev* 119 (2001), 145-148.

Ucko, H. "Full of Grace and Truth: Bible Study on John 1:14-18," *EcumRev*, 56 no 3 (2004), 342-347.

Van Bruggen, Jakob. 「누가 성경을 만들었는가」, 김병국 역, 서울: 총신대학교출판부, 2002. = *Wie maakte de bijbel?: over afsluiting en gezag van het Oude en Nieuwe Testament*, Omslag Dik Hendriks, 1986.

Van der Merwe, D. G. "The Historical and Theological Significance of John the Baptist as He Is Portrayed in John 1," *Neot* 33 (1999), 267-292.

Van der Watt, J. G. "The Composition of the Prologue of John's Gospel: The Historical Jesus Introducing Divine Grace," *WTJ* 57 (1995), 311-332.

Vargas, N. M. 「요한복음 쉽게 들어가기」, 김인숙 역, 서울: 가톨릭출판사, 2003.

Viviano, B. T. "The Structure of the Prologue of John (1:1-18): A Note," *RevBib* 105 (1998), 176-184.

Von Wahlde, U. C. "The Johannine Jews: A Critical Survey," *NTS* 28 (1982), 33-60.

_____ . "The Witnesses to Jesus in John 5:31-40 and Belief in the Fourth Gospel," *CBQ* 43 (1981), 385-404.

Vos, G. "요한문서에 나타난 '참'과 '진리'," 「구속사와 성경해석」, 이길호, 원광연 역, 서울: 크리스챤다이제스트, 1998, 450-461.

_____ . "The Ministry of John the Baptist," in *Redemptive History and Biblical Interpretation*, Phillipsburg: Presbyterian and Reformed Publishing Company, 1980, 299-303. = "세례 요한의 사역," 「구속사와 성경해석」, 이길호 원광연 역, 서울: 크리스챤다이제스트, 1998.

_____ . *Biblical Theology: Old and New Testaments*, Grand Rapids: Eerdmans Publishing Company, 1980. = 「성경신학」, 이승구 역, 서울: 기독교문서선교회, 1993.

Waetjen, H. C. "Logos πρὸς τὸν θεόν and the Objectification of Truth in the Prologue of the Fourth Gospel," *CBQ* 63 (2001), 265-286.

Walls, Andrew F. "Logos," *Baker's Dictionary of Theology*, (ed.) by Everett F. Harrison, Grand Rapids: Baker Book House, 1983.

Webb, R. L. *John the Baptizer and Prophet: A Socio-Historical Study* (JSNTSup 62), Sheffield: SAP, 1991.

Weiss, H. "Foot Washing in the Johannine Community," *NovT* 41 (1979), 298-325.

Wells, David F. *The Person of Christ: A Biblical and History Analysis of the Incarnation*, Illinois, Westchester: Crossway Books, 1984. = 「기독론」, 이승구 역, 서울: 도서출판 토라, 2008.

Westcott, B. F. *The Gospel according to St. John: The Authorized Version with Introduction and Notes*, Grand Rapids: Eerdmans, 1950.

Williams, P. J. "Not the Prologue of John," *JSNT* 33(4), 375-386

Wilson, R. McL. "'Jewish Gnosis' and Gnostic Origins," *HUCA* 45 (1974), 177-189.

Wink, W. *John the Baptist in the Gospel Tradition*, Cambridge: University Press, 1968.

_____ . "John the Baptist in the Fourth Gospel" in *John the Baptist in the Gospel Tradition*, Cambridge: University Press, 1968, 87-106.

Wucherpfennig, A. "Torah, Gospel, and John's Prologue," *Theology Digest* 50 (2003), 211-216.

Yamauchi, E. M. "Gnosticism," in *NIDCC*, 416-418.

_____ . "Jewish Gnosticism: the Prologue of John, Mandaean Parallels and the Trimorphic Protennoia," in van den Broek and Vermaseren (ed.), *Studies in Gnosticism and Hellenistic Religions*, Leiden: Brill, 1991, 467-497.

_____ . "Pre-Christian Gnosticism in the Nag Hammadi Texts," *Church History* 48 (1979), 129-141.

_____ . "The Gnostic and History," *JETS* 14 (1971), 29-40.

_____ . *Pre-Christian Gnosticism: A Survey of the Proposed Evidence,* Oregons: Wipf and Stock Publishers, 2003.

Yu, Young-Ki. *The New Covenant: The Promise and Its Fulfillment,* A Thesis Submitted in Fulfillment of the Requirements for the Degree of Doctor of Philosophy in the University of Durham, January 1989, Seoul: Christian Literature Crusade.

Zuck, R. B. (ed.), *A Biblical Theology of the New Testament,* Chicago, Illinois: Moody Press, 1994. =「신약성경신학」, 류근상 옮김, 서울: 크리스챤출판사, 2004.

2) 한서

강종석.「요한복음 서언(요한 1:1-18)에 대한 주석학적 고찰: 요한의 로고스 해석의 새로운 요소로서 그의 인간론을 제기하면서」, 대구가톨릭대학교 대학원 박사학위 논문, 2003.

강창희. "요한복음의 말씀의 의미,"「신학과 선교」 1권 3호 (1999), 1-28.

고병찬. "요한복음 '프롤로그'(1:1-18)의 중심축으로서의 '믿음': 복합 역교차 구조분석," 신약연구 9 (2010), 43-65.

김광식.「고대 기독교 교리사」, 서울: 한들출판사, 1999.

김달수. "요한복음 서문에 나타난 로고스 기독론,"「강남사회복지학교논문집」 15 (1986),

45-70.

김동수. "요한복음 프롤로그(1:1-18): 하나님의 자녀,"「바울과 요한」, 서울: 도서출판 기쁜날, 2003, 180-183.

_____ . "프롤로그: 로고스 찬양서시(요 1:1-18),"「요한신학 렌즈로 본 요한복음」, 서울: 도서출판 솔로몬, 2006, 41-54.

김동수. 「요한신학 렌즈로 본 요한복음」, 서울: 솔로몬, 2006.

김득중. 「요한의 신학」, 서울: 컨콜디아사, 1996.

김문경. "예수님은 누구이신가: 요 1:19-34,"「성경연구」 97권 1호 (2002), 44-56.

_____ . 「요한신학」, 서울: 한국성서학연구소, 2004.

김병국. 「설교자를 위한 요한복음 강해」, 서울: 도서출판 대서, 2007.

김선정. 「요한복음서와 로마황제숭배」, 서울: 한들출판사, 2003.

김성수. 「태초에 말씀이 계시니라」, 용인: 마음샘, 2007.

_____ . 「태초에」, 용인: 마음샘, 2009.

김세윤. 「요한복음 강해」, 서울: 도서출판 두란노, 2002.

_____ . "서론: 머리말(1:1-18)과 증언들(1:19-51),"「요한복음 강해」, 서울: 두란노, 2001, 33-54.

김정훈. "서평,"「기독신학저널」 13 (2007), 229-337.

김춘기. "지혜의 인격화와 로고스의 관계,"「신학과 목회」 18 (2002), 61-76.

_____ . 「만남의 복음서」, 서울: 한들출판사, 2007.

박윤선. 「성경주석 요한복음」, 서울: 영음사, 1981.

박익수. "요한복음서의 서언, 본문 전체의 진술 구조, 그리고 결어에 나타난 저자의 기록목적,"「신학과 세계」 45 (2002), 38-73.

박형용. 「사복음서 주해 1」, 수원: 합동신학대학원출판부, 1994.

_____ . 「사복음서 주해」, 수원: 합신대학원출판부, 2009.

배종수. "요한복음 1:1-18에 나타난 요한의 로고스 이해,"「신학과 선교」 14 (1989), 335-371.

변종길. 「성령과 구속사」, 서울: 개혁주의신행협회, 1997.

_____ . "요한복음에 나타난 비유의 핵심은 무엇인가,"「그 말씀」 (1998. 7), 79-87.

_____ . "요한복음에 나타난 상황성,"「그 말씀」 (1998. 1), 110-118.

서동수. "요한복음, 반유대주의 신학인가? - 요한복음 서문(1:1-18)에 비추어,"「신약논단」 15 (2008), 69-103.

서영환. 「요한복음 서언 구조」, 서울: 성광문화사, 1994.

서중석. 「복음서 해석」, 서울: 대한기독교서회, 1991.

서형석. "요한복음 서막에 나타난 로고스의 선재와 성육," 「Canon and Culture」 제4권 1호 (2010), 215-247

성주진. 「사랑의 마그나카르타: 신명기의 언약신학」, 수원: 합동신학대학원출판부, 2005.

양용의. "서평," 「신약연구」 6 (2007), 665-677.

유상섭. "서평," 「신학지남」 294 (2008), 261-263.

유영기. 「감옥에서 부르는 사랑의 노래」, 수원: 합신대학원출판부, 2007.

유해무. 「신학: 삼위일체 하나님을 향한 송영」, 서울: 성약출판사, 2007.

이복우. 「요한복음에 나타난 물(ὕδωρ)의 신학적 기능과 의미」, 신학석사 학위청구논문, 합동신학대학원대학교, 2002.

이재성. "요한복음에서의 프롤로그의 위치와 역할," 「서울성경신학」 2 (2005), 257-268.

이필찬. 「이 성전을 허물라」, 경기도 고양시: 엔크리스토, 2008.

임세영. "요한복음 연구 서문," 「성서연구」 450 (1994/5), 3-12.

조병수. "선지자보다 큰 이," 「목회와 신학」 (1997. 4), 166-169.

_____ . "선지자의 연속성과 불연속성," 「신약신학 열 두 논문」, 수원: 합동신학대학원 출판부, 1999, 245-256.

_____ . "요한복음의 구약성경 인용," 「그 아들에게 입 맞추라」 : 수은 윤영탁 박사 은퇴기념논문집, 수원: 합동신학대학원출판부, 2005, 407-456.

_____ . "요한복음의 배경, 구조, 내용, 그리고 신학," 「Pro Ecclesia」 vol. 4. No. 1 (serial number 7) (2005), 10-33.

_____ . "ΜΑΡΤΥΡΙΑ와 ΓΡΑΦΗ로서의 요한복음," 「신학정론」 22 (2004), 65-91.

_____ . "Rudolf Bultmann의 해석학," 「신학정론」 24권 1호 (2006), 37-66

_____ . 「신약성경총론」, 수원: 합동신학대학원출판부, 2006.

_____ . 「신약신학 열 두 논문」, 수원: 합동신학대학원출판부, 1999.

_____ . 「히브리서」, 서울: 도서출판, 가르침, 2005.

조석민. "로고스의 개념과 기능(요한복음 1:1-18)," 「Pro Ecclesia」 vol. 4. No. 1 (serial number 7) (2005), 34-57.

_____ . "요한복음 1:19-28의 문학적 구조와 기능," 「한국교회의 신학인식과 실천」 : 유강 김영재 박사 은퇴 기념 논총, 수원: 합동신학대학원출판부, 2006, 248-265;

_____ . "요한복음의 본문해석과 설교," 「목회자를 위한 성경해석과 설교」, 제8회 목회대학원 특별강좌 (합동신학대학원대학교 목회대학원, 2007), 2-4.

_____ . 「요한복음의 새 관점」, 서울: 솔로몬, 2008.

주성준. "요한복음의 서론에 나타난 신학적 이해에 관한 연구," 「총신대논총」 25 (2005), 228-252.

주성준. 「요한복음: 확신과 경고」, 서울: 도서출판 혜안, 2008.

최흥진. 「요한복음」, 서울: 한국장로교출판사, 2006.

_____ . "로고스 그리스도론(1:1-18)," 「요한복음」, 서울: 한국장로교출판사, 2006, 67-88.

탈레스 외. 「소크라테스 이전 철학자들의 단편 선집」, 김인곤 외 옮김, 서울: 아카넷, 2005.

현창학. 「구약 지혜서 연구」, 수원: 합신대학원출판부, 2009.

홍창표. "로고스, 요한복음 서론(1:1-18)," 「신학정론」 제 11권 1호 (1993), 113-134.

_____ . 「신약과 문화」, 수원: 합동신학대학원출판부, 1995.